Deep Learning
from Scratch ②

밑바닥부터 시작하는 딥러닝 2

O'REILLY® 한빛미디어
Hanbit Media, Inc.

지은이 · 옮긴이 소개

지은이 **사이토 고키**(斎藤 康毅)

1984년 나가사키 현 쓰시마 출생. 도쿄공업대학교 공학부를 졸업하고 도쿄대학대학원 학제정보학부 석사 과정을 수료했다. 현재는 기업에서 인공지능 관련 연구·개발에 매진하고 있다. 『밑바닥부터 시작하는 딥러닝』 시리즈 집필 외에 『파이썬 인 프랙티스』, 『밑바닥부터 만드는 컴퓨팅 시스템』, 『Building Machine Learning Systems with Python』 등을 일본어로 옮겼다.

옮긴이 **개앞맵시**(이복연) wegra.lee@gmail.com

고려대학교 컴퓨터학과를 졸업하고 삼성소프트웨어멤버십을 거쳐, 삼성전자 소프트웨어센터와 미디어솔루션센터에서 자바 가상 머신, 바다 플랫폼, 챗온 메신저 서비스 등을 개발했다. 주 업무 외에 분산 빌드, 지속적 통합, 앱 수명주기 관리 도구, 애자일 도입 등 동료 개발자들에게 실질적인 도움을 주는 일에 적극적이었다. 그 후 창업전선에 뛰어들어 좌충우돌하다가 개발자 커뮤니티에 기여하는 더 나은 방법을 찾아 출판 시장에 뛰어들었다.

『밑바닥부터 시작하는 딥러닝』 시리즈, 『구글 엔지니어는 이렇게 일한다』, 『리팩터링 2판』, 『JVM 밑바닥까지 파헤치기』, 『이펙티브 자바 3판』 등을 번역했다.

- 페이스북: facebook.com/dev.loadmap
- 브런치: brunch.co.kr/@wegra

Deep Learning
from Scratch ❷

밑바닥부터 시작하는 딥러닝 2

| 표지 설명 |

표지 그림은 괭이상어(Japanese bullhead shark)다. 괭이상어는 괭이상어목 괭이상어과에 딸린 물고기다. 태평양 북서부 일본, 한반도, 중국 해안에 서식한다. 수심 6~37미터 가량의 바위투성이 밑바닥 또는 켈프림에 사는 저생성 어류다. 몸길이는 1.2미터까지 자란다. 머리는 짧고 무디며 등지느러미는 두 개다. 진한 갈색과 연한 갈색이 수직 줄무늬를 이룬다. 온순하며, 연체동물이나 작은 경골어류를 잡아먹는다. 어업적 측면에서는 거의 관심 밖인 종이다. 학명은 헤테로돈투스 자포니쿠스(Heterodontus japonicus). (출처: 위키백과)

밑바닥부터 시작하는 딥러닝 2

파이썬으로 직접 구현하며 배우는 순환 신경망과 자연어 처리

초판 1쇄 발행 2019년 5월 1일
초판 7쇄 발행 2024년 8월 22일

지은이 사이토 고키 / **옮긴이** 개앞맵시(이복연) / **펴낸이** 전태호
펴낸곳 한빛미디어(주) / **주소** 서울시 서대문구 연희로2길 62 한빛미디어(주) IT출판2부
전화 02-325-5544 / **팩스** 02-336-7124
등록 1999년 6월 24일 제 25100-2017-000058호 / **ISBN** 979-11-6224-174-5 93000

총괄 송경석 / **책임편집** 홍성신 / **기획 · 편집** 이미연 / **진행** 이윤지
디자인 표지 고충열, 박정화 내지 김연정 / **전산편집** 이경숙
영업 김형진, 장경환, 조유미 / **마케팅** 박상용, 한종진, 이행은, 김선아, 고광일, 성화정, 김한솔 / **제작** 박성우, 김정우

이 책에 대한 의견이나 오탈자 및 잘못된 내용은 출판사 홈페이지나 아래 이메일로 알려주십시오.
파본은 구매처에서 교환하실 수 있습니다. 책값은 뒤표지에 표시되어 있습니다.

한빛미디어 홈페이지 www.hanbit.co.kr / 이메일 ask@hanbit.co.kr

지금 하지 않으면 할 수 없는 일이 있습니다.
책으로 펴내고 싶은 아이디어나 원고를 메일(writer@hanbit.co.kr)로 보내주세요.
한빛미디어(주)는 여러분의 소중한 경험과 지식을 기다리고 있습니다.

추천사

『밑바닥부터 시작하는 딥러닝』 1편에 이어 널리 사용되는 딥러닝 모델을 직접 구현하면서 기본 원리를 체득하는 체험형 입문서입니다. 전편이 딥러닝의 기본 이론을 밑바닥부터 구현할 수 있도록 안내했다면 이번에는 자신만의 딥러닝 프레임워크를 구축할 수 있는 토대를 만들어줍니다. 파이썬과 넘파이의 활용까지 책임지는 훌륭한 지침서입니다. 딥러닝 프레임워크를 연구하는 모든 분께 이 책을 추천합니다.

윤영선, 한남대학교 정보통신공학과 교수

머신러닝 라이브러리를 이용하여 딥러닝 분야에 뛰어들게 되면 네트워크의 내부 구조와 디테일한 부분들을 자세하게 알 수 없어 한없이 답답합니다. 이 책은 큰 부분부터 디테일한 부분까지 밑바닥부터 직접 구현해 네트워크에 대한 이해를 돕고, 답답함을 한 방에 날려줍니다. 그동안 국내에 출판된 책들이 RNN 계열이나 자연어 처리 계열을 잘 다루지 않는 것에 비해, 이 책은 기초적인 자연어 처리부터 응용, 심화 과정까지 설명합니다. 자연어 처리 분야에 뛰어들 분들께 추천합니다.

박동주, 광주과학기술원 석사과정

앞으로 자연어 처리 기본서는 이 책의 전과 후로 나뉠 겁니다. 전편에서와 마찬가지로 직관적이고 논리적으로 설명해주는 부분에서 감탄했습니다. 자연어 처리를 처음 접하는 입문자부터 단순히 프레임워크를 활용해본 경험자까지, 자연어 처리 과정이 어떻게 이루어지는지 알고 싶은 모든 분께 추천합니다. 특히 통계 기반 기법과 추론 기반 기법의 장단점과 차이점을 설명하는 부분이 명쾌해서 내용을 이해하는 데 큰 도움이 되었습니다.

성민석, 홍익대학교 컴퓨터공학과 4학년

딥러닝을 이용한 자연어 처리의 기본을 밑바닥부터 공부할 수 있습니다. 전편과 마찬가지로 RNN, LSTM, 어텐션 등을 구현하면서 각각의 작동 원리를 쉽게 공부할 수 있습니다. 저는 작년에 일본어 판을 먼저 읽어보았는데, 번역 또한 전편과 마찬가지로 아주 좋습니다.

김선웅, (주)스캐터랩 머신러닝 엔지니어

이 책은 RNN 기반 신경망에 대한 개념을 쉽게 설명해주고, 복잡한 응용 모델들을 그림과 예제를 통해 알려줍니다. 시계열을 공부하는 분, RNN 공부를 시작하는 분께 큰 도움이 될 것입니다.

김동성, 삼성 리서치(Samsung Research) 연구원

쉽게 풀어쓴 이론과 친절하게 설명한 코드를 따라가다 보면 자연어 처리 분야의 발전 과정을 자연스럽게 이해할 수 있습니다. 딥러닝 기초가 필요한 분은 전편부터 공부하시는 걸 추천합니다.

양민혁, 현대모비스 빅데이터팀

밑바닥부터 시작하는 딥러닝 2편이 나오다니! 너무나 신납니다. 저처럼 어린 학생들도 자연어 처리에 맞추어 무리 없이 쉽게 이해하며 따라 할 수 있는 책입니다. 저와 같은 어린 학생들이 과연 할 수 있을까 망설이고 있다면, 주저 없이 이 책을 집어 드세요.

김경수, 봉일천고등학교 2학년

옮긴이의 말

수많은 분을 딥러닝의 세계로 안내하며 사랑받고 있는 『밑바닥부터 시작하는 딥러닝』이 '자연어 처리'라는 새로운 주제를 들고 다시 찾아왔습니다. 단순 비교는 할 수 없지만, 이번 편은 더 짜임새 있게 조직되었으며 세련미가 더해졌습니다. 그리고 여전히 쉽고 친절합니다.

그리고 원고를 검토해주신 여러 리뷰어 분들 덕에 헷갈리거나 아쉬운 부분을 상당히 보강할 수 있었습니다. 어려운 시간 내주신 윤영선 교수님, 박동주 님, 성민석 님, 김선웅 님, 김동성 님, 양민혁 님, 김경수 님 모두께 독자 분들을 대신해 감사드립니다. 특히 감수해주시듯 꼼꼼하고 깊이 있는 조언을 주신 윤영선 교수님의 기여로, 이번에도 원서보다 나은 번역서가 되었다고 조심스럽게 주장해봅니다.

물론 다루는 내용이 전편과 다르고 전편보다 더 깊이 들어가기 때문에 살짝 더 어렵습니다. 하지만 전편을 무리 없이 독파하신 분이나 전편이 어려웠더라도 그동안 경험을 더 쌓으신 분은 이번 책도 어렵지 않게 따라오실 겁니다. 특히 원리를 직관적으로 보여주는 그림들이 많이 준비돼 있어서, 꼭 코드 수준에서 다 분석하며 따라오지 않아도 개념을 이해하는 데는 문제없을 겁니다. 물론 '밑바닥부터' 만들어본다는 책 취지에 동감한다면 조금 느리더라도 직접 코딩하고 돌려보기를 바랍니다.

이 책은 '자연어 처리'를 다루지만, 본질적으로는 순환 신경망(RNN)을 활용한 '시계열 데이터 처리'를 배우게 됩니다. 실제로 "164+57=" 같은 덧셈을 학습시키는 예제도 등장한답니다. 호기심이 살짝 커졌겠죠? 긴 말 필요 없이, 지금 바로 뛰어들어 경험해봅시다!

> *내가 만들어낼 수 없다면, 난 그것을 이해하지 못한 것이다.*
>
> *— 리처드 파인만*

딥러닝이 세계를 크게 변화시키고 있습니다. 스마트폰의 음성 인식도, 웹의 실시간 번역도, 환율 예측도 이제 딥러닝을 빼고는 말할 수 없습니다. 신약 개발, 환자 진단, 자율주행 자동차도 딥러닝 덕분에 현실이 되고 있습니다. 이밖에도 첨단 기술 뒤에는 거의 딥러닝이 숨어 있습니다. 그리고 앞으로도 딥러닝으로 세계는 더욱 전진할 것입니다.

이 책은 『밑바닥부터 시작하는 딥러닝』 1편에 이어 계속 딥러닝 기술을 다룹니다. 특히 이번에는 자연어 처리와 시계열 데이터 처리에 초점을 맞춰 딥러닝을 사용해 다양한 문제에 도전합니다. 그리고 전편과 똑같이 '밑바닥부터 만든다'는 기치 아래, 딥러닝을 활용한 고급 기술들을 차분히 만끽해갈 것입니다.

이 책의 특징

저는 딥러닝과 같은 고도의 기술을 더 깊이 이해하려면 '밑바닥부터 만들어보는 경험'이 중요하다고 생각합니다. 여기서 '밑바닥부터'라 함은 자신이 이해할 수 있는 지점부터 시작하며, 되도록 기존의 외부 라이브러리나 도구를 사용하지 않고 목표하는 기술을 완성한다는 뜻입니다. 이러한 경험을 통해서 피상적이 아닌, 제대로 딥러닝에 정통한 것! 그것이 이 책의 지향점입니다.

기술을 깊게 이해하려면, 결국에는 그 기술을 만들 수 있을 만큼의 지식과 기량이 필요합니다. 이 책에서는 딥러닝을 밑바닥부터 만듭니다. 이를 위해 다양한 코드를 작성해가며 여러 가지 실험을 수행합니다. 시간이 걸리는 작업이고, 때때로 골치를 썩이는 일도 있겠지요. 그러나 오히려 이러한 과정에야말로 기술을 깊게 이해하는 데 중요한 핵심이 많이 담겨 있답니다. 이렇게 얻은 지식은 기존 라이브러리를 사용하거나 최첨단 논문을 읽을 때, 혹은 오리지널 시스템을 만드는 데도 반드시 도움이 될 것입니다. 그리고 무엇보다 딥러닝의 구조와 원리를 하나씩 풀면서 이해한다는 것 자체가 순수하게 즐거운 경험입니다.

자연어 처리의 세계로

이 책의 주요 주제는 딥러닝을 활용한 자연어 처리입니다. 자연어 처리란, 간단히 말해 우리가 평소 말하는 언어를 컴퓨터가 이해하도록 만드는 기술입니다. 매우 어려운 문제인 동시에 중요한 주제이기도 합니다. 실제로 이 자연어 처리 기술 덕에 우리의 생활은 크게 바뀌었습니다. 웹 검색, 기계 번역, 음성 비서 등 세상에 큰 영향을 준 기술의 근간에는 자연어 처리가 활용되고 있습니다.

이처럼 우리 생활에 빠뜨릴 수 없는 자연어 처리 기술 분야에도 딥러닝은 지극히 중요한 위치를 차지하고 있습니다. 사실 딥러닝 덕에 지금까지의 자연어 처리 성능이 크게 향상됐습니다. 예를 들어 구글의 기계 번역이 딥러닝 기법을 적용해 큰 진전을 이뤘다는 소식을 들은 기억이 생생할 것입니다.

이 책에서는 자연어 처리와 시계열 데이터 처리에 초점을 맞춰 딥러닝에서 중요한 기술들을 배웁니다. 구체적으로는 word2vec과 RNN, LSTM과 GRU, seq2seq와 어텐션 같은 기술입니다. 이 기술들을 가능한 한 쉬운 말로 설명하고 실제로 만들어보면서 확실한 내 것이 되도록 안내합니다. 독자분들은 직접 실험해보며 그 가능성을 몸소 느껴주셨으면 합니다.

이 책은 딥러닝을 중심으로 자연어 처리를 탐험하는 모험 책입니다. 총 8장으로 구성했으며 전체가 하나의 이야기처럼 처음부터 순서대로 읽도록 꾸몄습니다. 문제가 가로막고, 그것을 해결하는 새로운 기법을 떠올리고, 한층 더 개선합니다. 이런 흐름으로 다양한 자연어 처리 문제를 딥러닝이라는 무기를 휘둘러 하나씩 해결해 나가겠습니다. 그리고 여러분은 이 모험을 함께하며 딥러닝의 중요 기법들을 높은 수준으로 습득해, 그 재미를 온전히 느껴주셨으면 합니다.

누구를 위한 책인가?

이 책은 『밑바닥부터 시작하는 딥러닝』 시리즈의 두 번째 편으로, 전편에서 배운 지식을 토대로 합니다. 하지만 전편의 내용을 요약한 신경망 복습을 첫 장에 배치하여, 신경망과 파이썬 지식을 어느 정도 갖춘 분이라면 전편을 읽지 않았더라도 무리 없이 따라올 수 있도록 배려했습니다.

딥러닝을 깊이 이해하기 위해 이 책도 전편과 똑같이 '만든다'와 '동작시켜본다'에 중점을 두어 이야기를 풀어갑니다. '모르는 것은 쓰지 않는다', '이해한 것만 사용한다'라는 자세로 딥러닝의 세계를, 그리고 자연어 처리의 세계를 탐색해갈 것입니다. '누구를 위한 책인가'를 더 명확하게 하기 위해 이 책에서 수행하는 것과 이 책의 특징을 적어봤습니다.

- 외부 라이브러리에 의지하지 않고, 밑바닥부터 딥러닝 프로그램을 구현합니다.
- 자연어 처리와 시계열 데이터 처리에 사용하는 딥러닝 기술에 초점을 맞춥니다.
- 실제로 동작하는 파이썬 소스 코드와 독자가 직접 실습해볼 수 있는 학습 환경을 제공합니다.
- 가능한 한 쉬운 말로, 명확한 그림을 많이 동원하여 설명합니다.
- 수식도 사용하지만 그 이상으로 소스 코드에 기초한 설명을 중시합니다.
- '왜 그 기법이 뛰어난가?', '왜 그 방식이 먹히는가?', '왜 그것이 문제인가?' 등 '왜'를 소중히 합니다.

다음은 이 책에서 배우는 기술들입니다.

- 파이썬을 이용한 텍스트 처리
- 딥러닝 등장 이전의 단어 표현 방법
- 단어 벡터를 얻기 위한 word2vec(CBOW 모델과 skip-gram 모델)
- 대규모 데이터의 학습을 고속화하는 네거티브 샘플링
- 시계열 데이터를 처리하는 RNN, LSTM, GRU
- 시계열 데이터의 오차역전파법인 BPTT
- 문장을 생성하는 신경망
- 시계열 데이터를 다른 시계열 데이터로 변환하는 seq2seq
- 중요 정보에 주목하는 어텐션

이 책에서는 이러한 기술을 친절하고 알기 쉽게 설명하고, 구현 수준까지 습득할 수 있게끔 이 야기를 풀어갑니다. 나아가 이러한 기술을 단순히 사실들만을 나열하지 않고, 마치 하나의 잘 짜여진 이야기처럼 연결해 설명했습니다.

누구를 위한 책이 아닌가?

'누구를 위한 책이 아닌가'도 중요하다고 생각합니다. 다음은 이 책에서 다루지 않는 주제입니다.

- 딥러닝 분야의 최신 연구에 대해서는 자세한 다루지 않습니다.
- 카페[Caffe], 텐서플로[TensorFlow], 체이너[Chainer] 등 딥러닝 프레임워크 사용법은 설명하지 않습니다.
- 딥러닝 이론을 아주 상세한 수준까지는 담지 않았습니다.
- 이 책은 주로 자연어 처리를 다룹니다. 영상, 음성, 강화 학습 등의 주제는 다루지 않습니다.

이처럼 이 책은 최신 연구나 아주 자세한 이론은 다루지 않습니다. 그러나 이 책을 읽고 나면, 그 다음 단계로 최신 논문과 자연어 처리 관련 최첨단 기법을 학습하기가 한결 수월해질 것입니다.

구현 환경

이 책의 예제 소스는 파이썬 3로 작성했습니다. 소스 코드를 이용하면 여러분의 컴퓨터에서 직접 구동해볼 수 있습니다. 코드를 읽으면서 생각해보고, 자신의 아이디어대로 코드를 수정해 시험해보세요. 그러면 지식을 더 확실하게 자기 것으로 만들 수 있습니다. 덧붙여 이 책에서 사용하는 소스 코드는 다음 깃허브 저장소에서 받을 수 있습니다.

- https://github.com/WegraLee/deep-learning-from-scratch-2

이 책의 목표는 딥러닝을 밑바닥부터 구현하는 것입니다. 그래서 외부 라이브러리는 가능한 한 사용하지 않는 것이 기본 방침입니다만, 다음 두 라이브러리는 예외로 하겠습니다. 하나는 넘파이[numpy], 다른 하나는 맷플롯립[matplotlib]입니다. 이 두 라이브러리를 사용하는 이유는 딥러닝을 효율적으로 구현하기 위해서입니다.

넘파이는 수치 계산용 라이브러리입니다. 넘파이에는 고도의 수학 알고리즘과 배열(행렬)을 조작하기 위한 편의 메서드가 많이 준비되어 있습니다. 이 메서드들을 이용하면 이 책의 딥러닝 구현을 훨씬 효율적으로 진행할 수 있습니다.

맷플롯립은 그래프를 그려주는 라이브러리입니다. 맷플롯립을 이용하면 실험 결과를 시각화하거나 딥러닝 학습 과정을 시각적으로 확인할 수 있습니다. 이 책에서는 이 두 라이브러리를 사용해 딥러닝 알고리즘을 구현해갈 것입니다.

덧붙여 이 책의 소스 코드 대부분은 일반적인 PC로도 빠르게 실습할 수 있도록 배려했습니다. 그러나 일부 코드는, 특히 큰 신경망의 학습은 시간이 오래 걸릴 수밖에 없습니다. 그래서 이처럼 시간이 걸리는 처리를 빠르게 수행하기 위해 GPU를 활용할 수 있는 코드(구조)도 함께 실었습니다. GPU 활용에는 쿠파이^{CuPy} 라이브러리를 사용합니다(쿠파이에 관해서는 '1장. 신경망의 복습'에서 설명합니다). 엔비디아^{NVIDIA} GPU를 장착한 컴퓨터를 사용하는 독자는 쿠파이를 설치하면 이 책의 해당 예제 코드를 GPU에서 고속으로 처리할 수 있습니다.

> **NOTE_** 이 책에서는 아래와 같은 프로그래밍 언어와 라이브러리를 사용합니다.
> - 파이썬 3
> - 넘파이
> - 맷플롯립
> - 쿠파이 (선택사항)

다시 만드는 여행으로

기술이 발달하고 무엇이든 쉽게 복제하는 시대가 되었습니다. 사진도 동영상도 소스 코드도 라이브러리도 모두 쉽게 복제할 수 있는 편리한 세상입니다. 하지만 아무리 기술이 발달하고 생활이 편리해져도 경험은 복제할 수 없습니다. 손가락을 움직여 만들고 시간을 들여 생각해보는 경험은 결코 복제할 수 없습니다. 이런 복제할 수 없는 것이야말로 어느 시대에서나 변함없는 가치를 지닐 것입니다.

이것으로 서론은 끝입니다. 그럼 딥러닝을 만드는 여행을 다시 시작해볼까요?!

감사의 말

이 책이 존재할 수 있는 것은 지금까지 딥러닝과 인공지능, 나아가 자연과학을 연구해온 위대한 선인들이 있었기 때문입니다. 우선 그 분들에게 감사의 말씀을 드립니다. 그리고 제 주변 사람들의 지지와 협력에도 진심으로 감사드립니다. 그들은 직설적으로, 때론 간접적으로 저를 격려해주었습니다. 고맙습니다.

이 책을 집필하면서는 '공개 리뷰'라는 새로운 방식을 시도했습니다. 책의 원고를 웹에 공개하고, 누구나 열람하고 댓글을 남길 수 있도록 했습니다. 그 결과, 불과 1개월 정도의 리뷰 기간에 1,500건이 넘는 유용한 피드백을 받았습니다. 리뷰에 참여하신 분들께도 진심으로 감사를 드립니다. 이 책이 더욱 다듬어질 수 있었던 것은 틀림없이 그러한 리뷰어 분들의 도움 덕분입니다. 정말 감사합니다. 당연하지만, 여전히 미비한 점이나 잘못된 부분은 모두 제 책임이며, 리뷰어 분들께는 전혀 책임이 없습니다.

마지막으로, 이 책이 존재하는 것은 전 세계 사람들 덕분입니다. 저는 이름 모를 많은 사람으로부터 매일 영향을 받으며 살고 있습니다. 누군가 한 사람만 없었어도 이런 책은 (적어도 지금 상태 그대로는) 존재하지 않았을 것입니다. 제 주변 자연에도 똑같이 말할 수 있습니다. 강과 나무에, 땅과 하늘에 제 일상이 있습니다. 이름 없는 사람께, 이름 없는 자연에 진심으로 감사드립니다.

2018년 6월 1일
사이토 고키

CONTENTS

CHAPTER **1 신경망 복습**

CHAPTER **2** 자연어와 단어의 분산 표현

CONTENTS

CHAPTER 5 순환 신경망(RNN)

CONTENTS

CHAPTER 6 게이트가 추가된 RNN

CHAPTER 7 RNN을 사용한 문장 생성

CONTENTS

CHAPTER 8 어텐션

APPENDIX A 시그모이드 함수와 tanh 함수의 미분

APPENDIX B WordNet 맛보기

CONTENTS

신경망 복습

> *한 가지 이상의 방법을 알아내기 전에는*
> *제대로 이해한 것이 아니다.*
> *– 마빈 민스키(컴퓨터과학자이자 인지과학자)*

이 책은 『밑바닥부터 시작하는 딥러닝』 시리즈의 두 번째 편으로, 전편에 이어 딥러닝의 가능성을 한층 더 깊게 탐험할 것입니다. 물론 전편과 똑같이, 라이브러리나 프레임워크 등 기존 제품은 사용하지 않고 '밑바닥부터' 만드는 데 초점을 뒀습니다. 직접 만들어보면서 딥러닝 관련 기술의 재미와 깊이를 탐구해봅시다.

이번 장에서는 신경망을 복습합니다. 전편의 내용을 요약한 장이라고 할 수 있겠죠. 한 가지 더, 이 책에서는 효율을 높이고자 전편에서의 구현 규칙을 일부 변경했습니다(예컨대 메서드 이름이나 매개변수를 선언하는 규칙 등). 달라진 점도 이번 장에서 확인해보겠습니다.

1.1 수학과 파이썬 복습

먼저 수학부터 복습해봅시다. 정확하게는 신경망 계산에 필요한 '벡터^{vector}'나 '행렬^{matrix}' 등에 관한 이야기입니다. 또, 신경망을 원활하게 구현하기 위한 파이썬 코드, 특히 넘파이를 사용한 코드도 되새겨볼 것입니다.

1.1.1 벡터와 행렬

신경망에서는 '벡터'와 '행렬'(또는 '텐서tensor')이 도처에서 등장합니다. 그러니 먼저 이 용어들을 가볍게 정리하여 이 책을 읽어나가기 위한 준비를 해봅시다.

'벡터'부터 시작해보죠. 벡터는 크기와 방향을 가진 양▪입니다. 벡터는 숫자가 일렬로 늘어선 집합으로 표현할 수 있으며, 파이썬에서는 1차원 배열로 취급할 수 있습니다. 그에 반해 '행렬'은 숫자가 2차원 형태(사각형 형상)로 늘어선 것입니다. [그림 1-1]에서 벡터와 행렬의 예를 살펴보죠.

그림 1-1 벡터와 행렬의 예

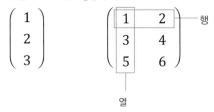

[그림 1-1]처럼 벡터는 1차원 배열로, 행렬은 2차원 배열로 표현할 수 있습니다. 또 행렬에서는 가로줄을 행row이라 하고, 세로줄을 열column이라 합니다. 그래서 [그림 1-1]의 행렬은 '3행 2열의 행렬'이라 하고 '3×2 행렬'이라고 씁니다.

> NOTE_ 벡터와 행렬을 확장하여 숫자 집합을 N차원으로 표현한 것도 생각할 수 있습니다. 이를 일반적으로 텐서라고 합니다.

벡터는 단순한 개념이지만 이를 표현하는 방법이 두 가지이므로 주의해야 합니다. 하나는 숫자들을 세로로 나열하는 방법(열벡터)이고, 다른 하나는 가로로 나열하는 방법(행벡터)입니다.

그림 1-2 벡터의 표현법

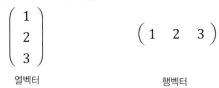

수학과 딥러닝 등 많은 분야에서 '열벡터' 방식을 선호하지만, 이 책에서는 구현 편의를 고려해 '행벡터'로 다루겠습니다(매번 행벡터임을 명시합니다). 또한 수식에서의 벡터나 행렬은 $\mathbf{x}$와 $\mathbf{W}$처럼 굵게 표기하여 단일 원소로 이뤄진 스칼라 값과 구별했습니다(소스 코드에서의 변수를 가리키는 x와 W는 일반 글꼴로 표기했습니다).

> **WARNING_** 파이썬으로 구현할 때 벡터를 '행벡터'로 취급할 경우, 벡터를 가로 방향 '행렬'로 변환해 사용하면 명확해집니다. 예컨대 원소 수가 N개인 벡터라면 $1 \times N$ 형상의 행렬로 처리합니다. 구체적인 예는 나중에 살펴보겠습니다.

그럼 파이썬을 대화형 모드로 실행하고 벡터와 행렬을 생성해봅시다. 물론 여기에서는 행렬을 취급할 때의 단골 라이브러리인 넘파이를 이용합니다.

```
>>> import numpy as np

>>> x = np.array([1, 2, 3])
>>> x.__class__          # 클래스 이름 표시
<class 'numpy.ndarray'>
>>> x.shape
(3,)
>>> x.ndim
1

>>> W = np.array([[1, 2, 3], [4, 5, 6]])
>>> W.shape
(2, 3)
>>> W.ndim
2
```

이 코드에서 보듯 벡터와 행렬은 np.array() 메서드로 생성할 수 있습니다. 이 메서드는 넘파이의 다차원 배열 클래스인 np.ndarray 클래스를 생성합니다. np.ndarray 클래스에는 다양한 편의 메서드와 인스턴스 변수가 준비되어 있으며, 앞의 예에서는 인스턴스 변수 중 shape와 ndim을 이용했습니다. shape는 다차원 배열의 형상을, ndim은 차원 수를 담고 있습니다. 앞의 결과를 보면 x는 1차원 배열이며 원소 수가 3개인 벡터임을 알 수 있습니다. 그리고 W는 2차원 배열이며, 2×3(2행 3열) 행렬임을 알 수 있습니다.

1.1.2 행렬의 원소별 연산

앞에서는 수의 집합을 벡터나 행렬로 표현하는 방법을 알아봤습니다. 이번에는 이렇게 표현한 벡터와 행렬을 사용해 간단한 계산을 해봅시다. 먼저 '원소별element-wise 연산'을 살펴보시죠.

```
>>> W = np.array([[1, 2, 3], [4, 5, 6]])
>>> X = np.array([[0, 1, 2], [3, 4, 5]])
>>> W + X
array([[ 1,  3,  5],
       [ 7,  9, 11]])
>>> W * X
array([[ 0,  2,  6],
       [12, 20, 30]])
```

다차원 넘파이 배열의 사칙연산 중 더하기(+)와 곱하기(*)를 해보았습니다. 이렇게 하면 피연산자인 다차원 배열들에서 서로 대응하는 원소끼리(각 원소가 독립적으로) 연산이 이뤄집니다. 이것이 넘파이 배열의 '원소별 연산'입니다.

1.1.3 브로드캐스트

넘파이의 다차원 배열에서는 형상이 다른 배열끼리도 연산할 수 있습니다. 예컨대 다음과 같은 계산이 가능합니다.

```
>>> A = np.array([[1, 2], [3, 4]])
>>> A * 10
array([[10, 20],
       [30, 40]])
```

이 계산에서는 2×2 행렬 A에 10이라는 스칼라 값을 곱했습니다. 이렇게 하면 [그림 1-3]처럼 스칼라 값 10이 2×2 행렬로 확장된 후에 원소별 연산을 수행합니다. 이 영리한 기능을 브로드캐스트broadcast라 합니다.

그림 1-3 브로드캐스트의 예: 스칼라 값인 10이 2×2 행렬로 처리된다.

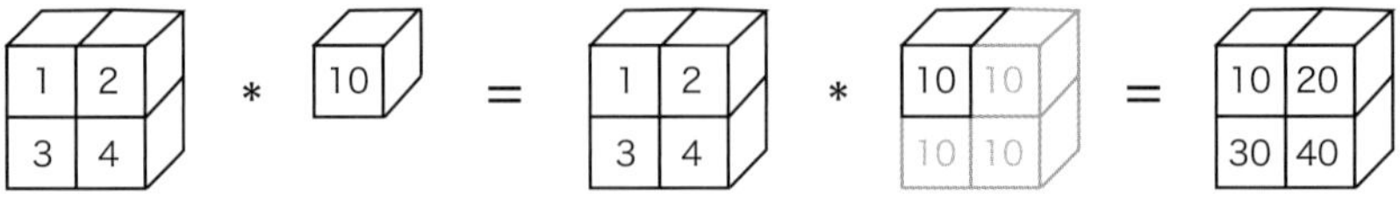

브로드캐스트의 또 다른 예로 다음 계산을 살펴봅시다.

```
>>> A = np.array([[1, 2], [3, 4]])
>>> b = np.array([10, 20])
>>> A * b
array([[10, 40],
       [30, 80]])
```

이 계산에서는 [그림 1-4]처럼 1차원 배열인 b가 2차원 배열 A와 형상이 같아지도록 '영리하게' 확장됩니다.

그림 1-4 브로드캐스트의 예 2

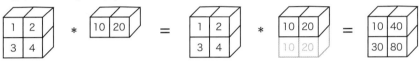

이처럼 넘파이는 브로드캐스트라는 기능을 제공하여 형상이 다른 배열끼리의 연산을 영리하게 수행할 수 있습니다.

> **WARNING_** 넘파이의 브로드캐스트가 효과적으로 동작하려면 다차원 배열의 형상이 몇 가지 규칙을 충족해야 합니다. 브로드캐스트의 자세한 규칙은 문헌 [1]을 참고하세요.

1.1.4 벡터의 내적과 행렬의 곱

계속해서 '벡터의 내적'과 '행렬의 곱셈'에 관해 살펴보겠습니다. 우선은 벡터의 내적으로, 수식으로는 다음과 같습니다.

$$\mathbf{x} \cdot \mathbf{y} = x_1 y_1 + x_2 y_2 + \cdots + x_n y_n \qquad \text{[식 1.1]}$$

여기에서는 2개의 벡터 $\mathbf{x} = (x_1, \cdots, x_n)$과 $\mathbf{y} = (y_1, \cdots, y_n)$이 있다고 가정합니다. 그리고 [식 1.1]에서 보듯, 벡터의 내적은 두 벡터에서 대응하는 원소들의 곱을 모두 더한 것입니다.

계속해서 '행렬의 곱'도 살펴보겠습니다. 행렬의 곱은 [그림 1-5]의 순서로 계산합니다.

그림 1-5 행렬의 곱셈 방법

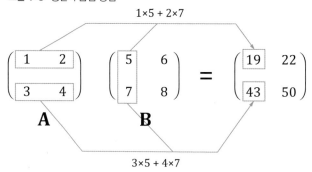

[그림 1-5]처럼 행렬의 곱은 '왼쪽 행렬의 행벡터(가로 방향)'와 '오른쪽 행렬의 열벡터(세로 방향)'의 내적(원소별 곱의 합)으로 계산합니다. 그리고 계산 결과는 새로운 행렬의 대응하는 원소에 저장되죠. 예를 들어 **A**의 1행과 **B**의 1열의 계산 결과는 1행 1열 위치의 원소가 되고, **A**의 2행과 **B**의 1열의 계산 결과는 2행 1열 위치의 원소가 되는 식입니다.

그럼 벡터의 내적과 행렬의 곱을 파이썬으로 구현해봅시다. 넘파이의 np.dot()과 np.matmul() 메서드를 이용하면 쉽게 구현할 수 있습니다.

```
# 벡터의 내적
>>> a = np.array([1, 2, 3])
>>> b = np.array([4, 5, 6])
>>> np.dot(a, b)
32

# 행렬의 곱
>>> A = np.array([[1, 2], [3, 4]])
>>> B = np.array([[5, 6], [7, 8]])
>>> np.matmul(A, B)
array([[19, 22],
       [43, 50]])
```

사실 벡터의 내적과 행렬의 곱 모두에 np.dot()을 사용할 수 있습니다. np.dot(x, y)의 인수가 모두 1차원 배열이면 벡터의 내적을 계산하고, 2차원 배열이면 행렬의 곱을 계산합니다. 다만, 가능하면 둘을 구분하여 코드의 논리와 의도를 명확히 해주는 게 좋습니다.

np.dot()과 np.matmul() 외에도 넘파이에는 행렬 계산을 도와주는 편의 메서드가 많이 준비되어 있습니다. 그 메서드들을 잘 다루면 신경망 구현도 막힘없이 진행할 수 있을 것입니다.

NOTE_ **배우기보다 익숙해져라**
넘파이를 익히는 데는 실제로 코딩해보며 연습해보는 방법이 가장 좋습니다. 넘파이 경험을 쌓고 싶은 분께는 '100 numpy exercises' 사이트[역]를 추천합니다. 넘파이 연습 문제가 100개나 있으니 꼭 도전해보세요.

1.1.5 행렬 형상 확인

행렬이나 벡터를 사용해 계산할 때는 그 '형상^{shape}'에 주의해야 합니다. 이번 절에서는 '행렬의 곱'을 형상에 주목해 다시 확인해보려 합니다. 행렬 곱의 계산 순서는 앞서 설명했습니다만, 이때 [그림 1-6]처럼 '형상 확인'이 중요합니다.

그림 1-6 형상 확인: 행렬의 곱에서는 대응하는 차원의 원소 수를 일치시킨다.

[그림 1-6]은 3×2 행렬 **A**와 2×4 행렬 **B**를 곱하여 3×4 행렬 **C**를 만드는 예입니다. 이때 이 그림처럼 행렬 **A**와 **B**가 대응하는 차원의 원소 수 같아야 합니다. 그리고 결과로 만들어진 행렬 **C**의 형상은 **A**의 행 수와 **B**의 열 수가 됩니다. 이것이 행렬의 '형상 확인'입니다.

NOTE_ 행렬의 곱 등 행렬을 계산할 때는 형상 확인이 중요합니다. 그래야 신경망 구현을 부드럽게 진행할 수 있습니다.

1.2 신경망의 추론

이제 신경망을 복습할 차례입니다. 신경망에서 수행하는 작업은 두 단계로 나눌 수 있습니다. 바로 '학습'과 '추론'이죠. 이번 절에서는 신경망 '추론'에 집중하고, '학습'은 다음 절에서 다루겠습니다.

1.2.1 신경망 추론 전체 그림

신경망은 간단히 말하면 단순한 '함수'라 할 수 있습니다. 함수란 무엇인가를 입력하면 무엇인가를 출력하는 변환기죠. 다시 말해 신경망도 함수처럼 입력을 출력으로 변환합니다.

이번 절에서는 2차원 데이터를 입력하여 3차원 데이터를 출력하는 함수를 예로 들겠습니다. 이 함수를 신경망으로 구현하려면 **입력층**^{input layer}에는 뉴런 2개를, **출력층**^{output layer}에는 3개를 각각 준비합니다. 그리고 **은닉층**^{hidden layer}(혹은 **중간층**)에도 적당한 수의 뉴런을 배치합니다. 이번 예에는 은닉층에 뉴런 4개를 두기로 합시다. 그러면 우리의 신경망은 [그림 1-7]처럼 그릴 수 있습니다.

그림 1-7 신경망의 예

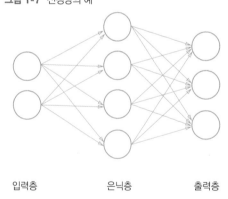

입력층   은닉층   출력층

[그림 1-7]에서는 뉴런을 〇로, 그 사이의 연결을 화살표로 나타냈습니다. 이때 화살표에는 **가중치**^{weight}가 존재하여, 그 가중치와 뉴런의 값을 각각 곱해서 그 합이 다음 뉴런의 입력으로 쓰입니다(정확하게는 그 합에 활성화 함수^{activation function}를 적용한 값이 다음 뉴런의 입력이 됩니다). 또, 이때 각 층에서는 이전 뉴런의 값에 영향받지 않는 '정수'도 더해집니다. 이 정수는

편향bias이라고 합니다. 덧붙여 [그림 1-7]의 신경망은 인접하는 층의 모든 뉴런과 연결(화살표로 이어짐)되어 있다는 뜻에서 **완전연결계층**fully connected layer이라고 합니다.

그림 [그림 1-7]의 신경망이 수행하는 계산을 수식으로 나타내봅시다. 여기에서는 입력층의 데이터를 (x_1, x_2)로 쓰고, 가중치는 w_{11}과 w_{21}으로, 편향은 b_1으로 쓰겠습니다. 그러면 [그림 1-7]의 은닉층 중 첫 번째 뉴런은 다음과 같이 계산할 수 있습니다.

$$h_1 = x_1 w_{11} + x_2 w_{21} + b_1$$ [식 1.2]

[식 1.2]와 같이 은닉층의 뉴런은 가중치의 합으로 계산됩니다. 이런 식으로 가중치와 편향의 값을 바꿔가며 [식 1.2]의 계산을 뉴런의 수만큼 반복하면 은닉층에 속한 모든 뉴런의 값을 구할 수 있지요.

가중치와 편향에는 첨자(인덱스)가 붙습니다. 이 첨자를 붙이는 규칙('11'이나 '12' 등을 어떻게 설정하느냐 하는 규칙)은 중요하지 않습니다. 중요한 것은 그것이 '가중치 합'으로 계산된다는 것, 그리고 그 값은 행렬의 곱으로 한꺼번에 계산할 수 있다는 사실입니다. 실제로 완전연결계층이 수행하는 변환은 행렬의 곱을 이용해 다음처럼 정리해 쓸 수 있습니다.

$$(h_1, h_2, h_3, h_4) = (x_1, x_2) \begin{pmatrix} w_{11} & w_{12} & w_{13} & w_{14} \\ w_{21} & w_{22} & w_{23} & w_{24} \end{pmatrix} + (b_1, b_2, b_3, b_4)$$ [식 1.3]

여기에서 은닉층의 뉴런들은 (h_1, h_2, h_3, h_4)로 정리되며, 1×4 행렬로 간주할 수 있습니다(혹은 '행벡터'로 취급합니다). 또 입력 (x_1, x_2)는 1×2 행렬이며, 가중치는 2×4 행렬, 편향은 1×4 행렬에 대응합니다. 그러면 [식 1.3]은 다음처럼 간소화할 수 있습니다.

$$\mathbf{h} = \mathbf{xW} + \mathbf{b}$$ [식 1.4]

여기서 $\mathbf{x}$는 입력, $\mathbf{h}$는 은닉층의 뉴런, $\mathbf{W}$는 가중치, $\mathbf{b}$는 편향을 뜻합니다. 이 기호 각각은 모두 행렬입니다. 그리고 [식 1.4]의 각 행렬의 형상을 잘 보면 [그림 1-8]처럼 변환된다는 사실을 알 수 있죠.

그림 1-8 형상 확인: 대응하는 차원의 원소 수가 일치함(편향은 생략)

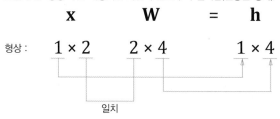

[그림 1-8]에서 보듯, 행렬의 곱에서는 대응하는 차원의 원소 수가 일치해야 합니다. 이처럼 행렬의 형상을 살펴보면 올바른 변환인지를 확인할 수 있습니다.

> **NOTE_** 행렬의 곱 계산에서는 행렬의 형상 확인이 중요합니다. 형상을 보면 그 계산이 올바른 계산인지, 적어도 계산이 성립하는지 여부를 확인할 수 있습니다.

이것으로 완전연결계층에 의한 변환을 행렬로 정리하고 계산해봤습니다. 그런데 지금까지 수행한 변환은 하나의 샘플 데이터(입력 데이터)만을 대상으로 했습니다. 하지만 신경망의 추론이나 학습에서는 다수의 샘플 데이터(미니배치^minibatch*)를 한꺼번에 처리합니다. 이렇게 하려면 행렬 **x**의 행 각각에 샘플 데이터를 하나씩 저장해야 합니다. 예컨대 N개의 샘플 데이터를 미니배치로 한꺼번에 처리한다면 [그림 1-9]처럼 됩니다(행렬의 형상에 주목).

그림 1-9 형상 확인: 미니배치 버전의 행렬 곱(편향은 생략)

---

* 옮긴이_ 전체 데이터를 작은 그룹으로 나눠 그룹 단위로 반복 학습하는 방식을 미니배치 학습이라 하며, 이때 각각의 그룹을 미니배치라 합니다. 이 책에서의 신경망 학습은 기본적으로 미니배치 방식을 가정합니다.

[그림 1-9]와 같이 형상 확인을 통해 각 미니배치가 올바르게 변환되었는지를 알 수 있습니다. 이때 *N*개의 샘플 데이터가 한꺼번에 완전연결계층에 의해 변환되고, 은닉층에는 *N*개 분의 뉴런이 함께 계산됩니다. 자, 그럼 완전연결계층에 의한 변환의 미니배치 버전을 파이썬으로 구현해봅시다.

```
>>> import numpy as np
>>> W1 = np.random.randn(2, 4)    # 가중치
>>> b1 = np.random.randn(4)       # 편향
>>> x = np.random.randn(10, 2)    # 입력
>>> h = np.matmul(x, W1) + b1
```

이 예에서는 10개의 샘플 데이터 각각을 완전연결계층으로 변환시켰습니다. 이때 x의 첫 번째 차원이 각 샘플 데이터에 해당합니다. 예컨대 x[0]는 0번째 입력 데이터, x[1]은 첫 번째 입력 데이터가 되는 식입니다. 마찬가지로 h[0]는 0번째 데이터의 은닉층 뉴런, h[1]은 1번째 데이터의 은닉층 뉴런이 저장됩니다.

WARNING_ 이 코드의 마지막 줄에서 편향 b1의 덧셈은 브로드캐스트됩니다. b1의 형상은 (4,)이지만 자동으로 (10, 4)로 복제되는 것이죠.

그런데 완전연결계층에 의한 변환은 '선형' 변환입니다. 여기에 '비선형' 효과를 부여하는 것이 바로 활성화 함수입니다. 더 정확하게 말하면, 비선형 활성화 함수를 이용함으로써 신경망의 표현력을 높일 수 있습니다. 활성화 함수는 아주 다양합니다만, 여기에서는 [식 1.5]의 **시그모이드 함수**sigmoid function를 사용하기로 하죠.

$$\sigma(x) = \frac{1}{1 + \exp(-x)}$$ [식 1.5]

시그모이드 함수는 [그림 1-10]과 같은 알파벳 'S'자 모양의 곡선 함수입니다.

그림 1-10 시그모이드 함수의 그래프

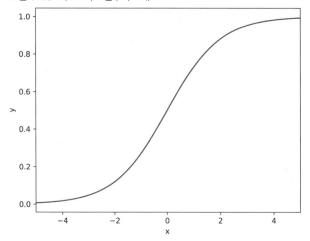

시그모이드 함수는 임의의 실수를 입력받아 0에서 1 사이의 실수를 출력합니다. 곧바로 이 시그모이드 함수를 파이썬으로 구현해보겠습니다.

```python
def sigmoid(x):
    return 1 / (1 + np.exp(-x))
```

[식 1.5]를 그대로 구현한 코드이니 특별히 어려운 점은 없을 겁니다. 이 시그모이드 함수를 사용하여 방금 전의 은닉층 뉴런을 변환하겠습니다.

```python
>>> a = sigmoid(h)
```

이로써 시그모이드 함수에 의해 비선형 변환이 가능했습니다. 계속해서 이 활성화 함수의 출력인 a (이를 **활성화**^{activation}라고 합니다)를 또 다른 완전연결계층에 통과시켜 변환합니다. 지금 예에서는 은닉층의 뉴런은 4개, 출력층의 뉴런은 3개이므로 완전연결계층에 사용되는 가중치 행렬은 4×3 형상으로 설정해야 합니다. 이것으로 출력층의 뉴런을 얻을 수 있습니다. 이상이 신경망의 추론입니다. 그럼 지금까지의 이야기를 종합해 파이썬으로 작성해볼까요?

```python
import numpy as np

def sigmoid(x):
    return 1 / (1 + np.exp(-x))
```

```
x = np.random.randn(10, 2)
W1 = np.random.randn(2, 4)
b1 = np.random.randn(4)
W2 = np.random.randn(4, 3)
b2 = np.random.randn(3)

h = np.matmul(x, W1) + b1
a = sigmoid(h)
s = np.matmul(a, W2) + b2
```

여기에서 x의 형상은 (10, 2)입니다. 2차원 데이터 10개가 미니배치로 처리된다는 뜻이죠. 그리고 최종 출력인 s의 형상은 (10, 3)이 됩니다. 다시 말하지만, 이것은 10개의 데이터가 한꺼번에 처리되었고, 각 데이터는 3차원 데이터로 변환되었다는 뜻입니다.

그런데 이 신경망은 3차원 데이터를 출력합니다. 따라서 각 차원의 값을 이용하여 3 클래스 분류를 할 수 있습니다. 이 경우, 출력된 3차원 벡터의 각 차원은 각 클래스에 대응하는 '점수score'가 됩니다(첫 번째 뉴런이 첫 번째 클래스, 두 번째 뉴런이 두 번째 클래스, …). 실제로 분류를 한다면 출력층에서 가장 큰 값을 내뱉는 뉴런에 해당하는 클래스가 예측 결과가 되는 것이죠.

> **NOTE_** 점수란 '확률'이 되기 전의 값입니다. 점수가 높을수록 그 뉴런에 해당하는 클래스의 확률도 높아집니다. 덧붙여 (나중에 설명합니다만) 점수를 소프트맥스 함수softmax function에 입력하면 확률을 얻을 수 있습니다.

이상으로 신경망의 추론을 구현해봤습니다. 다음 절에서는 지금까지 수행한 처리를 하나의 '계층'으로 추상화한 파이썬 클래스를 구현해볼 것입니다.

1.2.2 계층으로 클래스화 및 순전파 구현

그럼 신경망에서 하는 처리를 계층layer으로 구현해봅시다. 여기에서는 완전연결계층에 의한 변환을 Affine 계층으로, 시그모이드 함수에 의한 변환을 Sigmoid 계층으로 구현할 겁니다. 참고로 완전연결계층에 의한 변환은 기하학에서의 아핀affine 변환에 해당하기 때문에 Affine 계층이라고 이름 지었습니다. 또한 각 계층은 파이썬 클래스로 구현하며, 기본 변환을 수행하는 메서드의 이름은 forward()로 하겠습니다.

신경망에는 다양한 계층이 등장하는데, 우리는 이 계층들을 모두 파이썬 클래스로 구현할 겁니다. 이렇게 모듈화를 해두면 레고 블록을 조합하듯 신경망을 구축할 수 있습니다. 이 책에서는 이러한 계층을 구현할 때 다음의 '구현 규칙'을 따르겠습니다.

- 모든 계층은 forward()와 backward() 메서드를 가진다.
- 모든 계층은 인스턴스 변수인 params와 grads를 가진다.

자, 이 구현 규칙을 간단히 설명해보죠. forward()와 backward() 메서드는 각각 순전파와 역전파를 수행합니다. params는 가중치와 편향 같은 매개변수를 담는 리스트입니다(매개변수는 여러 개가 있을 수 있어서 리스트에 보관합니다). 마지막으로 grads는 params에 저장된 각 매개변수에 대응하여, 해당 매개변수의 기울기를 보관하는 리스트입니다(기울기에 관해서는 뒤에서 설명합니다). 이것이 이 책의 '구현 규칙'입니다.

이번 절에서는 순전파만 구현할 것이므로 앞의 구현 규칙 중 다음 두 사항만 적용하겠습니다. 첫째, 각 계층은 forward() 메서드만 가집니다. 둘째, 매개변수들은 params 인스턴스 변수에 보관합니다. 이 구현 규칙에 따라 계층들을 구현해볼까요? 가장 먼저 구현할 계층은 Sigmoid 계층입니다.

ch01/forward_net.py

```python
import numpy as np

class Sigmoid:
    def __init__(self):
        self.params = []

    def forward(self, x):
        return 1 / (1 + np.exp(-x))
```

이와 같이 시그모이드 함수를 클래스로 구현했으며, 주 변환 처리는 forward(x) 메서드가 담당합니다. Sigmoid 계층에는 학습하는 매개변수가 따로 없으므로 인스턴스 변수인 params는 빈 리스트로 초기화합니다. 그럼 계속해서 완전연결계층인 Affine 계층의 구현을 봅시다.

ch01/forward_net.py

```python
class Affine:
    def __init__(self, W, b):
        self.params = [W, b]

    def forward(self, x):
        W, b = self.params
        out = np.matmul(x, W) + b
        return out
```

Affine 계층은 초기화될 때 가중치와 편향을 받습니다. 즉, 가중치와 편향은 Affine 계층의 매개변수이며(이 두 매개변수는 신경망이 학습될 때 수시로 갱신됩니다), 리스트인 params 인스턴스 변수에 보관합니다. 다음으로 forward(x)는 순전파 처리를 구현합니다.

> **NOTE_** 이 책의 예제 코드는 앞의 '구현 규칙'을 따르므로, 모든 계층에는 학습해야 하는 매개변수가 반드시 인스턴스 변수인 params에 존재하게 됩니다. 이 덕분에 신경망의 모든 매개변수를 간단하게 정리할 수 있고, 자연스럽게 매개변수 갱신 작업이나 매개변수를 파일로 저장하는 일이 쉬워집니다.

그러면 앞에서 구현한 계층을 사용해 신경망의 추론 처리를 구현해보죠. [그림 1-11]처럼 구성된 신경망을 구현할 것입니다.

그림 1-11 구현해볼 신경망의 계층 구성

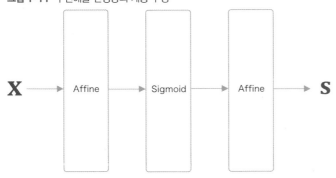

[그림 1-11]에서 보듯, 이번 예에서는 입력 **x**가 Affine 계층, Sigmoid 계층, Affine 계층을 차례로 거쳐 점수인 **s**를 출력하게 됩니다. 이 신경망을 TwoLayerNet이라는 클래스로 추상화하고, 주 추론 처리는 predict(x) 메서드로 구현하겠습니다.

그러면 TwoLayerNet의 구현을 살펴보죠.

ch01/forward_net.py

```python
class TwoLayerNet:
    def __init__(self, input_size, hidden_size, output_size):
        I, H, O = input_size, hidden_size, output_size

        # 가중치와 편향 초기화
        W1 = np.random.randn(I, H)
        b1 = np.random.randn(H)
        W2 = np.random.randn(H, O)
        b2 = np.random.randn(O)

        # 계층 생성
        self.layers = [
            Affine(W1, b1),
            Sigmoid(),
            Affine(W2, b2)
        ]

        # 모든 가중치를 리스트에 모은다.
        self.params = []
        for layer in self.layers:
            self.params += layer.params

    def predict(self, x):
        for layer in self.layers:
            x = layer.forward(x)
        return x
```

이 클래스의 초기화 메서드(__init__)는 먼저 가중치를 초기화하고 3개의 계층을 생성합니다. 마지막으로는 학습해야 할 가중치 매개변수들을 params 리스트에 저장합니다. 모든 계층은 자신의 학습 매개변수들을 인스턴스 변수인 params에 보관하고 있으므로, 이 변수들을 더해주기만 하면 됩니다. 이로써 TwoLayerNet의 params 변수에는 모든 학습 매개변수가 담기게 되었습니다. 이처럼 매개변수들을 하나의 리스트에 보관하면 '매개변수 갱신'과 '매개변수 저장'을 손쉽게 처리할 수 있습니다.

참고로, 파이썬에서 + 연산자는 리스트들을 결합해줍니다. 간단한 예를 보시죠.

```
>>> a = ['A', 'B']
>>> a += ['C', 'D']
>>> a
['A', 'B', 'C', 'D']
```

보다시피 리스트끼리 더하면 리스트들이 결합됩니다. 앞서의 TwoLayerNet 구현에서는 각 계층의 params 리스트를 더해주는 것만으로, 모든 학습 매개변수를 하나의 리스트에 담은 것입니다. 그럼 TwoLayerNet 클래스를 이용해 신경망의 추론을 수행해봅시다.

```
x = np.random.randn(10, 2)
model = TwoLayerNet(2, 4, 3)
s = model.predict(x)
```

이상으로 입력 데이터 x에 대한 점수(s)를 구할 수 있었습니다. 이처럼 계층을 클래스로 만들어두면 신경망을 쉽게 구현할 수 있습니다. 또한 학습해야 할 모든 매개변수가 model.params라는 하나의 리스트에 모여 있으므로, 이어서 설명할 신경망 학습이 한결 수월해집니다.

1.3 신경망의 학습

학습되지 않은 신경망은 '좋은 추론'을 해낼 수 없습니다. 그래서 학습을 먼저 수행하고, 그 학습된 매개변수를 이용해 추론을 수행하는 흐름이 일반적입니다. 추론이란 앞 절에서 본 것 같은 다중 클래스 분류 등의 문제에 답을 구하는 작업입니다. 한편, 신경망의 학습은 최적의 매개변수 값을 찾는 작업입니다. 이번 절에서는 신경망의 학습에 대해 살펴보겠습니다.

1.3.1 손실 함수

신경망 학습에는 학습이 얼마나 잘 되고 있는지를 알기 위한 '척도'가 필요합니다. 일반적으로 학습 단계의 특정 시점에서 신경망의 성능을 나타내는 척도로 **손실**loss을 사용합니다. 손실은 학습 데이터(학습 시 주어진 정답 데이터)와 신경망이 예측한 결과를 비교하여 예측이 얼마나 나쁜가를 산출한 단일 값(스칼라)입니다.

신경망의 손실은 **손실 함수**loss function를 사용해 구합니다. 다중 클래스 분류multi-class classification 신경망에서는 손실 함수로 흔히 **교차 엔트로피 오차**Cross Entropy Error를 이용합니다. 교차 엔트로피 오차는 신경망이 출력하는 각 클래스의 '확률'과 '정답 레이블'을 이용해 구할 수 있습니다.

그럼 우리가 지금까지 다뤄 온 신경망에서 손실을 구해보죠. 우선 앞 절의 신경망에 Softmax 계층과 Cross Entropy Error 계층을 새로 추가합니다(Softmax 계층은 소프트맥스 함수를, Cross Entropy Error 계층은 교차 엔트로피 오차를 구하는 계층입니다). 이 신경망의 구성을 '계층 관점'에서 그리면 [그림 1-12]처럼 됩니다.

그림 1-12 손실 함수를 적용한 신경망의 계층 구성

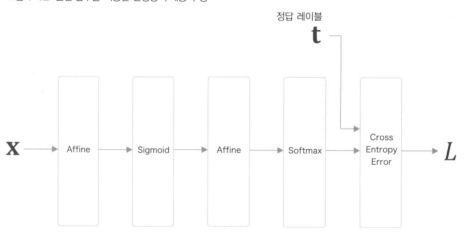

[그림 1-12]의 **x**는 입력 데이터, **t**는 정답 레이블, L은 손실을 나타냅니다. 이때 Softmax 계층의 출력은 확률이 되어, 다음 계층인 Cross Entropy Error 계층에는 확률과 정답 레이블이 입력됩니다.

이어서 소프트맥스 함수와 교차 엔트로피 오차에 관해 알아봅시다. 우선은 소프트맥스 함수를 식으로 쓰면 다음과 같습니다.

$$y_k = \frac{\exp(s_k)}{\sum_{i=1}^{n} \exp(s_i)}$$

[식 1.6]

[식 1.6]은 출력이 총 n개일 때, k번째의 출력 y_k를 구하는 계산식입니다. y_k는 k번째 클래스에 해당하는 소프트맥스 함수의 출력입니다. 이 식에서 보듯 소프트맥스 함수의 분자는 점수 s_k의 지수 함수이고, 분모는 모든 입력 신호의 지수 함수의 총합입니다.

소프트맥스 함수의 출력의 각 원소는 0.0 이상 1.0 이하의 실수입니다. 그리고 그 원소들을 모두 더하면 1.0이 됩니다. 이것이 소프트맥스의 출력을 '확률'로 해석할 수 있는 이유죠. 소프트맥스의 출력인 이 '확률'이 다음 차례인 교차 엔트로피 오차에 입력됩니다. 이때 교차 엔트로피 오차의 수식은 다음과 같습니다.

$$L = -\sum_{k} t_k \log y_k$$

[식 1.7]

여기서 t_k는 k번째 클래스에 해당하는 정답 레이블입니다. log는 네이피어 상수(혹은 오일러의 수) e를 밑으로 하는 로그입니다(정확하게는 $\log_e$로 표기합니다). 정답 레이블은 t = [0, 0, 1]과 같이 원핫 벡터로 표기합니다.

> **NOTE_** 원핫 벡터one-hot vector란 단 하나의 원소만 1이고, 그 외에는 0인 벡터입니다. 여기서 1인 원소가 정답 클래스에 해당합니다. 따라서 [식 1.7]은 실질적으로 정답 레이블이 1의 원소에 해당하는 출력의 자연로그(log)를 계산할 뿐입니다(다른 원소들은 t_k가 0이므로 계산 결과에 영향을 주지 못합니다).

나아가 미니배치 처리를 고려하면 교차 엔트로피 오차의 식은 다음처럼 됩니다. 이 식에서 데이터는 N개이며, t_{nk}는 n번째 데이터의 k차원째의 값을 의미합니다. 그리고 y_{nk}는 신경망의 출력이고, t_{nk}는 정답 레이블입니다.

$$L = -\frac{1}{N} \sum_{n} \sum_{k} t_{nk} \log y_{nk}$$

[식 1.8]

[식 1.8]은 조금 복잡해 보이지만, 하나의 데이터에 대한 손실 함수를 나타낸 [식 1.7]을 단순히 데이터 N개짜리로 확장했을 뿐입니다. 다만, [식 1.8]에서는 N으로 나눠서 1개당의 '평균

손실 함수'를 구합니다. 이렇게 평균을 구함으로써 미니배치의 크기에 관계없이 항상 일관된 척도를 얻을 수 있습니다.

이 책에서는 소프트맥스 함수와 교차 엔트로피 오차를 계산하는 계층을 Softmax with Loss 계층 하나로 구현합니다(이 두 계층을 통합하면 역전파 계산이 쉬워집니다). 따라서 우리의 (학습 시) 신경망의 계층 구성은 [그림 1-13]처럼 됩니다.

그림 1-13 Softmax with Loss 계층을 이용하여 손실을 출력한다.

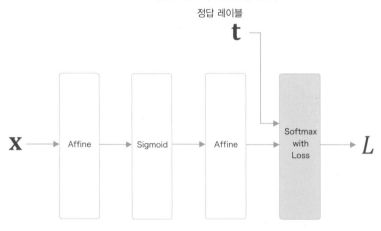

[그림 1-13]과 같이 이 책에서는 Softmax with Loss 계층을 이용합니다만, 그 구현에 대해서는 따로 설명하지 않겠습니다. 구현 파일은 common/layers.py에 있으니 궁금한 분은 참고하세요. 『밑바닥부터 시작하는 딥러닝 1』의 '4.2 손실 함수' 절에서도 Softmax with Loss 계층을 자세히 설명했습니다.

1.3.2 미분과 기울기

신경망 학습의 목표는 손실을 최소화하는 매개변수를 찾는 것입니다. 이때 중요한 것이 '미분' 과 '기울기'입니다. 이번 절에서는 미분과 기울기에 대해 간략히 설명하겠습니다.

자, 어떤 함수 $y = f(x)$가 있다고 합시다. 이때 x에 관한 y의 미분은 $\frac{dy}{dx}$라고 씁니다. 이 $\frac{dy}{dx}$가 의미하는 것은 x의 값을 '조금' 변화시켰을 때(더 정확하게는 그 '조금의 변화'를 극한까지 줄일 때) y 값이 얼마나 변하는가 하는 '변화의 정도'입니다.

$y = x^2$이라는 함수를 예로 살펴보죠. 이 함수의 미분을 해석적으로 구하면 $\frac{dy}{dx} = 2x$가 됩니다. 이 미분 결과는 각 x에서의 변화의 정도를 뜻하며, [그림 1-14]에서 보듯 함수의 '기울기'에 해당합니다.

그림 1-14 $y = x^2$의 미분은 각 x에서의 기울기를 나타낸다.

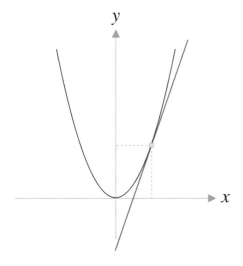

[그림 1-14]에서는 x라는 변수 하나에 대해 미분을 구했지만, 여러 개의 변수(다변수)라도 마찬가지로 미분할 수 있습니다. 예를 들어 L은 스칼라, x는 벡터인 함수 $L = f(x)$가 있습니다. 이때 (x의 i번째 원소인) x_i에 대한 L의 미분은 $\frac{\partial L}{\partial x_i}$로 쓸 수 있습니다. 그리고 벡터 x의 다른 원소의 미분도 구할 수 있고, 이를 다음과 같이 정리할 수 있습니다.

$$\frac{\partial L}{\partial \mathbf{x}} = \left(\frac{\partial L}{\partial x_1}, \frac{\partial L}{\partial x_2}, \cdots, \frac{\partial L}{\partial x_n} \right)$$

[식 1.9]

이처럼 벡터의 각 원소에 대한 미분을 정리한 것이 **기울기**gradient입니다.

벡터와 마찬가지로, 행렬에서도 기울기를 생각할 수 있습니다. 예컨대 $\mathbf{W}$가 $m \times n$ 행렬이라면, $L = g(\mathbf{W})$ 함수의 기울기는 다음과 같이 쓸 수 있습니다.

$$\frac{\partial L}{\partial \mathbf{W}} = \begin{pmatrix} \dfrac{\partial L}{\partial W_{11}} & \cdots & \dfrac{\partial L}{\partial W_{1n}} \\ \vdots & \ddots & \\ \dfrac{\partial L}{\partial W_{m1}} & & \dfrac{\partial L}{\partial W_{mn}} \end{pmatrix}$$ [식 1.10]

[식 1.10]처럼 L의 $\mathbf{W}$에 대한 기울기를 행렬로 정리할 수 있습니다(정확하게는 행렬의 기울기를 위와 같이 정의합니다). 여기에서 중요한 점은 $\mathbf{W}$와 $\frac{\partial L}{\partial \mathbf{W}}$의 형상이 같다는 것입니다. 그리고 '행렬과 그 기울기의 형상이 같다'라는 이 성질을 이용하면 매개변수 갱신과 연쇄 법칙을 쉽게 구현할 수 있습니다(연쇄 법칙은 다음 절에서 자세히 설명합니다).

> **WARNING_** 엄밀하게 말하면, 이 책에서 사용하는 '기울기'는 수학에서 말하는 기울기와는 다릅니다. 수학에서의 기울기는 벡터에 대한 미분으로 한정됩니다. 한편, 딥러닝에서는 행렬이나 텐서에 대해서도 미분을 정의하고, 그것을 기울기라 부르는 것이 일반적입니다.

1.3.3 연쇄 법칙

학습 시 신경망은 학습 데이터를 주면 손실을 출력합니다. 여기서 우리가 얻고 싶은 것은 각 매개변수에 대한 손실의 기울기입니다. 그 기울기를 얻을 수 있다면, 그것을 사용해 매개변수를 갱신할 수 있기 때문이죠. 그렇다면 신경망의 기울기는 어떻게 구할까요? 여기서 **오차역전파법**back-propagation이 등장합니다.

오차역전파법을 이해하는 열쇠는 **연쇄 법칙**chain rule입니다. 연쇄 법칙이란 합성함수에 대한 미분의 법칙이죠(합성함수란 여러 함수로 구성된 함수입니다).

연쇄 법칙을 자세히 알아봅시다. 예를 들어, $y = f(x)$와 $z = g(y)$라는 두 함수가 있습니다. 그러면 $z = g(f(x))$가 되어, 최종 출력 z는 두 함수를 조합해 계산할 수 있죠. 이때 이 합성함수의 미분(x에 대한 z의 미분)은 다음과 같이 구할 수 있습니다.

$$\frac{\partial z}{\partial x} = \frac{\partial z}{\partial y} \frac{\partial y}{\partial x}$$ [식 1.11]

[식 1.11]이 말하듯, x에 대한 z의 미분은 $y = f(x)$의 미분과 $z = g(y)$의 미분을 곱하면 구해집니다. 이것이 바로 연쇄 법칙입니다. 이 연쇄 법칙이 중요한 이유는 우리가 다루는 함수가 아무리 복잡하다 하더라도, 즉 아무리 많은 함수를 연결하더라도, 그 미분은 개별 함수의 미분들을 이용해 구할 수 있기 때문입니다. 달리 말하면, 각 함수의 국소적인 미분을 계산할 수 있다면 그 값들을 곱해서 전체의 미분을 구할 수 있습니다.

> **NOTE_** 신경망은 여러 '함수'가 연결된 것이라고 생각할 수 있습니다. 오차역전파법은 그 여러 함수(신경망)에 대해 연쇄 법칙을 효율적으로 적용하여 기울기를 구해냅니다.

1.3.4 계산 그래프

곧이어 오차역전파법을 살펴볼 텐데, 그 준비 단계로 '계산 그래프'부터 설명하겠습니다. 계산 그래프는 계산 과정을 시각적으로 보여줍니다. 먼저 [그림 1-15]처럼 아주 단순한 계산 그래프를 예로 들어 살펴봅시다.

그림 1-15 $z = x + y$를 나타내는 계산 그래프

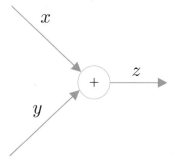

[그림 1-15]에서 보듯 계산 그래프는 노드와 화살표로 그립니다. 더하기를 '+' 노드로 나타냈고, 변수 x와 y를 해당 화살표 위에 썼습니다. 이처럼 계산 그래프에서는 연산을 노드로 나타내고 그 처리 결과가 순서대로(이 예에서는 왼쪽에서 오른쪽으로) 흐릅니다. 이것이 계산 그래프의 '순전파'입니다. 계산 그래프를 이용하면 계산을 시각적으로 파악할 수 있습니다. 게다가 그 기울기도 직관적으로 구할 수 있죠. 여기서 중요한 점은 기울기가 순전파와 반대 방향으로 전파된다는 사실인데, 이 반대 방향의 전파가 '역전파'입니다.

역전파를 설명하기에 앞서, 역전파가 이뤄지는 전체 그림을 더 명확하게 그려보는 게 좋겠습니다. 지금 우리는 $z = x + y$라는 계산을 다루고 있습니다만, 이 계산 앞뒤로도 '어떤 계산'이 있다고 가정합시다(그림 1-16). 그리고 최종적으로 스칼라 값인 L이 출력된다고 가정합니다 (신경망 학습에서 계산 그래프의 최종 출력은 손실이며, 그 값은 스칼라입니다).

그림 1-16 앞뒤로 추가된 노드는 '복잡한 전체 계산'의 일부를 구성한다.

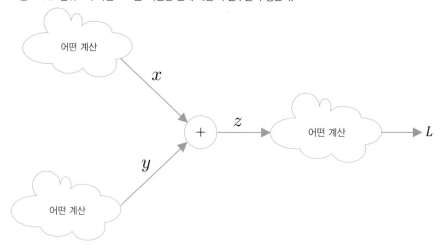

우리 목표는 L의 미분(기울기)을 각 변수에 대해 구하는 것입니다. 그러면 계산 그래프의 역전파는 [그림 1-17]과 같이 그릴 수 있습니다.

그림 1-17 계산 그래프의 역전파

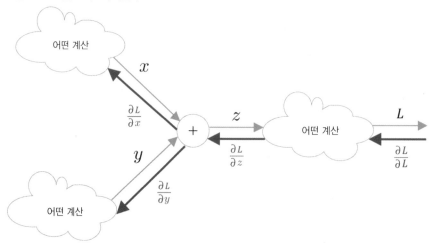

[그림 1-17]처럼 역전파는 두꺼운(붉은) 화살표로 그리고, 화살표 아래에 '전파되는 값'을 쓰도록 하겠습니다. 이때 '전파되는 값'은 최종 출력 L의 각 변수에 대한 미분입니다. 이 예에서는 z에 대한 미분은 $\frac{\partial L}{\partial z}$이고, x와 y에 대한 미분은 각각 $\frac{\partial L}{\partial x}$과 $\frac{\partial L}{\partial y}$입니다.

그리고 여기서 다시 연쇄 법칙이 등장합니다. 앞서 복습한 연쇄 법칙에 따르면 역전파로 흐르는 미분 값은 상류로부터 흘러온 미분과 각 연산 노드의 국소적인 미분을 곱해 계산할 수 있습니다(여기서 '상류'는 출력 쪽을 가리킵니다). 그러므로 이 예에서는 $\frac{\partial L}{\partial x} = \frac{\partial L}{\partial z}\frac{\partial z}{\partial x}$이고, $\frac{\partial L}{\partial y} = \frac{\partial L}{\partial z}\frac{\partial z}{\partial y}$가 됩니다.

그런데 우리는 지금 $z = x+y$의 덧셈 노드에서 이뤄지는 연산을 다루고 있습니다. 따라서 $\frac{\partial z}{\partial x} = 1$과 $\frac{\partial z}{\partial y} = 1$이라는 결과를 (해석적으로) 구할 수 있지요. 이 결과를 적용하면 덧셈 노드는 [그림 1-18]처럼 상류로부터 받은 값에 1을 곱하여 하류로 기울기를 전파합니다. 즉, 상류로부터의 기울기를 그대로 흘리기만 합니다.

그림 1-18 덧셈 노드의 순전파(왼쪽)와 역전파(오른쪽)

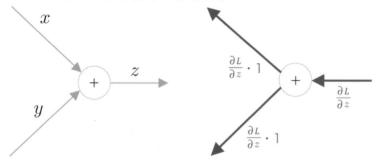

이처럼 계산 그래프는 계산을 시각적으로 보여줍니다. 그리고 역전파에 의한 기울기 흐름을 살펴봄으로써, 그 도출 과정을 이해하는 데도 도움을 주죠.

계산 그래프를 구축하는 연산 노드로는 여기서 본 '덧셈 노드' 외에도 다양한 연산을 생각할 수 있습니다. 이어서 대표적인 연산 노드를 몇 가지 소개해드리겠습니다.

곱셈 노드

곱셈 노드는 $z = x \times y$ 계산을 수행합니다. 이때 $\frac{\partial z}{\partial x} = y$와 $\frac{\partial z}{\partial y} = x$라는 미분 결과를 각각 구할 수 있습니다. 따라서 곱셈 노드의 역전파는 [그림 1-19]처럼 '상류로부터 받은 기울기'에 '순전파 시의 입력을 서로 바꾼 값'을 곱합니다(즉, 순전파 시 입력이 x면 y를 곱하고, y면 x를 곱합니다).

그림 1-19 곱셈 노드의 순전파(왼쪽)와 역전파(오른쪽)

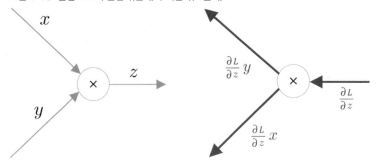

참고로, 지금까지 살펴본 덧셈 노드와 곱셈 노드 설명에서는 값이 하나짜리 데이터만 예로 들었습니다만, 벡터나 행렬 혹은 텐서 같은 다변수를 흘려도 문제없습니다. 덧셈 노드(또는 곱셈 노드)를 흐르는 데이터가 텐서라면 텐서의 각 원소를 독립적으로 계산할 뿐이죠. 다시 말해, 이 경우는 텐서의 다른 원소들과는 독립적으로, '원소별 연산'을 수행합니다.

분기 노드

분기 노드는 [그림 1-20]과 같이 분기하는 노드입니다.

그림 1-20 분기 노드의 순전파(왼쪽)와 역전파(오른쪽)

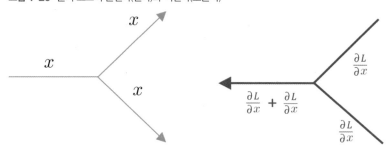

분기 노드는 따로 그리지 않고 단순히 선이 두 개로 나뉘도록 그리는데, 이때 같은 값이 복제되어 분기합니다. 따라서 분기 노드를 '복제 노드'라고 할 수도 있습니다. 그리고 그 역전파는 [그림 1-20]에서 보듯 상류에서 온 기울기들의 '합'이 됩니다.

Repeat 노드

2개로 분기하는 분기 노드를 일반화하면 N개로의 분기(복제)가 되겠죠? 이를 Repeat 노드라고 합니다. Repeat 노드의 예를 계산 그래프로 그려봅시다.

그림 1-21 Repeat 노드의 순전파(위)와 역전파(아래)

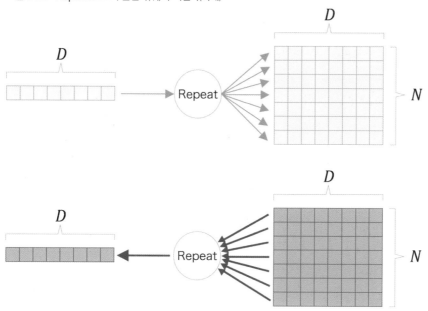

[그림 1-21]은 길이가 D인 배열을 N개로 복제하는 예입니다. 이 Repeat 노드는 N개의 분기 노드로 볼 수 있으므로, 그 역전파는 N개의 기울기를 모두 더해 구할 수 있습니다. 코드로는 다음처럼 구현할 수 있죠.

```
>>> import numpy as np
>>> D, N = 8, 7
>>> x = np.random.randn(1, D)          # 입력
>>> y = np.repeat(x, N, axis=0)        # 순전파
```

```
>>> dy = np.random.randn(N, D)          # 무작위 기울기
>>> dx = np.sum(dy, axis=0, keepdims=True)   # 역전파
```

여기서 np.repeat() 메서드가 원소 복제를 수행합니다. 이 코드에서는 배열 x를 N번 복제하는데, 이때 axis를 지정하여 어느 축 방향으로 복제할지를 조정할 수 있습니다. 또, 역전파에서는 총합을 구해야 하므로 np.sum() 메서드를 이용합니다. 이때도 axis 인수를 설정하여 어느 축 방향으로 합을 구할지 지정합니다. 또한 인수로 keepdims=True를 설정하여 2차원 배열의 차원 수를 유지합니다. 이 예에서는 keepdims가 True면 np.sum()의 결과의 형상은 (1, D)가 되며, False면 (D)가 됩니다.

> **NOTE_** 넘파이의 브로드캐스트는 배열의 원소를 복제하며, Repeat 노드를 사용하여 이 기능을 표현할 수 있습니다.

Sum 노드

Sum 노드는 범용 덧셈 노드입니다. 예컨대 $N \times D$ 배열에 대해 그 총합을 0축에 대해 구하는 계산을 생각해보죠. 이때 Sum 노드의 순전파와 역전파는 [그림 1-22]처럼 됩니다.

그림 1-22 Sum 노드의 순전파(위)와 역전파(아래)

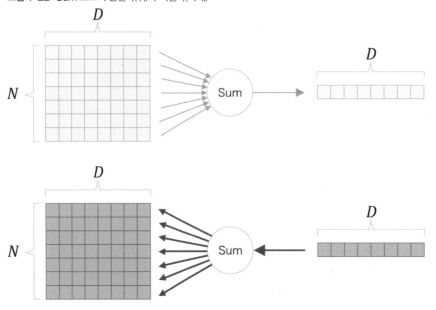

[그림 1-22]에서 보듯, Sum 노드의 역전파는 상류로부터의 기울기를 모든 화살표에 분배합니다. 덧셈 노드의 역전파를 자연스럽게 확장한 것이죠. 그럼 Repeat 노드와 마찬가지로 Sum 노드의 구현 예도 보여드리겠습니다.

```
>>> import numpy as np
>>> D, N = 8, 7
>>> x = np.random.randn(N, D)                # 입력
>>> y = np.sum(x, axis=0, keepdims=True)     # 순전파

>>> dy = np.random.randn(1, D)               # 무작위 기울기
>>> dx = np.repeat(dy, N, axis=0)            # 역전파
```

보다시피 Sum 노드의 순전파는 np.sum() 메서드로, 역전파는 np.repeat() 메서드로 구현할 수 있습니다. 여기서의 흥미로운 점은 Sum 노드와 Repeat 노드는 서로 '반대 관계'라는 것입니다. 반대 관계란 Sum 노드의 순전파가 Repeat 노드의 역전파가 되며, Sum 노드의 역전파가 Repeat 노드의 순전파가 된다는 뜻입니다.

MatMul 노드

이 책에서는 행렬의 곱셈을 MatMul 노드('Matrix Multiply'의 약자)로 표현합니다. MatMul 노드의 역전파는 다소 복잡하므로 여기에서는 일반적인 설명을 한 후에 직관적인 이해를 돕는 설명을 덧붙이겠습니다.

$\mathbf{y} = \mathbf{xW}$라는 계산을 예로 들어 MatMul 노드를 설명해보겠습니다. 여기서 $\mathbf{x}$, $\mathbf{W}$, $\mathbf{y}$의 형상은 각각 $1 \times D$, $D \times H$, $1 \times H$입니다(그림 1-23).

그림 1-23 MatMul 노드의 순전파: 각 변수 위에 형상을 표시함

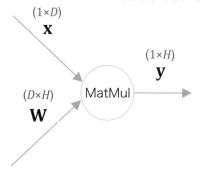

이때 $\mathbf{x}$의 i번째 원소에 대한 미분 $\frac{\partial L}{\partial x_i}$은 다음과 같이 구합니다.

$$\frac{\partial L}{\partial x_i} = \sum_j \frac{\partial L}{\partial y_j}\frac{\partial y_j}{\partial x_i}$$ [식 1.12]

이 식의 $\frac{\partial L}{\partial x_i}$은 x_i를 (조금) 변화시켰을 때 L이 얼마나 변할 것인가라는 '변화의 정도'를 나타냅니다. 여기서 x_i를 변화시키면 벡터 $\mathbf{y}$의 모든 원소가 변하고, 그로 인해 최종적으로 L이 변하게 됩니다. 따라서 x_i에서 L에 이르는 연쇄 법칙의 경로는 여러 개가 있으며, 그 총합은 $\frac{\partial L}{\partial x_i}$이 됩니다.

다시 [식 1.12]로 돌아와보죠. 이제 이 식을 쉽게 구할 수 있습니다. $\frac{\partial y_j}{\partial x_i} = W_{ij}$가 성립하므로, 이를 [식 1.12]에 대입하면 다음처럼 되는 것이죠.

$$\frac{\partial L}{\partial x_i} = \sum_j \frac{\partial L}{\partial y_j}\frac{\partial y_j}{\partial x_i} = \sum_j \frac{\partial L}{\partial y_j}W_{ij}$$ [식 1.13]

[식 1.13]에서 $\frac{\partial L}{\partial x_i}$은 '벡터 $\frac{\partial L}{\partial \mathbf{y}}$'과 '$\mathbf{W}$의 i행 벡터'의 내적으로 구해짐을 알 수 있습니다. 그렇다면 이 관계로부터 다음 식을 유도할 수 있습니다.

$$\frac{\partial L}{\partial \mathbf{x}} = \frac{\partial L}{\partial \mathbf{y}}\mathbf{W}^{\mathrm{T}}$$ [식 1.14]

[식 1.14]에서 알 수 있듯, $\frac{\partial L}{\partial \mathbf{x}}$은 행렬의 곱을 사용해 단번에 구할 수 있습니다. 여기서 $\mathbf{W}^{\mathrm{T}}$의 T는 전치행렬이라는 뜻입니다. 그럼 [식 1.14]에 대해 '형상 확인'을 해보겠습니다. 그 결과는 [그림 1-24]와 같습니다.

그림 1-24 행렬 곱의 형상 확인

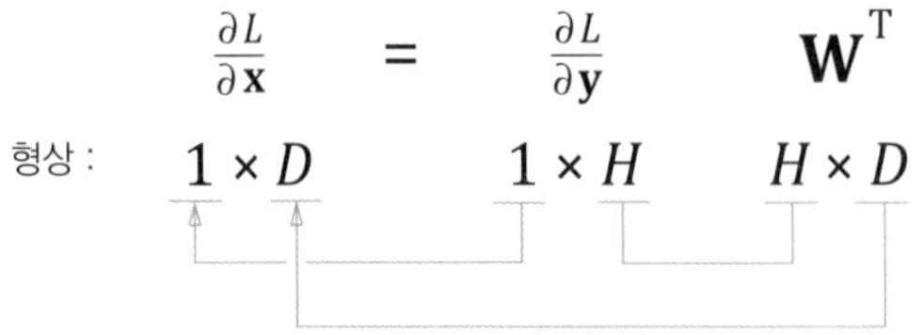

$$\frac{\partial L}{\partial \mathbf{x}} \quad = \quad \frac{\partial L}{\partial \mathbf{y}} \quad \mathbf{W}^{\mathrm{T}}$$

형상 : $\quad 1 \times D \qquad 1 \times H \quad H \times D$

[그림 1-24]에서 행렬의 형상이 올바름을 알 수 있습니다. 따라서 [식 1.14]가 올바른 계산임을 확인할 수 있죠. 또, 이를 역으로 취해(그 정합성이 성립되게 함으로써), 역전파의 수식(구현)을 유도할 수도 있는데, 이 방법도 $\mathbf{y} = \mathbf{xW}$라는 행렬 곱 계산을 예로 설명해보겠습니다. 다만, 이번에는 미니배치 처리를 고려해 $\mathbf{x}$에는 N개의 데이터가 담겨 있다고 가정합니다. 그러면 $\mathbf{x}$, $\mathbf{W}$, $\mathbf{y}$의 형상은 각각 $N \times D$, $D \times H$, $N \times H$가 되어, 역전파의 계산 그래프는 [그림 1-25]처럼 됩니다.

그림 1-25 MatMul 노드의 역전파

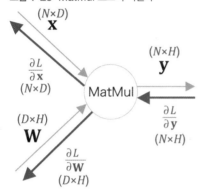

이제 $\frac{\partial L}{\partial \mathbf{x}}$은 어떻게 계산할지 생각해봅시다. 이때 $\frac{\partial L}{\partial \mathbf{x}}$과 관련된 변수(행렬)는 상류에서의 기울기 $\frac{\partial L}{\partial \mathbf{y}}$과 $\mathbf{W}$입니다. 여기에서 $\mathbf{W}$가 관여되는 이유는 뭘까요? 이는 곱셈의 역전파를 생각하면 이해하기 쉽습니다. 곱셈의 역전파에서는 '순전파 시의 입력을 서로 바꾼 값'을 사용했습니다. 이와 마찬가지로 행렬의 역전파에서도 '순전파 시의 입력을 서로 바꾼 행렬'을 사용하는 게 열쇠입니다. 그다음은 각 행렬의 형상에 주목하여 정합성이 유지되도록 행렬 곱을 조합합니다. 그러면 [그림 1-26]과 같이 행렬 곱의 역전파를 유도할 수 있습니다.

그림 1-26 행렬의 형상을 확인하여 역전파 식을 유도한다.

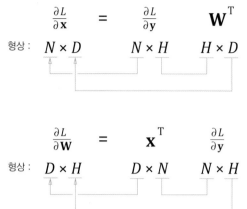

[그림 1–26]과 같이 행렬의 형상을 확인하여 행렬 곱의 역전파 식을 유도해냈습니다. 이것으로 MatMul 노드의 역전파까지 만들어봤으니, 이 노드를 하나의 계층으로 구현해봅시다.

```
                                                    common/layers.py
class MatMul:
    def __init__(self, W):
        self.params = [W]
        self.grads = [np.zeros_like(W)]
        self.x = None

    def forward(self, x):
        W, = self.params
        out = np.matmul(x, W)
        self.x = x
        return out

    def backward(self, dout):
        W, = self.params
        dx = np.matmul(dout, W.T)
        dW = np.matmul(self.x.T, dout)
        self.grads[0][...] = dW
        return dx
```

MatMul 계층은 학습하는 매개변수를 params에 보관합니다. 그리고 거기에 대응시키는 형태로, 기울기는 grads에 보관합니다. 역전파에서는 dx와 dW를 구해 가중치의 기울기를 인스턴스 변수인 grads에 저장합니다.

참고로, 기울기 값을 설정하는 grads[0][...] = dW 코드에서 점 3개로 이뤄진 생략^{ellipsis} 기호 (...)를 사용했습니다. 이렇게 하면 넘파이 배열이 가리키는 메모리 위치를 고정시킨 다음, 그 위치에 원소들을 덮어씁니다.

> **WARNING_** grads[0] = dW처럼 '할당'해도 되지만, '생략 기호'는 넘파이 배열의 '덮어쓰기'를 수행합니다. 결국 얕은 복사$^{shallow\ copy}$냐 깊은 복사$^{deep\ copy}$냐의 차이죠. grads[0] = dW처럼 그냥 할당하면 '얕은 복사'가 이뤄지고, grads[0][...] = dW처럼 덮어쓰면 '깊은 복사'가 이뤄집니다.

생략 기호가 등장하면서 이야기가 조금 복잡해졌으니 구체적인 예를 보며 설명하겠습니다. 여기 넘파이 배열 a와 b가 있습니다.

```
>>> a = np.array([1, 2, 3])
>>> b = np.array([4, 5, 6])
```

이 상태에서 a = b와 a[...] = b 모두 a에는 [4, 5, 6]이 할당됩니다. 그러나 두 경우에 a가 가리키는 메모리의 위치는 서로 다른데, 메모리를 단순화해 시각화하면 [그림 1-27]처럼 됩니다.

그림 1-27 a = b와 a[...] = b의 차이: 생략 기호는 데이터를 덮어쓰기 때문에 변수가 가리키는 메모리 위치는 변하지 않는다.

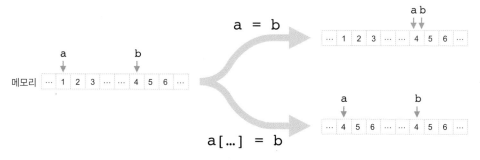

[그림 1-27]처럼 a = b에서는 a가 가리키는 메모리 위치가 b가 가리키는 위치와 같아집니다. 실제 데이터(4, 5, 6)는 복제되지 않는다는 뜻으로 이를 '얕은 복사'라고 합니다. 한편, a[...] = b일 때는 a의 메모리 위치는 변하지 않고, 대신 a가 가리키는 메모리에 b의 원소가 복제됩니다. 실제 데이터가 복제된다는 뜻에서 이 방식을 '깊은 복사'라고 하죠.

이상에서 '생략 기호'를 이용하여 변수의 메모리 주소를 고정할 수 있음을 알았습니다(앞의 예에서 a의 주소는 고정되어 있습니다). 우리의 경우 이처럼 메모리 주소를 고정함으로써 인스턴스 변수 grads를 다루기가 더 쉬워집니다.

> **NOTE_** grads 리스트에는 각 매개변수의 기울기를 저장합니다. 이때 grads 리스트의 각 원소는 넘파이 배열이며, 계층을 생성할 때 한 번만 생성합니다. 그 후로는 항상 '생략 기호'를 이용하므로, 이 넘파이 배열의 메모리 주소가 변하는 일 없이 항상 값을 덮어씁니다. 이렇게 하면 기울기를 그룹화하는 작업을 최초에 한 번만 하면 된다는 이점이 생깁니다.

이상이 MatMul 계층의 구현이며, 이 구현 코드는 common/layers.py에 있으니 참고하세요.

1.3.5 기울기 도출과 역전파 구현

계산 그래프 설명도 끝났으니 이어서 실용적인 계층을 구현해보죠. 이번 절에서는 Sigmoid 계층, 완전연결계층의 Affine 계층, Softmax with Loss 계층을 구현합니다.

Sigmoid 계층

시그모이드 함수를 수식으로 쓰면 $y = \dfrac{1}{1 + \exp(-x)}$ 입니다. 그리고 그 미분은 다음과 같죠.

$$\frac{\partial y}{\partial x} = y(1 - y) \qquad \text{[식 1.15]}$$

[식 1.15]로부터 Sigmoid 계층의 계산 그래프를 [그림 1-28]처럼 그릴 수 있습니다. 보다시피 출력 쪽 계층으로부터 전해진 기울기($\frac{\partial L}{\partial y}$)에 시그모이드 함수의 미분($\frac{\partial y}{\partial x}$), 즉 $y(1-y)$를 곱하고, 그 값을 입력 쪽 계층으로 전파합니다.

그림 1-28 Sigmoid 계층의 계산 그래프

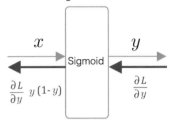

그럼 Sigmoid 계층을 파이썬으로 구현해봅시다. [그림 1-28]을 토대로 다음과 같이 구현할 수 있습니다.

```
                                                        common/layers.py
class Sigmoid:
    def __init__(self):
        self.params, self.grads = [], []
        self.out = None

    def forward(self, x):
        out = 1 / (1 + np.exp(-x))
        self.out = out
        return out

    def backward(self, dout):
        dx = dout * (1.0 - self.out) * self.out
        return dx
```

순전파 때는 출력을 인스턴스 변수 out에 저장하고, 역전파를 계산할 때 이 out 변수를 사용하는 모습을 볼 수 있습니다.

Affine 계층

앞에서와 같이 Affine 계층의 순전파는 y = np.matmul(x, W) + b로 구현할 수 있습니다. 여기서 편향을 더할 때는 넘파이의 브로드캐스트가 사용됩니다. 그 점을 명시적으로 나타내면 Affine 계층의 계산 그래프는 [그림 1-29]처럼 그릴 수 있습니다.

그림 1-29 Affine 계층의 계산 그래프

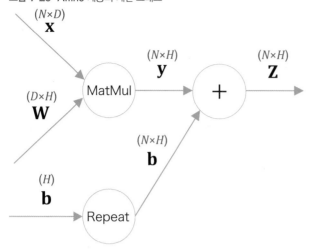

[그림 1-29]처럼 MatMul 노드로 행렬 곱을 계산합니다. 그리고 편향은 Repeat 노드에 의해 복제된 후 더해집니다(Repeat 노드가 수행하는 복제가 넘파이의 브로드캐스트 기능에 해당합니다). 다음은 Affine 계층의 파이썬 코드를 만나볼 차례군요.

```python
class Affine:                                          common/layers.py
    def __init__(self, W, b):
        self.params = [W, b]
        self.grads = [np.zeros_like(W), np.zeros_like(b)]
        self.x = None

    def forward(self, x):
        W, b = self.params
        out = np.matmul(x, W) + b
        self.x = x
        return out

    def backward(self, dout):
        W, b = self.params
        dx = np.matmul(dout, W.T)
        dW = np.matmul(self.x.T, dout)
        db = np.sum(dout, axis=0)

        self.grads[0][...] = dW
        self.grads[1][...] = db
        return dx
```

이 책의 구현 규칙에 따라 인스턴스 변수 params에는 매개변수를, grads에는 기울기를 저장합니다. Affine의 역전파는 MatMul 노드와 Repeat 노드의 역전파를 수행하면 구할 수 있습니다. Repeat 노드의 역전파는 np.sum() 메서드로 계산할 수 있는데, 이때 행렬의 형상을 잘 살펴보고 어느 축(axis)으로 합을 구할지를 명시해야 합니다. 마지막으로, 가중치 매개변수의 기울기를 인스턴스 변수 grads에 저장합니다. 이상이 Affine 계층의 구현입니다.

> **WARNING_** Affine 계층은 이미 구현한 MatMul 계층을 이용하면 더 쉽게 구현할 수 있습니다. 이번 절에서는 미리 구현해둔 MatMul 계층을 이용하지 않고, 넘파이의 메서드를 사용해 구현했습니다.

Softmax with Loss 계층

소프트맥스 함수와 교차 엔트로피 오차는 Softmax with Loss라는 하나의 계층으로 구현할 것입니다. [그림 1-30]은 이 계층의 계산 그래프입니다.

그림 **1-30** Softmax with Loss 계층의 계산 그래프

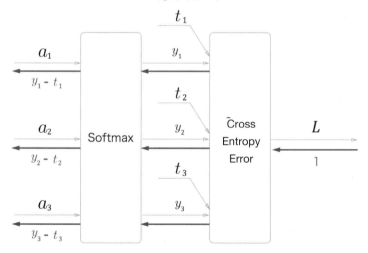

이 계산 그래프에서는 소프트맥스 함수는 Softmax 계층으로, 교차 엔트로피 오차는 Cross Entropy Error 계층으로 표기했습니다. 그리고 3-클래스 분류를 가정하여 이전 계층(입력층에 가까운 계층)으로부터 3개의 입력을 받도록 했습니다.

[그림 1-30]처럼 Softmax 계층은 입력 (a_1, a_2, a_3)를 정규화하여 (y_1, y_2, y_3)를 출력합니다.

그리고 Cross Entropy Error 계층은 Softmax의 출력 (y_1, y_2, y_3)와 정답 레이블 (t_1, t_2, t_3)를 받고, 이 데이터로부터 손실 L을 구해 출력합니다.

> **NOTE_** [그림 1-30]에서 주목할 부분은 역전파의 결과입니다. Softmax 계층의 역전파는 $(y_1 - t_1, y_2 - t_2, y_3 - t_3)$로 깔끔하게 떨어집니다. (y_1, y_2, y_3)는 Softmax 계층의 출력이고, (t_1, t_2, t_3)는 정답 레이블이므로, Softmax 계층의 역전파는 자신의 출력과 정답 레이블의 차이라는 뜻이죠. 이처럼 신경망의 역전파는 이 차이(오차)를 앞 계층에 전해주는 것으로, 신경망 학습에서 아주 중요한 성질이랍니다.

Softmax with Loss 계층의 구현에 관한 설명은 생략하겠습니다. 구현 코드는 common/layers.py에 있고, Softmax with Loss 계층의 역전파 유도 과정은 『밑바닥부터 시작하는 딥러닝 1』의 '부록 A. Softmax-with-Loss 계층의 계산 그래프'에서 자세히 설명했으니 관심 있는 분은 참고하세요.

1.3.6 가중치 갱신

오차역전파법으로 기울기를 구했으면, 그 기울기를 사용해 신경망의 매개변수를 갱신합니다. 이때 신경망의 학습은 다음 순서로 수행합니다.

- **1단계: 미니배치**

  훈련 데이터 중에서 무작위로 다수의 데이터를 골라낸다.

- **2단계: 기울기 계산**

  오차역전파법으로 각 가중치 매개변수에 대한 손실 함수의 기울기를 구한다.

- **3단계: 매개변수 갱신**

  기울기를 사용하여 가중치 매개변수를 갱신한다.

- **4단계: 반복**

  1~3단계를 필요한 만큼 반복한다.

이러한 단계를 거쳐 신경망 학습이 이뤄집니다. 우선 미니배치에서 데이터를 선택하고, 이어서 오차역전파법으로 가중치의 기울기를 얻습니다. 이 기울기는 현재의 가중치 매개변수에서 손실을 가장 크게 하는 방향을 가리킵니다. 따라서 매개변수를 그 기울기와 반대 방향으로 갱신하면 손실을 줄일 수 있습니다. 이것이 바로 **경사하강법**Gradient Descent입니다. 그런 다음 이상의 작업을 필요한 만큼 반복합니다.

3단계에서 수행하는 가중치 갱신 기법의 종류는 아주 다양한데, 여기에서는 그중 가장 단순한 **확률적경사하강법**Stochastic Gradient Descent(**SGD**)을 구현하겠습니다. 참고로, '확률적Stochastic'은 무작위로 선택된 데이터(미니배치)에 대한 기울기를 이용한다는 뜻입니다.

SGD는 단순한 방법입니다. SGD는 (현재의) 가중치를 기울기 방향으로 일정한 거리만큼 갱신합니다. 수식으로는 다음과 같습니다.

$$\mathbf{W} \leftarrow \mathbf{W} - \eta \frac{\partial L}{\partial \mathbf{W}}$$

[식 1.16]

이 식에서 갱신하는 가중치 매개변수가 $\mathbf{W}$이고, $\mathbf{W}$에 대한 손실 함수의 기울기가 $\frac{\partial L}{\partial \mathbf{W}}$입니다. η에타는 학습률learning rate을 나타내며, 실제로는 0.01이나 0.001 같은 값을 미리 정해 사용합니다.

그럼 SGD를 파이썬으로 구현해볼까요? 여기에서는 모듈화를 고려하여 매개변수를 갱신할 클래스를 common/optimizer.py에 구현해놓겠습니다(이 파일에는 SGD 외에도 AdaGrad와 Adam 등의 구현도 들어 있답니다).

그리고 매개변수를 갱신하는 클래스는 update(params, grads)라는 공통 메서드를 갖도록 구현합니다. 이 메서드의 인수 params에는 신경망의 가중치가, grads에는 기울기가 각각 리스트로 저장되어 있어야 합니다. 그리고 params와 grads 리스트에는 대응하는 매개변수와 기울기가 같은 위치(인덱스)에 저장되어 있다고 가정합니다. 그러면 SGD는 다음과 같이 구현할 수 있습니다.

common/optimizer.py

```python
class SGD:
    def __init__(self, lr=0.01):
        self.lr = lr

    def update(self, params, grads):
        for i in range(len(params)):
            params[i] -= self.lr * grads[i]
```

초기화 인수 lr은 학습률을 뜻하며, 그 값을 인스턴스 변수로 저장해둡니다. 그리고 update(params, grads) 메서드는 매개변수 갱신을 저리합니다.

이 SGD 클래스를 사용하면 신경망의 매개변수 갱신을 다음처럼 할 수 있습니다(실제로는 동작하지 않는 의사 코드입니다).

```
model = TwoLayerNet(...)
optimizer = SGD()

for i in range(10000):
    ...
    x_batch, t_batch = get_mini_batch(...)  # 미니배치 획득
    loss = model.forward(x_batch, t_batch)
    model.backward()
    optimizer.update(model.params, model.grads)
    ...
```

이처럼 최적화를 수행하는 클래스를 분리해 구현함으로써 기능을 쉽게 모듈화할 수 있게 했습니다. 이 책에서는 SGD 외에도 Momentum, AdaGrad, Adam 등의 기법을 구현하여 common/optimizer.py에 모아뒀습니다. 이 최적화 기법들 각각에 관한 자세한 설명은 『밑바닥부터 시작하는 딥러닝 1』의 '6.1 매개변수 갱신' 절을 참고하세요.

1.4 신경망으로 문제를 풀다

드디어 준비는 끝! 지금부터 간단한 데이터셋으로 신경망을 학습시켜 보겠습니다.

1.4.1 스파이럴 데이터셋

이 책에서는 데이터셋을 다루는 편의 클래스 몇 개를 dataset 디렉터리에 준비해뒀습니다. 이번 절에서는 그중 dataset/spiral.py 파일을 이용합니다. 이 파일에는 '스파이럴spiral; 나선형의 데이터'를 읽어 들이는 클래스가 구현되어 있으며, 다음과 같이 사용합니다.

ch01/show_spiral_dataset.py

```
import sys
sys.path.append('..')  # 부모 디렉터리의 파일을 가져올 수 있도록 설정
from dataset import spiral
import matplotlib.pyplot as plt
```

```
x, t = spiral.load_data()
print('x', x.shape)  # (300, 2)
print('t', t.shape)  # (300, 3)
```

이 예에서는 ch01 디렉터리에서 dataset 디렉터리에 있는 spiral.py를 임포트^{import}하여 이용합니다. 그래서 부모 디렉터리를 임포트의 검색 경로에 추가해야 하는데, 두 번째 줄의 sys.path.append('..')가 그 일을 수행합니다.

그리고 spiral.load_data()가 데이터를 읽어 옵니다. 이때 x가 입력 데이터이고, t가 정답 레이블입니다. x와 t의 형상을 출력해보면 각각 300개의 샘플 데이터를 담고 있으며, x는 2차원 데이터이고 t는 3차원 데이터임을 알 수 있습니다. 참고로 t는 원핫 벡터로, 정답에 해당하는 클래스에는 1이, 그 외에는 0이 레이블되어 있습니다. 그러면 이 데이터가 어떤 모습인지 그래프로 그려봅시다(그림 1-31).

그림 1-31 학습에 이용할 스파이럴 데이터셋(3개의 클래스 각각을 X, ▲, ●로 표기)

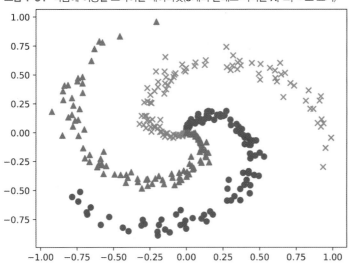

[그림 1-31]처럼 입력은 2차원 데이터이고, 분류할 클래스 수는 3개가 있습니다. 이 그래프를 보면 직선만으로는 클래스들을 분리할 수 없음을 알 수 있습니다. 따라서 비선형 분리를 학습해야 합니다. (비선형인 시그모이드 함수를 활성화 함수로 사용하는 은닉층이 있는) 우리의 신경망은 이 비선형 패턴을 올바르게 학습할 수 있을까요? 서둘러 실험해봅시다.

1.4.2 신경망 구현

그러면 신경망을 구현해보죠. 이번 절에서는 은닉층이 하나인 신경망을 구현합니다. 임포트 문과 초기화를 담당하는 __init__ 메서드부터 보겠습니다.

ch01/two_layer_net.py

```python
import sys
sys.path.append('..')
import numpy as np
from common.layers import Affine, Sigmoid, SoftmaxWithLoss

class TwoLayerNet:
    def __init__(self, input_size, hidden_size, output_size):
        I, H, O = input_size, hidden_size, output_size

        # 가중치와 편향 초기화
        W1 = 0.01 * np.random.randn(I, H)
        b1 = np.zeros(H)
        W2 = 0.01 * np.random.randn(H, O)
        b2 = np.zeros(O)

        # 계층 생성
        self.layers = [
            Affine(W1, b1),
            Sigmoid(),
            Affine(W2, b2)
        ]
        self.loss_layer = SoftmaxWithLoss()

        # 모든 가중치와 기울기를 리스트에 모은다.
        self.params, self.grads = [], []
        for layer in self.layers:
            self.params += layer.params
            self.grads += layer.grads
```

초기화 메서드는 3개의 인수를 받는데, 차례대로 input_size는 입력층의 뉴런 수, hidden_size는 은닉층의 뉴런 수, output_size는 출력층의 뉴런 수입니다. 메서드 안에서는 우선 편향을 영벡터$^{zero\ vector}$로 초기화하고(np.zeros()), 가중치는 작은 무작위 값으로 초기화합니다(0.01 * np.random.randn()). 참고로 가중치를 작은 무작위 값으로 설정하면 학습이 잘 진행될 가능성이 커집니다. 계속해서 필요한 계층을 생성해 인스턴스 변수인 layers 리스트에 모아두고, 마지막으로 이 모델에서 사용하는 매개변수들과 기울기들을 각각 하나로 모읍니다.

> **WARNING_** Softmax with Loss 계층은 다른 계층과 다르게 취급하여, layers 리스트가 아닌 loss_layer 인스턴스 변수에 별도로 저장합니다.

이어서 TwoLayerNet에 3개의 메서드를 구현해 넣습니다. 추론을 수행하는 predict() 메서드, 순전파를 담당하는 forward() 메서드, 역전파를 담당하는 backward() 메서드입니다.

ch01/two_layer_net.py

```python
def predict(self, x):
    for layer in self.layers:
        x = layer.forward(x)
    return x

def forward(self, x, t):
    score = self.predict(x)
    loss = self.loss_layer.forward(score, t)
    return loss

def backward(self, dout=1):
    dout = self.loss_layer.backward(dout)
    for layer in reversed(self.layers):
        dout = layer.backward(dout)
    return dout
```

보다시피 이번 구현은 이전보다 깔끔합니다! 신경망에서 사용하는 처리 블록들을 '계층' 단위로 미리 구현해놨으므로, 여기에서는 그 계층들의 forward()와 backward()를 적절한 순서로 호출만 하면 되기 때문이죠.

1.4.3 학습용 코드

이어서 학습을 수행하는 코드를 보겠습니다. 여기에서는 학습 데이터를 읽어 들여 신경망(모델)
과 옵티마이저(최적화기)를 생성합니다. 그리고 앞 절에서 본 학습의 네 단계의 절차대로 학습
을 수행합니다. 참고로 머신러닝 분야에서는 문제를 풀기 위해서 설계한 기법(신경망이나 SVM
서포트 벡터 머신 등)을 가리켜 보통 '모델'이라고 부릅니다. 학습용 코드는 다음과 같습니다.

```
                                                      ch01/train_custom_loop.py
import sys
sys.path.append('..')
import numpy as np
from common.optimizer import SGD
from dataset import spiral
import matplotlib.pyplot as plt
from two_layer_net import TwoLayerNet

# ❶ 하이퍼파라미터 설정
max_epoch = 300
batch_size = 30
hidden_size = 10
learning_rate = 1.0

# ❷ 데이터 읽기, 모델과 옵티마이저 생성
x, t = spiral.load_data()
model = TwoLayerNet(input_size=2, hidden_size=hidden_size, output_size=3)
optimizer = SGD(lr=learning_rate)

# 학습에 사용하는 변수
data_size = len(x)
max_iters = data_size // batch_size
total_loss = 0
loss_count = 0
loss_list = []

for epoch in range(max_epoch):
    # ❸ 데이터 뒤섞기
    idx = np.random.permutation(data_size)
    x = x[idx]
    t = t[idx]

    for iters in range(max_iters):
        batch_x = x[iters*batch_size:(iters+1)*batch_size]
```

```
batch_t = t[iters*batch_size:(iters+1)*batch_size]

# ❹ 기울기를 구해 매개변수 갱신
loss = model.forward(batch_x, batch_t)
model.backward()
optimizer.update(model.params, model.grads)

total_loss += loss
loss_count += 1

# ❺ 정기적으로 학습 경과 출력
if (iters+1) % 10 == 0:
    avg_loss = total_loss / loss_count
    print('| 에폭 %d |  반복 %d / %d | 손실 %.2f'
          % (epoch + 1, iters + 1, max_iters, avg_loss))
    loss_list.append(avg_loss)
    total_loss, loss_count = 0, 0
```

❶우선 하이퍼파라미터hyperparameter를 설정합니다. 구체적으로는 학습하는 에폭 수, 미니배치 크기, 은닉층의 뉴런 수, 학습률을 설정합니다. ❷계속해서 데이터를 읽어 들이고, 신경망(모델)과 옵티마이저를 생성합니다. 우리는 이미 2층 신경망을 TwoLayerNet 클래스로, 또 옵티마이저를 SGD 클래스로 구현해놨으니, 여기에서는 이 클래스들을 이용하겠습니다.

> **NOTE_** 에폭epoch은 학습 단위입니다. 1에폭은 학습 데이터를 모두 '살펴본' 시점(데이터셋을 1바퀴 돌아본 시점)을 뜻하죠. 이 코드에서는 300에폭을 학습합니다.

학습은 미니배치 방식으로 진행되며 데이터를 무작위로 선택합니다. ❸여기에서는 에폭 단위로 데이터를 뒤섞고, 뒤섞은 데이터 중 앞에서부터 순서대로 뽑아내는 방식을 사용했습니다. 데이터 뒤섞기(정확하게는 데이터의 '인덱스' 뒤섞기)에는 np.random.permutation() 메서드를 사용합니다. 이 메서드에 인수로 N을 주면, 0에서 $N-1$까지의 무작위 순서를 생성해 반환합니다. 실제 사용 예는 다음과 같습니다.

```
>>> import numpy as np
>>> np.random.permutation(10)
array([7, 6, 8, 3, 5, 0, 4, 1, 9, 2])
```

```
>>> np.random.permutation(10)
array([1, 5, 7, 3, 9, 2, 8, 6, 0, 4])
```

이처럼 np.random.permutation()을 호출하면 데이터 인덱스를 무작위로 뒤섞을 수 있습니다.

❹계속해서 기울기를 구해 매개변수를 갱신합니다. ❺마지막으로, 정기적으로 학습 결과를 출력합니다. 이 코드에서는 10번째 반복마다 손실의 평균을 구해 loss_list 변수에 추가했습니다. 이상으로 학습을 수행하는 코드를 살펴봤습니다.

> WARNING_ 여기서 구현한 신경망의 학습 코드는 이 책의 다른 장소에서도 사용합니다. 그래서 이 코드를 Trainer 클래스로 만들어뒀습니다. 신경망 학습의 상세 내용을 이 클래스 안으로 밀어넣은 것이죠. 자세한 사용법은 '1.4.4. Trainer 클래스' 절에서 설명합니다.

이제 이 코드(ch01/train_custom_loop.py)를 실행해보세요. 그러면 터미널에 출력되는 손실 값이 순조롭게 낮아지는 것을 알 수 있습니다. 그리고 그 결과를 그래프로 그린 것이 바로 [그림 1-32]입니다.

그림 1-32 손실 그래프: 가로축은 학습의 반복 수(눈금 값의 10배), 세로축은 학습 10번 반복당 손실 평균

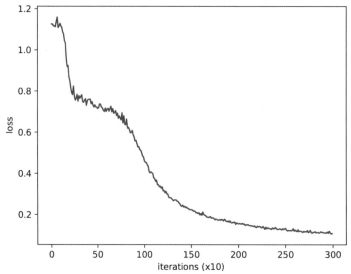

[그림 1-32]에서 보듯, 학습을 진행함에 따라 손실이 줄어들고 있습니다. 우리 신경망이 올바른

방향으로 학습되고 있는 것이죠! 그럼, 학습 후 신경망이 영역을 어떻게 분리했는지 시각화해 봅시다(이를 **결정 경계**^{decision boundary}라고 합니다). 결과는 [그림 1-33]과 같습니다.

그림 1-33 학습 후 신경망의 결정 경계(신경망이 식별하는 클래스별 영역을 색으로 구분)

[그림 1-33]에서 보듯 학습된 신경망은 '나선형' 패턴을 올바르게 파악했음을 알 수 있습니다. 즉, 비선형 분리 영역을 학습할 수 있었습니다! 이처럼 신경망에 은닉층을 추가하면 더 복잡한 표현이 가능해집니다. 층을 더 깊게 쌓으면 표현력 또한 더 풍부해지는 것이 딥러닝의 특징이죠.

1.4.4 Trainer 클래스

앞에서 언급했듯이, 이 책은 신경망 학습을 수행할 기회를 많이 드립니다. 다시 말해, 앞 절에서 본 학습 코드가 자주 필요한데, 매번 똑같은 코드를 다시 쓰고 있으면 아주 지루하겠죠. 그래서 이 책에서는 학습을 수행하는 역할을 Trainer라는 클래스로 제공합니다. 내용은 앞 절의 소스 코드와 거의 같습니다. 새로운 기능도 조금 추가했는데, 자세한 사용법은 필요할 때 설명하겠습니다.

Trainer 클래스는 common/trainer.py에 있습니다. 이 클래스의 초기화 메서드는 신경망(모델)과 옵티마이저를 인수로 받습니다. 구체적으로는 다음과 같이 사용합니다.

```
model = TwoLayerNet(...)
optimizer = SGD(lr=1.0)
trainer = Trainer(model, optimizer)
```

그리고 fit() 메서드를 호출해 학습을 시작합니다. 이 fit() 메서드가 받는 인수는 [표 1-1]에 정리했습니다.

표 1-1 Trainer 클래스의 fit() 메서드가 받는 인수: '(=XX)'는 기본값을 뜻함

인수	설명
x	입력 데이터
t	정답 레이블
max_epoch (=10)	학습을 수행하는 에폭 수
batch_size (=32)	미니배치 크기
eval_interval (=20)	결과(평균 손실 등)를 출력하는 간격
	예컨대 eval_interval=20으로 설정하면, 20번째 반복마다 손실의 평균을 구해 화면에 출력한다.
max_grad (=None)	기울기 최대 노름norm
	기울기 노름이 이 값을 넘어서면 기울기를 줄인다(이를 기울기 클리핑이라 하며, 자세한 설명은 '5장. 순환 신경망(RNN)' 참고).

Trainer 클래스는 plot() 메서드도 제공합니다. 이 메서드는 fit()에서 기록한 손실(정확하게는 eval_interval 시점에 평가된 평균 손실)을 그래프로 그려줍니다. 이제 Trainer 클래스를 사용해 학습을 수행하는 코드를 보시죠.

```
                                                          ch01/train.py
import sys
sys.path.append('..')
from common.optimizer import SGD
from common.trainer import Trainer
from dataset import spiral
from two_layer_net import TwoLayerNet

max_epoch = 300
batch_size = 30
hidden_size = 10
learning_rate = 1.0
```

```
x, t = spiral.load_data()
model = TwoLayerNet(input_size=2, hidden_size=hidden_size, output_size=3)
optimizer = SGD(lr=learning_rate)

trainer = Trainer(model, optimizer)
trainer.fit(x, t, max_epoch, batch_size, eval_interval=10)
trainer.plot()
```

이 코드를 실행하면 이전 절과 같은 신경망 학습이 이뤄집니다. 앞에서 본 학습용 코드를 Trainer 클래스에 맡겼기 때문에 코드가 깔끔해졌죠. 이 책에서는 앞으로 학습을 해야 할 때면 항상 Trainer 클래스를 사용할 겁니다.

1.5 계산 고속화

신경망의 학습과 추론에 드는 연산량은 상당합니다. 그래서 신경망에서는 얼마나 빠르게 계산하느냐가 매우 중요한 주제죠. 그래서 이번 절에서는 신경망 고속화에 도움되는 '비트 정밀도'와 'GPU'에 관해 가볍게 설명해보겠습니다.

> **NOTE_** 이 책은 속도보다는 알기 쉽게 구현하기에 우선순위를 두었습니다. 다만, 고속화의 관점에서 앞으로는 데이터의 비트 정밀도를 의식해 구현합니다. 또한, 계산이 오래 걸리는 부분에서는 (선택적으로) GPU로 실행할 수 있도록 준비해뒀습니다.

1.5.1 비트 정밀도

넘파이의 부동소수점 수는 기본적으로 64비트 데이터 타입을 사용합니다(독자의 환경, 즉 OS나 파이썬/넘파이 버전 등에 따라 바뀔 수 있습니다). 실제로 64비트 부동소수점 수가 사용되는지는 다음 코드로 확인할 수 있습니다.

```
>>> import numpy as np
>>> a = np.random.randn(3)
>>> a.dtype
dtype('float64')
```

이처럼 넘파이 배열의 인스턴스 변수 dtype을 출력해 데이터 타입을 알아볼 수 있습니다. 바로 앞 결과가 출력한 float64는 64비트 부동소수점 수라는 뜻입니다.

넘파이는 64비트 부동소수점 수를 표준으로 사용합니다. 그러나 신경망의 추론과 학습은 32비트 부동소수점 수로도 문제없이(인식률을 거의 떨어뜨리는 일 없이) 수행할 수 있다고 합니다. 32비트는 64비트의 절반이므로, 메모리 관점에서는 항상 32비트가 더 좋다고 말할 수 있습니다. 또, 신경망 계산 시 데이터를 전송하는 '버스 대역폭bus bandwidth'이 병목이 되는 경우가 왕왕 있습니다. 이런 경우에도 데이터 타입이 작은 게 유리하죠. 마지막으로 계산 속도 측면에서도 32비트 부동소수점 수가 일반적으로 더 빠릅니다(CPU나 GPU 아키텍처에 따라 다릅니다).

이런 이유로 이 책에서는 32비트 부동소수점 수를 우선으로 사용합니다. 넘파이에서 32비트 부동소수점 수를 사용하려면 다음과 같이 데이터 타입을 np.float32나 'f'로 지정합니다.

```
>>> b = np.random.randn(3).astype(np.float32)
>>> b.dtype
dtype('float32')

>>> c = np.random.randn(3).astype('f')
>>> c.dtype
dtype('float32')
```

또한 신경망 추론으로 한정하면, 16비트 부동소수점 수를 사용해도 인식률이 거의 떨어지지 않습니다.[6] 그리고 넘파이에도 16비트 부동소수점 수가 준비되어 있죠. 다만, 일반적으로 CPU와 GPU는 연산 자체를 32비트로 수행합니다. 따라서 16비트 부동소수점 수로 변환하더라도 계산 자체는 32비트로 이뤄져서 처리 속도 측면에서는 혜택이 없을 수도 있습니다.

그러나 학습된 가중치를 (파일에) 저장할 때는 16비트 부동소수점 수가 여전히 유효합니다. 가중치 데이터를 16비트로 저장하면 32비트를 쓸 때보다 절반의 용량만 사용하니까요. 그래서 이 책에서는 학습된 가중치를 저장하는 경우에 한해 16비트 부동소수점 수로 변환하겠습니다.

NOTE_ 딥러닝이 주목받으면서, 최근 GPU들은 '저장'과 '연산' 모두에 16비트 반정밀도 부동소수점 수뿐 아니라 8비트 쿼드정밀도까지 지원하도록 진화했습니다. 구글에서 개발한 TPU 역시 8비트 계산을 지원합니다.[7]

1.5.2 GPU(쿠파이)

딥러닝의 계산은 대량의 곱하기 연산으로 구성됩니다. 이 대량의 곱하기 연산 대부분은 병렬로 계산할 수 있는데, 바로 이 점에서는 CPU보다 GPU가 유리합니다. 대부분의 딥러닝 프레임워크가 CPU뿐 아니라 GPU도 지원하는 이유가 바로 이것이죠.

이 책의 예제 중에는 쿠파이[3]라는 파이썬 라이브러리를 사용할 수 있는 게 있습니다. 쿠파이는 GPU를 이용해 병렬 계산을 수행해주는 라이브러리인데, 아쉽게도 엔비디아의 GPU에서만 동작합니다. 또한, CUDA라는 GPU 전용 범용 병렬 컴퓨팅 · 플랫폼을 설치해야 합니다. 자세한 설치 방법은 쿠파이 공식 설치 가이드[4]를 참고하세요.

쿠파이를 사용하면 엔비디아 GPU를 사용해 간단하게 병렬 계산을 수행할 수 있습니다. 더욱 중요한 점은 쿠파이는 넘파이와 호환되는 API를 제공한다는 사실입니다. 여기 간단한 사용 예를 준비했습니다.

```
>>> import cupy as cp
>>> x = cp.arange(6).reshape(2, 3).astype('f')
>>> x
array([[ 0.,  1.,  2.],
       [ 3.,  4.,  5.]], dtype=float32)
>>> x.sum(axis=1)
array([  3.,  12.], dtype=float32)
```

이와 같이 쿠파이의 사용법은 기본적으로 넘파이와 같습니다. 사용법은 같지만 뒤에서 열심히 GPU를 사용해 계산하는 것이죠. 다시 말해, 넘파이로 작성한 코드를 'GPU용'으로 변경하기가 아주 쉽다는 뜻입니다. 그저 (보통은) numpy를 cupy로 대체해주기만 하면 끝이죠!

> **WARNING_** 2018년 6월 현재, 쿠파이가 넘파이의 모든 메서드를 지원하는 건 아닙니다. 쿠파이는 넘파이와 100% 호환되지는 않지만, 공통된 API를 많이 제공합니다.

다시 이야기합니다만, 이 책에서는 이해하기 쉽게 구현하는 걸 우선하므로 기본적으로는 CPU에서 수행되는 코드로 작성합니다. 그러나 계산이 오래 걸리는 코드는 선택적으로 쿠파이를 사용한 구현도 제공합니다. 그리고 쿠파이를 사용하는 경우라도, 독자는 쿠파이를 사용한다는 사실을 의식하지 않아도 되도록 배려했습니다.

이 책에서 GPU를 지원하는 코드가 처음 등장하는 것은 4장의 ch04/train.py 파일입니다. 이 파일은 다음의 임포트 문으로 시작합니다.

```
import sys
sys.path.append('..')
import numpy as np
from common import config
# GPU에서 실행하려면 아래 주석을 해제하세요(쿠파이 필요).
# ==============================================
# config.GPU = True
# ==============================================
...
```

이 코드를 CPU에서 실행하면 몇 시간이 걸리지만, GPU를 사용하면 수십 분 정도로 단축됩니다. 이 코드에서 "# config.GPU = True"의 주석을 풀기만 하면 넘파이 대신 쿠파이가 사용되고, 쿠파이가 계산을 GPU에 위임하여 학습이 빠르게 이뤄집니다. 호환되는 GPU를 가지고 계신 분은 꼭 이용해봅시다.

그리고 이 책의 예제 중 GPU를 지원하는 코드는 모두 앞의 코드처럼 단 1줄만 수정하면 GPU 모드로 실행할 수 있습니다.

> NOTE_ 넘파이가 쿠파이로 바뀌는 구조는 매우 단순합니다. 관심 있는 분은 common/config.py나 common/np.py, common/layers.py의 임포트 문을 참고하세요.

1.6 정리

이번 장에서는 신경망의 기본을 복습했습니다. 벡터와 행렬 같은 수학 개념부터 시작해서 파이썬(특히 넘파이)의 기본적인 사용법을 확인했습니다. 그런 다음 신경망의 구조를 살펴봤습니다. 특히 계산 그래프의 기본 부품(덧셈 노드와 곱셈 노드 등)을 몇 개 사용하여 순전파와 역전파를 설명했습니다.

또한 간단한 신경망도 구현해봤습니다. 모듈화를 고려해 신경망의 기본 구성요소를 계층으로 구현했습니다. 계층을 구현할 때는 모든 클래스가 forward()와 backward() 메서드를 제공하고, params와 grads라는 인스턴스 변수를 갖는다는 '구현 규칙'을 따랐습니다. 이 규칙 덕분에 앞으로의 신경망 구현이 훨씬 쉬워집니다.

마지막으로 인공적인 '스파이럴 데이터셋'을 활용해 은닉층이 한 개인 신경망을 학습시키고, 그 모델이 올바르게 학습되었음을 확인했습니다.

이것으로 신경망 복습을 마쳤습니다. 이제부터 신경망이라는 믿음직한 무기를 손에 쥐고, 자연어 처리의 세계로 뛰어들겠습니다. 그럼 힘차게 전진합시다!

이번 장에서 배운 내용

- 신경망은 입력층, 은닉층(중간층), 출력층을 지닌다.
- 완전연결계층에 의해 선형 변환이 이뤄지고, 활성화 함수에 의해 비선형 변환이 이뤄진다.
- 완전연결계층이나 미니배치 처리는 행렬로 모아 한꺼번에 계산할 수 있다.
- 오차역전파법을 사용하여 신경망의 손실에 관한 기울기를 효율적으로 구할 수 있다.
- 신경망이 수행하는 처리는 계산 그래프로 시각화할 수 있으며, 순전파와 역전파를 이해하는 데 도움이 된다.
- 신경망의 구성요소들을 '계층'으로 모듈화해두면, 이를 조립하여 신경망을 쉽게 구성할 수 있다.
- 신경망 고속화에는 GPU를 이용한 병렬 계산과 데이터의 비트 정밀도가 중요하다.

## CHAPTER 2

자연어와 단어의 분산 표현

> 마티: *"이건 심각한데요^{heavy}."*
> 박사: *"미래에는 이 정도도 무겁단^{heavy} 말이야?"*
> — 영화 〈백 투 더 퓨처〉*

드디어 자연어 처리의 세계로 첫걸음을 내딛게 됩니다. 자연어 처리가 다루는 분야는 다양하지만, 그 본질적 문제는 컴퓨터가 우리의 말을 알아듣게(이해하게) 만드는 것입니다. 이번 장은 컴퓨터에 말을 이해시킨다는 것이 무슨 뜻인지, 그리고 어떤 방법들이 존재하는지를 중심으로 이야기를 풀어보겠습니다. 특히 고전적인 기법(딥러닝 등장 이전의 기법)들을 자세히 살펴보려 합니다. 딥러닝(정확히는 신경망) 기반 기법들은 잠시 뒤, 다음 장에서 소개하겠습니다.

또한 이번 장에서는 파이썬으로 텍스트를 다루는 연습도 겸합니다. 텍스트를 단어로 분할하는 처리나 단어를 단어 ID로 변환하는 처리 등을 구현할 겁니다. 이번 장에서 구현하는 함수는 다음 장 이후에서도 이용합니다. 즉, 이번 장은 앞으로의 텍스트 처리를 위한 사전 준비도 겸하고 있습니다. 이쯤 이야기하고, 어서 자연어 처리의 세계로 뛰어들어봅시다!

....

* 옮긴이_ 같은 단어라도 세월이 흐르면서 새로운 의미가 덧씌워질 수 있음을 보여주는 예입니다. 영화 〈백 투 더 퓨처〉에서 마티는 박사보다 30년 미래에서 시간여행을 왔다는 설정입니다. 같은 예로 마티가 가게에서 '펩시 프리'를 주문하자 점원이 '펩시를 공짜로 달라고?'라며 황당해하는 장면도 나옵니다.

2.1 자연어 처리란

한국어와 영어 등 우리가 평소에 쓰는 말을 **자연어**natural language라고 합니다. 그러니 **자연어 처리**Natural Language Processing(**NLP**)를 문자 그대로 해석하면 '자연어를 처리하는 분야'이고, 알기 쉽게 풀어보면 '우리의 말을 컴퓨터에게 이해시키기 위한 기술(분야)'입니다. 그래서 자연어 처리가 추구하는 목표는 사람의 말을 컴퓨터가 이해하도록 만들어서, 컴퓨터가 우리에게 도움이 되는 일을 수행하게 하는 것입니다.

그런데 컴퓨터가 이해할 수 있는 언어라고 하면 '프로그래밍 언어'나 '마크업 언어'와 같은 것이 떠오를 겁니다. 이러한 언어는 모든 코드의 의미를 고유하게 해석할 수 있도록 문법이 정의되어 있고, 컴퓨터는 이 정해진 규칙에 따라서 코드를 해석합니다.

여러분도 알다시피, 일반적인 프로그래밍 언어는 기계적이고 고정되어 있습니다. '딱딱한 언어'란 뜻이죠. 반면, 영어나 한국어 같은 자연어는 '부드러운 언어'입니다. '부드럽다'라는 것은 똑같은 의미의 문장도 여러 형태로 표현할 수 있다거나, 문장의 뜻이 애매할 수 있다거나, 그 의미나 형태가 유연하게 바뀐다는 뜻입니다. 세월이 흐르면서 새로운 말이나 새로운 의미가 생겨나거나 있던 것이 사라지기까지 하죠. 이 모두가 자연어가 부드럽기 때문입니다.

이처럼 자연어는 살아 있는 언어이며 그 안에는 '부드러움'이 있습니다. 따라서 머리가 굳은 컴퓨터에게 자연어를 이해시키기란 평범한 방법으로는 도달할 수 없는 어려운 도전입니다. 하지만 그 난제를 해결할 수 있다면, 즉 컴퓨터에게 자연어를 이해시킬 수 있다면 수많은 사람에게 도움되는 일을 컴퓨터에게 시킬 수 있습니다. 사실 그런 예는 흔히 볼 수 있습니다. 검색 엔진이나 기계 번역은 잘 알려진 예지요. 그 밖에도 질의응답 시스템, IME(입력기 전환), 문장 자동요약과 감정분석 등 우리 주변에는 이미 자연어 처리 기술이 널리 사용되고 있습니다.

> **NOTE_** 자연어 처리를 응용한 예로 '질의응답 시스템'이 있습니다. 그 대표주자인 IBM 왓슨Watson은 아주 유명하죠. 왓슨은 2011년 미국의 TV 퀴즈쇼 '제퍼디!Jeopardy!'를 통해서 세상에 널리 알려졌습니다. 이 퀴즈쇼에서 왓슨은 어떤 사람보다도 더 정확하게 대답하여 기존 챔피언을 물리치고 우승했습니다(왓슨에게는 문제가 텍스트로 주어진다는 이점이 있긴 했습니다). 이 '사건'은 세상의 이목을 집중시켰고, 인공지능에 대한 기대와 동시에 불안까지도 키우는 계기가 되었습니다. 또한 왓슨은 '의사결정 지원 시스템'으로 분야를 넓혀, 과거의 방대한 의료 데이터를 활용해 난치병 환자에게 올바른 치료법을 제안해 목숨을 구한 사례가 보고되기도 했습니다.

2.1.1 단어의 의미

우리의 말은 '문자'로 구성되며, 말의 의미는 '단어'로 구성됩니다. 단어는 말하자면 의미의 최소 단위인 셈이죠. 그래서 자연어를 컴퓨터에게 이해시키는 데는 무엇보다 '단어의 의미'를 이해시키는 게 중요합니다.

이번 장의 주제는 컴퓨터에게 '단어의 의미' 이해시키기입니다. 더 정확히 말하면 '단어의 의미'를 잘 파악하는 표현 방법에 관해 생각해봅니다. 구체적으로는 이번 장과 다음 장에서 다음의 세 가지 기법을 살펴보겠습니다.

- 시소러스를 활용한 기법 (이번 장)
- 통계 기반 기법 (이번 장)
- 추론 기반 기법(word2vec) (다음 장)

가장 먼저, 사람의 손으로 만든 시소러스thesaurus(유의어 사전)를 이용하는 방법을 간단히 살펴봅니다. 그런 다음 통계 정보로부터 단어를 표현하는 '통계 기반 기법'을 설명합니다. 여기까지가 이번 장에서 배우는 내용입니다. 그 뒤를 이어 다음 장에서는 신경망을 활용한 '추론 기반' 기법(구체적으로는 word2vec)을 다룹니다. 참고로 이번 장의 구성은 스탠퍼드 대학교의 'CS224d: Deep Learning for Natural Language Processing' 수업[10]을 참고했습니다.

2.2 시소러스

'단어의 의미'를 나타내는 방법으로는 먼저 사람이 직접 단어의 의미를 정의하는 방식을 생각할 수 있습니다. 그중 한 방법으로『표준국어대사전』처럼 각각의 단어에 그 의미를 설명해 넣을 수 있을 것입니다. 예컨대『표준국어대사전』에서 "자동차"라는 단어를 찾으면 "원동기를 장치하여 그 동력으로 바퀴를 굴려서 철길이나 가설된 선에 의하지 아니하고 땅 위를 움직이도록 만든 차"라는 설명이 나옵니다. 이런 식으로 단어들을 정의해두면 컴퓨터도 단어의 의미를 이해할 수 있을지도 모릅니다.

자연어 처리의 역사를 되돌아보면 단어의 의미를 인력을 동원해 정의하려는 시도는 수없이 있어왔습니다. 단,『표준국어대사전』같이 사람이 이용하는 일반적인 사전이 아니라 **시소러스** 형태의 사전을 애용했죠. 시소러스란 (기본적으로는) 유의어 사전으로, '뜻이 같은 단어(동의어)'

나 '뜻이 비슷한 단어(유의어)'가 한 그룹으로 분류되어 있습니다.

그림 2-1 동의어의 예: "car", "auto", "automobile" 등은 "자동차"를 뜻하는 동의어다.

car **=** auto automobile machine motorcar

또한 자연어 처리에 이용되는 시소러스에서는 단어 사이의 '상위와 하위' 혹은 '전체와 부분' 등, 더 세세한 관계까지 정의해둔 경우가 있습니다. [그림 2-2]의 예처럼 각 단어의 관계를 그래프 구조로 정의합니다.

그림 2-2 단어들을 의미의 상·하위 관계에 기초해 그래프로 표현한다(문헌 [14]를 참고하여 그림).

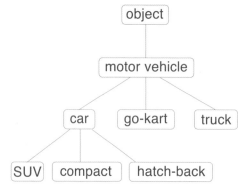

[그림 2-2]에서는 "car"의 상위 개념으로 "motor vehicle(동력차)"이라는 단어가 존재합니다. 한편 "car"의 하위 개념으로는 "SUV(스포츠 유틸리티 자동차)", "compact(소형차)", "hatch-back(해치백)" 등 더 구체적인 차종이 있음을 알려줍니다.

이처럼 모든 단어에 대한 유의어 집합을 만든 다음, 단어들의 관계를 그래프로 표현하여 단어 사이의 연결을 정의할 수 있습니다. 그러면 이 '단어 네트워크'를 이용하여 컴퓨터에게 단어 사이의 관계를 가르칠 수 있습니다. 이 정도면 컴퓨터에게 단어의 의미를 (간접적으로라도) 이해시켰다고 주장할 수 있을 것입니다. 그리고 그 지식을 이용하면 우리에게 유용한 일들을 컴퓨터가 수행하도록 할 수 있겠지요.

> **NOTE_** 시소러스를 어떻게 사용하는가는 자연어 처리 애플리케이션에 따라 다릅니다. 검색 엔진을 예로 생각해볼까요? "automobile"과 "car"가 유의어임을 알고 있으면 "car"의 검색 결과에 "automobile"의 검색 결과도 포함시켜주면 좋을 겁니다.

2.2.1 WordNet

자연어 처리 분야에서 가장 유명한 시소러스는 **WordNet**[17]입니다. WordNet은 프린스턴 대학교에서 1985년부터 구축하기 시작한 전통 있는 시소러스로, 지금까지 많은 연구와 다양한 자연어 처리 애플리케이션에서 활용되고 있습니다.

WordNet을 사용하면 유의어를 얻거나 '단어 네트워크'를 이용할 수 있습니다. 또한 단어 네트워크를 사용해 단어 사이의 유사도를 구할 수도 있죠. 이 책에서는 WordNet을 자세히 설명하지는 않으니, WordNet을 사용한 파이썬 구현에 흥미가 있는 분은 '부록 B. WordNet 맛보기'를 참고하세요. 부록 B에서는 WordNet(정확하게는 NLTK 모듈)을 설치하고 몇 가지 간단한 실험을 해봅니다.

> **NOTE_** '부록 B. WordNet 맛보기'에서는 실제로 WordNet을 사용하여 단어의 유사도를 구하는 실험을 해봅니다. 사람이 직접 정의한 '단어 네트워크'를 기초로 단어 사이의 유사도를 구하는 사례를 살펴볼 텐데, 단어의 유사도를 (어느 정도 정확하게) 구할 수 있다면 '단어의 의미'를 이해하는 첫걸음을 내디뎠다고 말할 수 있을 것입니다.

2.2.2 시소러스의 문제점

WordNet과 같은 시소러스에는 수많은 단어에 대한 동의어와 계층 구조 등의 관계가 정의돼 있습니다. 그리고 이 지식을 이용하면 '단어의 의미'를 (간접적으로라도) 컴퓨터에 전달할 수 있습니다. 하지만 이처럼 사람이 수작업으로 레이블링하는 방식에는 크나큰 결점이 존재합니다. 다음은 시소러스 방식의 대표적인 문제점들입니다.

- **시대 변화에 대응하기 어렵다.**

  우리가 사용하는 말은 살아 있습니다. 때때로 새로운 단어가 생겨나고, 구닥다리 옛말은 언젠가 잊혀집니다. 예컨대 '크라우드 펀딩crowd funding'은 비교적 최근에 등장한 신조어입니다.

  또한 시대에 따라 언어의 의미가 변하기도 합니다. 예컨대 영어 단어 heavy에는 '심각하다'라는 뜻도 있습니다(주로 비속어에서 이용됩니다만). 하지만 옛날에는 그런 뜻이 없었습니다. 영화 〈백 투 더 퓨처〉에서는 (영화 기준으로 미래인) 1985년에서 온 마티와 1955년에 사는 박사가 대화를 나누는 중 heavy의 의미가 통하지 않는 장면이 나옵니다. 이런 단어의 변화에 대응하려면 시소러스를 사람이 수작업으로 끊임없이 갱신해야 합니다.

- **사람을 쓰는 비용은 크다.**

  시소러스를 만드는 데는 엄청난 인적 비용이 발생합니다. 영어를 예로 들면, 현존하는 영어 단어의 수는 1,000만 개가 넘는다고 합니다. 따라서 이상적으로는 이 방대한 단어들 모두에 대해 단어 사이의 관계를 정의해줘야 합니다. 참고로 WordNet에 등록된 단어는 20만 개 이상입니다.

- **단어의 미묘한 차이를 표현할 수 없다.**

  시소러스에서는 뜻이 비슷한 단어들을 묶습니다. 그러나 실제로 비슷한 단어들이라도 미묘한 차이가 있는 법이죠. 예컨대 '빈티지^{vintage, 낡고 오래된 것}'와 '레트로^{retro, 복고}'는 의미가 같습니다만, 용법은 다릅니다. 시소러스에서는 이러한 미묘한 차이를 표현할 수 없습니다(이 역시 수작업으로 표현하려 한다면 상당히 곤란한 일이 되겠지요).

이처럼 시소러스를 사용하는 기법(단어의 의미를 사람이 정의하는 기법)에는 커다란 문제가 있습니다. 이 문제를 피하기 위해, 곧이어 '통계 기반 기법'과 신경망을 사용한 '추론 기반 기법'을 알아볼 것입니다. 이 두 기법에서는 대량의 텍스트 데이터로부터 '단어의 의미'를 자동으로 추출합니다. 그 덕분에 사람은 손수 단어를 연결짓는 중노동에서 해방되는 것입니다!

> NOTE_ 자연어 처리뿐 아니라, 이미지 인식에서도 특징^{feature}을 사람이 수동으로 설계하는 일이 오랜 세월 계속돼왔습니다. 그러다가 딥러닝이 실용화되면서 실생활 이미지로부터 원하는 결과를 곧바로 얻을 수 있게 됐습니다. 사람이 개입할 필요가 현격히 줄어든 것이죠. 자연어 처리에서도 똑같은 일이 벌어지고 있습니다. 즉, 사람이 수작업으로 시소러스나 관계(특징)를 설계하던 방식으로부터, 사람의 개입을 최소로 줄이고 텍스트 데이터만으로 원하는 결과를 얻어내는 방향으로 패러다임이 바뀌고 있습니다.

2.3 통계 기반 기법

이제부터 통계 기반 기법을 살펴보면서 우리는 **말뭉치**^{corpus}를 이용할 겁니다. 말뭉치란 간단히 말하면 대량의 텍스트 데이터입니다. 다만 맹목적으로 수집된 텍스트 데이터가 아닌 자연어 처리 연구나 애플리케이션을 염두에 두고 수집된 텍스트 데이터를 일반적으로 '말뭉치'라고 합니다.

결국 말뭉치란 텍스트 데이터에 지나지 않습니다만, 그 안에 담긴 문장들은 사람이 쓴 글입니다. 다른 시각에서 생각해보면, 말뭉치에는 자연어에 대한 사람의 '지식'이 충분히 담겨 있다고 볼 수 있습니다. 문장을 쓰는 방법, 단어를 선택하는 방법, 단어의 의미 등 사람이 알고 있는 자연어에 대한 지식이 포함되어 있는 것이죠. 통계 기반 기법의 목표는 이처럼 사람의 지식으로 가득한 말뭉치에서 자동으로, 그리고 효율적으로 그 핵심을 추출하는 것입니다.

> **WARNING_** 자연어 처리에 사용되는 말뭉치에는 텍스트 데이터에 대한 추가 정보가 포함되는 경우가 있습니다. 예컨대 텍스트 데이터의 단어 각각에 '품사'가 레이블링될 수 있습니다. 이럴 경우 말뭉치는 컴퓨터가 다루기 쉬운 형태(트리 구조 등)로 가공되어 주어지는 것이 일반적입니다. 이 책에서는 이러한 추가 레이블을 이용하지 않고, 단순한 텍스트 데이터(하나의 큰 텍스트 파일)로 주어졌다고 가정합니다.

2.3.1 파이썬으로 말뭉치 전처리하기

자연어 처리에는 다양한 말뭉치가 사용됩니다. 유명한 것으로는 위키백과^{Wikipedia}와 구글 뉴스$^{Google\ News}$ 등의 텍스트 데이터를 들 수 있죠. 또한 셰익스피어나 나쓰메 소세키 같은 대문호의 작품들도 말뭉치로 이용됩니다. 이번 장에서는 우선 문장 하나로 이뤄진 단순한 텍스트를 사용합니다. 그런 후에 더 실용적인 말뭉치도 다뤄보겠습니다.

그러면 파이썬의 대화 모드를 이용하여 매우 작은 텍스트 데이터(말뭉치)에 전처리^{preprocessing}를 해봅시다. 여기서 말하는 전처리란 텍스트 데이터를 단어로 분할하고 그 분할된 단어들을 단어 ID 목록으로 변환하는 일입니다.

그럼, 하나씩 확인하면서 단계별로 진행해봅시다. 우선 이번 말뭉치로 이용할 예시 문장부터 만나볼까요?

```
>>> text = 'You say goodbye and I say hello.'
```

이번 절에서는 이처럼 문장 하나로 이뤄진 텍스트를 말뭉치로 이용합니다. 실전이라면 이 text에 수천, 수만 개가 넘는 문장이 (연이어) 담겨 있을 것입니다. 하지만 지금은 쉽게 설명하기 위해 이 작은 텍스트 데이터만으로 전처리를 수행하겠습니다. 그럼 이 text를 단어 단위로 분할합시다.

```
>>> text = text.lower()
>>> text = text.replace('.', ' .')
>>> text
'you say goodbye and i say hello .'
```

```
>>> words = text.split(' ')
>>> words
['you', 'say', 'goodbye', 'and', 'i', 'say', 'hello', '.']
```

가장 먼저 lower() 메서드를 사용해 모든 문자를 소문자로 변환합니다. 문장 첫머리의 대문자로 시작하는 단어도 소문자 단어와 똑같이 취급하기 위한 조치입니다. 그리고 split(' ') 메서드를 호출해 공백을 기준으로 분할합니다. 다만 여기에서는 문장 끝의 마침표(.)를 고려해 마침표 앞에 공백을 삽입(정확하게는 '.'를 ' .'로 변환)한 다음 분할을 수행했습니다.

> **WARNING_** 여기에서 단어를 분할할 때 마침표 앞에 공백을 넣는 임시변통을 적용했습니다만, 더 현명하고 범용적인 방법이 있습니다. 바로 '정규표현식regular expression'을 이용하는 방법입니다. 예를 들어 정규표현식 모듈인 re를 임포트하고 re.split('(\W+)?', text)라고 호출하면 단어 단위로 분할할 수 있습니다. 정규표현식에 관한 상세한 설명은 『정규표현식』(제이펍, 2016)[15] 등의 다른 책을 참고하세요.

이제 원래의 문장을 단어 목록 형태로 이용할 수 있게 되었습니다. 단어 단위로 분할되어 다루기가 쉬워진 것은 사실이지만, 단어를 텍스트 그대로 조작하기란 여러 면에서 불편합니다. 그래서 단어에 ID를 부여하고, ID의 리스트로 이용할 수 있도록 한 번 더 손질합니다. 이를 위한 사전 준비로, 파이썬의 딕셔너리를 이용하여 단어 ID와 단어를 짝지어주는 대응표를 작성합니다.

```
>>> word_to_id = {}
>>> id_to_word = {}
>>>
>>> for word in words:
...     if word not in word_to_id:
...         new_id = len(word_to_id)
...         word_to_id[word] = new_id
...         id_to_word[new_id] = word
```

단어 ID에서 단어로의 변환은 id_to_word가 담당하며(키가 단어 ID, 값이 단어), 단어에서 단어 ID로의 변환은 word_to_id가 담당합니다. 앞의 코드는 단어 단위로 분할된 words의 각 원소를 처음부터 하나씩 살펴보면서, 단어가 word_to_id에 들어 있지 않으면 word_to_id와 id_to_word 각각에 새로운 ID와 단어를 추가합니다. 또한 추가 시점의 딕셔너리 길이가 새로운 단어의 ID로 설정되기 때문에 단어 ID는 0, 1, 2, … 식으로 증가합니다.

이것으로 단어 ID와 단어의 대응표가 만들어졌습니다. 그렇다면 실제 어떤 내용이 담겨 있는지 한번 볼까요?

```
>>> id_to_word
{0: 'you', 1: 'say', 2: 'goodbye', 3: 'and', 4: 'i', 5: 'hello', 6:'.'}
>>> word_to_id
{'you': 0, 'say': 1, 'goodbye': 2, 'and': 3, 'i': 4, 'hello': 5, '.': 6}
```

이처럼 딕셔너리를 사용하면 단어를 가지고 단어 ID를 검색하거나, 반대로 단어 ID를 가지고 단어를 검색할 수 있습니다. 다음 예처럼 말이죠.

```
>>> id_to_word[1]
'say'
>>> word_to_id['hello']
5
```

그럼 마지막으로 '단어 목록'을 '단어 ID 목록'으로 변경해봅시다. 다음 코드에서는 파이썬의 내포comprehension 표기를 사용하여 단어 목록에서 단어 ID 목록으로 변환한 다음, 다시 넘파이 배열로 변환했습니다.

```
>>> import numpy as np
>>> corpus = [word_to_id[w] for w in words]
>>> corpus = np.array(corpus)
>>> corpus
array([0, 1, 2, 3, 4, 1, 5, 6])
```

> **NOTE_** 내포란 리스트나 딕셔너리 등의 반복문 처리를 간단하게 쓰기 위한 기법입니다. 예컨대 xs = [1, 2, 3, 4]라는 리스트의 각 원소를 제곱하여 새로운 리스트를 만들고 싶다면 [x**2 for x in xs]처럼 쓰면 됩니다.

이것으로 말뭉치를 이용하기 위한 사전 준비를 마쳤습니다. 이상의 처리를 한 데 모아 preprocess()라는 함수로 구현해보죠.

common/util.py

```
def preprocess(text):
    text = text.lower()
    text = text.replace('.', ' .')
    words = text.split(' ')
```

```
word_to_id = {}
id_to_word = {}
for word in words:
    if word not in word_to_id:
        new_id = len(word_to_id)
        word_to_id[word] = new_id
        id_to_word[new_id] = word

corpus = np.array([word_to_id[w] for w in words])

return corpus, word_to_id, id_to_word
```

이 함수를 사용하면 말뭉치 전처리를 다음과 같이 수행할 수 있습니다.

```
>>> text = 'You say goodbye and I say hello.'
>>> corpus, word_to_id, id_to_word = preprocess(text)
```

이것으로 말뭉치 전처리가 끝났습니다. 여기서 준비한 corpus, word_to_id, id_to_word 라는 변수 이름은 앞으로 이 책의 곳곳에서 등장합니다. corpus는 단어 ID 목록, word_to_id는 단어에서 단어 ID로의 딕셔너리, id_to_word는 단어 ID에서 단어로 딕셔너리를 뜻합니다.

이상으로 말뭉치를 다룰 준비를 마쳤습니다. 우리의 다음 목표는 말뭉치를 사용해 '단어의 의미'를 추출하는 것입니다. 그 한 방법으로, 이번 절에서는 '통계 기반 기법'을 살펴봅니다. 이 기법을 사용해 우리는 단어를 벡터로 표현할 수 있게 될 겁니다.

2.3.2 단어의 분산 표현

뜬금없게 들리겠지만, 세상은 다채로운 '색'으로 가득합니다. 이러한 색들에는 '코발트블루'나 '싱크레드' 같은 고유한 이름을 붙일 수도 있습니다. 한편, RGB(Red/Green/Blue)라는 세 가지 성분이 어떤 비율로 섞여 있느냐로 표현하는 방법도 있지요. 전자는 색의 가짓수만큼의 이름을 부여하는 한편, 후자는 색을 3차원의 벡터로 표현합니다.

여기서 주목하고 싶은 점은 RGB 같은 벡터 표현이 색을 더 정확하게 명시할 수 있다는 사실입니다. 게다가 모든 색을 단 3개의 성분으로 간결하게 표현할 수 있고, (많은 경우) 어떤 색인지 짐작하기도 쉽습니다. 예컨대 '비색緋色'이라고 하면 어떤 색인지 몰라도, (R, G, B) = (170, 33, 22)라고 하면 빨강 계열의 색임을 알 수 있습니다.

또한 색끼리의 관련성(비슷한 색인지 여부 등)도 벡터 표현 쪽이 더 쉽게 판단할 수 있고, 정량화하기도 쉽습니다.

그러면 '색'을 벡터로 표현하듯 '단어'도 벡터로 표현할 수 있을까요? (조금 어렵긴 하지만) 더 정확하게 말하자면, 간결하고 이치에 맞는 벡터 표현을 단어라는 영역에서도 구축할 수 있을까요? 이제부터 우리가 원하는 것은 '단어의 의미'를 정확하게 파악할 수 있는 벡터 표현입니다. 이를 자연어 처리 분야에서는 단어의 **분산 표현**distributional representation이라고 합니다.

> NOTE_ 단어의 분산 표현은 단어를 고정 길이의 밀집벡터dense vector로 표현합니다. 밀집벡터라 함은 대부분의 원소가 0이 아닌 실수인 벡터를 말합니다. 예컨대 3차원의 분산 표현은 [0.21, −0.45, 0.83]과 같은 모습이 됩니다. 이러한 단어의 분산 표현을 어떻게 구축할 것인가가 앞으로 살펴볼 중요한 주제입니다.

2.3.3 분포 가설

자연어 처리의 역사에서 단어를 벡터로 표현하는 연구는 수없이 이뤄져 왔습니다. 그 연구들을 살펴보면, 중요한 기법의 거의 모두가 단 하나의 간단한 아이디어에 뿌리를 두고 있음을 알 수 있습니다. 그 아이디어는 바로 '단어의 의미는 주변 단어에 의해 형성된다'라는 것입니다. 이를 **분포 가설**distributional hypothesis이라 하며, 단어를 벡터로 표현하는 최근 연구도 대부분 이 가설에 기초합니다.

분포 가설이 말하고자 하는 바는 매우 간단합니다. 단어 자체에는 의미가 없고, 그 단어가 사용된 '맥락context'이 의미를 형성한다는 것이죠.* 물론 의미가 같은 단어들은 같은 맥락에서 더 많이 등장합니다. 예컨대 "I drink beer"와 "We drink wine"처럼 "drink"의 주변에는 음료가 등장하기 쉬울 것입니다. 또, "I guzzle beer"와 "We guzzle wine"이라는 문장이 있다면, "guzzle"은 "drink"와 같은 맥락에서 사용됨을 알 수 있습니다. 그리고 "guzzle"과 "drink"는 가까운 의미의 단어라는 것도 알 수 있지요(참고로 "guzzle"의 뜻은 '폭음하다'입니다).

---

* 옮긴이_ 자연어 처리에 한정한다면 '문맥'으로 옮겨야 더 어울릴 수도 있으나, 이 책에서 배우는 신경망 기법들은 다양한 시계열 데이터 처리에 응용될 수 있기 때문에 더 범용적인 용어인 '맥락'으로 옮겼습니다.

앞으로는 '맥락'이라는 말을 자주 사용할 겁니다. 이번 장에서 '맥락'이라 하면 (주목하는 단어) 주변에 놓인 단어를 가리킵니다. 예컨대 [그림 2-3]에서는 좌우의 각 두 단어씩이 '맥락'에 해당합니다.

그림 2-3 윈도우 크기가 2인 '맥락'의 예. 단어 "goodbye"에 주목한다면, 그 좌우의 두 단어(총 네 단어)를 맥락으로 이용한다.

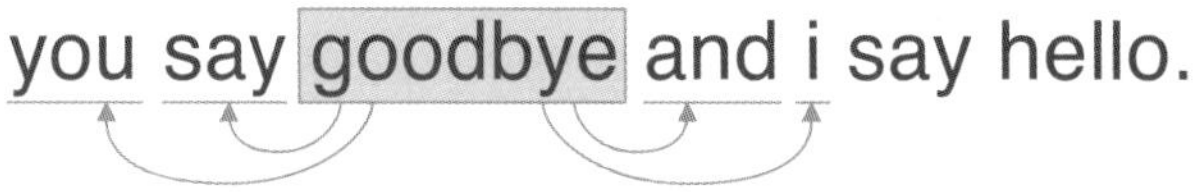

you say goodbye and i say hello.

[그림 2-3]처럼 '맥락'이란 특정 단어를 중심에 둔 그 주변 단어를 말합니다. 그리고 맥락의 크기(주변 단어를 몇 개나 포함할지)를 '윈도우 크기$^{window\ size}$'라고 합니다. 윈도우 크기가 1이면 좌우 한 단어씩이, 윈도우 크기가 2이면 좌우 두 단어씩이 맥락에 포함됩니다.

> **WARNING_** 여기에서는 좌우로 똑같은 수의 단어를 맥락으로 사용했습니다. 하지만 상황에 따라서는 왼쪽 단어만 또는 오른쪽 단어만을 사용하기도 하며, 문장의 시작과 끝을 고려할 수도 있습니다. 이 책에서는 이해하기 쉽게 설명하고자 문장 구분은 고려하지 않고 좌우 동수인 맥락만을 취급합니다.

2.3.4 동시발생 행렬

그러면 분포 가설에 기초해 단어를 벡터로 나타내는 방법을 생각해봅시다. 주변 단어를 '세어 보는' 방법이 자연스럽게 떠오를 것입니다. 무슨 말인고 하니, 어떤 단어에 주목했을 때, 그 주변에 어떤 단어가 몇 번이나 등장하는지를 세어 집계하는 방법입니다. 이 책에서는 이를 '통계 기반$^{statistical\ based}$' 기법이라고 하겠습니다.

그럼 통계 기반 기법을 살펴보시죠. 먼저 '2.3.1 파이썬으로 말뭉치 전처리하기' 절에서 봤던 말뭉치와 preprocess() 함수를 사용해 전처리하는 일부터 시작하겠습니다.

```python
import sys
sys.path.append('..')
import numpy as np
from common.util import preprocess

text = 'You say goodbye and I say hello.'
```

```
corpus, word_to_id, id_to_word = preprocess(text)

print(corpus)
# [0 1 2 3 4 1 5 6]

print(id_to_word)
# {0: 'you', 1: 'say', 2: 'goodbye', 3: 'and', 4: 'i', 5: 'hello', 6: '.'}
```

결과를 보면 단어 수가 총 7개임을 알 수 있습니다. 다음으로는 각 단어의 맥락에 해당하는 단어의 빈도를 세어보겠습니다. 윈도우 크기는 1로 하고, 단어 ID가 0인 "you"부터 시작해보죠.

그림 2-4 단어 "you"의 맥락을 세어본다.

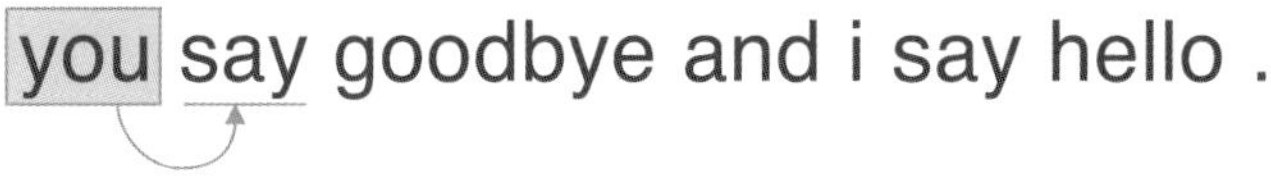

you say goodbye and i say hello .

[그림 2-4]에서 쉽게 알 수 있듯, 단어 "you"의 맥락은 "say"라는 단어 하나뿐입니다. 이를 표로 정리하면 [그림 2-5]처럼 됩니다.

그림 2-5 단어 "you"의 맥락에 포함되는 단어의 빈도를 표로 정리한다.

	you	say	goodbye	and	i	hello	.
you	0	1	0	0	0	0	0

[그림 2-5]는 단어 "you"의 맥락으로써 동시에 발생(등장)하는 단어의 빈도를 나타낸 것입니다. 그리고 이를 바탕으로 "you"라는 단어를 [0, 1, 0, 0, 0, 0, 0]이라는 벡터로 표현할 수 있습니다.

계속해서 ID가 1인 "say"에 대해서도 같은 작업을 수행합니다. 결과는 [그림 2-6]과 같습니다.

그림 2-6 단어 "say"의 맥락에 포함되는 단어의 빈도를 표로 정리한다.

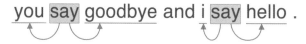

	you	say	goodbye	and	i	hello	.
say	1	0	1	0	1	1	0

이 결과로부터 "say"라는 단어는 벡터 [1, 0, 1, 0, 1, 1, 0]으로 표현할 수 있습니다. 이상의 작업을 모든 단어(이번 예에서는 총 7개 단어)에 대해서 수행한 결과가 [그림 2-7]입니다.

그림 2-7 모든 단어 각각의 맥락에 해당하는 단어의 빈도를 세어 표로 정리한다.

	you	say	goodbye	and	i	hello	.
you	0	1	0	0	0	0	0
say	1	0	1	0	1	1	0
goodbye	0	1	0	1	0	0	0
and	0	0	1	0	1	0	0
i	0	1	0	1	0	0	0
hello	0	1	0	0	0	0	1
.	0	0	0	0	0	1	0

[그림 2-7]은 모든 단어에 대해 동시발생하는 단어를 표에 정리한 것입니다. 이 표의 각 행은 해당 단어를 표현한 벡터가 됩니다. 참고로 이 표가 행렬의 형태를 띤다는 뜻에서 **동시발생 행렬**co-occurrence matrix이라고 합니다.

그림 [그림 2-7]의 동시발생 행렬을 파이썬으로 구현해보죠. 여기에서는 그림 그대로를 손으로 입력해보겠습니다.

```
C = np.array([
    [0, 1, 0, 0, 0, 0, 0],
    [1, 0, 1, 0, 1, 1, 0],
```

```
        [0, 1, 0, 1, 0, 0, 0],
        [0, 0, 1, 0, 1, 0, 0],
        [0, 1, 0, 1, 0, 0, 0],
        [0, 1, 0, 0, 0, 0, 1],
        [0, 0, 0, 0, 0, 1, 0],
    ], dtype=np.int32)
```

이걸로 동시발생 행렬이 생겼군요. 이 동시발생 행렬을 사용하면 다음과 같은 방식으로 각 단어의 벡터를 얻을 수 있습니다.

```
print(C[0]) # ID가 0인 단어의 벡터 표현
# [0 1 0 0 0 0 0]

print(C[4]) # ID가 4인 단어의 벡터 표현
# [0 1 0 1 0 0 0]

print(C[word_to_id['goodbye']]) # "goodbye"의 벡터 표현
# [0 1 0 1 0 0 0]
```

이와 같이 동시발생 행렬을 활용하면 단어를 벡터로 나타낼 수 있습니다. 이번에는 동시발생 행렬을 수동으로 만들었습니다만, 당연히 자동화할 수도 있습니다. 그러면 말뭉치로부터 동시발생 행렬을 만들어주는 함수를 구현해봅시다. 함수 이름은 create_co_matrix(corpus, vocab_size, window_size=1)로 하죠. 인수들은 차례로 단어 ID의 리스트, 어휘 수, 윈도우 크기를 나타냅니다.

common/util.py

```
def create_co_matrix(corpus, vocab_size, window_size=1):
    corpus_size = len(corpus)
    co_matrix = np.zeros((vocab_size, vocab_size), dtype=np.int32)

    for idx, word_id in enumerate(corpus):
        for i in range(1, window_size + 1):
            left_idx = idx - i
            right_idx = idx + i

            if left_idx >= 0:
                left_word_id = corpus[left_idx]
                co_matrix[word_id, left_word_id] += 1

            if right_idx < corpus_size:
```

```
        right_word_id = corpus[right_idx]
        co_matrix[word_id, right_word_id] += 1

    return co_matrix
```

이 함수는 먼저 co_matrix를 0으로 채워진 2차원 배열로 초기화합니다. 그다음은 말뭉치의 모든 단어 각각에 대하여 윈도우에 포함된 주변 단어를 세어나갑니다. 이때 말뭉치의 왼쪽 끝과 오른쪽 끝 경계를 벗어나지 않는지도 확인합니다.

이 함수는 말뭉치가 아무리 커지더라도 자동으로 동시발생 행렬을 만들어줍니다. 앞으로 말뭉치의 동시발생 행렬을 만들 때면 언제나 이 함수를 사용하겠습니다.

2.3.5 벡터 간 유사도

앞에서 동시발생 행렬을 활용해 단어를 벡터로 표현하는 방법을 알아봤습니다. 그럼 계속해서 벡터 사이의 유사도를 측정하는 방법을 살펴보죠.

벡터 사이의 유사도를 측정하는 방법은 다양합니다. 대표적으로는 벡터의 내적이나 유클리드 거리 등을 꼽을 수 있겠네요. 그 외에도 다양하지만, 단어 벡터의 유사도를 나타낼 때는 **코사인 유사도**cosine similarity를 자주 이용합니다. 두 벡터 $\mathbf{x} = (x_1, x_2, x_3, \cdots, x_n)$과 $\mathbf{y} = (y_1, y_2, y_3, \cdots, y_n)$이 있다면, 코사인 유사도는 다음 식으로 정의됩니다.

$$\text{similarity}(\mathbf{x}, \mathbf{y}) = \frac{\mathbf{x} \cdot \mathbf{y}}{||\mathbf{x}||\,||\mathbf{y}||} = \frac{x_1 y_1 + \cdots + x_n y_n}{\sqrt{x_1^2 + \cdots + x_n^2}\,\sqrt{y_1^2 + \cdots + y_n^2}} \qquad \text{[식 2.1]}$$

[식 2.1]의 분자에는 벡터의 내적이, 분모에는 각 벡터의 노름norm이 등장합니다. 노름은 벡터의 크기를 나타낸 것으로, 여기에서는 'L2 노름'을 계산합니다(L2 노름은 벡터의 각 원소를 제곱해 더한 후 다시 제곱근을 구해 계산합니다). 이 [식 2.1]의 핵심은 벡터를 정규화하고 내적을 구하는 것입니다.

> **NOTE_** 코사인 유사도를 직관적으로 풀어보자면 '두 벡터가 가리키는 방향이 얼마나 비슷한가'입니다. 두 벡터의 방향이 완전히 같다면 코사인 유사도가 1이 되며, 완전히 반대라면 −1이 됩니다.

이제 코사인 유사도를 파이썬 함수로 구현해볼까요? [식 2.1]을 코드로는 다음처럼 구현할 수 있습니다.

```
                                                          common/util.py
def cos_similarity(x, y):
    nx = x / np.sqrt(np.sum(x**2))   # x의 정규화
    ny = y / np.sqrt(np.sum(y**2))   # y의 정규화
    return np.dot(nx, ny)
```

이 코드에서 인수 x와 y는 넘파이 배열이라고 가정합니다. 이 함수는 먼저 벡터 x와 y를 정규화한 후 두 벡터의 내적을 구했습니다. 이렇게만 해도 코사인 유사도를 구할 수 있습니다만, 사실 이 구현에는 문제가 하나 있습니다. 인수로 제로 벡터(원소가 모두 0인 벡터)가 들어오면 '0으로 나누기^{divide by zero}' 오류가 발생해버립니다.

이 문제를 해결하는 전통적인 방법은 나눌 때 분모에 작은 값을 더해주는 것입니다. 작은 값을 뜻하는 eps를 인수로 받도록 하고, 이 인수의 값을 지정하지 않으면 기본값으로 1e-8(=0.00000001)이 설정되도록 수정하겠습니다(eps는 엡실론^{epsilon}의 약어입니다). 이제 개선된 코드를 만나보시죠.

```
                                                          common/util.py
def cos_similarity(x, y, eps=1e-8):
    nx = x / (np.sqrt(np.sum(x ** 2)) + eps)
    ny = y / (np.sqrt(np.sum(y ** 2)) + eps)
    return np.dot(nx, ny)
```

> **NOTE_** 여기에서 작은 값으로 1e-8을 사용했는데, 이 정도 작은 값이면 일반적으로 부동소수점 계산 시 '반올림'되어 다른 값에 '흡수'됩니다. 앞의 구현에서는 이 값이 벡터의 노름에 '흡수'되기 때문에 대부분의 경우 eps를 더한다고 해서 최종 계산 결과에는 영향을 주지 않습니다. 한편, 벡터의 노름이 0일 때는 이 작은 값이 그대로 유지되어 '0으로 나누기' 오류가 나는 사태를 막아줍니다.

이 함수를 사용하면 단어 벡터의 유사도를 다음과 같이 구할 수 있습니다. 다음은 "you"와 "i(=I)"의 유사도를 구하는 코드입니다.

```
                                                          ch02/similarity.py
import sys
sys.path.append('..')
from common.util import preprocess, create_co_matrix, cos_similarity
```

```
text = 'You say goodbye and I say hello.'
corpus, word_to_id, id_to_word = preprocess(text)
vocab_size = len(word_to_id)
C = create_co_matrix(corpus, vocab_size)

c0 = C[word_to_id['you']]  # "you"의 단어 벡터
c1 = C[word_to_id['i']]    # "i"의 단어 벡터
print(cos_similarity(c0, c1))
# 0.7071067691154799
```

실행 결과 "you"와 "i"의 코사인 유사도는 0.70...으로 나왔습니다. 코사인 유사도 값은 −1에서 1 사이이므로, 이 값은 비교적 높다(유사성이 크다)고 말할 수 있습니다.

2.3.6 유사 단어의 랭킹 표시

코사인 유사도까지 구현했으니 이 함수를 활용해 또 다른 유용한 기능을 구현해보고 싶군요. 어떤 단어가 검색어로 주어지면, 그 검색어와 비슷한 단어를 유사도 순으로 출력하는 함수는 어떨까요? 그 함수 이름은 most_similar()로 하고, 다음 인수들을 입력받도록 구현해봅시다.

```
most_similar(query, word_to_id, id_to_word, word_matrix, top=5)
```

표 2-1 most_similar() 함수의 인수

인수명	설명
query	검색어(단어)
word_to_id	단어에서 단어 ID로의 딕셔너리
id_to_word	단어 ID에서 단어로의 딕셔너리
word_matrix	단어 벡터들을 한데 모은 행렬. 각 행에는 대응하는 단어의 벡터가 저장되어 있다고 가정한다.
top	상위 몇 개까지 출력할지 설정

most_similar() 함수의 구현은 다음과 같습니다.

```python
def most_similar(query, word_to_id, id_to_word, word_matrix, top=5):
    # ❶ 검색어를 꺼낸다.
    if query not in word_to_id:
        print('%s(을)를 찾을 수 없습니다.' % query)
        return

    print('\n[query] ' + query)
    query_id = word_to_id[query]
    query_vec = word_matrix[query_id]

    # ❷ 코사인 유사도 계산
    vocab_size = len(id_to_word)
    similarity = np.zeros(vocab_size)
    for i in range(vocab_size):
        similarity[i] = cos_similarity(word_matrix[i], query_vec)

    # ❸ 코사인 유사도를 기준으로 내림차순으로 출력
    count = 0
    for i in (-1 * similarity).argsort():
        if id_to_word[i] == query:
            continue
        print(' %s: %s' % (id_to_word[i], similarity[i]))

        count += 1
        if count >= top:
            return
```

이 코드는 다음 순서로 동작합니다.

❶ 검색어의 단어 벡터를 꺼낸다.

❷ 검색어의 단어 벡터와 다른 모든 단어 벡터와의 코사인 유사도를 각각 구한다.

❸ 계산한 코사인 유사도 결과를 기준으로 값이 높은 순서대로 출력한다.

❸의 코드에 관해서만 설명을 덧붙이겠습니다. ❸에서는 similarity 배열에 담긴 원소의 인덱스를 내림차순으로 정렬한 후 상위 원소들을 출력합니다. 이때 배열 인덱스의 정렬을 바꾸는데 사용한 argsort() 메서드는 넘파이 배열의 원소를 오름차순으로 정렬합니다(단, 반환값은 배열의 인덱스입니다). 예를 하나 보시죠.

```python
>>> x = np.array([100, -20, 2])
>>> x.argsort()
array([1, 2, 0])
```

이 짤막한 코드는 [100, −20, 2]라는 넘파이 배열의 원소들을 오름차순으로 정렬했습니다. 이때 반환된 배열에 담긴 원소들은 원래 배열의 인덱스에 해당합니다. 즉, 앞의 결과는 인덱스가 1인 원소(−20), 2인 원소(2), 0인 원소(100) 순으로 정렬된 것입니다. 여기서 우리의 목적은 단어의 유사도가 '큰' 순서로 정렬하는 것이었죠? 따라서 넘파이 배열의 각 원소에 마이너스를 곱한 후 argsort() 메서드를 호출하면 원하는 결과를 얻을 수 있습니다. 앞의 예에 적용해보면 다음과 같이 됩니다.

```
>>> (-x).argsort()
array([0, 2, 1])
```

이처럼 argsort()를 사용하면 단어의 유사도가 높은 순서로 출력할 수 있습니다. 이상이 most_similar() 함수의 구현입니다. 이제 이 함수를 사용해볼 차례입니다. "you"를 검색어로 지정해 유사한 단어들을 출력해보겠습니다.

ch02/most_similar.py

```python
import sys
sys.path.append('..')
from common.util import preprocess, create_co_matrix, most_similar

text = 'You say goodbye and I say hello.'
corpus, word_to_id, id_to_word = preprocess(text)
vocab_size = len(word_to_id)
C = create_co_matrix(corpus, vocab_size)

most_similar('you', word_to_id, id_to_word, C, top=5)
```

이 코드를 실행하면 다음 결과를 얻을 수 있습니다.

```
[query] you
 goodbye: 0.7071067691154799
 i: 0.7071067691154799
 hello: 0.7071067691154799
 say: 0.0
 and: 0.0
```

이 결과는 검색어 "you"와 유사한 단어를 상위 5개만 출력한 것입니다. 코사인 유사도는 해당 단어의 오른쪽에서 볼 수 있죠. 앞의 결과를 보면 "you"에 가장 가까운 단어는 총 3개인데, 차례로 "goodbye", "i(=I)", "hello"입니다. 확실히 "i"와 "you" 모두 인칭대명사이므로 둘이 비슷하다는 건 납득이 됩니다. 하지만 "goodbye"와 "hello"의 코사인 유사도가 높다는 것은 우리의 직관과는 거리가 멀죠. 물론 지금은 말뭉치의 크기가 너무 작다는 것이 원인입니다. 나중에 더 큰 말뭉치를 사용하여 똑같은 실험을 해볼 테니 조금만 기다려 주세요.

자, 지금까지 본 것처럼 동시발생 행렬을 이용하면 단어를 벡터로 표현할 수 있습니다. 이것으로 통계 기반 기법의 '기본'을 끝마치겠습니다. 지금까지가 '기본'인 만큼, 아직 이야기할 주제는 얼마든지 남아 있습니다. 다음 절에서는 지금의 방법을 한층 개선하는 아이디어를 설명하고 실제로 구현해볼 것입니다.

2.4 통계 기반 기법 개선하기

앞 절에서는 단어의 동시발생 행렬을 만들었습니다. 이를 이용해 단어를 벡터로 표현하는 데는 성공했는데, 사실 동시발생 행렬에는 아직 개선할 점이 있습니다. 이번 절에서는 이 개선 작업을 해볼까 합니다. 그리고 개선을 완료한 다음에는 더 실용적인 말뭉치를 사용하여 '진짜' 단어의 분산 표현을 손에 넣어보겠습니다.

2.4.1 상호정보량

앞 절에서 본 동시발생 행렬의 원소는 두 단어가 동시에 발생한 횟수를 나타냅니다. 그러나 이 '발생' 횟수라는 것은 사실 그리 좋은 특징이 아닙니다. 고빈도 단어(많이 출현하는 단어)로 눈을 돌려보면 그 이유를 바로 알 수 있죠.

예컨대 말뭉치에서 "the"와 "car"의 동시발생을 생각해보죠. 분명 "... the car ..."라는 문구가 자주 보일 겁니다. 따라서 두 단어의 동시발생 횟수는 아주 많겠죠. 한편, "car"와 "drive"는 확실히 관련이 깊습니다. 하지만 단순히 등장 횟수만을 본다면 "car"는 "drive"보다는 "the"와의 관련성이 훨씬 강하다고 나올 겁니다. "the"가 고빈도 단어라서 "car"와 강한 관련성을 갖는다고 평가되기 때문이죠.

이 문제를 해결하기 위해 **점별 상호정보량**Pointwise Mutual Information [19] (PMI)이라는 척도를 사용한답니다. PMI는 확률 변수 x와 y에 대해 다음 식으로 정의됩니다(확률에 관해서는 '3.5.1 CBOW 모델과 확률' 절에서 자세히 설명합니다).

$$\mathrm{PMI}(x,y) = \log_2 \frac{P(x,y)}{P(x)P(y)} \qquad \text{[식 2.2]}$$

[식 2.2]에서 $P(x)$는 x가 일어날 확률, $P(y)$는 y가 일어날 확률, $P(x, y)$는 x와 y가 동시에 일어날 확률을 뜻합니다. 이 PMI 값이 높을수록 관련성이 높다는 의미입니다.

이 식을 앞의 자연어 예에 적용하면 $P(x)$는 단어 x가 말뭉치에 등장할 확률을 가리킵니다. 예컨대 10,000개의 단어로 이뤄진 말뭉치에서 "the"가 100번 등장한다면 $P(\text{"the"}) = \frac{100}{10000} = 0.01$이 됩니다. 또한 $P(x, y)$는 단어 x와 y가 동시발생할 확률이므로, 마찬가지로 "the"와 "car"가 10번 동시발생했다면 $P(\text{"the"},\text{"car"}) = \frac{10}{10000} = 0.001$이 되는 것이죠.

그럼 동시발생 행렬(각 원소는 동시발생한 단어의 횟수)을 사용하여 [식 2.2]를 다시 써봅시다. C는 동시발생 행렬, $C(x, y)$는 단어 x와 y가 동시발생하는 횟수, $C(x)$와 $C(y)$는 각각 단어 x와 y의 등장 횟수입니다. 이때 말뭉치에 포함된 단어 수를 N이라 하면, [식 2.2]는 다음과 같이 변합니다.

$$\mathrm{PMI}(x,y) = \log_2 \frac{P(x,y)}{P(x)P(y)} = \log_2 \frac{\dfrac{C(x,y)}{N}}{\dfrac{C(x)}{N}\dfrac{C(y)}{N}} = \log_2 \frac{C(x,y) \cdot N}{C(x)C(y)} \qquad \text{[식 2.3]}$$

[식 2.3]에 따라 동시발생 행렬로부터 PMI를 구할 수 있습니다. 그러면 [식 2.3]대로 구체적인 계산을 해봅시다. 말뭉치의 단어 수(N)를 10,000이라 하고, "the"와 "car"와 "drive"가 각 1,000번, 20번, 10번 등장했다고 해보죠. 그리고 "the"와 "car"의 동시발생 수는 10회, "car"와 "drive"의 동시발생 수는 5회라고 가정합시다. 이 조건이라면, 동시발생 횟수 관점에서는 "car"는 "drive"보다 "the"와 관련이 깊다고 나옵니다. 그렇다면 PMI 관점에서는 어떨까요? PMI 계산 결과는 다음과 같습니다.

$$\mathrm{PMI}(\text{"the"},\text{"car"}) = \log_2 \frac{10 \cdot 10000}{1000 \cdot 20} \approx 2.32 \qquad \text{[식 2.4]}$$

$$\mathrm{PMI}(\text{“car”},\text{“drive”}) = \log_2 \frac{5 \cdot 10000}{20 \cdot 10} \approx 7.97 \qquad \text{[식 2.5]}$$

이 결과에서 알 수 있듯이 PMI를 이용하면 "car"는 "the"보다 "drive"와의 관련성이 강해집니다. 우리가 원하던 결과죠. 이러한 결과가 나온 이유는 단어가 단독으로 출현하는 횟수가 고려되었기 때문입니다. 이 예에서는 "the"가 자주 출현했으므로 PMI 점수가 낮아진 것입니다. 참고로 앞의 식에서 ≈ 기호는 '거의 같음'을 뜻하는 기호입니다.

이제 PMI라는 멋진 척도를 얻었습니다만, 이 PMI에도 한 가지 문제가 있습니다. 바로 두 단어의 동시발생 횟수가 0이면 $\log_2 0 = -\infty$가 된다는 점입니다. 이 문제를 피하기 위해 실제로 구현할 때는 **양의 상호정보량**Positive PMI (**PPMI**)을 사용합니다.

$$\mathrm{PPMI}(x, y) = \max(0, \mathrm{PMI}(x, y)) \qquad \text{[식 2.6]}$$

이 식에 따라 PMI가 음수일 때는 0으로 취급합니다. 이제 단어 사이의 관련성을 0 이상의 실수로 나타낼 수 있습니다. 그러면 동시발생 행렬을 PPMI 행렬로 변환하는 함수를 구현해봅시다. 이 함수의 이름은 ppmi(C, verbose=False, eps=1e−8)로 짓겠습니다.

```
common/util.py

def ppmi(C, verbose=False, eps=1e-8):
    M = np.zeros_like(C, dtype=np.float32)
    N = np.sum(C)
    S = np.sum(C, axis=0)
    total = C.shape[0] * C.shape[1]
    cnt = 0

    for i in range(C.shape[0]):
        for j in range(C.shape[1]):
            pmi = np.log2(C[i, j] * N / (S[j]*S[i]) + eps)
            M[i, j] = max(0, pmi)

            if verbose:
                cnt += 1
                if cnt % (total//100 + 1) == 0:
                    print('%.1f%% 완료' % (100*cnt/total))
    return M
```

여기에서 인수 C는 동시발생 행렬, verbose는 진행상황 출력 여부를 결정하는 플래그입니다. 큰 말뭉치를 다룰 때 verbose=True로 설정하면 중간중간 진행 상황을 알려주죠. 참고로, 이 코드는 동시발생 행렬에 대해서만 PPMI 행렬을 구할 수 있도록 하고자 단순화해 구현했습니다. 구체적으로 말하면, 단어 x와 y가 동시에 발생하는 횟수를 $C(x, y)$라 했을 때, $C(x) = \sum_i C(i,x)$, $C(y) = \sum_i C(i,y)$, $N = \sum_i \sum_j C(i,j)$가 되도록 (즉, 근삿값을 구하도록) 구현했습니다. 한 가지 더, 이 코드에서는 np.log2(0)이 음의 무한대(−inf)가 되는 사태를 피하기 위해 eps라는 작은 값을 사용했습니다.

> **NOTE_** '2.3.5 벡터 간 유사도' 절에서는 '0으로 나누기' 오류를 막기 위해 분모에 작은 값을 더했습니다. 이번에도 마찬가지로 np.log2(x) 계산을 np.log2(x + eps)로 수정하여 값이 음의 무한대로 빠지는 사태를 예방했습니다.

그럼, 동시발생 행렬을 PPMI 행렬로 변환해보죠. 이는 다음처럼 구현할 수 있습니다.

ch02/ppmi.py

```python
import sys
sys.path.append('..')
import numpy as np
from common.util import preprocess, create_co_matrix, cos_similarity, ppmi

text = 'You say goodbye and I say hello.'
corpus, word_to_id, id_to_word = preprocess(text)
vocab_size = len(word_to_id)
C = create_co_matrix(corpus, vocab_size)
W = ppmi(C)

np.set_printoptions(precision=3)  # 유효 자릿수를 세 자리로 표시
print('동시발생 행렬')
print(C)
print('-'*50)
print('PPMI')
print(W)
```

이 코드를 실행하면 다음 결과를 얻을 수 있습니다.

```
동시발생 행렬
[[0 1 0 0 0 0 0]
 [1 0 1 0 1 1 0]
 [0 1 0 1 0 0 0]
 [0 0 1 0 1 0 0]
 [0 1 0 1 0 0 0]
 [0 1 0 0 0 0 1]
 [0 0 0 0 0 1 0]]
--------------------------------------------------
PPMI
[[ 0.     1.807  0.     0.     0.     0.     0.    ]
 [ 1.807  0.     0.807  0.     0.807  0.807  0.    ]
 [ 0.     0.807  0.     1.807  0.     0.     0.    ]
 [ 0.     0.     1.807  0.     1.807  0.     0.    ]
 [ 0.     0.807  0.     1.807  0.     0.     0.    ]
 [ 0.     0.807  0.     0.     0.     0.     2.807]
 [ 0.     0.     0.     0.     0.     2.807  0.    ]]
```

이것으로 동시발생 행렬을 PPMI 행렬로 변환하는 법을 알아봤습니다. 이때 PPMI 행렬의 각 원소는 0 이상의 실수입니다. 이제 우리는 더 좋은 척도로 이뤄진 행렬(더 좋은 단어 벡터)을 손에 쥐었습니다.

그러나 PPMI 행렬에도 여전히 큰 문제가 있습니다! 말뭉치의 어휘 수가 증가함에 따라 각 단어 벡터의 차원 수도 증가한다는 문제죠. 예를 들어 말뭉치의 어휘 수가 10만 개라면 그 벡터의 차원 수도 똑같이 10만이 됩니다. 10만 차원의 벡터를 다룬다는 것은 그다지 현실적이지 않습니다.

또한, 이 행렬의 내용을 들여다보면 원소 대부분이 0인 것을 알 수 있습니다. 벡터의 원소 대부분이 중요하지 않다는 뜻이죠. 다르게 표현하면 각 원소의 '중요도'가 낮다는 뜻입니다. 더구나 이런 벡터는 노이즈에 약하고 견고하지 못하다는 약점도 있지요. 이 문제에 대처하고자 자주 수행하는 기법이 바로 벡터의 차원 감소입니다.

2.4.2 차원 감소

차원 감소dimensionality reduction는 문자 그대로 벡터의 차원을 줄이는 방법을 말합니다. 그러나 단순히 줄이기만 하는 게 아니라, '중요한 정보'는 최대한 유지하면서 줄이는 게 핵심입니다. 직관적인 예로, [그림 2-8]처럼 데이터의 분포를 고려해 중요한 '축'을 찾는 일을 수행합니다.

그림 2-8 그림으로 이해하는 차원 감소: 2차원 데이터를 1차원으로 표현하기 위해 중요한 축(데이터를 넓게 분포시키는 축)을 찾는다.

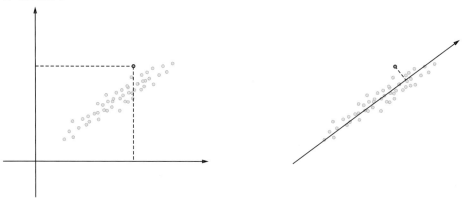

[그림 2-8]의 왼쪽은 데이터점들을 2차원 좌표에 표시한 모습입니다. 그리고 오른쪽은 새로운 축을 도입하여 똑같은 데이터를 좌표축 하나만으로 표시했습니다(새로운 축을 찾을 때는 데이터가 넓게 분포되도록 고려해야 합니다). 이때 각 데이터점의 값은 새로운 축으로 사영된 값으로 변합니다. 여기서 중요한 것은 가장 적합한 축을 찾아내는 일로, 1차원 값만으로도 데이터의 본질적인 차이를 구별할 수 있어야 합니다. 이와 같은 작업은 다차원 데이터에 대해서도 수행할 수 있습니다.

> **NOTE_** 원소 대부분이 0인 행렬 또는 벡터를 '희소행렬sparse matrix' 또는 '희소벡터sparse vector'라 합니다. 차원 감소의 핵심은 희소벡터에서 중요한 축을 찾아내어 더 적은 차원으로 다시 표현하는 것인데, 차원 감소의 결과로 원래의 희소벡터는 원소 대부분이 0이 아닌 값으로 구성된 '밀집벡터'로 변환됩니다. 이 조밀한 벡터야말로 우리가 원하는 단어의 분산 표현입니다.

차원을 감소시키는 방법은 여러 가지입니다만, 우리는 **특잇값분해**Singular Value Decomposition (**SVD**)를 이용하겠습니다. SVD는 임의의 행렬을 세 행렬의 곱으로 분해하며, 수식으로는 다음과 같습니다.

$$\mathbf{X} = \mathbf{U}\mathbf{S}\mathbf{V}^\mathrm{T}$$

[식 2.7]

[식 2.7]과 같이 SVD는 임의의 행렬 **X**를 **U**, **S**, **V**라는 세 행렬의 곱으로 분해합니다. 여기서

U와 **V**는 직교행렬$^{orthogonal\ matrix}$이고, 그 열벡터는 서로 직교합니다. 또한 **S**는 대각행렬^{diagonal} ^{matrix}(대각성분 외에는 모두 0인 행렬)입니다. 이 수식을 시각적으로 표현한 것이 [그림 2-9] 입니다.

그림 2-9 SVD에 의한 행렬의 변환(행렬의 '흰 부분'은 원소가 0임을 뜻함)

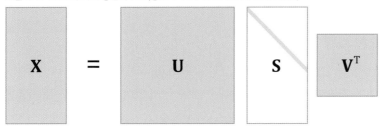

자, [식 2.7]에서 **U**는 직교행렬입니다. 그리고 이 직교행렬은 어떠한 공간의 축(기저)을 형성 합니다. 지금 우리의 맥락에서는 이 **U** 행렬을 '단어 공간'으로 취급할 수 있죠. 또한 **S**는 대각 행렬로, 그 대각성분에는 '특잇값$^{singular\ value}$'이 큰 순서로 나열되어 있습니다. 특잇값이란, 쉽게 말해 '해당 축'의 중요도라고 간주할 수 있습니다. 그래서 [그림 2-10]과 같이 중요도가 낮은 원소(특잇값이 작은 원소)를 깎아내는 방법을 생각할 수 있습니다.

그림 2-10 SVD에 의한 차원 감소

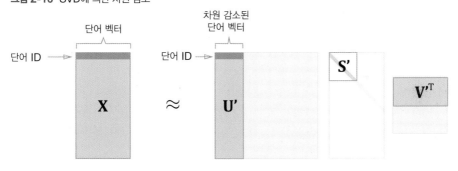

[그림 2-10]을 잘 보면서 다음 설명을 따라와보세요. 행렬 **S**에서 특잇값이 작다면 중요도가 낮다는 뜻이므로, 행렬 **U**에서 여분의 열벡터를 깎아내어 원래의 행렬을 근사할 수 있습니다. 이를 우리 문제로 가져와서 '단어의 PPMI 행렬'에 적용해볼까요? 그러면 행렬 **X**의 각 행에는 해당 단어 ID의 단어 벡터가 저장되어 있으며, 그 단어 벡터가 행렬 **U**'라는 차원 감소된 벡터 로 표현되는 것입니다.

2.4.3 SVD에 의한 차원 감소

이제 SVD를 파이썬 코드로 살펴봅시다. SVD는 넘파이의 linalg 모듈이 제공하는 svd 메서드로 실행할 수 있습니다. 참고로, "linalg"는 선형대수$^{linear\ algebra}$의 약어입니다. 그럼, 동시발생 행렬을 만들어 PPMI 행렬로 변환한 다음 SVD를 적용해보겠습니다.

```
                                              ch02/count_method_small.py
import sys
sys.path.append('..')
import numpy as np
import matplotlib.pyplot as plt
from common.util import preprocess, create_co_matrix, ppmi

text = 'You say goodbye and I say hello.'
corpus, word_to_id, id_to_word = preprocess(text)
vocab_size = len(id_to_word)
C = create_co_matrix(corpus, vocab_size, window_size=1)
W = ppmi(C)

# SVD
U, S, V = np.linalg.svd(W)
```

이제 SVD를 수행할 수 있습니다. 이 코드에서 SVD에 의해 변환된 밀집벡터 표현은 변수 U에 저장됩니다. 다음으로는 실제 내용을 살펴볼까요? 단어 ID가 0인 단어 벡터를 보겠습니다.

```
print(C[0]) # 동시발생 행렬
# [0 1 0 0 0 0 0]

print(W[0]) # PPMI 행렬
# [ 0.    1.807 0.    0.    0.    0.    0.   ]

print(U[0]) # SVD
```

```
#  [ 3.409e-01 -1.110e-16 -1.205e-01 -4.441e-16  0.000e+00 -9.323e-01
#   2.226e-16]
```

이 결과에서 보듯 원래는 희소벡터인 W[0]가 SVD에 의해서 밀집벡터 U[0]로 변했습니다.*
그리고 이 밀집벡터의 차원을 감소시키려면, 예컨대 2차원 벡터로 줄이려면 단순히 처음의 두
원소를 꺼내면 됩니다.

```
print(U[0, :2])
#  [ 3.409e-01 -1.110e-16]
```

이것으로 차원 감소도 다 알아봤습니다. 그러면 각 단어를 2차원 벡터로 표현한 후 그래프로
그려봅시다. 다음 코드를 추가하면 됩니다.

```
for word, word_id in word_to_id.items():
    plt.annotate(word, (U[word_id, 0], U[word_id, 1]))

plt.scatter(U[:,0], U[:,1], alpha=0.5)
plt.show()
```

plt.annotate(word, x, y) 메서드는 2차원 그래프상에서 좌표 (x, y) 지점에 word에 담긴
텍스트를 그립니다. 자, 이 코드를 실행하면 화면에 [그림 2-11]이 나타날 겁니다.**

----

* 옮긴이_ OS 종류나 넘파이 버전 등 환경에 따라 값이나 축의 순서가 다를 수 있습니다. 차원 감소 목적으로의 효과는 동일합니다.

** OS 종류나 맷플롯립 버전에 따라 그래프 모양이 조금 다를 수 있습니다.

그림 2-11 동시발생 행렬에 SVD를 적용한 후, 각 단어를 2차원 벡터로 변환해 그린 그래프("i"와 "goodbye"가 겹쳐 있음)

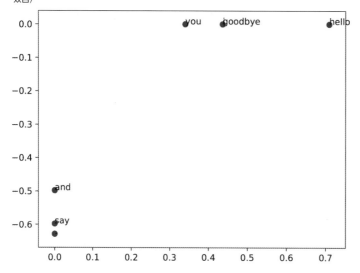

[그림 2-11]을 보면 "goodbye"와 "hello", "you"와 "i"가 제법 가까이 있음을 알 수 있습니다. 우리의 직관과 비교적 비슷하죠. 하지만 지금 사용한 말뭉치가 아주 작아서 이 결과를 그대로 받아들이기에는 솔직히 석연치 않습니다. 그러면 계속해서 PTB 데이터셋이라는 더 큰 말뭉치를 사용하여 똑같은 실험을 수행해봅시다. 우선은 PTB 데이터셋이 무엇인지부터 간단히 설명하겠습니다.

> **WARNING_** 행렬의 크기가 N이면 SVD 계산은 $O(N^3)$이 걸립니다. 계산량이 N의 3 제곱에 비례해 늘어난다는 뜻이죠. 이는 현실적으로 감당하기 어려운 수준이므로 Truncated SVD[21] 같은 더 빠른 기법을 이용합니다. Truncated SVD는 특잇값이 작은 것은 버리는truncated 방식으로 성능 향상을 꾀합니다. 다음 절에서도 옵션으로 사이킷런scikit-learn 라이브러리의 Truncated SVD를 이용합니다.

2.4.4 PTB 데이터셋

지금까지는 아주 작은 텍스트 데이터를 말뭉치로 사용했습니다. 그래서 이번 절에서는 '본격적인' 말뭉치(그렇다고 너무 크지는 않고 적당한 말뭉치)를 이용해보겠습니다. 그 주인공은 바로 **펜 트리뱅크**Penn Treebank (PTB)입니다.

NOTE_ PTB 말뭉치는 주어진 기법의 품질을 측정하는 벤치마크로 자주 이용됩니다. 이 책에서도 PTB 말뭉치를 이용하여 다양한 실험을 수행합니다.

우리가 이용할 PTB 말뭉치는 word2vec의 발명자인 토마스 미콜로프Tomas Mikolov의 웹 페이지에서 받을 수 있습니다. 이 PTB 말뭉치는 텍스트 파일로 제공되며, 원래의 PTB 문장에 몇 가지 전처리를 해두었습니다. 예컨대 희소한 단어를 〈unk〉라는 특수 문자로 치환한다거나("unk"는 "unknown"의 약어), 구체적인 숫자를 "N"으로 대체하는 등의 작업이 적용되었습니다. 참고로 [그림 2-12]는 이 PTB 말뭉치의 내용을 보여줍니다.

그림 2-12 PTB 말뭉치(텍스트 파일)의 예

```
consumers may want to move their telephones a little closer to the tv set
<unk> <unk> watching abc 's monday night football can now vote during <unk> for the greatest play in N years from among four or five <unk> <unk>
two weeks ago viewers of several nbc <unk> consumer segments started calling a N number for advice on various <unk> issues
and the new syndicated reality show hard copy records viewers ' opinions for possible airing on the next day 's show
interactive telephone technology has taken a new leap in <unk> and television programmers are racing to exploit the possibilities
eventually viewers may grow <unk> with the technology and <unk> the cost
```

[그림 2-12]에서 보듯 PTB 말뭉치에서는 한 문장이 하나의 줄로 저장되어 있습니다. 이 책에서는 각 문장을 연결한 '하나의 큰 시계열 데이터'로 취급합니다. 이때 각 문장 끝에 〈eos〉라는 특수 문자를 삽입합니다("eos"는 "end of sentence"의 약어).

WARNING_ 이 책에서는 문장의 구분을 고려하지 않고, 여러 문장을 연결한 '하나의 큰 시계열 데이터'로 간주합니다. 물론 문장 단위로 처리할 수도 있지만(예컨대 단어의 빈도를 문장 단위로 계산), 이 책에서는 원리를 간단히 보여주고자 문장 단위 처리는 수행하지 않습니다.

이 책에서는 PTB 데이터셋을 쉽게 이용할 수 있도록 전용 파이썬 코드를 준비했습니다. 이 코드는 dataset/ptb.py 파일에 담겨 있으며, 작업 디렉터리가 '각 장의 디렉터리(ch01, ch02, …)'라고 가정하고 동작합니다. 예를 들어 터미널에서 ch02 디렉터리로 이동한 다음 python show_ptb.py 명령을 실행하면 됩니다. 다음은 ptb.py를 사용하는 예입니다.

```
import sys
sys.path.append('..')
from dataset import ptb

corpus, word_to_id, id_to_word = ptb.load_data('train')

print('말뭉치 크기:', len(corpus))
print('corpus[:30]:', corpus[:30])
print()
print('id_to_word[0]:', id_to_word[0])
print('id_to_word[1]:', id_to_word[1])
print('id_to_word[2]:', id_to_word[2])
print()
print("word_to_id['car']:", word_to_id['car'])
print("word_to_id['happy']:", word_to_id['happy'])
print("word_to_id['lexus']:", word_to_id['lexus'])
```

코드 설명은 나중으로 미루고, 실행 결과부터 보시죠.

```
corpus size: 929589
corpus[:30]: [ 0  1  2  3  4  5  6  7  8  9 10 11 12 13 14 15 16 17 18 19 20 21 22
23
 24 25 26 27 28 29]

id_to_word[0]: aer
id_to_word[1]: banknote
id_to_word[2]: berlitz

word_to_id['car']: 3856
word_to_id['happy']: 4428
word_to_id['lexus']: 7426
```

말뭉치를 다루는 방법은 지금까지와 같습니다. corpus에는 단어 ID 목록이 저장됩니다. id_to_word는 단어 ID에서 단어로 변환하는 딕셔너리이고, word_to_id는 단어에서 단어 ID로 변환하는 딕셔너리입니다.

앞의 코드에서 ptb.load_data()는 데이터를 읽어 들입니다. 이때 인수로는 'train', 'test', 'valid' 중 하나를 지정할 수 있는데, 차례대로 '훈련용', '테스트용', '검증용' 데이터를 가리킵니다. 이상으로 ptb 사용법에 관한 설명을 마칩니다.

2.4.5 PTB 데이터셋 평가

PTB 데이터셋에 통계 기반 기법을 적용해봅시다. 이번에는 큰 행렬에 SVD를 적용해야 하므로 고속 SVD를 이용할 것을 추천합니다. 고속 SVD를 이용하려면 sklearn 모듈을 설치해야 합니다. 물론 간단한 SVD(np.linalg.svd())도 사용할 수 있습니다만, 시간이 오래 걸리며 메모리도 훨씬 많이 사용합니다. 자, 그럼 소스 코드를 보시죠.

```
ch02/count_method_big.py

import sys
sys.path.append('..')
import numpy as np
from common.util import most_similar, create_co_matrix, ppmi
from dataset import ptb


window_size = 2
wordvec_size = 100


corpus, word_to_id, id_to_word = ptb.load_data('train')
vocab_size = len(word_to_id)
print('동시발생 수 계산 ...')
C = create_co_matrix(corpus, vocab_size, window_size)
print('PPMI 계산 ...')
W = ppmi(C, verbose=True)


print('SVD 계산 ...')
try:
    # truncated SVD (빠르다!)
    from sklearn.utils.extmath import randomized_svd
    U, S, V = randomized_svd(W, n_components=wordvec_size, n_iter=5,
                             random_state=None)
except ImportError:
    # SVD (느리다)
    U, S, V = np.linalg.svd(W)


word_vecs = U[:, :wordvec_size]

querys = ['you', 'year', 'car', 'toyota']
for query in querys:
    most_similar(query, word_to_id, id_to_word, word_vecs, top=5)
```

이 코드는 SVD를 수행하는 데 sklearn의 randomized_svd() 메서드를 이용했습니다. 이 메서드는 무작위 수를 사용한 Truncated SVD로, 특잇값이 큰 것들만 계산하여 기본적인

SVD보다 훨씬 빠르답니다. 나머지 부분은 앞서 작은 말뭉치를 사용한 코드와 거의 같습니다. 이제 이 코드를 실행해보죠. 실행 결과는 다음과 같습니다(참고로 Truncated SVD는 무작위 수를 사용하므로 결과가 매번 다릅니다).

```
[query] you
 i: 0.702039909619
 we: 0.699448543998
 've: 0.554828709147
 do: 0.534370693098
 else: 0.512044146526

[query] year
 month: 0.731561990308
 quarter: 0.658233992457
 last: 0.622425716735
 earlier: 0.607752074689
 next: 0.601592506413

[query] car
 luxury: 0.620933665528
 auto: 0.615559874277
 cars: 0.569818364381
 vehicle: 0.498166879744
 corsica: 0.472616831915

[query] toyota
 motor: 0.738666107068
 nissan: 0.677577542584
 motors: 0.647163210589
 honda: 0.628862370943
 lexus: 0.604740429865
```

결과를 보면, 우선 "you"라는 검색어에서는 인칭대명사인 "i"와 "we"가 상위를 차지했음을 알 수 있습니다. 영어 문장에서 관용적으로 자주 같이 나오는 단어들이기 때문이죠. 또, "year"의 연관어로는 "month"와 "quarter"가, "car"의 연관어로는 "auto"와 "vehicle" 등이 뽑혔습니다. 그리고 "toyota"와 관련된 단어로는 "nissan", "honda", "lexus" 등 자동차 제조업체나 브랜드가 뽑힌 것도 확인할 수 있습니다. 이처럼 단어의 의미 혹은 문법적인 관점에서 비슷한 단어들이 가까운 벡터로 나타났습니다. 우리의 직관과 비슷한 결과라고 할 수 있겠네요.

축하합니다! 마침내 '단어의 의미'를 벡터로 잘 인코딩하는 데 성공했습니다! 말뭉치를 사용해 맥락에 속한 단어의 등장 횟수를 센 후 PPMI 행렬로 변환하고, 다시 SVD를 이용해 차원을 감소시킴으로써 더 좋은 단어 벡터를 얻어냈습니다. 이것이 단어의 분산 표현이고, 각 단어는 고정 길이의 밀집벡터로 표현되었습니다.

이번 장에서는 단어 몇 가지만 선택하여 유사 단어를 살펴봤습니다. 하지만 다른 수많은 단어에서도 같은 성질을 확인할 수 있을 겁니다. 또한 대규모 말뭉치를 사용하면 단어의 분산 표현의 품질도 더 좋아질 것입니다.

2.5 정리

이번 장에서는 자연어를 대상으로, 특히 컴퓨터에게 '단어의 의미' 이해시키기를 주제로 이야기를 진행했습니다. 이 목적을 달성하기 위한 여정으로, 먼저 시소러스를 이용한 기법을 설명하고, 이어서 통계 기반 기법을 살펴봤습니다.

시소러스 기반 기법에서는 단어들의 관련성을 사람이 수작업으로 하나씩 정의합니다. 이 작업은 매우 힘들고 (느낌의 미세한 차이를 나타낼 수 없는 등) 표현력에도 한계가 있습니다. 한편, 통계 기반 기법은 말뭉치로부터 단어의 의미를 자동으로 추출하고, 그 의미를 벡터로 표현합니다. 구체적으로는 단어의 동시발생 행렬을 만들고, PPMI 행렬로 변환한 다음, 안전성을 높이기 위해 SVD를 이용해 차원을 감소시켜 각 단어의 분산 표현을 만들어냅니다. 그리고 그 분산 표현에 따르면 의미가 (그리고 문법적인 용법면에서) 비슷한 단어들이 벡터 공간에서도 서로 가까이 모여 있음을 확인했습니다.

또한 이번 장에서는 말뭉치의 텍스트 데이터를 다루기 쉽게 해주는 전처리 함수를 몇 개 구현했습니다. 벡터 간 유사도를 측정하는 cos_similarity() 함수, 유사 단어의 랭킹을 표시하는 most_similar() 함수가 그 주인공이죠. 이 함수들은 다음 장 이후에도 사용합니다.

이번 장에서 배운 내용

- WordNet 등의 시소러스를 이용하면 유의어를 얻거나 단어 사이의 유사도를 측정하는 등 유용한 작업을 할 수 있다.
- 시소러스 기반 기법은 시소러스를 작성하는 데 엄청난 인적 자원이 든다거나 새로운 단어에 대응하기 어렵다는 문제가 있다.
- 현재는 말뭉치를 이용해 단어를 벡터화하는 방식이 주로 쓰인다.
- 최근의 단어 벡터화 기법들은 대부분 '단어의 의미는 주변 단어에 의해 형성된다'는 분포 가설에 기초한다.
- 통계 기반 기법은 말뭉치 안의 각 단어에 대해서 그 단어의 주변 단어의 빈도를 집계한다(동시발생 행렬).
- 동시발생 행렬을 PPMI 행렬로 변환하고 다시 차원을 감소시킴으로써, 거대한 '희소벡터'를 작은 '밀집벡터'로 변환할 수 있다.
- 단어의 벡터 공간에서는 의미가 가까운 단어는 그 거리도 가까울 것으로 기대된다.

word2vec

> *근거 없이 추론하는 건 금물이야.*
>
> *– 코넌 도일, 〈셜록 홈즈의 모험(보헤미아 왕국의 스캔들)〉*

앞 장에 이어 이번 장의 주제도 단어의 분산 표현입니다. 앞 장에서는 '통계 기반 기법'으로 단어의 분산 표현을 얻었는데, 이번 장에서는 더 강력한 기법인 '추론 기반 기법'을 살펴보겠습니다.

이름에서 알 수 있듯이 '추론 기반 기법'은 추론을 하는 기법입니다. 물론 이 추론 과정에 신경망을 이용하는데, 여기서 그 유명한 word2vec이 등장합니다. 이번 장에서는 word2vec의 구조를 차분히 들여다보고 구현해보며 확실하게 이해해보고자 합니다.

이번 장의 목표는 '단순한' word2vec 구현하기입니다. 처리 효율을 희생하는 대신 이해하기 쉽도록 구성해서 '단순한' word2vec입니다. 따라서 큰 데이터셋까지는 어렵겠지만, 작은 데이터셋이라면 문제없이 처리할 수 있습니다. 다음 장에서는 이번 장의 단순한 word2vec에 몇 가지 개선을 더해 '진짜' word2vec을 완성시킵니다. 자, 그럼 추론 기반 기법과 word2vec의 세계로 떠나봅시다!

3.1 추론 기반 기법과 신경망

단어를 벡터로 표현하는 방법은 지금까지 활발히 연구되었습니다. 그중에서도 성공적인 기법들을 크게 두 부류로 나눌 수 있는데, 바로 '통계 기반 기법'과 '추론 기반 기법'입니다. 단어의 의미를 얻는 방식은 서로 크게 다르지만, 그 배경에는 모두 분포 가설이 있습니다.

이번 절에서는 통계 기반 기법의 문제를 지적하고, 그 대안인 추론 기반 기법의 이점을 거시적 관점에서 설명합니다. 그런 다음 word2vec의 전처리를 위해 신경망으로 '단어'를 처리하는 예를 보여드리겠습니다.

3.1.1 통계 기반 기법의 문제점

지금까지 본 것처럼 통계 기반 기법에서는 주변 단어의 빈도를 기초로 단어를 표현했습니다. 구체적으로는 단어의 동시발생 행렬을 만들고 그 행렬에 SVD를 적용하여 밀집벡터(단어의 분산 표현)를 얻었습니다. 그러나 이 방식은 대규모 말뭉치를 다룰 때 문제가 발생합니다.

현업에서 다루는 말뭉치의 어휘 수는 어마어마합니다. 예컨대 영어의 어휘 수는 100만을 훌쩍 넘는다고 합니다. 어휘가 100만 개라면, 통계 기반 기법에서는 '100만×100만'이라는 거대한 행렬을 만들게 됩니다. 이런 거대 행렬에 SVD를 적용하는 일은 현실적이지 않겠죠.

> NOTE_ SVD를 $n \times n$ 행렬에 적용하는 비용은 $O(n^3)$입니다. $O(n^3)$이란 계산 시간이 n의 3 제곱에 비례한다는 뜻입니다. 슈퍼컴퓨터를 동원해도 처리할 수 없는 수준이죠. 실제로는 근사적인 기법과 희소행렬의 성질 등을 이용해 속도를 개선할 수 있습니다만, 그렇다고 해도 여전히 상당한 컴퓨팅 자원을 들여 장시간 계산해야 합니다.

통계 기반 기법은 말뭉치 전체의 통계(동시발생 행렬과 PPMI 등)를 이용해 단 1회의 처리(SVD 등)만에 단어의 분산 표현을 얻습니다. 한편, 추론 기반 기법에서는, 예컨대 신경망을 이용하는 경우는 미니배치로 학습하는 것이 일반적입니다. 미니배치 학습에서는 신경망이 한 번에 소량(미니배치)의 학습 샘플씩 반복해서 학습하며 가중치를 갱신해갑니다. [그림 3-1] 은 이 두 기법의 큰 차이를 보여줍니다.

그림 3-1 통계 기반 기법과 추론 기반 기법 비교

[그림 3-1]처럼 통계 기반 기법은 학습 데이터를 한꺼번에 처리합니다(배치 학습). 이에 반해 추론 기반 기법은 학습 데이터의 일부를 사용하여 순차적으로 학습합니다(미니배치 학습). 이 말은 말뭉치의 어휘 수가 많아 SVD 등 계산량이 큰 작업을 처리하기 어려운 경우에도 신경망을 학습시킬 수 있다는 뜻입니다. 데이터를 작게 나눠 학습하기 때문이죠. 게다가 여러 머신과 여러 GPU를 이용한 병렬 계산도 가능해져서 학습 속도를 높일 수도 있습니다. 추론 기반 기법이 큰 힘을 발휘하는 영역이죠.

추론 기반 기법이 통계 기반 기법보다 매력적인 점은 이 외에도 더 있습니다. 이 매력에 관해서는, 먼저 추론 기반 기법(특히 word2vec)을 자세히 알아본 후 '3.5.3 통계 기반 vs. 추론 기반' 절에서 다시 한번 논의하겠습니다.

3.1.2 추론 기반 기법 개요

추론 기반 기법에서는 당연히 '추론'이 주된 작업입니다. 추론이란 [그림 3-2]처럼 주변 단어(맥락)가 주어졌을 때 "?"에 무슨 단어가 들어가는지를 추측하는 작업입니다.

그림 3-2 주변 단어들을 맥락으로 사용해 "?"에 들어갈 단어를 추측한다.

you ? goodbye and I say hello.

[그림 3-2]처럼 추론 문제를 풀고 학습하는 것이 '추론 기반 기법'이 다루는 문제입니다. 이러한 추론 문제를 반복해서 풀면서 단어의 출현 패턴을 학습하는 것이죠. '모델 관점'에서 보면, 이 추론 문제는 [그림 3-3]처럼 보입니다.

그림 3-3 추론 기반 기법: 맥락을 입력하면 모델은 각 단어의 출현 확률을 출력한다.

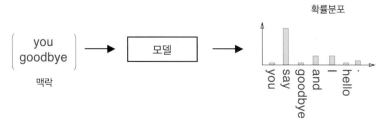

[그림 3-3]처럼 추론 기반 기법에는 어떠한 모델이 등장합니다. 우리는 이 모델로 신경망을 사용합니다. 모델은 맥락 정보를 입력받아 (출현할 수 있는) 각 단어의 출현 확률을 출력합니다. 이러한 틀 안에서 말뭉치를 사용해 모델이 올바른 추측을 내놓도록 학습시킵니다. 그리고 그 학습의 결과로 단어의 분산 표현을 얻는 것이 추론 기반 기법의 전체 그림입니다.

> **NOTE_** 추론 기반 기법도 통계 기반 기법처럼 분포 가설에 기초합니다. 분포 가설이란 '단어의 의미는 주변 단어에 의해 형성된다'는 가설로, 추론 기반 기법에서는 이를 앞에서와 같은 추측 문제로 귀결시켰습니다. 이처럼 두 기법 모두 분포 가설에 근거하는 '단어의 동시발생 가능성'을 얼마나 잘 모델링하는가가 중요한 연구 주제입니다.

3.1.3 신경망에서의 단어 처리

지금부터 신경망을 이용해 '단어'를 처리합니다. 그런데 신경망은 "you"와 "say" 등의 단어를 있는 그대로 처리할 수 없으니 단어를 '고정 길이의 벡터'로 변환해야 합니다. 이때 사용하는 대표적인 방법이 단어를 **원핫**one-hot **표현**(또는 **원핫 벡터**)으로 변환하는 것입니다. 원핫 표현이란 벡터의 원소 중 하나만 1이고 나머지는 모두 0인 벡터를 말합니다.

원핫 표현에 대해 구체적으로 살펴봅시다. 여기에서는 앞 장과 같이 "You say goodbye and I say hello."라는 한 문장짜리 말뭉치를 예로 설명하겠습니다. 이 말뭉치에는 어휘가 총 7개 등장합니다("you", "say", "goodbye", "and", "i", "hello", "."). 이중 두 단어의 원핫 표현을 [그림 3-4]에 나타내봤습니다.

그림 3-4 단어, 단어 ID, 원핫 표현

단어(텍스트)	단어 ID	원핫 표현
$\begin{pmatrix} \text{you} \\ \text{goodbye} \end{pmatrix}$	$\begin{pmatrix} 0 \\ 2 \end{pmatrix}$	$\begin{pmatrix} (1, 0, 0, 0, 0, 0, 0) \\ (0, 0, 1, 0, 0, 0, 0) \end{pmatrix}$

[그림 3-4]처럼 단어는 텍스트, 단어 ID, 그리고 원핫 표현 형태로 나타낼 수 있습니다. 여기서 단어를 원핫 표현으로 변환하는 방법은 이렇습니다. 먼저 총 어휘 수만큼의 원소를 갖는 벡터를 준비하고, 인덱스가 단어 ID와 같은 원소를 1로, 나머지는 모두 0으로 설정합니다. 이처럼 단어를 고정 길이 벡터로 변환하면 우리 신경망의 입력층은 [그림 3-5]처럼 뉴런의 수를 '고정'할 수 있습니다.

그림 3-5 입력층의 뉴런: 각 뉴런이 각 단어에 대응(해당 뉴런이 1이면 검은색, 0이면 흰색)

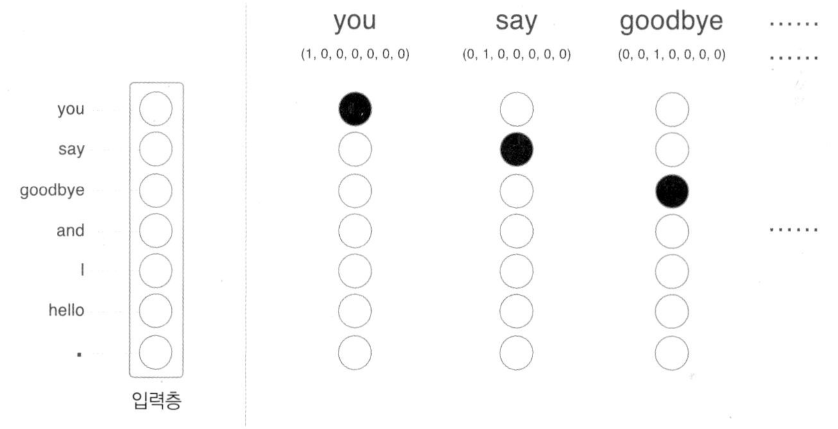

[그림 3-5]처럼 입력층의 뉴런은 총 7개입니다. 이 7개의 뉴런은 차례로 7개의 단어들에 대응합니다(첫 번째 뉴런은 "you"에, 두 번째 뉴런은 "say"에, ...).

이제 이야기가 간단해졌습니다. 단어를 벡터로 나타낼 수 있고, 신경망을 구성하는 '계층'들은 벡터를 처리할 수 있습니다. 다시 말해, 단어를 신경망으로 처리할 수 있다는 뜻이죠. 예컨대 [그림 3-6]은 원핫 표현으로 된 단어 하나를 완전연결계층을 통해 변환하는 모습을 보여줍니다.

그림 3-6 완전연결계층에 의한 변환: 입력층의 각 뉴런은 7개의 단어 각각에 대응(은닉층 뉴런은 3개를 준비함)

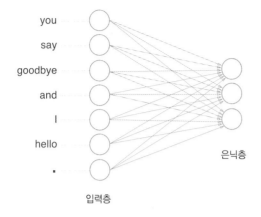

[그림 3-6]의 신경망은 완전연결계층이므로 각각의 노드가 이웃 층의 모든 노드와 화살표로 연결되어 있습니다. 이 화살표에는 가중치(매개변수)가 존재하여, 입력층 뉴런과의 가중합weighted sum이 은닉층 뉴런이 됩니다. 참고로 이번 장에서 사용하는 완전연결계층에서는 편향을 생략했습니다(이 부분은 뒤의 word2vec 설명 때 이야기하겠습니다).

> **WARNING_** 편향을 이용하지 않는 완전연결계층은 '행렬 곱' 계산에 해당합니다. 그래서 이 책의 경우, 완전연결계층은 1장에서 구현한 MatMul 계층과 같아지죠. 참고로 딥러닝 프레임워크들은 일반적으로 완전연결계층을 생성할 때 편향을 이용할지 선택할 수 있도록 해줍니다.

자, [그림 3-6]에서는 뉴런 사이의 결합을 화살표로 그렸습니다만, 이후로는 가중치를 명확하게 보여주기 위해 [그림 3-7]처럼 그리겠습니다.

그림 3-7 완전연결계층에 의한 변환을 단순화한 그림(완전연결계층의 가중치를 7×3 크기의 **W**라는 행렬로 표현)

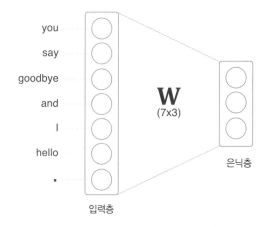

그럼, 여기까지의 이야기를 코드로 살펴보고 갑시다. 거두절미하고, 지금의 완전연결계층에 의한 변환은 파이썬으로는 다음과 같이 작성할 수 있습니다.

```python
import numpy as np

c = np.array([[1, 0, 0, 0, 0, 0, 0]]) # 입력
W = np.random.randn(7, 3)             # 가중치
h = np.matmul(c, W)                   # 중간 노드
print(h)
# [[-0.70012195  0.25204755 -0.79774592]]
```

이 코드는 단어 ID가 0인 단어를 원핫 표현으로 표현한 다음 완전연결계층을 통과시켜 변환하는 모습을 보여줍니다. 복습해보자면, 완전연결계층의 계산은 행렬 곱으로 수행할 수 있고, 행렬 곱은 넘파이의 np.matmul()이 해결해줍니다(편향은 생략).

> **WARNING_** 이 코드에서 입력 데이터(c)의 차원 수(ndim)는 2입니다. 이는 미니배치 처리를 고려한 것으로, 최초의 차원(0번째 차원)에 각 데이터를 저장합니다.

앞의 코드에서 주목할 곳은 c와 W의 행렬 곱 부분입니다. 자, c는 원핫 표현이므로 단어 ID에 대응하는 원소만 1이고 그 외에는 0인 벡터입니다. 따라서 앞 코드의 c와 W의 행렬 곱은 결국 [그림 3-8]처럼 가중치의 행벡터 하나를 '뽑아낸' 것과 같습니다.

그림 3-8 맥락 **c**와 가중치 **W**의 곱으로 해당 위치의 행벡터가 추출된다(각 요소의 가중치 크기는 흑백의 진하기로 표현).

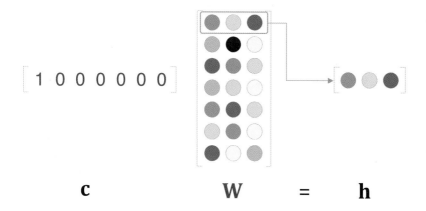

$$\mathbf{c} \qquad\qquad \mathbf{W} \qquad = \qquad \mathbf{h}$$

그저 가중치로부터 행벡터를 뽑아낼 뿐인데 행렬 곱을 계산하는 건 비효율적이라고 생각되시죠? 이 점은 '4.1 word2vec 개선 ①' 절에서 개선할 예정입니다. 또한, 앞의 코드로 수행한 작업은 (1장에서 구현한) MatMul 계층으로도 수행할 수 있습니다. 다음 코드처럼 말이죠.

```
import sys
sys.path.append('..')
import numpy as np
from common.layers import MatMul

c = np.array([[1, 0, 0, 0, 0, 0, 0]])
W = np.random.randn(7, 3)
layer = MatMul(W)
h = layer.forward(c)
print(h)
# [[-0.70012195  0.25204755 -0.79774592]]
```

이 코드는 common 디렉터리에 있는 MatMul 계층을 임포트하여 사용합니다. 그런 다음 MatMul 계층에 가중치 W를 설정하고 forward() 메서드를 호출해 순전파를 수행합니다.

3.2 단순한 word2vec

앞 절에서는 추론 기반 기법을 배우고, 신경망으로 단어를 처리하는 방법을 코드로 살펴봤습니다. 이것으로 준비는 끝! 드디어 word2vec을 구현할 차례입니다.

지금부터 할 일은 [그림 3-3]의 '모델'을 신경망으로 구축하는 것입니다. 그리고 이번 절에서 사용할 신경망은 word2vec에서 제안하는 **CBOW**continuous bag-of-words 모델입니다.

> **WARNING_** word2vec이라는 용어는 원래 프로그램이나 도구를 가리키는 데 사용됐습니다. 그런데 이 용어가 유명해지면서, 문맥에 따라서는 신경망 모델을 가리키는 경우도 많이 볼 수 있습니다. CBOW 모델과 skip-gram 모델은 word2vec에서 사용되는 신경망입니다. 이번 절에서는 CBOW 모델을 중심으로 이야기를 풀어가며, 두 모델의 차이는 '3.5.2 skip-gram 모델' 절에서 자세히 설명하겠습니다.

3.2.1 CBOW 모델의 추론 처리

CBOW 모델은 맥락으로부터 타깃target을 추측하는 용도의 신경망입니다('타깃'은 중앙 단어이고 그 주변 단어들이 '맥락'입니다). 우리는 이 CBOW 모델이 가능한 한 정확하게 추론하도록 훈련시켜서 단어의 분산 표현을 얻어낼 것입니다.

CBOW 모델의 입력은 맥락입니다. 맥락은 "you"와 "goodbye" 같은 단어들의 목록입니다. 가장 먼저, 이 맥락을 원핫 표현으로 변환하여 CBOW 모델이 처리할 수 있도록 준비합니다. 이상을 기초로 CBOW 모델의 신경망을 [그림 3-9]처럼 그릴 수 있습니다.

그림 3-9 CBOW 모델의 신경망 구조

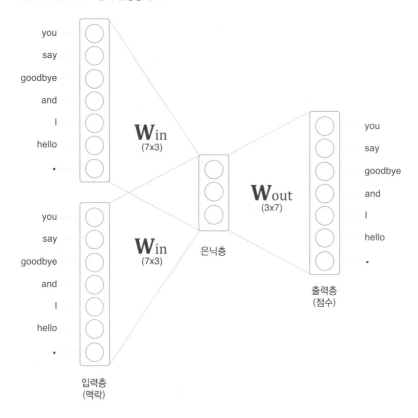

[그림 3-9]가 CBOW 모델의 신경망입니다. 입력층이 2개 있고, 은닉층을 거쳐 출력층에 도달합니다. 두 입력층에서 은닉층으로의 변환은 똑같은 완전연결계층(가중치는 $\mathbf{W}_{in}$)이 처리합니다. 그리고 은닉층에서 출력층 뉴런으로의 변환은 다른 완전연결계층(가중치는 $\mathbf{W}_{out}$)이 처리합니다.

> **WARNING_** 이 그림에서 입력층이 2개인 이유는 맥락으로 고려할 단어를 2개로 정했기 때문입니다. 즉, 맥락에 포함시킬 단어가 N개라면 입력층도 N개가 됩니다.

이제 [그림 3-9]의 은닉층에 주목합시다. 은닉층의 뉴런은 입력층의 완전연결계층에 의해 변환된 값이 되는데, 입력층이 여러 개이면 전체를 '평균'하면 됩니다. 앞의 예에 대입해보면 다음과 같습니다. 완전연결계층에 의한 첫 번째 입력층이 $\mathbf{h}_1$으로 변환되고, 두 번째 입력층이 $\mathbf{h}_2$로 변환되었다고 하면, 은닉층 뉴런은 $\frac{1}{2}(\mathbf{h}_1 + \mathbf{h}_2)$가 되는 것이죠.

마지막으로 [그림 3-9]의 출력층을 보겠습니다. 출력층의 뉴런은 총 7개인데, 여기서 중요한 것은 이 뉴런 하나하나가 각각의 단어에 대응한다는 점입니다. 그리고 출력층 뉴런은 각 단어의 '점수'를 뜻하며, 값이 높을수록 대응 단어의 출현 확률도 높아집니다. 여기서 점수란 확률로 해석되기 전의 값이고, 이 점수에 소프트맥스 함수를 적용해서 '확률'을 얻을 수 있습니다.

> **WARNING_** 점수를 Softmax 계층에 통한시킨 후의 뉴런을 '출력층'이라고도 합니다. 이 책에서는 점수를 출력하는 노드를 '출력층'이라고 하겠습니다.

[그림 3-9]처럼 입력층에서 은닉층으로의 변환은 완전연결계층(가중치는 $\mathbf{W}_{in}$)에 의해서 이뤄집니다. 이때 완전연결계층의 가중치 $\mathbf{W}_{in}$은 7×3 행렬이며, (미리 밝히자면) 이 가중치가 바로 단어의 분산 표현의 정체입니다. 그림으로 표현하면 [그림 3-10]처럼 됩니다.

그림 3-10 가중치의 각 행이 해당 단어의 분산 표현이다.

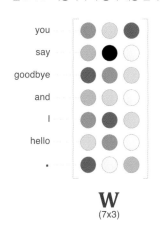

[그림 3-10]에서 보듯 가중치 $\mathbf{W}_{in}$의 각 행에는 해당 단어의 분산 표현이 담겨 있다고 볼 수 있습니다. 따라서 학습을 진행할수록 맥락에서 출현하는 단어를 잘 추측하는 방향으로 이 분산 표현들이 갱신될 것입니다. 그리고 놀랍게도 이렇게 해서 얻은 벡터에는 '단어의 의미'도 잘 녹아들어 있습니다! 이것이 word2vec의 전체 그림입니다.

지금까지 우리는 CBOW 모델을 '뉴런 관점'에서 그려왔습니다. 그래서 이번에는 '계층 관점'에서 그려보고 싶군요. [그림 3-11]은 [그림 3-9]의 신경망을 계층 관점에서 그린 모습입니다.

그림 3-11 계층 관점에서 본 CBOW 모델의 신경망 구성: MatMul 계층에서 사용하는 가중치(W_{in}, W_{out})는 해당 계층 안으로 넣었음

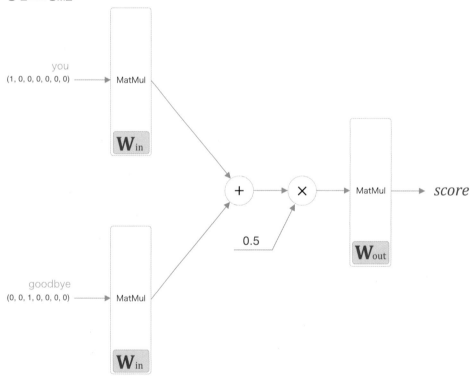

[그림 3-11]에서 알 수 있듯이 CBOW 모델의 가장 앞단에는 2개의 MatMul 계층이 있고, 이어서 이 두 계층의 출력이 더해집니다. 그리고 더해진 값에 0.5를 곱하면 '평균'이 되며, 이 평균이 은닉층 뉴런이 됩니다. 마지막으로 은닉층 뉴런에 또 다른 MatMul 계층이 적용되어

'점수score'가 출력됩니다.

그럼 [그림 3-11]을 참고하여, CBOW 모델의 추론 처리를 파이썬으로 구현해봅시다(추론 처리란 '점수'를 구하는 처리를 말합니다). 다음과 같이 구현할 수 있습니다.

```
                                                      ch03/cbow_predict.py
import sys
sys.path.append('..')
import numpy as np
from common.layers import MatMul

# 샘플 맥락 데이터
c0 = np.array([[1, 0, 0, 0, 0, 0, 0]])
c1 = np.array([[0, 0, 1, 0, 0, 0, 0]])

# 가중치 초기화
W_in = np.random.randn(7, 3)
W_out = np.random.randn(3, 7)

# 계층 생성
in_layer0 = MatMul(W_in)
in_layer1 = MatMul(W_in)
out_layer = MatMul(W_out)

# 순전파
h0 = in_layer0.forward(c0)
h1 = in_layer1.forward(c1)
h = 0.5 * (h0 + h1)
s = out_layer.forward(h)

print(s)
# [[ 0.30916255  0.45060817 -0.77308656  0.22054131  0.15037278
#   -0.93659277 -0.59612048]]
```

이 코드에서는 가장 먼저, 필요한 가중치들(W_in과 W_out)을 초기화합니다. 그리고 입력층을 처리하는 MatMul 계층을 맥락 수민큼 (여기에서는 2개) 생성하고, 출력층 측의 MatMul 계층은 1개만 생성합니다. 이때 입력층 측의 MatMul 계층은 가중치 W_in을 공유한다는 점에 주의하세요.

다음은 입력층 측의 MatMul 계층들(in_layer0과 in_layer1)의 forward() 메서드를 호출해 중간 데이터를 계산하고, 출력층 측의 MatMul 계층(out_layer)을 통과시켜 각 단어의 점수를 구합니다.*

이상이 CBOW 모델의 추론 과정입니다. 여기서 보았듯이 CBOW 모델은 활성화 함수를 사용하지 않는 간단한 구성의 신경망입니다. 입력층이 여러 개 있고 그 입력층들이 가중치를 공유한다는 점을 제외하면 어려운 부분은 없을 겁니다. 그럼 계속해서 CBOW 모델의 학습에 대해 알아보겠습니다.

3.2.2 CBOW 모델의 학습

지금까지 설명한 CBOW 모델은 출력층에서 각 단어의 점수를 출력했습니다. 이 점수에 소프트맥스 함수를 적용하면 '확률'을 얻을 수 있는데요(그림 3-12), 이 확률은 맥락(전후 단어)이 주어졌을 때 그 중앙에 어떤 단어가 출현하는지를 나타냅니다.

[그림 3-12]의 예에서 맥락은 "you"와 "goodbye"이고, 정답 레이블(신경망이 예측해야 할 단어)은 "say"입니다. 이때 '가중치가 적절히 설정된' 신경망이라면 '확률'을 나타내는 뉴런들 중 정답에 해당하는 뉴런의 값이 클 것이라 기대할 수 있습니다.

* 옮긴이_ 가중치 초기화로 random() 함수를 사용하므로 실행할 때마다 결과가 달라질 수 있습니다.

그림 3-12 CBOW 모델의 구체적인 예(노드 값의 크기를 흑백의 진하기로 나타냄)

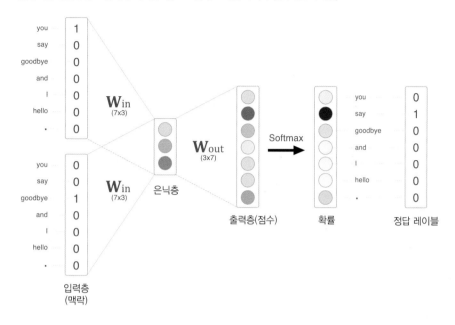

CBOW 모델의 학습에서는 올바른 예측을 할 수 있도록 가중치를 조정하는 일을 합니다. 그 결과로 가중치 $\mathbf{W}_{in}$에(정확하게는 $\mathbf{W}_{in}$과 $\mathbf{W}_{out}$ 모두에) 단어의 출현 패턴을 파악한 벡터가 학습됩니다. 그리고 지금까지의 실험에 의해 CBOW 모델(과 skip-gram 모델)로 얻을 수 있는 단어의 분산 표현은 단어의 의미 면에서나 문법 면에서 모두 우리의 직관에 부합하는 경우를 많이 볼 수 있습니다(위키백과 등의 대규모 말뭉치를 사용해 얻을 수 있는 단어의 분산 표현이라면 더욱 그렇습니다).

> **NOTE_** CBOW 모델은 단어 출현 패턴을 학습 시 사용한 말뭉치로부터 배웁니다. 따라서 말뭉치가 다르면 학습 후 얻게 되는 단어의 분산 표현도 달라집니다. 예컨대 말뭉치로 '스포츠' 기사만을 사용하는 경우와 '음악' 관련 기사만을 사용하는 경우는 얻게 되는 단어의 분산 표현이 크게 다를 것입니다.

다시 앞에서 본 신경망의 학습에 대해 생각해보죠. 지금부터의 이야기는 간단합니다. 우리가 다루고 있는 모델은 다중 클래스 분류를 수행하는 신경망입니다. 따라서 이 신경망을 학습하려면 소프트맥스와 교차 엔트로피 오차만 이용하면 됩니다. 여기에서는 소프트맥스 함수를 이용해 점수를 확률로 변환하고, 그 확률과 정답 레이블로부터 교차 엔트로피 오차를 구한 후, 그 값을 손실로 사용해 학습을 진행합니다. 그림으로는 [그림 3-13]과 같습니다.

그림 3-13 CBOW 모델의 학습 시 신경망 구성

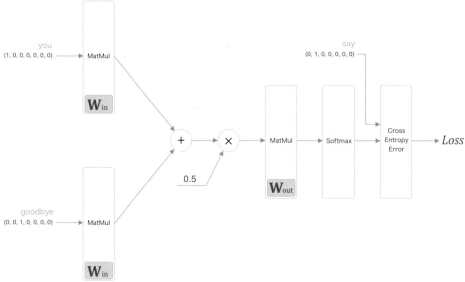

[그림 3-13]에서 보듯, 앞 절에서 설명한 추론 처리를 수행하는 CBOW 모델에 Softmax 계층과 Cross Entropy Error 계층을 추가했을 뿐입니다. 이것만으로 손실을 얻을 수 있습니다. 이상이 CBOW 모델의 손실을 구하는 계산의 흐름이자, 이 신경망의 순방향 전파랍니다.

덧붙여 [그림 3-13]에서는 Softmax 계층과 Cross Entropy Error 계층을 사용했습니다만, 우리는 이 두 계층을 Softmax with Loss라는 하나의 계층으로 구현할 겁니다. 따라서 우리가 앞으로 구현할 신경망의 정확한 모습은 [그림 3-14]처럼 생겼습니다.

그림 3-14 Softmax 계층과 Cross Entropy Error 계층을 Softmax with Loss 계층으로 합침

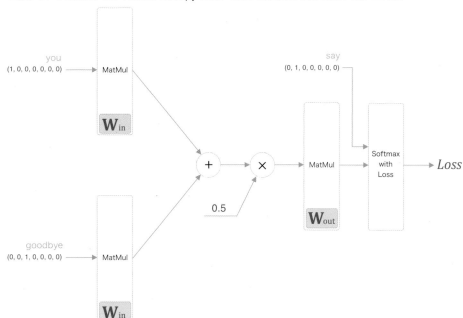

3.2.3 word2vec의 가중치와 분산 표현

지금까지 설명한 것처럼 word2vec에서 사용되는 신경망에는 두 가지 가중치가 있습니다. 바로 입력 측 완전연결계층의 가중치($\mathbf{W}_{in}$)와 출력 측 완전연결계층의 가중치($\mathbf{W}_{out}$)입니다. 그리고 입력 측 가중치 $\mathbf{W}_{in}$의 각 행이 각 단어의 분산 표현에 해당합니다. 또한 출력 측 가중치 $\mathbf{W}_{out}$에도 단어의 의미가 인코딩된 벡터가 저장되고 있다고 생각할 수 있습니다. 다만, 출력 측 가중치는 [그림 3-15]에서 보듯 각 단어의 분산 표현이 열 방향(수직 방향)으로 저장됩니다.

그림 3-15 각 단어의 분산 표현은 입력 측과 출력 측 모두의 가중치에서 확인할 수 있다.

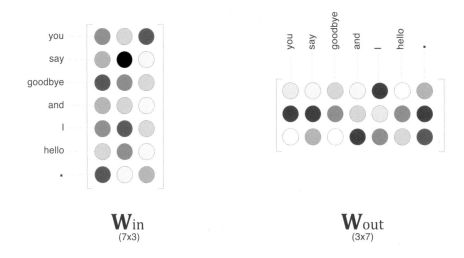

그러면 최종적으로 이용하는 단어의 분산 표현으로는 어느 쪽 가중치를 선택하면 좋을까요? 선택지는 세 가지입니다.

   A 입력 측의 가중치만 이용한다.
   B 출력 측의 가중치만 이용한다.
   C 양쪽 가중치를 모두 이용한다.

A와 B 안은 어느 한쪽 가중치만 이용한다는 것입니다. 마지막 C 안에서는 두 가중치를 어떻게 조합하느냐에 따라 다시 몇 가지 방법을 생각해낼 수 있습니다. 그중 하나는 두 가중치를 단순히 합치는 것이겠죠.

word2vec(특히 skip-gram 모델)에서는 A 안인 '입력 측의 가중치만 이용한다'가 가장 대중적인 선택입니다. 많은 연구에서 출력 측 가중치는 버리고 입력 측 가중치 W_{in}만을 최종 단어의 분산 표현으로서 이용합니다. 우리도 이를 따라서 W_{in}을 단어의 분산 표현으로 이용하겠습니다.

> **NOTE_** 문헌 [38]에서는 word2vec의 skip-gram 모델을 대상으로 W_{in}의 효과를 실험을 통해 보여줍니다. 한편, word2vec과 비슷한 기법인 GloVe[27]에서는 두 가중치를 더했을 때 좋은 결과를 얻었습니다.

3.3 학습 데이터 준비

지금부터 word2vec 학습에 쓰일 학습 데이터를 준비하겠습니다. 이번에도 간단한 예로서 지금까지처럼 "You say goodbye and I say hello."라는 한 문장짜리 말뭉치를 이용합니다.

3.3.1 맥락과 타깃

word2vec에서 이용하는 신경망의 입력은 '맥락'입니다. 그리고 그 정답 레이블은 맥락에 둘러싸인 중앙의 단어, 즉 '타깃'입니다. 다시 말해, 우리가 해야 할 일은 신경망에 '맥락'을 입력했을 때 '타깃'이 출현할 확률을 높이는 것입니다(그렇게 되도록 학습시킬 겁니다).

그럼 말뭉치에서 '맥락'과 '타깃'을 만드는 작업을 생각해봅시다.

그림 3-16 말뭉치에서 맥락과 타깃을 만드는 예

말뭉치	맥락(contexts)	타깃
you say goodbye and I say hello .	you, goodbye	say
you say goodbye and I say hello .	say, and	goodbye
you say goodbye and I say hello .	goodbye, I	and
you say goodbye and I say hello .	and, say	I
you say goodbye and I say hello .	I, hello	say
you say goodbye and I say hello .	say, .	hello

[그림 3-16]에서는 말뭉치로부터 목표로 하는 단어를 '타깃'으로, 그 주변 단어를 '맥락'으로 뽑아냈습니다. 이 작업을 말뭉치 안의 (양끝 단어는 제외한) 모든 단어에 대해 수행합니다. 이렇게 만들어진 것이 [그림 3-16]의 오른쪽에 있는 '맥락'과 '타깃'입니다. 이 맥락의 각 행이 신경망의 입력으로 쓰이고, 타깃의 각 행이 정답 레이블(예측해야 하는 단어)이 됩니다. 참고로, 각 샘플 데이터에서 맥락의 수는 여러 개(이 예에서는 2개)가 될 수 있으나, 타깃은 오직 하나뿐입니다. 그래서 맥락을 영어로 쓸 때는 끝에 's'를 붙여 복수형임을 명시하는 게 좋습니다.

곧이어 말뭉치로부터 맥락과 타깃을 만드는 함수를 구현할 텐데, 그전에 앞 절의 내용을 살짝 복습해보죠. 우선 말뭉치 텍스트를 단어 ID로 변환해야 합니다. 이 작업에는 2장에서 구현한

preprocess() 함수를 사용합니다.

```
import sys
sys.path.append('..')
from common.util import preprocess

text = 'You say goodbye and I say hello.'
corpus, word_to_id, id_to_word = preprocess(text)
print(corpus)
# [0 1 2 3 4 1 5 6]

print(id_to_word)
# {0: 'you', 1: 'say', 2: 'goodbye', 3: 'and', 4: 'i', 5: 'hello', 6: '.'}
```

그런 다음 단어 ID의 배열인 corpus로부터 맥락과 타깃을 만들어냅니다. 구체적으로는 [그림 3-17]처럼 corpus를 주면 맥락과 타깃을 반환하는 함수를 작성합니다.

그림 3-17 단어 ID의 배열인 corpus로부터 맥락과 타깃을 작성하는 예(맥락의 윈도우 크기는 1)

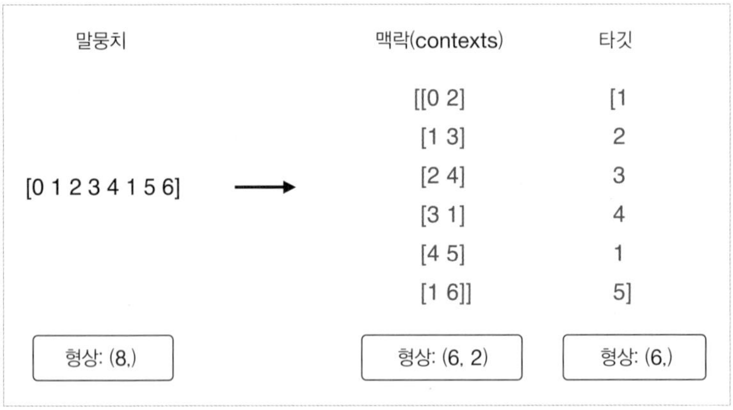

[그림 3-17]과 같이 맥락은 2차원 배열입니다. 이때 맥락의 0번째 차원에는 각 맥락 데이터가 저장됩니다. 정확하게 말하면, contexts[0]에는 0번째 맥락이 저장되고, contexts[1]에는 1번째 맥락이 저장되는 식입니다. 마찬가지로 타깃에서도 target[0]에는 0번째 타깃이, target[1]에는 1번째 타깃이 저장됩니다.

다음은 이 맥락과 타깃을 만드는 함수를 구현할 차례입니다. create_contexts_target(corpus, window_size)라는 이름으로 다음과 같이 구현했습니다.

```
def create_contexts_target(corpus, window_size=1):
    target = corpus[window_size:-window_size]
    contexts = []

    for idx in range(window_size, len(corpus)-window_size):
        cs = []
        for t in range(-window_size, window_size + 1):
            if t == 0:
                continue
            cs.append(corpus[idx + t])
        contexts.append(cs)

    return np.array(contexts), np.array(target)
```

이 함수는 인수를 두 개 받습니다. 하나는 단어 ID의 배열(corpus), 다른 하나는 맥락의 윈도우 크기(window_size)입니다. 그리고 맥락과 타깃을 각각 넘파이 다차원 배열로 돌려줍니다. 이 함수를 실제로 사용해보겠습니다.

```
contexts, target = create_contexts_target(corpus, window_size=1)

print(contexts)
# [[0 2]
#  [1 3]
#  [2 4]
#  [3 1]
#  [4 5]
#  [1 6]]

print(target)
# [1 2 3 4 1 5]
```

이것으로 말뭉치로부터 맥락과 타깃을 만들어냈습니다. 나중에 이를 CBOW 모델에 넘겨주면 됩니다. 그런데 생각해보니 이 맥락과 타깃의 각 원소는 여전히 단어 ID군요. 그럼 이어서 이를 원핫 표현으로 변환하겠습니다.

3.3.2 원핫 표현으로 변환

계속해서 맥락과 타깃을 원핫 표현으로 바꿔보죠. 이때 수행하는 변환은 [그림 3-18]과 같습니다.

그림 3-18 '맥락'과 '타깃'을 원핫 표현으로 변환하는 예

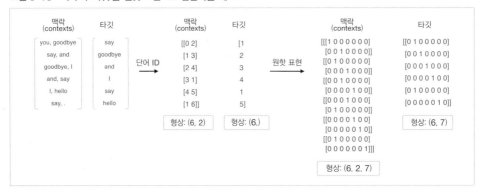

[그림 3-18]의 예처럼 맥락과 타깃을 단어 ID에서 원핫 표현으로 변환하면 됩니다. 이때 다시한번 각각의 다차원 배열의 형상에 주목해야 합니다. 잘 보면, 이 그림에서는 단어 ID를 이용했을 때의 맥락의 형상은 (6, 2)인데, 이를 원핫 표현으로 변환하면 (6, 2, 7)이 됩니다.

원핫 표현으로의 변환은 이 책이 제공하는 convert_one_hot() 함수를 사용합니다. 이 함수는 아주 간단하며, common/utill.py에 구현되어 있으니 궁금한 분은 한번 살펴보기 바랍니다. 이 함수는 인수로 '단어 ID 목록'과 '어휘 수'를 받습니다. 그럼 지금까지의 데이터 준비 과정을 한 데 모아 정리해보겠습니다.

```python
import sys
sys.path.append('..')
from common.util import preprocess, create_contexts_target, convert_one_hot

text = 'You say goodbye and I say hello.'
corpus, word_to_id, id_to_word = preprocess(text)

contexts, target = create_contexts_target(corpus, window_size=1)

vocab_size = len(word_to_id)
target = convert_one_hot(target, vocab_size)
contexts = convert_one_hot(contexts, vocab_size)
```

이것으로 학습 데이터 준비를 마쳤습니다. 다음은 본론인 CBOW 모델 구현입니다.

3.4 CBOW 모델 구현

그럼 CBOW 모델을 구현하겠습니다. 반복되는 그림입니다만, 우리가 구현할 신경망은 [그림 3-19]와 같습니다.

그림 3-19 CBOW 모델의 신경망 구성

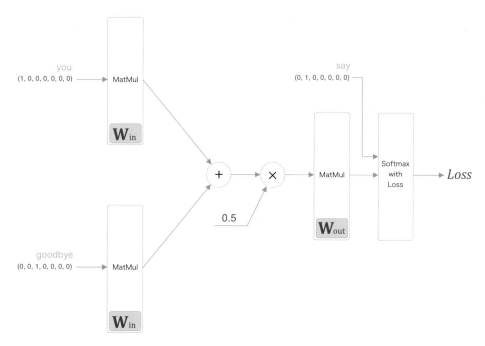

우리는 [그림 3-19]의 신경망을 SimpleCBOW라는 이름으로 구현할 겁니다(다음 장에서는 이를 개선한 CBOW 클래스를 구현합니다). SimpleCBOW 클래스의 초기화 메서드부터 시작해보죠.

```python
import sys
sys.path.append('..')
import numpy as np
from common.layers import MatMul, SoftmaxWithLoss


class SimpleCBOW:
    def __init__(self, vocab_size, hidden_size):
        V, H = vocab_size, hidden_size

        # 가중치 초기화
        W_in = 0.01 * np.random.randn(V, H).astype('f')
        W_out = 0.01 * np.random.randn(H, V).astype('f')

        # 계층 생성
        self.in_layer0 = MatMul(W_in)
        self.in_layer1 = MatMul(W_in)
        self.out_layer = MatMul(W_out)
        self.loss_layer = SoftmaxWithLoss()

        # 모든 가중치와 기울기를 리스트에 모은다.
        layers = [self.in_layer0, self.in_layer1, self.out_layer]
        self.params, self.grads = [], []
        for layer in layers:
            self.params += layer.params
            self.grads += layer.grads

        # 인스턴스 변수에 단어의 분산 표현을 저장한다.
        self.word_vecs = W_in
```

이 초기화 메서드는 인수로 어휘 수(vocab_size)와 은닉층의 뉴런 수(hidden_size)를 받습니다. 가중치 초기화 부분에서는 가중치를 2개 생성합니다(W_in과 W_out). 이 두 가중치는 각각 작은 무작위 값으로 초기화됩니다. 그리고 이때 넘파이 배열의 데이터 타입을 astype('f')로 지정합니다. 즉, 32비트 부동소수점 수로 초기화합니다.

이어서 필요한 계층을 생성합니다. 입력 측의 MatMul 계층을 2개, 출력 측의 MatMul 계층을 하나, 그리고 Softmax with Loss 계층을 하나 생성합니다. 여기서 입력 측의 맥락을 처리하는 MatMul 계층은 맥락에서 사용하는 단어의 수(윈도우 크기)만큼 만들어야 합니다(이 예에서는 2개). 그리고 입력 측 MatMul 계층들은 모두 같은 가중치를 이용하도록 초기화합니다.

마지막으로 이 신경망에서 사용되는 매개변수와 기울기를 인스턴스 변수인 params와 grads 리스트에 각각 모아둡니다.

이어서 신경망의 순전파인 forward() 메서드를 구현합니다. 이 메서드는 인수로 맥락(contexts)과 타깃(target)을 받아 손실(loss)을 반환합니다.

```
def forward(self, contexts, target):
    h0 = self.in_layer0.forward(contexts[:, 0])
    h1 = self.in_layer1.forward(contexts[:, 1])
    h = (h0 + h1) * 0.5
    score = self.out_layer.forward(h)
    loss = self.loss_layer.forward(score, target)
    return loss
```

여기서 인수 contexts는 3차원 넘파이 배열이라고 가정합니다. [그림 3-18]의 예에서라면 이 배열의 형상은 (6, 2, 7)이 됩니다. 그 0번째 차원의 원소 수는 미니배치의 수만큼이고, 1번째 차원의 원소 수는 맥락의 윈도우 크기, 2번째 차원은 원핫 벡터입니다. 또한, target의 형상은 2차원으로, 예컨대 (6, 7)과 같은 형상이 됩니다.

마지막으로 역전파인 backward()를 구현합니다. 이 역전파의 계산 그래프는 [그림 3-20]과 같습니다.

그림 3-20 CBOW 모델의 역전파(역전파의 흐름은 두꺼운(붉은) 화살표로 표시)

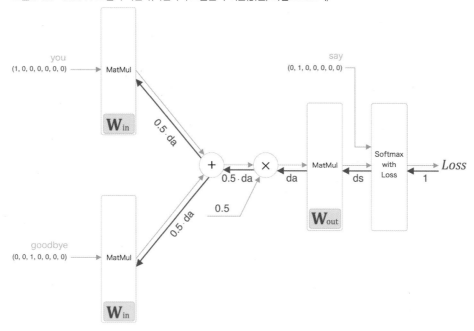

신경망의 역전파는 기울기를 순전파 때와는 반대 방향으로 전파합니다. 이 역전파는 '1'에서 시작하여 곧바로 Softmax with Loss 계층에 입력됩니다. 그리고 Softmax with Loss 계층의 역전파 출력이 ds이며, 이 ds를 출력 측 MatMul 계층으로 입력합니다.

그런 다음 '×'와 '+' 연산으로 역전파됩니다. '×'의 역전파는 순전파 시의 입력을 '서로 바꿔' 기울기에 곱합니다. '+'의 역전파는 기울기를 '그대로 통과'시킵니다. 그러면 [그림 3-20]의 역전파를 구현해보죠.

```
def backward(self, dout=1):
    ds = self.loss_layer.backward(dout)
    da = self.out_layer.backward(ds)
    da *= 0.5
    self.in_layer1.backward(da)
    self.in_layer0.backward(da)
    return None
```

이것으로 역전파 구현까지 모두 마쳤습니다. 우리는 이미 각 매개변수의 기울기를 인스턴스 변수 grads에 모아뒀습니다. 따라서 forward() 메서드를 호출한 다음 backward() 메서드를 실행하는 것만으로 grads 리스트의 기울기가 갱신됩니다. 자, 다음은 SimpleCBOW 클래스의 학습을 살펴볼 차례입니다.

3.4.1 학습 코드 구현

CBOW 모델의 학습은 일반적인 신경망의 학습과 완전히 같습니다. 학습 데이터를 준비해 신경망에 입력한 다음, 기울기를 구하고 가중치 매개변수를 순서대로 갱신해갈 겁니다. 그나저나, 1장에서 설명한 Trainer 클래스를 잊지 않으셨겠죠? 이번 학습 과정을 수행하는 데 이 클래스를 이용할 겁니다. 다음이 학습을 위한 소스 코드입니다.

ch03/train.py
```python
import sys
sys.path.append('..')
from common.trainer import Trainer
from common.optimizer import Adam
from simple_cbow import SimpleCBOW
from common.util import preprocess, create_contexts_target, convert_one_hot

window_size = 1
hidden_size = 5
batch_size = 3
max_epoch = 1000

text = 'You say goodbye and I say hello.'
corpus, word_to_id, id_to_word = preprocess(text)

vocab_size = len(word_to_id)
contexts, target = create_contexts_target(corpus, window_size)
target = convert_one_hot(target, vocab_size)
contexts = convert_one_hot(contexts, vocab_size)

model = SimpleCBOW(vocab_size, hidden_size)
optimizer = Adam()
trainer = Trainer(model, optimizer)

trainer.fit(contexts, target, max_epoch, batch_size)
trainer.plot()
```

매개변수 갱신 방법으로는 SGD와 AdaGrad 같은 유명 알고리즘 몇 개가 common/

optimizer.py에 구현되어 있습니다. 이 코드에서는 그중 Adam을 선택했습니다. 바로 이어 등장하는 Trainer 클래스는 1장에서 설명한 방식으로 신경망을 학습시킵니다. 즉, 학습 데이터로부터 미니배치를 선택한 다음, 신경망에 입력해 기울기를 구하고, 그 기울기를 Optimizer에 넘겨 매개변수를 갱신하는 일련의 작업을 수행합니다.

> **NOTE_** 앞으로도 신경망 학습에는 Trainer 클래스를 이용합니다. Trainer 클래스를 이용하면 자칫 복잡해지기 쉬운 학습 코드를 깔끔하게 유지할 수 있으니까요.

그럼 이 코드를 실행해봅시다. 결과는 [그림 3-21]과 같이 됩니다.

그림 3-21 학습 경과를 그래프로 표시(가로축은 학습 횟수, 세로축은 손실)

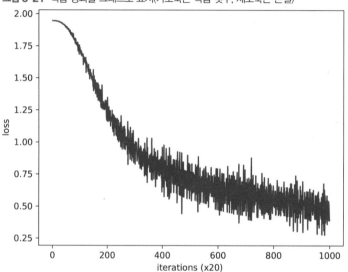

보다시피 학습을 거듭할수록 손실이 줄어드는 것을 알 수 있습니다. 학습이 순조롭게 이뤄지는 것 같군요. 그러면 학습이 끝난 후의 가중치 매개변수를 살펴볼까요? 입력 측 MatMul 계층의 가중치를 꺼내 실제 내용을 확인해보겠습니다. 입력 측 MatMul 계층의 가중치는 인스턴스 변수 word_vecs에 저장돼 있으니, 앞의 코드 바로 뒤에 다음 코드를 추가합니다.

```
word_vecs = model.word_vecs
for word_id, word in id_to_word.items():
    print(word, word_vecs[word_id])
```

이 코드는 word_vecs라는 이름으로 가중치를 꺼내는데, word_vecs의 각 행에는 대응하는 단어 ID의 분산 표현이 저장돼 있습니다. 실제로 이 코드를 실행하면 다음 결과를 얻을 수 있습니다.*

```
you [-0.9031807  -1.0374491  -1.4682057  -1.3216232   0.93127245]
say [ 1.2172916   1.2620505  -0.07845993  0.07709391 -1.2389531 ]
goodbye [-1.0834033  -0.8826921  -0.33428606 -0.5720131   1.0488235 ]
and [ 1.0244362   1.0160093  -1.6284224  -1.6400533  -1.0564581]
i [-1.0642933  -0.9162385  -0.31357735 -0.5730831   1.041875  ]
hello [-0.9018145  -1.035476   -1.4629668  -1.3058501   0.9280102]
. [ 1.0985303   1.1642815   1.4365371   1.3974973  -1.0714306]
```

마침내 우리는 단어를 밀집벡터로 나타낼 수 있게 되었습니다! 이 밀집벡터가 바로 단어의 분산 표현입니다. 학습이 잘 이뤄졌으니 이 분산 표현은 '단어의 의미'를 잘 파악한 벡터 표현으로 되어 있을 것이라 기대할 수 있습니다.

하지만 아쉽게도 여기서 다룬 작은 말뭉치로는 좋은 결과를 얻을 수 없습니다. 이유야 당연히 말뭉치가 워낙 작기 때문이죠. 실용적이고 충분히 큰 말뭉치로 바꾸면 결과도 그만큼 좋아지겠지만, 처리 속도 면에서 문제가 생깁니다. 현시점의 CBOW 모델 구현은 처리 효율 면에서 몇 가지 문제가 있습니다. 그래서 4장에서는 현재의 '단순한' CBOW 모델을 개선하여 '진짜' CBOW 모델을 구현할 계획입니다.

3.5 word2vec 보충

지금까지 word2vec의 CBOW 모델을 자세히 살펴봤습니다. 이번 절에서는 지금까지 말하지 못한 word2vec에 관한 중요한 주제 몇 개를 보충하고 싶습니다. 우선은 CBOW 모델을 '확률' 관점에서 다시 살펴보겠습니다.

---

* 옮긴이_ 가중치 초기화 등에서 random() 함수를 사용하므로 실행할 때마다 결과가 달라질 수 있습니다.

3.5.1 CBOW 모델과 확률

먼저 '확률'의 표기법을 간단하게 설명하겠습니다. 이 책에서는 확률을 $P(\cdot)$처럼 씁니다. 예 컨대 A라는 현상이 일어날 확률은 $P(A)$라고 씁니다. 또, **동시 확률**은 $P(A, B)$로 씁니다. 동시 확률이란 'A와 B가 동시에 일어날 확률'을 말합니다.

사후 확률은 $P(A|B)$로 씁니다. 이는 말 그대로 '**사건**이 일어난 **후의 확률**'입니다. 'B(라는 정보) 가 주어졌을 때 A가 일어날 확률'이라고도 해석할 수 있습니다.

그럼 CBOW 모델을 확률 표기법으로 기술해봅시다. CBOW 모델이 하는 일은 맥락을 주면 타깃 단어가 출현할 확률을 출력하는 것입니다. 여기에서는 말뭉치를 $w_1, w_2, \cdots, w_T$처럼 단어 시퀀스로 표기하고, [그림 3-22]처럼 t번째 단어에 대해 윈도우 크기가 1인 맥락을 고려하겠 습니다.

그림 3-22 word2vec의 CBOW 모델(맥락의 단어로부터 타깃 단어를 추측)

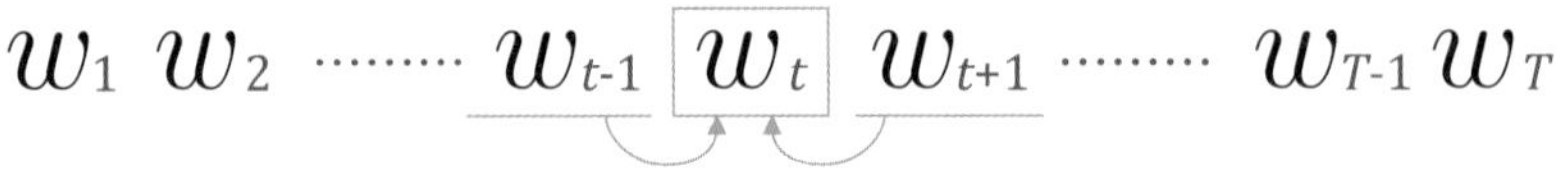

$$w_1 \quad w_2 \quad \cdots\cdots \quad w_{t\text{-}1} \quad \boxed{w_t} \quad w_{t+1} \quad \cdots\cdots \quad w_{T\text{-}1} \quad w_T$$

그럼 맥락으로 w_{t-1}과 w_{t+1}이 주어졌을 때 타깃이 w_t가 될 확률은 수식으로 어떻게 쓸까요? 사 후 확률을 사용해 [식 3.1]처럼 쓸 수 있습니다.

$$P(w_t \,|\, w_{t-1}, w_{t+1}) \tag{식 3.1}$$

[식 3.1]은 'w_{t-1}과 w_{t+1}이 일어난 후 w_t가 일어날 확률'을 뜻합니다. 그리고 'w_{t-1}과 w_{t+1}이 주어 졌을 때 w_t가 일어날 확률'로 해석할 수 있죠. 즉, CBOW는 [식 3.1]을 모델링하고 있는 것입 니다.

[식 3.1]을 이용하면 CBOW 모델의 손실 함수도 간결하게 표현할 수 있습니다. 1장에서 설 명한 교차 엔트로피 오차(식 1.7)를 적용해보죠. [식 1.7]은 $L = -\sum_k t_k \log y_k$였으며, 이때 y_k는 'k번째에 해당하는 사건이 일어날 확률'을 말합니다. 그리고 t_k는 정답 레이블이며 원핫 벡터 로 표현됩니다. 여기서 문제의 정답은 'w_t가 발생'이므로 w_t에 해당하는 원소만 1이고 나머지는 0이 됩니다(즉, w_t 이외의 일이 일어날 경우에 대해서는 해당 원핫 레이블의 요소는 0이 됩니 다). 이 점을 감안하면 다음 식을 유도해낼 수 있습니다.

$$L = -\log P(w_t \mid w_{t-1}, w_{t+1})$$

[식 3.2]

이 식에서 보듯, CBOW 모델의 손실 함수는 단순히 [식 3.1]의 확률에 log를 취한 다음 마이너스를 붙이면 됩니다. 참고로, 이를 **음의 로그 가능도**^{negative log likelihood}라 합니다. 덧붙여 [식 3.2]는 샘플 데이터 하나에 대한 손실 함수이며, 이를 말뭉치 전체로 확장하면 다음 식이 됩니다.

$$L = -\frac{1}{T}\sum_{t=1}^{T}\log P(w_t \mid w_{t-1}, w_{t+1})$$

[식 3.3]

CBOW 모델의 학습이 수행하는 일은 이 손실 함수(식 3.3)의 값을 가능한 한 작게 만드는 것입니다. 그리고 이때의 가중치 매개변수가 우리가 얻고자 하는 단어의 분산 표현인 것이죠. 여기에서는 윈도우 크기가 1인 경우만 생각했지만, 다른 크기(또는 m 등의 범용적인 크기)라 해도 수식으로 쉽게 나타낼 수 있습니다.

3.5.2 skip-gram 모델

앞에서도 언급했듯이 word2vec은 2개의 모델을 제안하고 있습니다. 하나는 지금까지 본 CBOW 모델이고, 다른 하나는 skip-gram 모델입니다. skip-gram은 CBOW에서 다루는 맥락과 타깃을 역전시킨 모델입니다. 구체적인 예를 살펴볼까요? [그림 3-23]은 이 두 모델이 푸는 문제는 보여줍니다.

그림 3-23 CBOW 모델과 skip-gram 모델이 다루는 문제

[그림 3-23]과 같이 CBOW 모델은 맥락이 여러 개 있고, 그 여러 맥락으로부터 중앙의 단어(타깃)를 추측합니다. 한편, skip-gram 모델은 중앙의 단어(타깃)로부터 주변의 여러 단어(맥락)를 추측합니다. 이 그림의 skip-gram 모델의 신경망 구성은 [그림 3-24]처럼 생겼습니다.

그림 3-24 skip-gram 모델의 신경망 구성 예

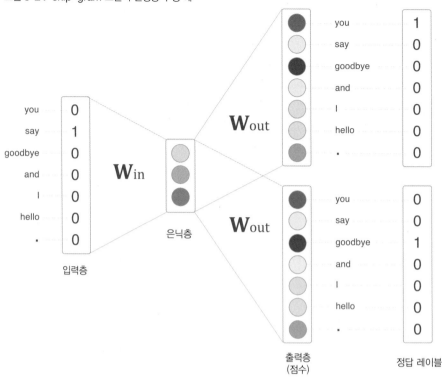

[그림 3-24]에서 보듯 skip-gram 모델의 입력층은 하나입니다. 한편 출력층은 맥락의 수만 큼 존재합니다. 따라서 각 출력층에서는 (Softmax with Loss 계층 등을 이용해) 개별적으로 손실을 구하고, 이 개별 손실들을 모두 더한 값을 최종 손실로 합니다.

그러면 skip-gram 모델을 확률 표기로 나타내보죠. 중앙 단어(타깃) w_t로부터 맥락인 w_{t-1} 과 w_{t+1}을 추측하는 경우를 생각해봅시다. 그러면 skip-gram은 [식 3.4]를 모델링하는 게 됩 니다.

$$P(w_{t-1}, w_{t+1} \mid w_t)$$ [식 3.4]

[식 3.4]는 'w_t가 주어졌을 때 w_{t-1}과 w_{t+1}이 동시에 일어날 확률'을 뜻합니다. 여기서 skip-gram 모델에서는 맥락의 단어들 사이에 관련성이 없다고 가정하고 다음과 같이 분해합니다 (정확하게는 '조건부 독립'이라고 가정합니다).

$$P(w_{t-1}, w_{t+1} \mid w_t) = P(w_{t-1} \mid w_t)P(w_{t+1} \mid w_t) \qquad \text{[식 3.5]}$$

이어서 [식 3.5]를 교차 엔트로피 오차에 적용하여 skip-gram 모델의 손실 함수를 유도할 수 있습니다.

$$
\begin{aligned}
L &= -\log P(w_{t-1}, w_{t+1} \mid w_t) \\
&= -\log P(w_{t-1} \mid w_t)P(w_{t+1} \mid w_t) \\
&= -(\log P(w_{t-1} \mid w_t) + \log P(w_{t+1} \mid w_t))
\end{aligned}
\qquad \text{[식 3.6]}
$$

이 유도 과정에서는 $\log xy = \log x + \log y$라는 로그의 성질을 이용했습니다. [식 3.6]에서 알 수 있듯, skip-gram 모델의 손실 함수는 맥락별 손실을 구한 다음 모두 더합니다. 그리고 이번에도, [식 3.6]은 샘플 데이터 하나짜리 skip-gram의 손실 함수입니다. 이를 말뭉치 전체로 확장하면 skip-gram 모델의 손실 함수는 [식 3.7]이 됩니다.

$$L = -\frac{1}{T}\sum_{t=1}^{T}(\log P(w_{t-1} \mid w_t) + \log P(w_{t+1} \mid w_t)) \qquad \text{[식 3.7]}$$

[식 3.7]을 CBOW 모델의 [식 3.3]과 비교하면 그 차이가 선명해질 겁니다. skip-gram 모델은 맥락의 수만큼 추측하기 때문에 그 손실 함수는 각 맥락에서 구한 손실의 총합이어야 합니다. 반면, CBOW 모델은 타깃 하나의 손실을 구하죠. 이상으로 skip-gram 모델의 설명을 마치겠습니다. 그럼 CBOW 모델과 skip-gram 모델 중 어느 것을 사용해야 할까요? 그 대답은 skip-gram 모델이라고 할 수 있답니다. 단어 분산 표현의 정밀도 면에서 skip-gram 모델의 결과가 더 좋은 경우가 많기 때문이죠. 특히 말뭉치가 커질수록 저빈도 단어나 유추 문제의 성능 면에서 skip-gram 모델이 더 뛰어난 경향이 있습니다(단어 분산 표현의 평가 방법은 '4.4.2 단어 벡터 평가 방법' 절 참고). 반면, 학습 속도 면에서는 CBOW 모델이 더 빠릅니다. skip-gram 모델은 손실을 맥락의 수만큼 구해야 해서 계산 비용이 그만큼 커지기 때문이죠.

> **NOTE_** skip-gram 모델은 하나의 단어로부터 그 주변 단어들을 예측합니다. 이는 꽤 어려운 문제라고 할 수 있을 것입니다. 예컨대 [그림 3-23]의 문제를 우리가 직접 푼다고 생각해봅시다. CBOW 모델의 문제라면 "say"라고 쉽게 답할 수 있을 테지만, skip-gram 모델의 문제라면 여러 가지 후보가 떠오르겠죠. 이런 점에서 skip-gram 모델 쪽이 '더 어려운' 문제에 도전한다고 말할 수 있습니다. 그리고 너 어려운 상황에서 단련하는 만큼 skip-gram 모델이 내어 주는 단어의 분산 표현이 더 뛰어날 가능성이 커지는 것입니다.

다행히 CBOW 모델의 구현을 이해할 수 있다면 skip-gram 모델의 구현도 특별히 어려울 게 없습니다. 그래서 skip-gram 구현에 대해서는 따로 설명하지 않겠습니다. skip-gram을 구현한 파일은 ch03/simple_skip_gram.py이니 관심 있는 분은 참고하세요.

3.5.3 통계 기반 vs. 추론 기반

지금까지 통계 기반 기법과 추론 기반 기법(특히 word2vec)을 살펴봤습니다. 학습하는 틀 면에서 두 기법에는 큰 차이가 있었습니다. 통계 기반 기법은 말뭉치의 전체 통계로부터 1회 학습하여 단어의 분산 표현을 얻었습니다. 한편, 추론 기반 기법에서는 말뭉치를 일부분씩 여러 번 보면서 학습했습니다(미니배치 학습). 이번 절에서는 이 학습 방법 외에 두 기법이 또 어떻게 다른지 비교해보려 합니다.

먼저, 어휘에 추가할 새 단어가 생겨서 단어의 분산 표현을 갱신해야 하는 상황을 생각해봅시다. 통계 기반 기법에서는 계산을 처음부터 다시 해야 합니다. 단어의 분산 표현을 조금만 수정하고 싶어도, 동시발생 행렬을 다시 만들고 SVD를 수행하는 일련의 작업을 다시 해야 합니다. 그에 반해 추론 기반 기법(word2vec)은 매개변수를 다시 학습할 수 있습니다. 지금까지 학습한 가중치를 초깃값으로 사용해 다시 학습하면 되는데, 이런 특성 덕분에 기존에 학습한 경험을 해치지 않으면서 단어의 분산 표현을 효율적으로 갱신할 수 있습니다. 이 점에서는 확실히 추론 기반 기법(word2vec)이 우세합니다.

그렇다면 두 기법으로 얻는 단어의 분산 표현의 성격이나 정밀도 면에서는 어떨까요? 분산 표현의 성격에 대해 논하자면, 통계 기반 기법에서는 주로 단어의 유사성이 인코딩됩니다. 한편 word2vec(특히 skip-gram 모델)에서는 단어의 유사성은 물론, 한층 복잡한 단어 사이의 패턴까지도 파악되어 인코딩되죠. word2vec은 "king − man + woman = queen"과 같은 유추 문제를 풀 수 있다는 이야기로 유명한데, 바로 이 특성을 방증하는 예입니다(유추 문제에 관해서는 4.4.2절에서 설명합니다).

이런 이유로 추론 기반 기법이 통계 기반 기법보다 정확하다고 흔히들 오해하곤 합니다. 그러나 실제로 단어의 유사성을 정량 평가해본 결과, 의외로 추론 기반과 통계 기반 기법의 우열을 가릴 수 없었다고 합니다.[25]

NOTE_ "Don't count, predict!(세지 말고, 추측하라!)"로 시작하는 제목의 논문[24]이 2014년에 발표되었습니다. 이 논문에 따르면 통계 기반 기법과 추론 기반 기법을 체계적으로 비교한 결과, 추론 기반 기법이 항상 더 정확했다고 합니다. 그러나 이후 다른 논문[25]에서는 단어의 유사성 관련 작업의 경우 정확성은 하이퍼파라미터에 크게 의존하며, 통계 기반과 추론 기반의 우열을 명확히 가릴 수 없다고 보고했습니다.

또 다른 중요한 사실로, 추론 기반 기법과 통계 기반 기법은 서로 관련되어 있다고 합니다. 구체적으로는 skip-gram과 (다음 장에서 다루는) 네거티브 샘플링을 이용한 모델은 모두 말뭉치 전체의 동시발생 행렬(실제로는 살짝 수정한 행렬)에 특수한 행렬 분해를 적용한 것과 같습니다.[26] 다시 말해, 두 세계는 (특정 조건 하에서) '서로 연결되어 있다'고 할 수 있습니다!

나아가 word2vec 이후 추론 기반 기법과 통계 기반 기법을 융합한 GloVe[27] 기법이 등장했습니다. GloVe의 기본 아이디어는 말뭉치 전체의 통계 정보를 손실 함수에 도입해 미니배치 학습을 하는 것입니다(자세한 내용은 논문 [27] 참고). 이로 인해 두 세계를 명시적으로 융합하는 데 성공했습니다.

3.6 정리

word2vec은 토마스 미콜로프가 자신의 두 논문, [22]와 [23]에서 제안했습니다. 이 논문들이 발표된 후 word2vec은 많은 주목을 받았고, 그 유용성을 많은 자연어 처리 과업에서 성과로 입증했습니다. 다음 장에서는 word2vec의 중요성(특히 word2vec의 전이 학습의 유용성)을 구체적인 예를 들어 설명합니다.

이번 장에서는 word2vec의 CBOW 모델을 자세히 설명하고 구현까지 해봤습니다. CBOW 모델은 기본적으로 2층 구성의 아주 단순한 신경망입니다. 우리는 MatMul 계층과 Softmax with Loss 계층을 사용하여 CBOW 모델을 구축한 다음, 이 모델이 작은 말뭉치를 학습할 수 있음을 확인했습니다. 안타깝게도 이번 장의 CBOW 모델은 처리 효율 면에서 몇 가지 문제를 안고 있습니다. 그러나 여기까지 잘 따라왔다면 진짜 word2vec의 코앞까지 다가선 것입니다. 계속해서 다음 장에서는 CBOW 모델을 개선해봅시다!

이번 장에서 배운 내용

• 추론 기반 기법은 추측하는 것이 목적이며, 그 부산물로 단어의 분산 표현을 얻을 수 있다.

• word2vec은 추론 기반 기법이며, 단순한 2층 신경망이다.

• word2vec은 skip-gram 모델과 CBOW 모델을 제공한다.

• CBOW 모델은 여러 단어(맥락)로부터 하나의 단어(타깃)를 추측한다.

• 반대로 skip-gram 모델은 하나의 단어(타깃)로부터 다수의 단어(맥락)를 추측한다.

• word2vec은 가중치를 다시 학습할 수 있으므로, 단어의 분산 표현 갱신이나 새로운 단어 추가를 효율적으로 수행할 수 있다.

word2vec 속도 개선

모든 것을 알려고 애쓰지 마라.

그러다 보면 아무것도 기억할 수 없다.

– 데모크리토스 (고대 그리스 철학자)

앞의 3장에서 word2vec의 구조를 배우고 CBOW 모델을 구현했습니다. CBOW 모델은 단순한 2층 신경망이라서 간단하게 구현할 수 있었습니다. 그러나 그 구현에는 몇 가지 문제가 있었죠. 가장 큰 문제는 말뭉치에 포함된 어휘 수가 많아지면 계산량도 커진다는 점입니다. 실제로 어휘 수가 어느 정도를 넘어서면 앞 장의 CBOW 모델은 계산 시간이 너무 오래 걸립니다.

그래서 이번 장의 목표는 word2vec의 속도 개선으로 잡아봤습니다. 구체적으로는 앞 장의 단순한 word2vec에 두 가지 개선을 추가할 겁니다. 첫 번째 개선으로는 Embedding이라는 새로운 계층을 도입합니다. 그리고 두 번째 개선으로 네거티브 샘플링이라는 새로운 손실 함수를 도입합니다. 이 두 가지 개선으로 우리는 '진짜' word2vec을 완성할 수 있습니다. 진짜 word2vec이 완성되면 PTB 데이터셋(실용적인 크기의 말뭉치)을 가지고 학습을 수행할 겁니다. 그리고 그 결과로 얻은 단어의 분산 표현의 장점을 실제로 평가해볼 것입니다.

4.1 word2vec 개선 ①

그럼 앞 장의 복습부터 시작합시다. 앞 장에서는 [그림 4-1]과 같은 CBOW 모델을 구현했습니다.

그림 4-1 앞 장에서 구현한 CBOW 모델

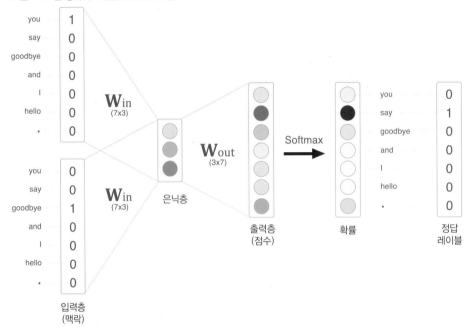

[그림 4-1]과 같이 앞 장의 CBOW 모델은 단어 2개를 맥락으로 사용해, 이를 바탕으로 하나의 단어(타깃)를 추측합니다. 이때 입력 측 가중치($\mathbf{W}_{in}$)와의 행렬 곱으로 은닉층이 계산되고, 다시 출력 측 가중치($\mathbf{W}_{out}$)와의 행렬 곱으로 각 단어의 점수를 구합니다. 그리고 이 점수에 소프트맥스 함수를 적용해 각 단어의 출현 확률을 얻고, 이 확률을 정답 레이블과 비교하여(정확히는 교차 엔트로피 오차를 적용하여) 손실을 구합니다.

> **WARNING_** 앞 장에서는 맥락의 윈도우 크기를 1로 한정했습니다. 다시 말해 타깃 앞뒤 한 단어씩만 사용한 것입니다. 이번 장에서는 나중에 어떤 크기의 맥락도 다룰 수 있도록 기능을 추가할 것입니다.

[그림 4-1]의 CBOW 모델도 작은 말뭉치를 다룰 때는 특별히 문제될 게 없습니다. 실제 [그

림 4-1]에서 다루는 어휘 수는 모두 7개인데, 이 정도는 전혀 문제없이 처리할 수 있죠. 그러나 거대한 말뭉치를 다루게 되면 몇 가지 문제가 발생합니다. 그 문제점을 보여드리고자 어휘가 100만 개, 은닉층의 뉴런이 100개인 CBOW 모델을 생각해보겠습니다. 그러면 word2vec은 [그림 4-2]처럼 됩니다.

그림 4-2 어휘가 100만 개일 때를 가정한 CBOW 모델

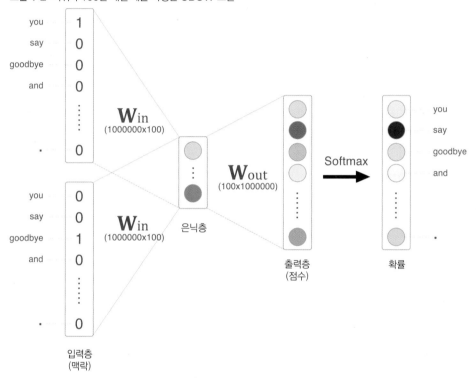

[그림 4-2]에서 보듯, 입력층과 출력층에는 각 100만 개의 뉴런이 존재합니다. 이 수많은 뉴런 때문에 중간 계산에 많은 시간이 소요되죠. 정확히는 다음의 두 계산이 병목이 됩니다.

- 입력층의 원핫 표현과 가중치 행렬 $\mathbf{W}_{in}$의 곱 계산(4.1절에서 해결)
- 은닉층과 가중치 행렬 $\mathbf{W}_{out}$의 곱 및 Softmax 계층의 계산(4.2절에서 해결)

첫 번째는 입력층의 원핫 표현과 관련한 문제입니다. 단어를 원핫 표현으로 다루기 때문에 어휘 수가 많아지면 원핫 표현의 벡터 크기도 커지는 것이죠. 예컨대 어휘가 100만 개라면 그 원핫 표현 하나만 해도 원소 수가 100만 개인 벡터가 됩니다. 상당한 메모리를 차지하겠죠. 게다

가 이 원핫 벡터와 가중치 행렬 $\mathbf{W}_{in}$을 곱해야 하는데, 이것만으로 계산 자원을 상당히 사용하게 됩니다. 이 문제는 이번 4.1절에서 Embedding 계층을 도입하는 것으로 해결합니다.

두 번째 문제는 은닉층 이후의 계산입니다. 우선 은닉층과 가중치 행렬 $\mathbf{W}_{out}$의 곱만 해도 계산량이 상당합니다. 그리고 Softmax 계층에서도 다루는 어휘가 많아짐에 따라 계산량이 증가하는 문제가 있습니다. 이 문제는 4.2절에서 네거티브 샘플링이라는 새로운 손실 함수를 도입해 해결합니다. 그러면 두 병목을 해소할 수 있도록 각각의 개선을 적용해봅시다.

> **NOTE_** 개선 전의 word2vec 파일(앞 장의 word2vec 구현)은 ch03 디렉터리의 simple_cbow.py(혹은 simple_skip_gram.py), 개선 후의 파일은 ch04 디렉터리의 cbow.py(혹은 skip_gram.py)에 있습니다.

4.1.1 Embedding 계층

앞 장의 word2vec 구현에서는 단어를 원핫 표현으로 바꿨습니다. 그리고 그것을 MatMul 계층에 입력하고, MatMul 계층에서 가중치 행렬을 곱했습니다. 그럼 여기서 어휘 수가 100만 개인 경우를 상상해봅시다. 이때 은닉층 뉴런이 100개라면, MatMul 계층의 행렬 곱은 [그림 4-3]처럼 됩니다.

그림 4-3 맥락(원핫 표현)과 MatMul 계층의 가중치를 곱한다.

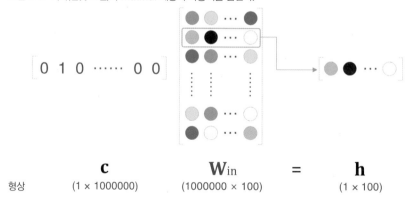

	c	**W**in	=	**h**
형상	(1 × 1000000)	(1000000 × 100)		(1 × 100)

[그림 4-3]처럼 만약 100만 개의 어휘를 담은 말뭉치가 있다면, 단어의 원핫 표현도 100만

차원이 됩니다. 그리고 이런 거대한 벡터와 가중치 행렬을 곱해야 하는 것이죠. 그러나 [그림 4-3]에서 결과적으로 수행하는 일은 단지 행렬의 특정 행을 추출하는 것뿐입니다. 따라서 원핫 표현으로의 변환과 MatMul 계층의 행렬 곱 계산은 사실 필요가 없는 것이죠.

그러면 가중치 매개변수로부터 '단어 ID에 해당하는 행(벡터)'을 추출하는 계층을 만들어봅시다. 그 계층을 Embedding 계층이라고 부르겠습니다. 참고로, Embedding이란 단어 임베딩word embedding이라는 용어에서 유래했습니다. 즉, Embedding 계층에 단어 임베딩(분산 표현)을 저장하는 것입니다.

> **NOTE_** 자연어 처리 분야에서 단어의 밀집벡터 표현을 **단어 임베딩** 혹은 단어의 **분산 표현**distributed representation이라 합니다. 참고로, 통계 기반 기법으로 얻은 단어 벡터는 영어로 distributional representation이라고 하고, 신경망을 사용한 추론 기반 기법으로 얻은 단어 벡터는 distributed representation이라고 합니다. 단어는 미묘하게 다릅니다만, 이 책에서는 둘 다 '분산 표현'으로 번역합니다.

4.1.2 Embedding 계층 구현

행렬에서 특정 행을 추출하기란 아주 쉽습니다. 예컨대 가중치 W가 2차원 넘파이 배열일 때, 이 가중치로부터 특정 행을 추출하려면 그저 W[2]나 W[5]처럼 원하는 행을 명시하면 끝입니다. 파이썬 코드로는 다음과 같습니다.

```
>>> import numpy as np
>>> W = np.arange(21).reshape(7, 3)
>>> W
array([[ 0,  1,  2],
       [ 3,  4,  5],
       [ 6,  7,  8],
       [ 9, 10, 11],
       [12, 13, 14],
       [15, 16, 17],
       [18, 19, 20]])
>>> W[2]
array([6, 7, 8])
>>> W[5]
array([15, 16, 17])
```

또한, 가중치 W로부터 여러 행을 한꺼번에 추출하는 일도 간단하게 할 수 있습니다. 원하는 행 번호들을 배열에 명시하기만 하면 됩니다. 다음 코드처럼 말이죠.

```
>>> idx = np.array([1, 0, 3, 0])
>>> W[idx]
array([[ 3,  4,  5],
       [ 0,  1,  2],
       [ 9, 10, 11],
       [ 0,  1,  2]])
```

이 예에서는 인덱스 4개(1, 0, 3, 0번째)를 한 번에 추출했습니다. 이처럼 인수에 배열을 사용하면 여러 행도 한꺼번에 추출할 수 있습니다. 참고로, 이는 미니배치 처리를 가정했을 경우의 구현입니다.

그럼 Embedding 계층의 forward() 메서드를 구현합시다. 지금까지의 예를 생각하면, 다음처럼 구현됩니다.

common/layers.py

```
class Embedding:
    def __init__(self, W):
        self.params = [W]
        self.grads = [np.zeros_like(W)]
        self.idx = None

    def forward(self, idx):
        W, = self.params
        self.idx = idx
        out = W[idx]
        return out
```

이 책의 구현 규칙에 따라 인스턴스 변수 params와 grads를 사용합니다. 또한 인스턴스 변수 idx에는 추출하는 행의 인덱스(단어 ID)를 배열로 저장합니다.

이어서 역전파(backward)를 생각해보죠. Embedding 계층의 순전파는 가중치 W의 특정 행을 추출할 뿐이었습니다. 단순히 가중치의 특정 행 뉴런만을 (아무것도 손대지 않고) 다음 층으로 흘려보낸 것이죠. 따라서 역전파에서는 앞 층(출력 측 층)으로부터 전해진 기울기를 다음 층(입력 측 층)으로 그대로 흘려주면 됩니다. 다만, 앞 층으로부터 전해진 기울기를 가중치 기울기 dW의 특정 행(idx번째 행)에 설정합니다. 그림으로는 [그림 4-4]처럼 됩니다.

그림 4-4 Embedding 계층의 forward와 backward 처리(Embedding 계층은 Embed로 표기)

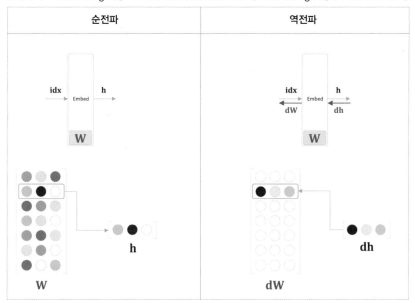

이상을 기초로 backward( )를 구현해보죠. 바로 다음과 같이 작성할 수 있을 것입니다.

```
def backward(self, dout):
    dW, = self.grads
    dW[...] = 0
    dW[self.idx] = dout  # 실은 나쁜 예
    return None
```

이 코드는 가중치 기울기 dW를 꺼낸 다음, dW[...] = 0 문장에서 dW의 원소를 0으로 덮어 씁니다(dW 자체를 0으로 설정하는 게 아니라, dW의 형상을 유지한 채, 그 원소들을 0으로 덮어쓰는 것입니다). 그리고 앞 층에서 전해진 기울기 dout을 idx번째 행에 할당합니다.

> **WARNING_** 여기에서는 가중치 W와 크기가 같은 행렬 dW를 만들고, dW의 특정 행에 기울기를 할당했습니다. 그러나 최종적으로 하고 싶은 일은 가중치 W를 갱신하는 것이므로 일부러 dW와 같은 (W와 같은 크기의) 행렬을 만들 필요는 없습니다. 이렇게 하지 않고, 갱신하려는 행 번호(idx)와 그 기울기(dout)를 따로 저장해두면, 이 정보로부터 가중치(W)의 특정 행만 갱신할 수 있습니다. 다만 여기에서는 이미 구현해둔 갱신용 클래스(Optimizer)와 조합해 사용하는 것을 고려해 지금처럼 구현했습니다.

그런데 앞의 backward() 구현에는 사실 문제가 하나 있습니다. 그 문제는 idx의 원소가 중복될 때 발생합니다. 예컨대 idx가 [0, 2, 0, 4]일 경우를 생각해봅시다. 그렇다면 [그림 4-5]같은 문제가 생깁니다.

그림 4-5 idx 배열의 원소 중 값(행 번호)이 같은 원소가 있다면, dh를 해당 행에 할당할 때 문제가 생긴다.

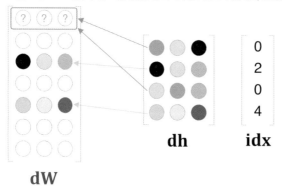

[그림 4-5]와 같이 dh의 각 행 값을 idx가 가리키는 장소에 할당해보겠습니다. 그러면 dW의 0번째 행에 2개의 값이 할당됩니다. 먼저 쓰여진 값을 덮어쓴다는 뜻이죠.

이 중복 문제를 해결하려면 '할당'이 아닌 '더하기'를 해야 합니다(왜 더해야 하는지는 각자 생각해봅시다). 즉, dh의 각 행의 값을 dW의 해당 행에 더해줍니다. 자, 역전파를 올바르게 구현한 모습을 보실까요?

```python
def backward(self, dout):
    dW, = self.grads
    dW[...] = 0

    for i, word_id in enumerate(self.idx):
        dW[word_id] += dout[i]
    # 혹은
    # np.add.at(dW, self.idx, dout)

    return None
```

여기에서는 for 문을 사용해 해당 인덱스에 기울기를 더했습니다. 이것으로 idx에 중복 인덱스가 있더라도 올바르게 처리됩니다. 참고로, for 문 대신 넘파이의 np.add.at()을 사용해도 됩니다. np.add.at(A, idx, B)는 B를 A의 idx번째 행에 더해줍니다.

> **NOTE_** 일반적으로 파이썬에서 for 문보다는 넘파이의 내장 메서드를 사용하는 편이 더 빠릅니다. 넘파이의 메서드에는 속도와 효율을 높여주는 최적화가 적용돼 있기 때문이죠. 따라서 앞의 소스 코드도 for 문 대신 np.add.at()을 사용하도록 수정하면 효율이 훨씬 좋아집니다.

이상으로 Embedding 계층을 구현해봤습니다. 이제 word2vec(CBOW 모델)의 구현은 입력 측 MatMul 계층을 Embedding 계층으로 전환할 수 있습니다. 그 효과로 메모리 사용량을 줄이고 쓸데없는 계산도 생략할 수 있게 되었습니다!

4.2 word2vec 개선 ②

이어서 word2vec의 두 번째 개선을 진행하겠습니다. 앞에서 이야기했듯이, 남은 병목은 은닉층 이후의 처리(행렬 곱과 Softmax 계층의 계산)입니다. 이 병목을 해소하는 게 이번 절의 목표입니다. 바로 **네거티브 샘플링**(부정적 샘플링)이라는 기법을 사용해서 말이죠. Softmax 대신 네거티브 샘플링을 이용하면 어휘가 아무리 많아져도 계산량을 낮은 수준에서 일정하게 억제할 수 있습니다.

이번 절의 이야기는 다소 복잡합니다. 특히 구현 쪽이 좀 복잡할 겁니다. 그래서 한 단계씩 천천히 확인하면서 진행하려 합니다.

4.2.1 은닉층 이후 계산의 문제점

은닉층 이후 계산의 문제점을 알아보기 위해, 앞 절과 마찬가지로 어휘가 100만 개, 은닉층 뉴런이 100개일 때의 word2vec(CBOW 모델)을 예로 생각해보겠습니다. 이때 word2vec이 수행하는 작업은 [그림 4-6]과 같습니다.

그림 4-6 어휘가 100만 개일 때를 가정한 word2vec: "you"와 "goodbye"가 맥락이고 "say"가 타깃(예측해야 할 단어)

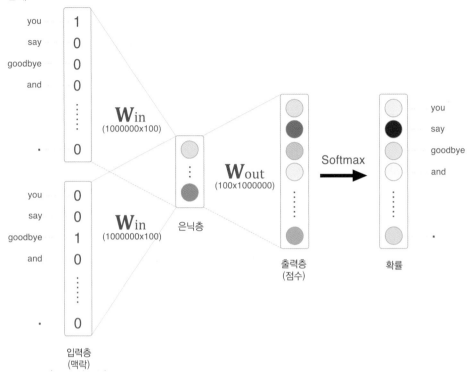

[그림 4-6]에서 보듯, 입력층과 출력층에는 뉴런이 각 100만 개씩 존재합니다. 앞 절에서는 Embedding 계층을 도입하여 입력층 계산에서의 낭비를 줄였습니다. 남은 문제는 은닉층 이후의 처리입니다. 은닉층 이후에서 계산이 오래 걸리는 곳은 다음의 두 부분입니다.

- 은닉층의 뉴런과 가중치 행렬(W_{out})의 곱
- Softmax 계층의 계산

첫 번째는 거대한 행렬을 곱하는 문제입니다. 앞의 예에서는 은닉층의 벡터 크기가 100이고, 가중치 행렬의 크기가 100×100만입니다. 이렇게 큰 행렬의 곱을 계산하려면 시간이 오래 걸립니다(그리고 메모리도 많이 필요하죠). 또한 역전파 때도 같은 계산을 수행하기 때문에 이 행렬 곱을 '가볍게' 만들어야 하겠지요.

두 번째로, Softmax에서도 같은 문제가 발생합니다. 즉 어휘가 많아지면 Softmax의 계산량도 증가합니다. 이 사실은 Softmax의 식을 보면 더욱 명확해집니다.

$$y_k = \frac{\exp(s_k)}{\displaystyle\sum_{i=1}^{1000000} \exp(s_i)}$$

[식 4.1]

[식 4.1]은 k번째 원소(단어)를 타깃으로 했을 때의 Softmax 계산식입니다(점수의 각 원소는 s_1, s_2, …). 이 식에서는 어휘 수를 100만 개로 가정했으므로 분모의 값을 얻으려면 exp 계산을 100만 번 수행해야 합니다. 이 계산도 어휘 수에 비례해 증가하므로 Softmax를 대신할 '가벼운' 계산이 절실합니다.

4.2.2 다중 분류에서 이진 분류로

지금부터 네거티브 샘플링 기법이 무엇인지 설명하겠습니다. 본론부터 말하면, 이 기법의 핵심 아이디어는 '이진 분류binary classification'에 있습니다. 더 정확하게 말하면, '다중 분류multi-class classification'(혹은 다중 클래스 분류)를 '이진 분류'로 근사하는 것이 네거티브 샘플링을 이해하는 데 중요한 포인트입니다.

지금까지 우리는 '다중 분류' 문제를 다뤄왔습니다. 바로 앞 절의 예도 100만 개의 단어 중에서 옳은 단어 하나를 선택하는 문제였지요. 그렇다면 이러한 문제를 '이진 분류' 문제로 다룰 수는 없을까요? 더 정확하게 말하면, '다중 분류' 문제를 '이진 분류' 문제로 근사할 수는 없을까요?

> **NOTE_** 이진 분류는 "Yes/No"로 답하는 문제를 다룹니다. 예컨대 "이 숫자는 7입니까?", "이 동물은 고양이입니까?", "타깃 단어는 'say'입니까?" 같은 문제는 모두 "Yes/No"로 답할 수 있습니다.

지금까지는 맥락이 주어졌을 때 정답이 되는 단어를 높은 확률로 추측하도록 만드는 일을 했습니다. 예컨대 맥락으로 "you"와 "goodbye"를 주면 정답인 "say"의 확률이 높아지도록 신경망을 학습시켰습니다. 그리고 학습이 잘 이뤄지면 그 신경망은 올바른 추측을 수행하게 됩니다. 즉, 이 신경망은 "맥락이 'you'와 'goodbye'일 때, 타깃 단어는 무엇입니까?"라는 질문에 올바른 답을 내어줄 수 있습니다.

이제부터 우리가 생각해야 할 것은 '다중 분류' 문제를 '이진 분류' 방식으로 해결하는 것입니다. 그러기 위해서는 "Yes/No"로 답할 수 있는 질문을 생각해내야 하겠죠. 예컨대 "맥락이 'you'와 'goodbye'일 때, 타깃 단어는 'say'입니까?"라는 질문에 답하는 신경망을 생각해내야 합니다. 이렇게 하면 출력층에는 뉴런을 하나만 준비하면 됩니다. 출력층의 이 뉴런이 "say"의 점수를 출력하는 것이죠.

그럼 이때 CBOW 모델에서는 어떤 일이 벌어질까요? [그림 4-7]을 보면 알 수 있습니다.

그림 4-7 타깃 단어만의 점수를 구하는 신경망

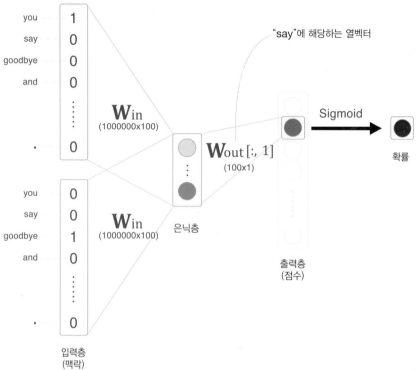

[그림 4-7]에서 보듯 출력층의 뉴런은 하나뿐입니다. 따라서 은닉층과 출력 측의 가중치 행렬의 내적은 "say"에 해당하는 열(단어 벡터)만을 추출하고, 그 추출된 벡터와 은닉층 뉴런과의 내적을 계산하면 끝입니다. [그림 4-8]은 이 계산을 자세히 그린 것입니다.

그림 4-8 "say"에 해당하는 열벡터와 은닉층 뉴런의 내적을 계산한다('dot' 노드가 내적을 계산함).

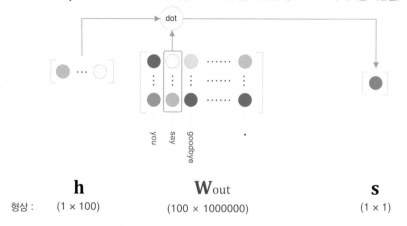

형상 :   **h**   **W**out   **s**
　　　　(1 × 100)　　(100 × 1000000)　　(1 × 1)

[그림 4-8]처럼 출력 측의 가중치 **W**out에서는 각 단어 ID의 단어 벡터가 각각의 열로 저장되어 있습니다. 이 예에서는 "say"에 해당하는 단어 벡터를 추출합니다. 그리고 그 벡터와 은닉층 뉴런과의 내적을 구합니다. 이렇게 구한 값이 최종 점수인 것이죠.

> **NOTE_** 이전까지의 출력층에서는 모든 단어를 대상으로 계산을 수행했습니다. 하지만 여기에서는 "say"라는 단어 하나에 주목하여 그 점수만을 계산하는 게 차이입니다. 그리고 시그모이드 함수를 이용해 그 점수를 확률로 변환합니다.

4.2.3 시그모이드 함수와 교차 엔트로피 오차

이진 분류 문제를 신경망으로 풀려면 점수에 시그모이드 함수를 적용해 확률로 변환하고, 손실을 구할 때는 손실 함수로 '교차 엔트로피 오차'를 사용합니다. 이 둘은 이진 분류 신경망에서 가장 흔하게 사용하는 조합입니다.

> **NOTE_** 다중 분류의 경우, 출력층에서는 (점수를 확률로 변환할 때) '소프트맥스 함수'를, 손실 함수로는 '교차 엔트로피 오차'를 이용합니다. 이진 분류의 경우, 출력층에서는 '시그모이드 함수'를, 손실 함수로는 '교차 엔트로피 오차'를 이용합니다.

먼저 시그모이드 함수를 복습해보죠. 시그모이드 함수는 [식 4.2]와 같이 씁니다.

$$y = \frac{1}{1+\exp(-x)}$$

[식 4.2]

[식 4.2]를 그래프로 그리면 [그림 4-9]의 오른쪽처럼 나옵니다. 그림에서 알 수 있듯이, 그래 프는 S자 곡선 형태이며, 입력 값(x)은 0에서 1 사이의 실수로 변환됩니다. 여기서의 핵심은 시그모이드 함수의 출력(y)을 '확률'로 해석할 수 있다는 것입니다.

또한 시그모이드 함수는 Sigmoid 계층으로 이미 구현해뒀습니다. 계산 그래프로는 [그림 4-9]의 왼쪽처럼 그릴 수 있습니다.

그림 4-9 Sigmoid 계층(왼쪽)과 시그모이드 함수의 그래프(오른쪽)

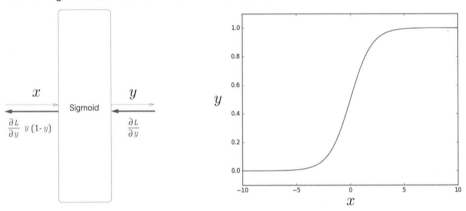

시그모이드 함수를 적용해 확률 y를 얻으면, 이 확률 y로부터 손실을 구합니다. 시그모이드 함 수에 사용되는 손실 함수는 다중 분류 때처럼 '교차 엔트로피 오차'입니다. 교차 엔트로피 오차 는 다음과 같이 쓸 수 있습니다.

$$L = -(t\log y + (1-t)\log(1-y))$$

[식 4.3]

여기에서 y는 시그모이드 함수의 출력이고, t는 정답 레이블입니다. 이 정답 레이블의 값은 0 혹은 1입니다. t가 1이면 정답이 "Yes"이고, 0이면 "No"입니다. 따라서 t가 1이면 $-\log y$가 출력되고, 반대로 t가 0이면 $-\log(1-y)$가 출력됩니다.

이어서 Sigmoid 계층과 Cross Entropy Error 계층의 계산 그래프를 살펴봅시다.

그림 4-10 Sigmoid 계층과 Cross Entropy Error 계층의 계산 그래프(오른쪽은 Sigmoid with Loss 계층으로 통합한 모습)

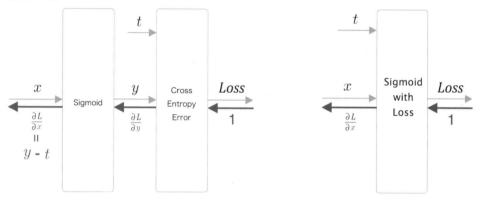

[그림 4-10]에서 주목할 점은 역전파의 $y - t$ 값입니다.* 여기에서 y는 신경망이 출력한 확률이고, t는 정답 레이블입니다. 그리고 $y - t$는 정확히 그 두 값의 차이인 것이죠. 예컨대 정답 레이블이 1이라면, y가 1(100%)에 가까워질수록 오차가 줄어든다는 뜻입니다. 반대로 y가 1로부터 멀어지면 오차가 커집니다. 그리고 그 오차가 앞 계층으로 흘러가므로, 오차가 크면 '크게' 학습하고, 오차가 작으면 '작게' 학습하게 됩니다.

----

* 옮긴이_ $\frac{\partial L}{\partial x}$ 이 $y - t$ 로 유도되는 과정은 다음과 같습니다.

$$\frac{\partial L}{\partial x} = \frac{\partial L}{\partial y}\frac{\partial y}{\partial x}$$

$$\frac{\partial L}{\partial y} = -\frac{t}{y} + \frac{1-t}{1-y} = \frac{y-t}{y(1-y)}$$

$$\frac{\partial y}{\partial x} = y(1-y)$$

$$\frac{\partial L}{\partial x} = y - t \qquad \blacksquare$$

4.2.4 다중 분류에서 이진 분류로 (구현)

지금까지의 이야기를 구현 관점에서 정리해보죠. 우리는 지금까지 다중 분류 문제를 다뤘습니다. 다중 분류에서는 출력층에 어휘 수만큼의 뉴런을 준비하고 이 뉴런들이 출력한 값을 Softmax 계층에 통과시켰습니다. 이때 이용되는 신경망을 '계층'과 '연산' 중심으로 그리면 [그림 4-11]처럼 됩니다.

그림 4-11 다중 분류를 수행하는 CBOW 모델의 전체 그림(Embedding 계층은 Embed로 표기)

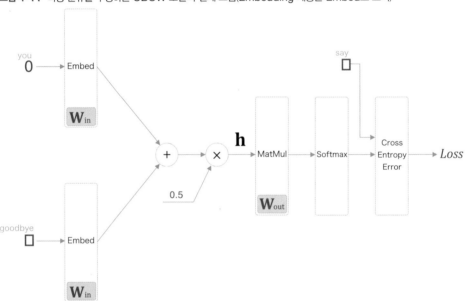

[그림 4-11]은 맥락이 "you"와 "goodbye"이고, 정답이 되는 타깃(예측해야 할 단어)이 "say"인 경우의 예입니다(단어 ID는 "you"가 0, "say"가 1, "goodbye"가 2라고 가정했습니다). 또한 입력층에서는 각각에 대응하는 단어 ID의 분산 표현을 추출하기 위해 Embedding 계층을 사용했습니다.

그림 [그림 4-11]의 신경망을 이진 분류 신경망으로 변환해보죠. 신경망 구성부터 보면 [그림 4-12]와 같습니다.

그림 4-12 이진 분류를 수행하는 word2vec(CBOW 모델)의 전체 그림

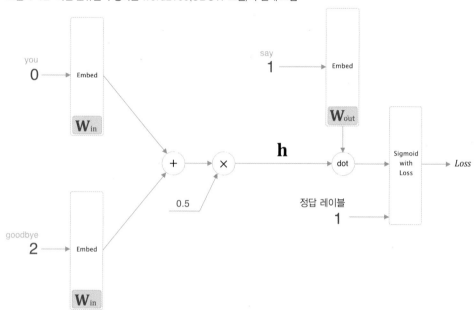

여기에서는 은닉층 뉴런 **h**와, 출력 측의 가중치 $\mathbf{W}_{out}$에서 단어 "say"에 해당하는 단어 벡터와의 내적을 계산합니다. 그리고 그 출력을 Sigmoid with Loss 계층에 입력해 최종 손실을 얻습니다.

앞으로의 이야기를 더 쉽게 풀어가기 위해 [그림 4-12]의 후반부를 더 단순하게 만들어

보겠습니다. 이를 위해 Embedding Dot 계층을 도입합니다. 이 계층은 [그림 4-12]의 Embedding 계층과 'dot 연산(내적)'의 처리를 합친 계층입니다. 이 계층을 사용하면 [그림 4-12]의 후반부를 [그림 4-13]처럼 그릴 수 있습니다.

그림 4-13 [그림 4-12]의 은닉층 이후 처리(Embedding Dot 계층을 사용하여 Embedding 계층과 내적 계산을 한 번에 수행)

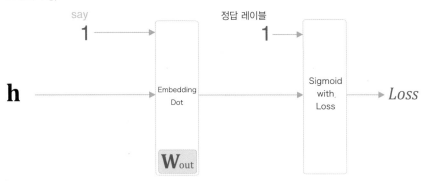

은닉층 뉴런 **h**는 Embedding Dot 계층을 거쳐 Sigmoid with Loss 계층을 통과합니다. 보다시피 Embedding Dot 계층을 사용하면서 은닉층 이후의 처리가 간단해졌습니다.

그럼 Embedding Dot 계층의 구현을 간단히 살펴보겠습니다.

```
                                        ch04/negative_sampling_layer.py
class EmbeddingDot:
    def __init__(self, W):
        self.embed = Embedding(W)
        self.params = self.embed.params
        self.grads = self.embed.grads
        self.cache = None

    def forward(self, h, idx):
        target_W = self.embed.forward(idx)
        out = np.sum(target_W * h, axis=1)

        self.cache = (h, target_W)
        return out

    def backward(self, dout):
        h, target_W = self.cache
        dout = dout.reshape(dout.shape[0], 1)
```

```
        dtarget_W = dout * h
        self.embed.backward(dtarget_W)
        dh = dout * target_W
        return dh
```

EmbeddingDot 클래스에는 총 4개의 인스턴스 변수(embed, params, grads, cache)가 있습니다. 이 책의 구현 규칙대로 params에는 매개변수를 저장하고, grads에는 기울기를 저장합니다. 또, embed는 Embedding 계층을, cache는 순전파 시의 계산 결과를 잠시 유지하기 위한 변수로 사용합니다.

순전파를 담당하는 forward(h, idx) 메서드는 인수로 은닉층 뉴런(h)과 단어 ID의 넘파이 배열(idx)을 받습니다. 여기에서 idx는 단어 ID의 '배열'인데, 배열로 받는 이유는 데이터를 한꺼번에 처리하는 '미니배치 처리'를 가정했기 때문입니다.

이 코드의 forward() 메서드에서는 우선 Embedding 계층의 forward(idx)를 호출한 다음 내적을 계산합니다. 내적 계산은 np.sum(self.target_W * h, axis=1)이라는 단 한 줄로 이뤄집니다. 이 구현을 이해하려면 구체적인 값을 보는 편이 빠를 겁니다. 그래서 구체적인 예를 준비했습니다(그림 4-14).

그림 4-14 Embedding Dot 계층의 각 변수의 구체적인 값

```
embed = Embedding(W)
target_W = embed.forward(idx)
out = np.sum(target_W * h, axis=1)
```

W	idx	target_W	h	target_W * h	out
[[0 1 2]	[0 3 1]	[[0 1 2]	[[0 1 2]	[[0 1 4]	[5 122 86]
[3 4 5]		[9 10 11]	[3 4 5]	[27 40 55]	
[6 7 8]		[3 4 5]]	[6 7 8]]	[18 28 40]]	
[9 10 11]					
[12 13 14]					
[15 16 17]					
[18 19 20]]					

[그림 4-14]와 같이, 적당한 W와 h, 그리고 idx를 준비합니다. 여기에서 idx가 [0, 3, 1]인데, 이는 3개의 데이터를 미니배치로 한 번에 처리하는 예임을 뜻합니다. idx가 [0, 3, 1]이므로 target_W는 W의 0번, 3번, 1번째의 행을 추출한 결과입니다. 그리고 target_W * h는 각 원소의 곱을 계산합니다(넘파이 배열의 * 연산은 원소별 곱을 수행함). 그리고 이 결과를

행마다(axis=1) 전부 더해 최종 결과 out을 얻습니다.

이상이 Embedding Dot 계층의 순전파입니다. 역전파는 순전파의 반대 순서로 기울기를 전달해 구현합니다. 여기에서는 역전파 구현은 설명하지 않겠습니다(어렵지 않으니 각자 생각해보세요).

4.2.5 네거티브 샘플링

지금까지 배운 것으로 주어진 문제를 '다중 분류'에서 '이진 분류'로 변환할 수 있습니다. 하지만 안타깝게도 이것만으로는 문제가 다 해결되지 않습니다. 지금까지는 긍정적인 예(정답)에 대해서만 학습했기 때문이죠. 다시 말해 부정적인 예(오답)를 입력하면 어떤 결과가 나올지 확실하지 않습니다.

앞의 예를 다시 한번 생각해보죠. 앞의 예란 맥락이 "you"와 "goodbye"이고, 정답 타깃이 "say"인 경우입니다. 우리는 지금까지 긍정적 예인 "say"만을 대상으로 이진 분류를 해왔습니다. 만약 여기서 '좋은 가중치'가 준비되어 있다면 Sigmoid 계층의 출력(확률)은 1에 가까울 것입니다. 이때의 처리를 계산 그래프로는 [그림 4-15]처럼 그릴 수 있습니다.

그림 4-15 CBOW 모델의 은닉층 이후의 처리 예: 맥락은 "you"와 "goodbye"이고, 타깃이 "say"일 확률은 0.993(99.3%)이다.

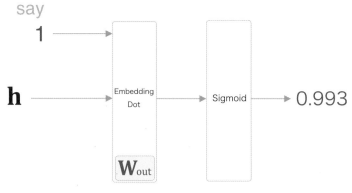

현재의 신경망에서는 긍정적 예인 "say"에 대해서만 학습하게 됩니다. 그러나 부정적 예("say" 이외의 단어)에 대해서는 어떠한 지식도 획득하지 못했죠. 여기에서 우리가 정말 하고 싶은 일

은 무엇일까요? 바로 긍정적 예("say")에 대해서는 Sigmoid 계층의 출력을 1에 가깝게 만들고, 부정적 예("say" 이외의 단어)에 대해서는 Sigmoid 계층의 출력을 0에 가깝게 만드는 것입니다. 그림으로는 [그림 4-16]과 같습니다.

그림 4-16 긍정적 예(정답)를 "say"라고 가정하면, "say"를 입력했을 때의 Sigmoid 계층 출력은 1에 가깝고, "say" 이외의 단어를 입력했을 때의 출력은 0에 가까워야 한다. 이런 결과를 내어주는 가중치가 필요하다.

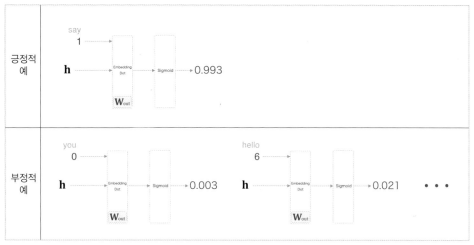

예컨대 맥락이 "you"와 "goodbye"일 때, 타깃이 "hello"일 확률(틀린 단어일 경우의 확률)은 낮은 값이어야 바람직합니다. [그림 4-16]에서 타깃이 "hello"일 확률은 0.021(2.1%)입니다. 그리고 이런 결과를 만들어주는 가중치가 필요합니다.

> **NOTE_** 다중 분류 문제를 이진 분류로 다루려면 '정답(긍정적 예)'과 '오답(부정적 예)' 각각에 대해 바르게 (이진) 분류할 수 있어야 합니다. 따라서 긍정적 예와 부정적 예 모두를 대상으로 문제를 생각해야 합니다.

그러면 모든 부정적 예를 대상으로 하여 이진 분류를 학습시켜보면 어떨까요? 대답은 물론 '아니오'입니다. 모든 부정적 예를 대상으로 하는 방법은 어휘 수가 늘어나면 감당할 수 없기 때문이죠(어휘 수 증가에 대처하는 것이 이번 장의 목적이었습니다). 그래서 근사적인 해법으로, 부정적 예를 몇 개(5개라든지, 10개라든지) 선택합니다(선택하는 방법은 뒤에서 설명합니다). 즉, 적은 수의 부정적 예를 샘플링해 사용합니다. 이것이 바로 '네거티브 샘플링' 기법이 의미하는 바입니다.

정리하면, 네거티브 샘플링 기법은 긍정적 예를 타깃으로 한 경우의 손실을 구합니다. 그와 동시에 부정적 예를 몇 개 샘플링(선별)하여, 그 부정적 예에 대해서도 마찬가지로 손실을 구합니다. 그리고 각각의 데이터(긍정적 예와 샘플링된 부정적 예)의 손실을 더한 값을 최종 손실로 합니다.

지금까지의 이야기를 구체적인 예를 들어 살펴보겠습니다. 물론 지금까지와 같은 예(긍정적 예의 타깃은 "say")를 다룹니다. 그리고 부정적 예의 타깃을 2개("hello"와 "I") 샘플링했다고 가정합니다. 이제 CBOW 모델의 은닉층 이후만 주목하면 네거티브 샘플링의 계산 그래프는 [그림 4-17]처럼 그릴 수 있습니다.

그림 4-17 네거티브 샘플링의 예(은닉층 이후의 처리에 주목하여 그린 계산 그래프)

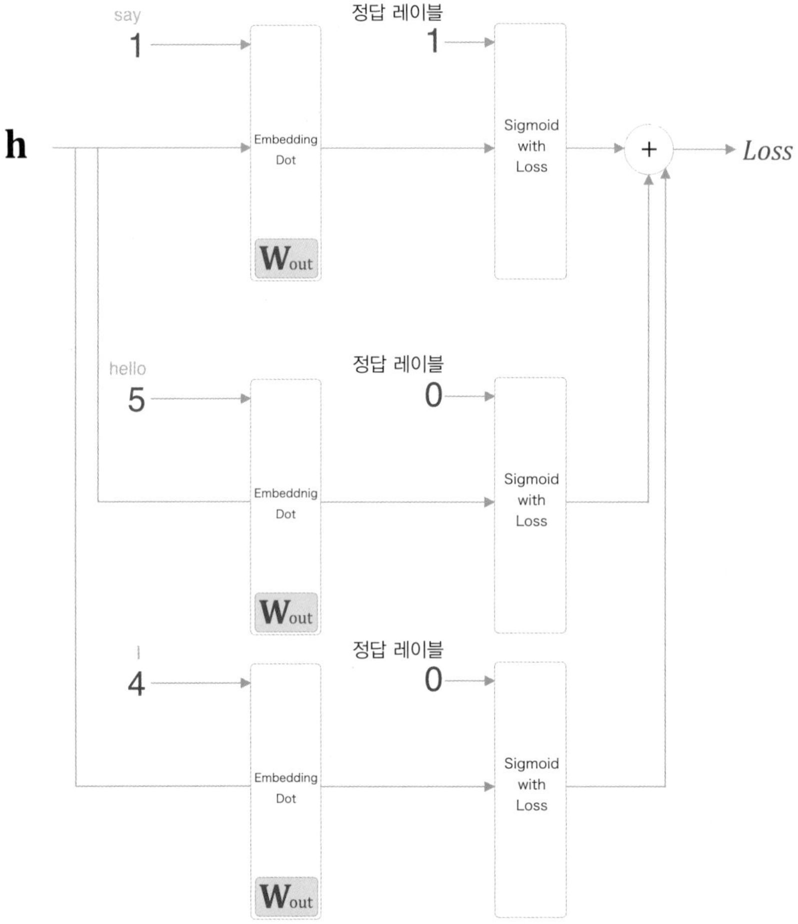

[그림 4-17]에서 주의할 부분은 긍정적 예와 부정적 예를 다루는 방식입니다. 긍정적 예("say")에 대해서는 지금까지처럼 Sigmoid with Loss 계층에 정답 레이블로 "1"을 입력합니다. 한편, 부정적 예("hello"와 "I")에 대해서는 (부정적 예이므로) Sigmoid with Loss 계층에 정답 레이블로 "0"을 입력합니다. 그런 다음 각 데이터의 손실을 모두 더해 최종 손실을 출력합니다.

4.2.6 네거티브 샘플링의 샘플링 기법

네거티브 샘플링에 관해 설명할 것이 하나 남았습니다. 부정적 예를 어떻게 샘플링하느냐 하는 것인데, 다행히 단순이 무작위로 샘플링하는 것보다 좋은 방법이 있답니다. 바로 말뭉치의 통계 데이터를 기초로 샘플링하는 방법이죠. 구체적으로 말하면, 말뭉치에서 자주 등장하는 단어를 많이 추출하고 드물게 등장하는 단어를 적게 추출하는 것입니다. 말뭉치에서의 단어 빈도를 기준으로 샘플링하려면, 먼저 말뭉치에서 각 단어의 출현 횟수를 구해 '확률분포'로 나타냅니다. 그런 다음 그 확률분포대로 단어를 샘플링하면 됩니다(그림 4-18).

그림 4-18 확률분포에 따라 샘플링을 여러 번 수행한다.

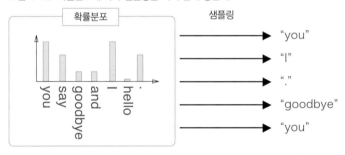

말뭉치에서의 단어별 출현 횟수를 바탕으로 확률분포를 구한 다음, 그 확률분포에 따라서 샘플링을 수행하기만 하면 됩니다. 확률분포대로 샘플링하므로 말뭉치에서 자주 등장하는 단어는 선택될 가능성이 높습니다. 같은 이유로, '희소한 단어'는 선택되기가 어렵습니다.

> **NOTE_** 네거티브 샘플링에서는 부정적 예를 가능한 한 많이 다루는 것이 좋습니다만, 계산량 문제 때문에 적은 수(5개나 10개 등)로 한정해야 합니다. 그런데 우연히도 '희소한 단어'만 선택되었다면 어떻게 될까요? 당연히 결과도 나빠질 것입니다. 왜냐하면 실전 문제에서도 희소한 단어는 거의 출현하지 않기 때문이죠. 즉, 드문 단어를 잘 처리하는 일은 중요도가 낮습니다. 그보다는 흔한 단어를 잘 처리하는 편이 좋은 결과로 이어질 것입니다.

그러면 확률분포에 따라 샘플링하는 예를 파이썬 코드로 설명해보겠습니다. 이 용도에는 넘파이의 np.random.choice() 메서드를 사용할 수 있습니다. 이 메서드의 사용법을 보여주는 예를 몇 가지 살펴봅시다.

```python
>>> import numpy as np

# 0에서 9까지의 숫자 중 하나를 무작위로 샘플링
>>> np.random.choice(10)
7
>>> np.random.choice(10)
2

# words에서 하나만 무작위로 샘플링
>>> words = ['you', 'say', 'goodbye', 'I', 'hello', '.']
>>> np.random.choice(words)
'goodbye'

# 5개만 무작위로 샘플링(중복 있음)
>>> np.random.choice(words, size=5)
array(['goodbye', '.', 'hello', 'goodbye', 'say'],
      dtype='<U7')

# 5개만 무작위로 샘플링(중복 없음)
>>> np.random.choice(words, size=5, replace=False)
array(['hello', '.', 'goodbye', 'I', 'you'],
      dtype='<U7')

# 확률분포에 따라 샘플링
>>> p = [0.5, 0.1, 0.05, 0.2, 0.05, 0.1]
>>> np.random.choice(words, p=p)
'you'
```

이 코드에서 보듯 np.random.choice()는 무작위 샘플링 용도로 이용할 수 있습니다. 이때 인수로 size를 지정하면 샘플링을 size만큼 수행합니다. 또한 인수에 replace=False를 지정하면 샘플링 시 중복을 없애줍니다. 그리고 인수 p에 확률분포를 담은 리스트를 지정하면 그 확률분포대로 샘플링합니다. 이제 이 함수를 사용해 부정적 예를 샘플링하기만 하면 됩니다.

그런데 word2vec의 네거티브 샘플링에서는 앞의 확률분포에서 한 가지를 수정하라고 권고하고 있습니다. 바로 [식 4.4]처럼 기본 확률분포에 0.75를 제곱하는 것입니다.

$$P'(w_i) = \frac{P(w_i)^{0.75}}{\displaystyle\sum_j^n P(w_j)^{0.75}}$$

[식 4.4]

여기서 $P(w_i)$는 i번째 단어의 확률을 뜻합니다. [식 4.4]는 단순히 원래 확률분포의 각 요소를 '0.75 제곱'할 뿐입니다. 다만 수정 후에도 확률의 총합은 1이 되어야 하므로, 분모로는 '수정 후 확률분포의 총합'이 필요합니다.

그런데 [식 4.4]처럼 수정하는 이유는 무엇일까요? 그것은 출현 확률이 낮은 단어를 '버리지 않기' 위해서입니다. 더 정확하게 말하면, '0.75 제곱'을 함으로써, 원래 확률이 낮은 단어의 확률을 살짝 높일 수 있습니다. 예를 보시죠.

```
>>> p = [0.7, 0.29, 0.01]
>>> new_p = np.power(p, 0.75)
>>> new_p /= np.sum(new_p)
>>> print(new_p)
[ 0.64196878  0.33150408  0.02652714]
```

이 예에서 보듯 수정 전 확률이 0.01 (1%)이던 원소가, 수정 후에는 0.0265... (약 2.65%)로 높아졌습니다. 이처럼 낮은 확률의 단어가 (조금 더) 쉽게 샘플링되도록 하기 위한 구제 조치로써 '0.75 제곱'을 수행합니다. 참고로 0.75라는 수치에는 이론적인 의미는 없으니 다른 값으로 설정해도 됩니다.

지금까지 살펴본 것처럼 네거티브 샘플링은 말뭉치에서 단어의 확률분포를 만들고, 다시 0.75를 제곱한 다음, np.random.choice()를 사용해 부정적 예를 샘플링합니다. 이 책에서는 이 처리를 담당하는 클래스를 UnigramSampler라는 이름으로 제공합니다. 여기에서는 UnigramSampler의 사용법만 간단히 설명할 테니, 구현에 관심 있는 분은 ch04/negative_sampling_layer.py를 참고하세요.

> **NOTE_** 유니그램Unigram이란 '하나의 (연속된) 단어'를 뜻합니다. 같은 요령으로 바이그램Bigram은 '2개의 연속된 단어'를, 트라이그램Trigram은 '3개의 연속된 단어'를 뜻합니다. 그래서 UnigramSampler 클래스의 이름에는 한 단어를 대상으로 확률분포를 만든다는 의미가 녹아 있습니다. 만약 이를 '바이그램' 버전으로 만든다면 ('you', 'say'), ('you', 'goodbye') ... 같이 두 단어로 구성된 대상에 대한 확률분포를 만들게 됩니다.

UnigramSampler 클래스는 초기화 시 3개의 인수를 받습니다. 바로 단어 ID 목록인 corpus, 확률분포에 '제곱'할 값인 power(기본값은 0.75), '부정적 예 샘플링'을 수행하는 횟수인 sample_size입니다. 또한 UnigramSampler 클래스는 get_negative_sample(target) 메서드를 제공합니다. 이 메서드는 target 인수로 지정한 단어를 긍정적 예로 해석하고, 그 외의 단어 ID를 샘플링합니다(즉, 부정적 예를 골라줍니다). 그러면 UnigramSampler 클래스를 사용하는 모습을 보여드리겠습니다.

```python
corpus = np.array([0, 1, 2, 3, 4, 1, 2, 3])
power = 0.75
sample_size = 2

sampler = UnigramSampler(corpus, power, sample_size)
target = np.array([1, 3, 0])
negative_sample = sampler.get_negative_sample(target)
print(negative_sample)
# [[0 3]
#  [1 2]
#  [2 3]]
```

여기에서는 긍정적 예로 [1, 3, 0]이라는 3개의 데이터를 미니배치로 다뤘습니다. 이 각각의 데이터에 대해서 부정적 예를 2개씩 샘플링합니다. 이 예에서는 첫 번째 데이터에 대한 부정적 예는 [0 3], 두 번째는 [1 2], 3번째는 [2 3]이 뽑혔음을 알 수 있습니다(실행할 때마다 결과가 달라질 수 있습니다). 이제 우리는 부정적 예를 샘플링할 수 있게 되었습니다.

4.2.7 네거티브 샘플링 구현

마지막으로 네거티브 샘플링을 구현해보겠습니다. NegativeSamplingLoss라는 클래스로 구현하기로 하죠. 우선은 초기화 메서드입니다.

ch04/negative_sampling_layer.py

```python
class NegativeSamplingLoss:
    def __init__(self, W, corpus, power=0.75, sample_size=5):
        self.sample_size = sample_size
        self.sampler = UnigramSampler(corpus, power, sample_size)
        self.loss_layers = [SigmoidWithLoss() for _ in range(sample_size + 1)]
        self.embed_dot_layers = [EmbeddingDot(W) for _ in range(sample_size + 1)]
```

```
    self.params, self.grads = [], []
    for layer in self.embed_dot_layers:
        self.params += layer.params
        self.grads += layer.grads
```

초기화 메서드의 인수로는 출력 측 가중치를 나타내는 W, 말뭉치(단어 ID의 리스트)를 뜻하는 corpus, 확률분포에 제곱할 값인 power, 그리고 부정적 예의 샘플링 횟수인 sample_size입니다. 여기에서는 앞 절에서 설명한 UnigramSampler 클래스를 생성하여 인스턴스 변수인 sampler로 저장합니다. 또한 부정적 예의 샘플링 횟수는 인스턴스 변수인 sample_size에 저장합니다.

인스턴스 변수인 loss_layers와 embed_dot_layers에는 원하는 계층을 리스트로 보관합니다. 이때 이 두 리스트에는 sample_size + 1개의 계층을 생성하는데, 부정적 예를 다루는 계층이 sample_size개만큼이고, 여기에 더해 긍정적 예를 다루는 계층이 하나 더 필요하기 때문입니다. 정확히는 0번째 계층, 즉 loss_layers[0]과 embed_dot_layers[0]이 긍정적 예를 다루는 계층입니다. 그런 다음 이 계층에서 사용하는 매개변수와 기울기를 각각 배열로 저장합니다.

이어서 순전파의 구현을 함께 보시죠.

ch04/negative_sampling_layer.py

```
def forward(self, h, target):
    batch_size = target.shape[0]
    negative_sample = self.sampler.get_negative_sample(target)

    # 긍정적 예 순전파
    score = self.embed_dot_layers[0].forward(h, target)
    correct_label = np.ones(batch_size, dtype=np.int32)
    loss = self.loss_layers[0].forward(score, correct_label)

    # 부정적 예 순전파
    negative_label = np.zeros(batch_size, dtype=np.int32)
    for i in range(self.sample_size):
        negative_target = negative_sample[:, i]
        score = self.embed_dot_layers[1 + i].forward(h, negative_target)
        loss += self.loss_layers[1 + i].forward(score, negative_label)

    return loss
```

forward(h, target) 메서드가 받는 인수는 은닉층 뉴런 h와 긍정적 예의 타깃을 뜻하는 target입니다. 이 메서드에서는 우선 self.sampler를 이용해 부정적 예를 샘플링하여 negative_sample에 저장합니다. 그런 다음 긍정적 예와 부정적 예 각각의 데이터에 대해서 순전파를 수행해 그 손실들을 더합니다. 구체적으로는 Embedding Dot 계층의 forward 점수를 구하고, 이어서 이 점수와 레이블을 Sigmoid with Loss 계층으로 흘려 손실을 구합니다. 여기에서 긍정적 예의 정답 레이블(correct_label)은 "1"이고, 부정적 예의 정답 레이블(negative_label)은 "0"임에 주의하세요.

마지막으로 역전파를 구현할 차례입니다.

```python
def backward(self, dout=1):
    dh = 0
    for l0, l1 in zip(self.loss_layers, self.embed_dot_layers):
        dscore = l0.backward(dout)
        dh += l1.backward(dscore)

    return dh
```

역전파의 구현은 간단합니다. 순전파 때의 역순으로 각 계층의 backward()를 호출하기만 하면 됩니다. 은닉층의 뉴런은 순전파 시에 여러 개로 복사되었습니다. 이는 '1.3.4 계산 그래프' 절에서 설명한 Repeat 노드에 해당합니다. 따라서 역전파 때는 여러 개의 기울기 값을 더해줍니다. 이상으로 네거티브 샘플링 구현에 대한 설명을 마칩니다.

4.3 개선판 word2vec 학습

지금까지 기존 word2vec을 개선해봤습니다. 가장 먼저 Embedding 계층을 설명하고, 이어서 네거티브 샘플링 기법도 설명했습니다. 그리고 이 두 가지를 실제로 구현했습니다. 그럼 이러한 개선을 신경망 구현에 적용해볼까요? 그런 다음 PTB 데이터셋을 사용해 학습하고 더 실용적인 단어의 분산 표현을 얻어보겠습니다.

4.3.1 CBOW 모델 구현

이번에도 CBOW 모델을 구현해볼 텐데, 앞 장의 단순한 SimpleCBOW 클래스를 개선할 겁니다. 개선점은 Embedding 계층과 Negative Sampling Loss 계층을 적용하는 것이죠. 나아가 맥락의 윈도우 크기를 임의로 조절할 수 있도록 확장합니다.

개선된 CBOW 클래스의 모습은 다음과 같습니다. 우선 초기화 메서드부터 보시죠.

```
                                                        ch04/cbow.py
import sys
sys.path.append('..')
import numpy as np
from common.layers import Embedding
from ch04.negative_sampling_layer import NegativeSamplingLoss


class CBOW:
    def __init__(self, vocab_size, hidden_size, window_size, corpus):
        V, H = vocab_size, hidden_size

        # 가중치 초기화
        W_in = 0.01 * np.random.randn(V, H).astype('f')
        W_out = 0.01 * np.random.randn(V, H).astype('f')

        # 계층 생성
        self.in_layers = []
        for i in range(2 * window_size):
            layer = Embedding(W_in)  # Embedding 계층 사용
            self.in_layers.append(layer)
        self.ns_loss = NegativeSamplingLoss(W_out, corpus, power=0.75, sample_size=5)

        # 모든 가중치와 기울기를 배열에 모은다.
        layers = self.in_layers + [self.ns_loss]
        self.params, self.grads = [], []
        for layer in layers:
            self.params += layer.params
            self.grads += layer.grads

        # 인스턴스 변수에 단어의 분산 표현을 저장한다.
        self.word_vecs = W_in
```

이 초기화 메서드는 4개의 인수를 받습니다. vocab_size는 어휘 수, hidden_size는 은닉층의 뉴런 수, corpus는 단어 ID 목록입니다. 그리고 맥락의 크기(주변 단어 중 몇 개나 맥락으로 포함시킬지)를 window_size로 지정합니다. 예컨대 window_size가 2이면 타깃 단어의 좌우 2개씩, 총 4개 단어가 맥락이 됩니다.

> **WARNING_** SimpleCBOW 클래스(개선 전의 구현)에서는 입력 측의 가중치와 출력 측의 가중치의 형상이 달라서 출력 측의 가중치에서는 단어 벡터가 열 방향으로 배치되었습니다. 한편 CBOW 클래스의 출력 측 가중치는 입력 측 가중치와 같은 형상으로, 단어 벡터가 행 방향에 배치됩니다. 그 이유는 NegativeSamplingLoss 클래스에서 Embedding 계층을 사용하기 때문입니다.

가중치 초기화가 끝나면, 이어서 계층을 생성합니다. 여기에서는 Embedding 계층을 2 * window_size개 작성하여 인스턴스 변수인 in_layers에 배열로 보관합니다. 그런 다음 Negative Sampling Loss 계층을 생성합니다.

계층을 다 생성했으면, 이 신경망에서 사용하는 모든 매개변수와 기울기를 인스턴스 변수인 params와 grads에 모읍니다. 또한 나중에 단어의 분산 표현에 접근할 수 있도록 인스턴스 변수인 word_vecs에 가중치 W_in을 할당합니다. 자, 계속해서 순전파와 역전파를 처리하는 forward()와 backward() 메서드를 보시죠.

```python
def forward(self, contexts, target):
    h = 0
    for i, layer in enumerate(self.in_layers):
        h += layer.forward(contexts[:, i])
    h *= 1 / len(self.in_layers)
    loss = self.ns_loss.forward(h, target)
    return loss

def backward(self, dout=1):
    dout = self.ns_loss.backward(dout)
    dout *= 1 / len(self.in_layers)
    for layer in self.in_layers:
        layer.backward(dout)
    return None
```

이 구현은 각 계층의 순전파(혹은 역전파)를 적절한 순서로 호출할 뿐입니다. 앞 장의 SimpleCBOW 클래스를 자연스럽게 확장한 것이죠. 단, forward(contexts, target) 메서드가 인수로 받는 맥락과 타깃이 단어 ID라는 점이 다릅니다(앞 장에서는 단어 ID를 원핫 벡터로 변환해서 사용했습니다). 구체적인 예를 [그림 4-19]에 준비했습니다.

그림 4-19 맥락과 타깃을 단어 ID로 나타낸 예(맥락의 윈도우 크기는 1)

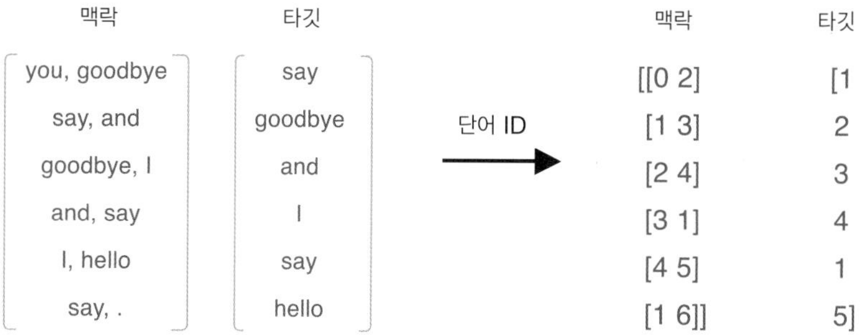

맥락	타깃		맥락	타깃
you, goodbye	say		[[0 2]	[1
say, and	goodbye	단어 ID	[1 3]	2
goodbye, I	and	→	[2 4]	3
and, say	I		[3 1]	4
I, hello	say		[4 5]	1
say, .	hello		[1 6]]	5]

[그림 4-19]의 오른쪽에 보이는 단어 ID의 배열이 contexts와 target의 예입니다. 보다시피 contexts는 2차원 배열이고 target은 1차원 배열입니다. 이러한 데이터가 forward(contexts, target)에 입력되는 것이죠. 이상이 CBOW 클래스의 설명입니다.

4.3.2 CBOW 모델 학습 코드

마지막으로 CBOW 모델의 학습을 구현하겠습니다. 여기에서는 단순히 신경망 학습을 수행할 뿐입니다. 코드부터 살펴보시죠.

ch04/train.py

```python
import sys
sys.path.append('..')
import numpy as np
from common import config
# GPU에서 실행하려면 아래 주석을 해제하세요(쿠파이 필요).
# ===============================================
# config.GPU = True
# ===============================================
import pickle
from common.trainer import Trainer
from common.optimizer import Adam
```

```python
from cbow import CBOW
from common.util import create_contexts_target, to_cpu, to_gpu
from dataset import ptb

# 하이퍼파라미터 설정
window_size = 5
hidden_size = 100
batch_size = 100
max_epoch = 10

# 데이터 읽기
corpus, word_to_id, id_to_word = ptb.load_data('train')
vocab_size = len(word_to_id)

contexts, target = create_contexts_target(corpus, window_size)
if config.GPU:
    contexts, target = to_gpu(contexts), to_gpu(target)

# 모델 등 생성
model = CBOW(vocab_size, hidden_size, window_size, corpus)
optimizer = Adam()
trainer = Trainer(model, optimizer)

# 학습 시작
trainer.fit(contexts, target, max_epoch, batch_size)
trainer.plot()

# 나중에 사용할 수 있도록 필요한 데이터 저장
word_vecs = model.word_vecs
if config.GPU:
    word_vecs = to_cpu(word_vecs)
params = {}
params['word_vecs'] = word_vecs.astype(np.float16)
params['word_to_id'] = word_to_id
params['id_to_word'] = id_to_word
pkl_file = 'cbow_params.pkl'
with open(pkl_file, 'wb') as f:
    pickle.dump(params, f, -1)
```

이번 CBOW 모델은 윈도우 크기를 5로, 은닉층의 뉴런 수를 100개로 설정했습니다. 사용하는 말뭉치에 따라 다릅니다만, 윈도우 크기는 2~10개, 은닉층의 뉴런 수(단어의 분산 표현의 차원 수)는 50~500개 정도면 좋은 결과를 얻을 겁니다. 이러한 하이퍼파라미터에 관한 논의는 잠시 후에 하겠습니다.

그런데 이번에 다루는 PTB는 지금까지의 말뭉치보다 월등히 커서 학습 시간이 상당히 오래 걸립니다(반나절 정도). 그래서 GPU를 사용할 수 있는 모드를 준비해뒀습니다. GPU로 실행하려면 파일 앞부분에 있는 "# config.GPU = True" 주석을 해제하면 됩니다. 단, GPU로 실행하려면 엔비디아 GPU를 장착한 컴퓨터여야 하고 쿠파이도 미리 설치해야 합니다.

학습이 끝나면 가중치를 꺼내(여기에서는 입력 측 가중치만), 나중에 이용할 수 있도록 파일에 보관합니다(단어와 단어 ID 변환을 위해 사전도 함께 보관합니다). 파일로 저장할 때는 파이썬의 '피클pickle' 기능을 이용합니다. 피클은 파이썬 코드의 객체를 파일로 저장(또는 파일에서 읽기)하는 데 이용할 수 있습니다.

> WARNING_ 학습이 완료된 매개변수를 ch04/cbow_params.pkl에 준비해뒀습니다. 학습이 끝나기를 기다리기 지루하다면 이 책에서 제공하는 학습이 완료된 매개변수를 이용해주세요. 참고로 학습된 가중치 데이터는 각자가 학습한 환경에 따라 다릅니다. 학습 과정에서 무작위 값이 쓰이기 때문인데, 예컨대 가중치 초기화에 이용하는 초깃값, 미니배치 선택, 네거티브 샘플링에서의 샘플링이 무작위로 이뤄집니다. 이러한 무작위성 때문에 최종적으로 얻는 가중치가 각자의 환경에 따라 달라집니다만, 거시적으로 보면 비슷한 결과(경향)를 얻을 수 있습니다.

4.3.3 CBOW 모델 평가

그러면 앞 절에서 학습한 단어의 분산 표현을 평가해볼까요? 2장에서 구현한 most_similar() 메서드를 이용하여, 단어 몇 개에 대해 거리가 가장 가까운 단어들을 뽑아보기로 하겠습니다.

```
                                                                    ch04/eval.py
import sys
sys.path.append('..')
from common.util import most_similar
import pickle

pkl_file = 'cbow_params.pkl'

with open(pkl_file, 'rb') as f:
    params = pickle.load(f)
    word_vecs = params['word_vecs']
```

```
    word_to_id = params['word_to_id']
    id_to_word = params['id_to_word']

querys = ['you', 'year', 'car', 'toyota']
for query in querys:
    most_similar(query, word_to_id, id_to_word, word_vecs, top=5)
```

이 코드를 실행하면 다음 결과를 얻을 수 있습니다(이 결과는 각자의 학습 환경에 따라 다를 수 있습니다).

```
[query] you
 we: 0.610597074032
 someone: 0.591710150242
 i: 0.554366409779
 something: 0.490028560162
 anyone: 0.473472118378

[query] year
 month: 0.718261063099
 week: 0.652263045311
 spring: 0.62699586153
 summer: 0.625829637051
 decade: 0.603022158146

[query] car
 luxury: 0.497202396393
 arabia: 0.478033810854
 auto: 0.471043765545
 disk-drive: 0.450782179832
 travel: 0.40902107954

[query] toyota
 ford: 0.550541639328
 instrumentation: 0.510020911694
 mazda: 0.49361255765
 bethlehem: 0.474817842245
 nissan: 0.474622786045
```

결과를 봅시다. 우선은 "you"를 물으니 비슷한 단어로 인칭대명사 "i(=I)"와 "we" 등이 나왔습니다. "year"에 대해서는 "month"와 "week" 같은 기간을 뜻하는 같은 성격의 단어들이 나왔습니다. 그리고 "toyota"에 대해서는 "ford", "mazda", "nissan" 같은 자동차 메이커가 나왔습니다. 이 결과를 보면 CBOW 모델로 획득된 단어의 분산 표현은 제법 괜찮은 특성을 지닌다고 말할 수 있겠네요.

word2vec으로 얻은 단어의 분산 표현은 비슷한 단어를 가까이 모을 뿐 아니라, 더 복잡한 패턴을 파악하는 것으로 알려져 있습니다. 대표적인 예가 "king − man + woman = queen"으로 유명한 유추 문제(비유 문제)입니다. 더 정확하게 말하면, word2vec의 단어의 분산 표현을 사용하면 유추 문제를 벡터의 덧셈과 뺄셈으로 풀 수 있다는 뜻입니다.

실제로 유추 문제를 풀려면 [그림 4-20]처럼 단어 벡터 공간에서 "man → woman" 벡터와 "king → ?" 벡터가 가능한 한 가까워지는 단어를 찾습니다.

그림 4-20 "man : woman = king : ?" 유추 문제 풀기(단어 벡터 공간에서 각 단어의 관계성)

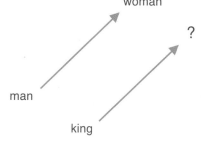

단어 "man"의 분산 표현(단어 벡터)을 "vec('man')"이라고 표현해보죠. 그러면 [그림 4-20]에서 얻고 싶은 관계를 수식으로 나타내면 "vec('woman') − vec('man') = vec(?) − vec('king')"이 됩니다. 즉, 우리가 풀어야 하는 문제는 "vec('king') + vec('woman') − vec('man') = vec(?)"라는 벡터에 가장 가까운 단어 벡터를 구하는 일이 됩니다. 이 로직을 구현한 함수는 common/utill.py 파일의 analogy()입니다. 이 함수를 사용하면 지금과 같은 유추 문제를 analogy('man', 'king', 'woman', word_to_id, id_to_word, word_vecs, top=5)라는 한 줄로 처리할 수 있습니다. 이 함수를 실행하면 결과가 다음과 같은 형태로 출력됩니다.

```
[analogy] man:king = woman:?
 word1: 5.003233
 word2: 4.400302
 word3: 4.22342
```

```
word4: 4.003234
word5: 3.934550
```

이와 같이 첫 번째 줄에 문제 문장이 출력되고, 다음 줄부터는 점수가 높은 순으로 5개의 단어가 출력됩니다. 각 단어 옆에는 점수가 표시됩니다. 그러면 실제로 유추 문제를 몇 가지 풀어봅시다. 준비한 문제는 4개입니다.

ch04/eval.py

```
analogy('king', 'man', 'queen',  word_to_id, id_to_word, word_vecs)
analogy('take', 'took', 'go',  word_to_id, id_to_word, word_vecs)
analogy('car', 'cars', 'child',  word_to_id, id_to_word, word_vecs)
analogy('good', 'better', 'bad',  word_to_id, id_to_word, word_vecs)
```

다음은 실행 결과입니다.

```
[analogy] king:man = queen:?
 woman: 5.161407947540283
 veto: 4.928170680999756
 ounce: 4.689689636230469
 earthquake: 4.633471488952637
 successor: 4.6089653968811035

[analogy] take:took = go:?
 went: 4.548568248748779
 points: 4.248863220214844
 began: 4.090967178344727
 comes: 3.9805688858032227
 oct.: 3.9044761657714844

[analogy] car:cars = child:?
 children: 5.217921257019043
 average: 4.725458145141602
 yield: 4.208011627197266
 cattle: 4.18687629699707
 priced: 4.178797245025635

[analogy] good:better = bad:?
 more: 6.647829532623291
 less: 6.063825607299805
 rather: 5.220577716827393
 slower: 4.733833312988281
 greater: 4.672840118408203
```

결과는 우리가 기대한 대로네요! 첫 번째 문제 "king : man = queen : ?"의 대답은 "woman"입니다. 두 번째 문제 "take : took = go : ?"도 기대한 대로 "went"라고 답했습니다. 이는 현재형과 과거형 패턴을 파악하고 있다는 증거이므로, 시제 정보가 단어의 분산 표현에 인코딩되고 있다고 해석할 수 있습니다. 그리고 세 번째 문제에서는 단수형과 복수형을 올바르게 파악하고 있음을 알 수 있습니다. 안타깝게도 네 번째의 "good : better = bad : ?" 질문에는 "worse"라고 대답하지 않았습니다. 하지만 "more"와 "less" 등의 비교급 단어를 제시한 걸 보면, 비교급이라는 성질도 단어의 분산 표현에 인코딩되어 있음을 알 수 있습니다.

이처럼 word2vec으로 얻은 단어의 분산 표현을 사용하면, 벡터의 덧셈과 뺄셈으로 유추 문제를 풀 수 있습니다. 단어의 단순한 의미뿐 아니라 문법적인 패턴도 파악할 수 있는 것이죠. 그밖에도 "good"과 "best" 사이에는 "better"가 존재한다고 하는 관계성 등, word2vec에서 얻은 단어의 분산 표현에는 흥미로운 결과가 얼마든지 발견되고 있습니다.

> WARNING_ 앞서 본 유추 문제의 결과는 아주 뛰어나 보였습니다만, 안타깝게도 잘 풀리는 문제만 제가 선별해서 보여드렸기 때문입니다. 사실 원하는 결과를 얻지 못하는 문제도 많을 겁니다. PTB 데이터셋이 작다는 것이 주된 원인이죠. 만약 큰 말뭉치로 학습하면, 더 정확하고 더 견고한 단어의 분산 표현을 얻을 수 있으므로 유추 문제의 정답률(정확도^{accuracy})도 크게 향상될 것입니다.

4.4 word2vec 남은 주제

word2vec의 구조와 구현에 대한 설명이 거의 끝나갑니다. 마지막으로 이번 절에서는 word2vec에 관해 지금까지 다루지 못한 주제를 소개하려 합니다.

4.4.1 word2vec을 사용한 애플리케이션의 예

word2vec으로 얻은 단어의 분산 표현은 비슷한 단어를 찾는 용도로 이용할 수 있습니다. 그러나 단어 분산 표현의 장점은 여기서 끝이 아닙니다. 자연어 처리 분야에서 단어의 분산 표현이 중요한 이유는 **전이 학습**transfer learning에 있습니다. 전이 학습은 한 분야에서 배운 지식을 다른 분야에도 적용하는 기법입니다.

자연어 문제를 풀 때 word2vec의 단어 분산 표현을 처음부터 학습하는 일은 거의 없습니다. 그 대신 먼저 큰 말뭉치(위키백과나 구글 뉴스의 텍스트 데이터 등)로 학습을 끝난 후, 그 분산 표현을 각자의 작업에 이용하는 것이죠. 예컨대 텍스트 분류, 문서 클러스터링, 품사 태그 달기, 감정 분석 등 자연어 처리 작업이라면 가장 먼저 단어를 벡터로 변환하는 작업을 해야 하는데, 이때 학습을 미리 끝낸 단어의 분산 표현을 이용할 수 있습니다. 그리고 이 학습된 분산 표현이 방금 언급한 자연어 처리 작업 대부분에 훌륭한 결과를 가져다줍니다!

단어의 분산 표현은 단어를 고정 길이 벡터로 변환해준다는 장점도 있습니다. 게다가 문장(단어의 흐름)도 단어의 분산 표현을 사용하여 고정 길이 벡터로 변환할 수 있습니다. 문장을 고정 길이 벡터로 변환하는 방법은 활발하게 연구되고 있는데, 가장 간단한 방법은 문장의 각 단어를 분산 표현으로 변환하고 그 합을 구하는 것입니다. 이를 bag-of-words라 하여, 단어의 순서를 고려하지 않는 모델입니다. 또한 5장에서 설명하는 순환 신경망(RNN)을 사용하면 한층 세련된 방법으로 (word2vec의 단어의 분산 표현을 이용하면서) 문장을 고정 길이 벡터로 변환할 수 있습니다.

단어나 문장을 고정 길이 벡터로 변환할 수 있다는 점은 매우 중요합니다. 자연어를 벡터로 변환할 수 있다면 일반적인 머신러닝 기법(신경망이나 SVM 등)을 적용할 수 있기 때문입니다. 이를 그림으로 나타내면 [그림 4-21]처럼 됩니다.

그림 4-21 단어의 분산 표현을 이용한 시스템의 처리 흐름

[그림 4-21]에서 보듯 자연어로 쓰여진 질문을 고정 길이 벡터로 변환할 수 있다면, 그 벡터를 다른 머신러닝 시스템의 입력으로 사용할 수 있습니다. 자연어를 벡터로 변환함으로써 일반적인 머신러닝 시스템의 틀에서 원하는 답을 출력하는 것(그리고 학습하는 것)이 가능해집니다.

> **NOTE_** [그림 4-21]의 파이프라인에서는 단어의 분산 표현 학습과 머신러닝 시스템의 학습은 서로 다른 데이터셋을 사용해 개별적으로 수행하는 것이 일반적입니다. 예컨대 단어의 분산 표현은 위키백과와 같은 범용 말뭉치를 사용해 미리 학습해둡니다. 그리고 현재 직면한 문제에 관련하여 수집한 데이터를 가지고 머신러닝 시스템(SVM 등)을 학습시킵니다. 다만, 직면한 문제의 학습 데이터가 아주 많다면 단어의 분산 표현과 머신러닝 시스템 학습 모두를 처음부터 수행하는 방안도 고려해볼 수 있습니다.

그럼 구체적인 예를 보면서 단어의 분산 표현 사용법을 살펴봅시다. 사용자가 1억 명 이상인 스마트폰 앱을 개발 · 운영하고 있다고 해보조. 회사가 감당하기 어려울 정도의 메일이 사용자로부터 매일 쏟아져 들어옵니다(또는 트위터 등에서 관련 이야기가 넘쳐납니다). 그중에는 호의적인 의견도 있는 반면, 불만의 목소리도 존재할 것입니다.

그래서 여러분은 받은 메일(혹은 트윗 등)을 자동으로 분류하는 시스템을 만들 고민을 합니다. 예컨대 [그림 4-22]처럼 메일의 내용을 보고 사용자의 감정을 3단계로 분류할 수는 없을지 고민합니다. 사용자의 감정을 정확하게 분류할 수 있다면, 불만을 가진 사용자의 메일부터 순서대로 살펴볼 수 있습니다. 그러면 앱의 치명적인 문제를 조기에 발견하고 손을 쓸 수 있을지도 모릅니다. 자연스럽게 사용자 만족도도 높아질 겁니다.

그림 4-22 메일 자동 분류 시스템의 예(감정 분석)

메일 자동 분류 시스템을 만들려면, 우선 데이터(메일)를 수집해야 합니다. 지금 예에서는 사용자가 보낸 메일을 모으고, 모은 메일들에 수동으로 레이블을 붙입니다. 예컨대 3단계의 감정을 나타내는 레이블(긍정적^{positive}, 중립적^{neutral}, 부정적^{negative})을 붙입니다. 레이블링 작업이 끝나면 학습된 word2vec을 이용해 메일을 벡터로 변환합니다. 그런 다음 감정 분석을 수행하는 어떤 분류 시스템(SVM이나 신경망 등)에 벡터화된 메일과 감정 레이블을 입력하여 학습을 수행합니다.

이 예처럼 자연어를 다루는 문제는 단어의 분산 표현이라는 방법으로 벡터화할 수 있습니다. 그 덕분에 일반적인 머신러닝 기법으로 해결할 수 있게 되지요. 게다가 word2vec 전이 학습의 혜택을 누릴 수 있습니다. 즉, 다양한 자연어 처리 문제에서 word2vec으로 구축한 단어의 분산 표현을 이용함으로써 정확도를 높일 수 있습니다.

4.4.2 단어 벡터 평가 방법

word2vec을 통해 단어의 분산 표현을 얻을 수 있었습니다. 그러면 그 분산 표현이 좋은지는 어떻게 평가할까요? 이번 절에서는 단어의 분산 표현을 평가하는 방법을 간략히 설명합니다.

단어의 분산 표현은 앞 절에서 본 감정 분석 예처럼, 현실적으로는 특정한 애플리케이션에서 사용되는 것이 대부분입니다. 그렇다면 우리가 궁극적으로 원하는 것은 정확도 높은 시스템 이겠죠. 여기서 생각해야 하는 것이 그 시스템(예컨대 감정 분석 시스템)은 여러 시스템으로 구성된다는 것입니다. 여러 시스템이란, 앞의 예로 말하면 단어의 분산 표현을 만드는 시스템 (word2vec)과 특정 문제에 대해 분류를 수행하는 시스템(예컨대 감정을 분류하는 SVM 등) 입니다.

단어의 분산 표현을 만드는 시스템과 분류하는 시스템의 학습은 따로 수행할 수도 있습니다. 그 경우, 예컨대 단어의 분산 표현의 차원 수가 최종 정확도에 어떤 영향을 주는지를 조사하려 면, 우선 단어의 분산 표현을 학습하고, 그 분산 표현을 사용하여 또 하나의 머신러닝 시스템을 학습시켜야 합니다. 즉, 두 단계의 학습을 수행한 다음 평가해야 할 것입니다. 또한, 이 경우 두 시스템 각각에서 최적의 하이퍼파라미터를 찾기 위한 튜닝도 필요하므로, 그만큼 시간이 오래 걸립니다.

그래서 단어의 분산 표현의 우수성을 실제 애플리케이션과는 분리해 평가하는 것이 일반적입니다. 이때 자주 사용되는 평가 척도가 단어의 '유사성'이나 '유추 문제'를 활용한 평가입니다.

단어의 유사성 평가에서는 사람이 작성한 단어 유사도를 검증 세트를 사용해 평가하는 것이 일반적입니다. 예를 들어 유사도를 0에서 10 사이로 점수화한다면, "cat"과 "animal"의 유사도는 8점, "cat"과 "car"의 유사도는 2점과 같이, 사람이 단어 사이의 유사한 정도를 규정합니다. 그리고 사람이 부여한 점수와 word2vec에 의한 코사인 유사도 점수를 비교해 그 상관성을 보는 것입니다.

유추 문제를 활용한 평가는 "king : queen = man : ?"와 같은 유추 문제를 출제하고, 그 정답률로 단어의 분산 표현의 우수성을 측정합니다. 예컨대 논문 [27]에는 유추 문제에 의한 평가 결과가 실려 있는데, [그림 4-23]은 그중 일부를 발췌한 것입니다.

[그림 4-23]은 word2vec 모델, 단어의 분산 표현의 차원 수, 말뭉치의 크기를 매개변수로 사용해 비교 실험을 수행한 결과입니다. 각각의 결과는 오른쪽의 세 열입니다. 표의 '의미 (semantics)' 열은 단어의 의미를 유추하는 유추 문제의 정답률을 보여줍니다. 예컨대 "king : queen = actor : actress"와 같이 단어의 의미를 묻는 문제입니다. 한편 '구문(syntax)' 열은 단어의 형태 정보를 묻는 문제로, 예컨대 "bad : worst = good : best" 같은 문제를 말합니다.

그림 4-23 유추 문제에 의한 단어 벡터의 평가 결과(논문 [27]에서 발췌)

모델	차수	말뭉치 크기	의미(semantics)	구문(syntax)	종합
CBOW	300	16억	16.1	52.6	36.1
skip-gram	300	10억	61	61	61
CBOW	300	60억	63.6	67.4	65.7
skip-gram	300	60억	73.0	66.0	69.1
CBOW	1000	60억	57.3	68.9	63.7
skip-gram	1000	60억	66.1	65.1	65.6

> **NOTE_** [그림 4-23]의 결과로부터 다음 사항을 알 수 있습니다.
>
> - 모델에 따라 정확도가 다릅니다(말뭉치에 따라 적합한 모델 선택).
> - 일반적으로 말뭉치가 클수록 결과가 좋습니다(항상 데이터가 많은 게 좋음).
> - 단어 벡터 차원 수는 적당한 크기가 좋습니다(너무 커도 정확도가 나빠짐).

유추 문제를 이용하면 '단어의 의미나 문법적인 문제를 제대로 이해하고 있는지'를 (어느 정도) 측정할 수 있습니다. 그러므로 유추 문제를 정확하게 풀 수 있는 단어의 분산 표현이라면 자연어를 다루는 애플리케이션에서도 좋은 결과를 기대할 수 있을 것입니다. 다만, 단어의 분산 표현의 우수함이 애플리케이션에 얼마나 기여하는지(혹은 기여하지 않는지)는 애플리케이션 종류나 말뭉치의 내용 등, 다루는 문제 상황에 따라 다릅니다. 즉, 유추 문제에 의한 평가가 높다고 해서 여러분의 애플리케이션에서도 반드시 좋은 결과가 나오리라는 보장은 없습니다. 이 점은 주의해주세요.

4.5 정리

이번 장에서는 word2vec 고속화를 주제로 앞 장의 CBOW 모델을 개선했습니다. 구체적으로는 Embedding 계층을 구현하고 네거티브 샘플링이라는 새로운 기법을 도입했습니다. 이렇게 한 배경에는 말뭉치의 어휘 수 증가에 비례해 계산량이 증가하는 문제가 있었습니다.

이번 장에서의 핵심은 '모두' 대신 '일부'를 처리하는 것입니다. 인간 역시 모든 것을 알 수 없듯이 컴퓨터도 (현재의 성능으로는) 모든 데이터를 처리하는 것은 비현실적입니다. 그보다는 꼭 필요한 일부에 집중하는 편이 얻는 게 많습니다. 이번 장에서는 이 생각에 기초한 기법인 네거티브 샘플링을 자세하게 살펴봤습니다. 네거티브 샘플링은 '모든' 단어가 아닌 '일부' 단어만을 대상으로 하는 것으로, 계산을 효율적으로 수행해줍니다.

앞 장과 이번 장으로 word2vec을 주제로 하는 일련의 이야기를 마무리합니다. word2vec은 자연어 처리 분야에 큰 영향을 주었습니다. 여기서 얻은 단어의 분산 표현은 다양한 자연어 처리 작업에 이용되고 있고, word2vec의 사상은 자연어뿐 아니라 다른 분야(음성, 이미지, 동영상 등)에도 응용되고 있습니다. 이번 장에서 word2vec을 제대로 이해했다면, 그 지식은 다양한 분야에서 여러분께 큰 도움이 될 것입니다.

이번 장에서 배운 내용

- Embedding 계층은 단어의 분산 표현을 담고 있으며, 순전파 시 지정한 단어 ID의 벡터를 추출한다.
- word2vec은 어휘 수의 증가에 비례하여 계산량도 증가하므로, 근사치로 계산하는 빠른 기법을 사용하면 좋다.
- 네거티브 샘플링은 부정적 예를 몇 개 샘플링하는 기법으로, 이를 이용하면 다중 분류를 이진 분류처럼 취급할 수 있다.
- word2vec으로 얻은 단어의 분산 표현에는 단어의 의미가 녹아들어 있으며, 비슷한 맥락에서 사용되는 단어는 단어 벡터 공간에서 가까이 위치한다.
- word2vec의 단어의 분산 표현을 이용하면 유추 문제를 벡터의 덧셈과 뺄셈으로 풀 수 있게 된다.
- word2vec은 전이 학습 측면에서 특히 중요하며, 그 단어의 분산 표현은 다양한 자연어 처리 작업에 이용할 수 있다.

## CHAPTER 5

순환 신경망(RNN)

> 아무튼 어두컴컴하고 축축한 데서
> 야옹야옹 울고 있었던 것만은 분명히 기억한다.
> – 나쓰메 소세키, 『나는 고양이로소이다』

지금까지 살펴본 신경망은 **피드포워드**^{feed forward, 앞먹임}라는 유형의 신경망입니다. 피드포워드란 흐름이 단방향인 신경망을 말합니다. 다시 말해, 입력 신호가 다음 층(중간층)으로 전달되고, 그 신호를 받은 층은 그다음 층으로 전달하고, 다시 다음 층으로... 식으로 한 방향으로만 신호가 전달됩니다.

피드포워드 신경망은 구성이 단순하여 구조를 이해하기 쉽고, 그래서 많은 문제에 응용할 수 있습니다. 그러나 커다란 단점이 하나 있으니, 바로 시계열 데이터를 잘 다루지 못한다는 것입니다. 더 정확하게 말하면, 단순한 피드포워드 신경망에서는 시계열 데이터의 성질(패턴)을 충분히 학습할 수 없습니다. 그래서 **순환 신경망**^{Recurrent Neural Network}(**RNN**)이 등장하게 됩니다.

이번 장에서는 피드포워드 신경망의 문제점을 지적하고, RNN이 그 문제를 훌륭하게 해결할 수 있음을 설명합니다. 또한 RNN의 구조를 차분히 시간을 들여 설명하면서, 파이썬으로 구현도 해볼 것입니다.

5.1 확률과 언어 모델

이번 절에서는 RNN 이야기를 시작하기 위한 준비 과정으로, 먼저 앞 장의 word2vec을 복습해보겠습니다. 그런 다음 자연어에 관한 현상을 '확률'을 사용해 기술하고, 마지막에는 언어를 확률로 다루는 '언어 모델'에 대해 설명합니다.

5.1.1 word2vec을 확률 관점에서 바라보다

그럼 word2vec의 CBOW 모델부터 복습해보죠. 여기에서는 w_1, w_2, $\cdots$, w_T라는 단어열로 표현되는 말뭉치를 생각해보겠습니다. 그리고 t번째 단어를 '타깃'으로, 그 전후 단어($t-1$번째 와 $t+1$번째)를 '맥락'으로 취급해보죠.

> **WARNING_** 이 책에서 타깃은 '중앙 단어'를, 맥락은 타깃의 '주변 단어'를 가리킵니다.

이때 CBOW 모델은 [그림 5-1]처럼 맥락 w_{t-1}과 w_{t+1}로부터 타깃 w_t를 추측하는 일을 수행합니다.

그림 5-1 word2vec의 CBOW 모델: 맥락의 단어로부터 타깃 단어를 추측한다.

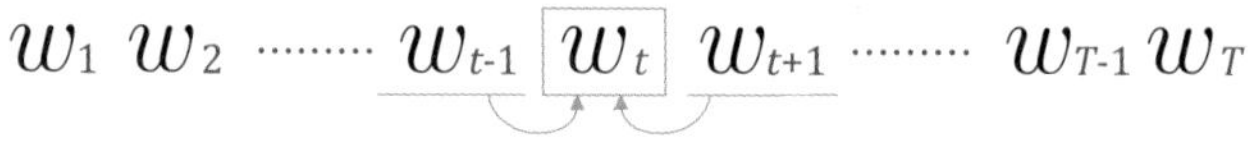

$$W_1 \ W_2 \ \cdots\cdots \ W_{t-1} \ \boxed{W_t} \ W_{t+1} \ \cdots\cdots \ W_{T-1} \ W_T$$

그럼 w_{t-1}과 w_{t+1}이 주어졌을 때 타깃이 w_t가 될 확률을 수식으로 나타내봅시다.

$$P(w_t \mid w_{t-1},\ w_{t+1}) \qquad\qquad \text{[식 5.1]}$$

CBOW 모델은 [식 5.1]의 사후 확률을 모델링합니다. 이 사후 확률은 'w_{t-1}과 w_{t+1}이 주어졌을 때 w_t가 일어날 확률'을 뜻합니다. 이것이 윈도우 크기가 1일 때의 CBOW 모델입니다.

그런데 지금까지는 맥락을 항상 좌우 대칭으로 생각해왔습니다. 이번에는 맥락을 왼쪽 윈도우 만으로 한정해보겠습니다. 예컨대 [그림 5-2]와 같은 경우를 생각해보죠.

그림 5-2 왼쪽 윈도우만 맥락으로 고려한다.

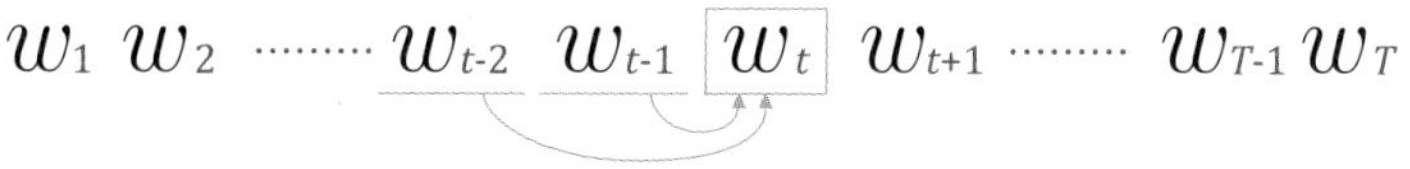

$$W_1 \; W_2 \; \cdots\cdots \; W_{t\text{-}2} \; W_{t\text{-}1} \; \boxed{W_t} \; W_{t+1} \; \cdots\cdots \; W_{T\text{-}1} \; W_T$$

[그림 5-2]처럼 왼쪽 두 단어만을 맥락으로 생각하겠습니다. 그러면 CBOW 모델이 출력할 확률은 [식 5.2]처럼 됩니다.

$$P(w_t \,|\, w_{t\text{-}2},\ w_{t\text{-}1}) \tag{식 5.2}$$

> **NOTE_** word2vec에서 맥락의 윈도우 크기는 하이퍼파라미터입니다. 임의의 값으로 설정할 수 있다는 뜻이죠. 이번 예에서는 윈도우 크기를 '왼쪽 2 단어, 오른쪽 0 단어'라는 좌우 비대칭으로 설정했습니다. 이렇게 설정한 이유는 나중에 설명하는 '언어 모델'에서 이야기하겠습니다.

그런데 [식 5.2]의 표기를 사용하면, CBOW 모델이 다루는 손실 함수를 [식 5.3]처럼 쓸 수 있습니다. 즉, [식 5.3]은 교차 엔트로피 오차에 의해 유도한 결과입니다(자세한 내용은 '1.3.1 손실 함수' 절 참고).

$$L = -\log P(w_t \,|\, w_{t\text{-}2},\ w_{t\text{-}1}) \tag{식 5.3}$$

CBOW 모델의 학습으로 수행하는 일은 [식 5.3]의 손실 함수(정확히는 말뭉치 전체의 손실 함수의 총합)를 최소화하는 가중치 매개변수를 찾는 것입니다. 이러한 가중치 매개변수가 발견되면 CBOW 모델은 맥락으로부터 타깃을 더 정확하게 추측할 수 있게 되죠.

이처럼 CBOW 모델을 학습시키는 본래 목적은 맥락으로부터 타깃을 정확하게 추측하는 것입니다. 이 목적을 위해 학습을 진행하면, (그 부산물로) 단어의 의미가 인코딩된 '단어의 분산 표현'을 얻을 수 있습니다.

그럼 CBOW 모델의 본래 목적인 '맥락으로부터 타깃을 추측하는 것'은 어디에 이용할 수 있을까요? [식 5.2]의 확률 $P(w_t \,|\, w_{t\text{-}2},\ w_{t\text{-}1})$은 실용적인 쓰임이 있을까요? 여기서 '언어 모델'이 등장합니다.

5.1.2 언어 모델

언어 모델 Language Model은 단어 나열에 확률을 부여합니다. 특정한 단어의 시퀀스에 대해서, 그 시퀀스가 일어날 가능성이 어느 정도인지(얼마나 자연스러운 단어 순서인지)를 확률로 평가하는 것이죠. 예컨대 "you say goodbye"라는 단어 시퀀스에는 높은 확률(예: 0.092)을 출력하고, "you say good die"에는 낮은 확률(예: 0.0000000000032)을 출력하는 것이 일종의 언어 모델입니다.

이 언어 모델은 다양하게 응용할 수 있습니다. 기계 번역과 음성 인식이 대표적인 예입니다. 예를 들어 음성 인식 시스템의 경우, 사람의 음성으로부터 몇 개의 문장을 후보로 생성할 것입니다. 그런 다음 언어 모델을 사용하여 후보 문장이 '문장으로써 자연스러운지'를 기준으로 순서를 매길 수 있습니다.

또한 언어 모델은 새로운 문장을 생성하는 용도로도 이용할 수 있습니다. 왜냐하면 언어 모델은 단어 순서의 자연스러움을 확률적으로 평가할 수 있으므로, 그 확률분포에 따라 다음으로 적합한 단어를 '자아낼'(샘플링) 수 있기 때문이죠. 참고로 언어 모델을 사용한 문장 생성은 '7장. RNN을 사용한 문장 생성'에서 설명합니다.

그러면 언어 모델을 수식으로 설명해보겠습니다. $w_1, \cdots, w_m$이라는 m개 단어로 된 문장을 생각해보죠. 이때 단어가 $w_1, \cdots, w_m$이라는 순서로 출현할 확률을 $P(w_1, \cdots, w_m)$으로 나타냅니다. 이 확률은 여러 사건이 동시에 일어날 확률이므로 동시 확률이라고 합니다.

이 동시 확률 $P(w_1, \cdots, w_m)$은 사후 확률을 사용하여 다음과 같이 분해하여 쓸 수 있습니다.

$$
\begin{aligned}
P(w_1, \cdots, w_m) &= P(w_m \mid w_1, \cdots, w_{m-1}) P(w_{m-1} \mid w_1, \cdots, w_{m-2}) \\
&\quad \cdots P(w_3 \mid w_1, w_2) P(w_2 \mid w_1) P(w_1) \\
&= \prod_{t=1}^{m} P(w_t \mid w_1, \cdots, w_{t-1})
\end{aligned}
$$

[식 5.4]*

[식 5.4]의 $\prod$ 파이 기호는 모든 원소를 곱하는 '총곱'을 뜻합니다(총합을 뜻하는 $\sum$ 시그마와 구분해주세요). [식 5.4]에서 알 수 있듯, 동시 확률은 사후 확률의 총곱으로 나타낼 수 있습니다.

---

* 수식을 간소화하기 위해 여기에서는 $P(w_1 \mid w_0)$를 $P(w_1)$로 처리합니다.

[식 5.4]의 결과는 확률의 **곱셈정리**로부터 유도할 수 있습니다. 이쯤에서 잠시 시간을 내어 곱셈 정리에 대해 설명드리고 [식 5.4]의 도출 과정을 보여드리겠습니다. 자, 확률의 곱셈정리는 다음 식으로 표현됩니다.

$$P(A, B) = P(A \mid B)P(B)$$

[식 5.5]

[식 5.5]의 곱셈정리는 확률론에서 가장 중요한 정리입니다. 이 정리가 의미하는 바는 'A와 B가 모두 일어날 확률 $P(A, B)$'는 'B가 일어날 확률 $P(B)$'와 'B가 일어난 후 A가 일어날 확률 $P(A \mid B)$'를 곱한 값과 같다는 것입니다(아주 자연스러운 해석이라 느껴질 것입니다).

> **WARNING_** 확률 $P(A, B)$를 $P(A, B) = P(B \mid A)P(A)$처럼 분해할 수도 있습니다. 즉, A와 B 중 어느 것을 사후 확률의 조건으로 할지에 따라 $P(A, B) = P(B \mid A)P(A)$와 $P(A, B) = P(A \mid B)P(B)$의 2가지 표시 방법이 존재합니다.

이 곱셈정리를 사용하면 m개 단어의 동시 확률 $P(w_1, \cdots, w_m)$을 사후 확률로 나타낼 수 있습니다. 이때 수행하는 식 변형을 알기 쉽게 나타내면 다음과 같습니다.

$$P(\underbrace{w_1, \cdots, w_{m-1}}_{A}, w_m) = P(A, w_m) = P(w_m \mid A)P(A)$$

[식 5.6]

여기에서는 $w_1, \cdots, w_{m-1}$을 하나로 모아 기호 A로 나타냅니다. 그러면 곱셈정리를 수행하여 [식 5.7]이 유도됩니다. 이번에도 $A(w_1, \cdots, w_{m-1})$에 대해서 다시 같은 식 변형을 수행합니다.

$$P(A) = P(\underbrace{w_1, \cdots, w_{m-2}}_{A'}, w_{m-1}) = P(A', w_{m-1}) = P(w_{m-1} \mid A')P(A')$$

[식 5.7]

이처럼 단어 시퀀스를 하나씩 줄여가면서 매번 사후 확률로 분해해 갑니다. 그리고 같은 과정을 반복하여 [식 5.4]를 이끌 수 있습니다.

자, [식 5.4]에서 알 수 있듯이 목적으로 하는 동시 확률 $P(w_1, \cdots, w_m)$은 사후 확률의 총곱인 $\prod P(w_t \mid w_1, \cdots, w_{t-1})$으로 대표될 수 있습니다. 여기에서 주목할 것은 이 사후 확률은 타깃 단어보다 왼쪽에 있는 모든 단어를 맥락(소선)으로 했을 때의 확률이라는 것입니다. 그림으로는 [그림 5-3]처럼 됩니다.

그림 5-3 언어 모델이 다루는 사후 확률: t번째 단어를 타깃으로 하여 t번째보다 왼쪽 단어 모두를 맥락(조건)으로 고려한다.

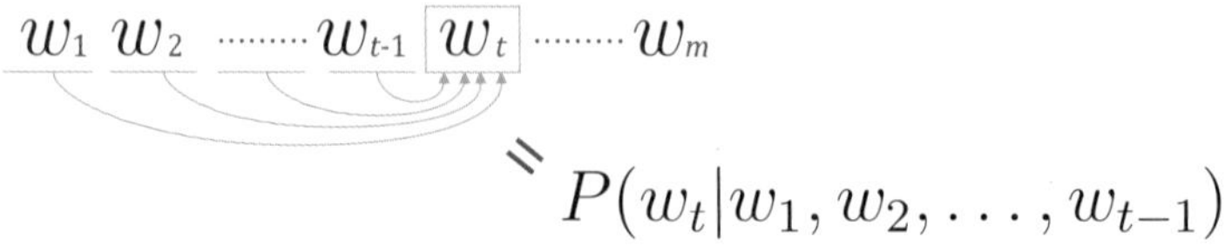

$$w_1 \ w_2 \ \cdots\cdots \ w_{t-1} \ \boxed{w_t} \ \cdots\cdots \ w_m$$

$$= P(w_t | w_1, w_2, \ldots, w_{t-1})$$

지금까지의 이야기를 정리하면, 우리의 목표는 $P(w_t | w_1, \cdots, w_{t-1})$이라는 확률을 얻는 것입니다. 이 확률을 계산할 수 있다면 언어 모델의 동시 확률 $P(w_1, \cdots, w_m)$을 구할 수 있습니다.

> **NOTE_** $P(w_t | w_1, \cdots, w_{t-1})$을 나타내는 모델은 **조건부 언어 모델**Conditional Language Model이라고 합니다. 한편, $P(w_t | w_1, \cdots, w_{t-1})$을 나타내는 모델을 가리켜, 그것을 '언어 모델'이라 하는 경우도 많이 볼 수 있습니다.

5.1.3 CBOW 모델을 언어 모델로?

그렇다면 word2vec의 CBOW 모델을 (억지로) 언어 모델에 적용하려면 어떻게 하면 좋을까요? 이는 맥락의 크기를 특정 값으로 한정하여 근사적으로 나타낼 수 있습니다. 수식으로는 다음과 같습니다.

$$P(w_1, \cdots, w_m) = \prod_{t=1}^{m} P(w_t | w_1, \cdots, w_{t-1}) \approx \prod_{t=1}^{m} P(w_t | w_{t-2}, w_{t-1}) \qquad \text{[식 5.8]}$$

여기에서는 맥락을 왼쪽 2개의 단어로 한정합니다. 그러면 CBOW 모델에 따라(CBOW 모델의 사후 확률에 따라) 근사적으로 나타낼 수 있습니다.

> **NOTE_** 머신러닝이나 통계학에서는 **마르코프 연쇄**Markov Chain 또는 **마르코프 모델**Markov Model이라는 말을 자주 듣습니다. 마르코프 연쇄란 미래의 상태가 현재 상태에만 의존해 결정되는 것을 말합니다. 또한 이 사상의 확률이 '그 직전' N개의 사건에만 의존할 때, 이를 'N층 마르코프 연쇄'라고 합니다. 이번 예는 직전 2개의 단어에만 의존해 다음 단어가 정해지는 모델이므로 '2층 마르코프 연쇄'라고 부를 수 있습니다.

[식 5.8]에서는 맥락으로 2개의 단어를 이용하는 예를 나타냈지만, 이 맥락의 크기는 임의 길이로 설정할 수 있습니다(예컨대 5나 10 등). 그러나 임의 길이로 설정할 수 있다고 해도, 결국 특정 길이로 '고정'됩니다. 예를 들어 왼쪽 10개의 단어를 맥락으로 CBOW 모델을 만든다고 하면, 그 맥락보다 더 왼쪽에 있는 단어의 정보는 무시됩니다. 이것이 문제가 될 때가 있는데, [그림 5-4]가 바로 그런 예입니다.

그림 5-4 "?"에 들어갈 단어는 무엇일까? (긴 맥락이 필요한 문제의 예)

Tom was watching TV in his room. Mary came into the room. Mary said hi to   ?

[그림 5-4]의 문제에서 "Tom이 방에서 TV를 보고 있었고, Mary가 그 방에 들어왔다"고 합니다. 이 문맥(맥락)을 고려하면 "Mary가 Tom(혹은 he)에게 인사를 건넸다"가 정답입니다. 이 문제에서 정답을 구하려면 예문의 "?"로부터 18번째나 앞에 나오는 "Tom"을 기억해야 합니다. 만약 CBOW 모델의 맥락이 10개까지였다면 이 문제에 제대로 답할 수 없을 겁니다.

그럼 CBOW 모델의 맥락 크기를 20이나 30까지 키우면 문제가 해결될까요? 물론 CBOW 모델의 맥락 크기는 얼마든지 키울 수 있습니다. 그러나 CBOW 모델에서는 맥락 안의 단어 순서가 무시된다는 한계가 있습니다.

NOTE_ CBOW란 continuous bag-of-words의 약어입니다. bag-of-words란 '가방 안의 단어'를 뜻하는데, 여기에는 가방 속의 단어 '순서'는 무시된다는 뜻도 내포합니다('순서' 대신 '분포'를 이용합니다).

맥락의 단어 순서가 무시되는 문제의 구체적인 예를 하나 보시죠. 예컨대 맥락으로 2개의 단어를 다루는 경우, CBOW 모델에서는 이 2개의 단어 벡터의 '합'이 은닉층에 옵니다. [그림 5-5]의 왼쪽 그림처럼 말이죠.

그림 5-5 왼쪽이 일반 CBOW 모델을, 오른쪽은 은닉층에서 각 맥락의 단어 벡터를 '연결'한 모델을 나타낸다(입력층은 원핫 벡터).

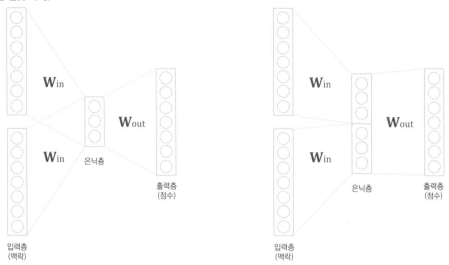

[그림 5-5]의 왼쪽 그림과 같이 CBOW 모델의 은닉층에서는 단어 벡터들이 더해지므로 맥락의 단어 순서는 무시됩니다. 예컨대 (you, say)와 (say, you)라는 맥락을 똑같이 취급합니다.

이상적으로는 맥락의 단어 순서도 고려한 모델이 바람직할 것입니다. 이를 위해 [그림 5-5]의 오른쪽처럼 맥락의 단어 벡터를 은닉층에서 **연결**concatenate하는 방식을 생각할 수 있습니다. 실제, 신경 확률론적 언어 모델Neural Probabilistic Language Model에서 제안한 모델은 이 방식을 취합니다(이 모델의 자세한 설명은 논문 [28]을 참고하세요). 그러나 연결하는 방식을 취하면 맥락의 크기에 비례해 가중치 매개변수도 늘어나게 됩니다. 물론 매개변수가 증가한다는 건 환영할 만한 현상이 아닙니다.

그렇다면 이 문제는 어떻게 해결해야 할까요? 짐작하다시피, 여기서 등장하는 것이 순환 신경망, 즉 RNN입니다. RNN은 맥락이 아무리 길더라도 그 맥락의 정보를 기억하는 메커니즘을 갖추고 있습니다. 그래서 RNN을 사용하면 아무리 긴 시계열 데이터에라도 대응할 수 있습니다! 그럼 계속해서 이 멋진 RNN의 세계를 충분히 만끽해보도록 합시다.

5.2 RNN이란

RNN$^{\text{Recurrent Neural Network}}$의 'Recurrent'는 라틴어에서 온 말로, '몇 번이나 반복해서 일어나는 일'을 뜻합니다. 우리말로는 '재발한다', '주기적으로 일어난다', '순환한다' 등으로 번역됩니다. 그래서 RNN을 직역하면 '순환하는 신경망'이 되는 것이죠. 이번 절에서는 이 '순환한다'는 말에 의미를 곱씹어보겠습니다.

5.2.1 순환하는 신경망

바로 본론으로 들어가서, '순환한다'에는 어떤 의미가 담겨 있을까요? 물론 '반복해서 되돌아감'을 의미합니다. 어느 한 지점에서 시작한 것이, 시간을 지나 다시 원래 장소로 돌아오는 것, 그리고 이 과정을 반복하는 것이 바로 '순환'입니다. 여기서 하나 주목할 사실은, 순환하기 위해서는 '닫힌 경로'가 필요하다는 것입니다.

'닫힌 경로' 혹은 '순환하는 경로'가 존재해야 데이터가 같은 장소를 반복해 왕래할 수 있습니다. 그리고 데이터가 순환하면서 정보가 끊임없이 갱신되게 됩니다.

RNN의 특징은 순환하는 경로(닫힌 경로)가 있다는 것입니다. 이 순환 경로를 따라 데이터는 끊임없이 순환할 수 있습니다. 그리고 데이터가 순환되기 때문에 과거의 정보를 기억하는 동시에 최신 데이터로 갱신될 수 있는 것이죠.

그럼 RNN을 구체적으로 살펴봅시다. 여기에서는 RNN에 이용되는 계층을 'RNN 계층'이라고 부르겠습니다. RNN 계층은 [그림 5-6]처럼 그릴 수 있습니다.

그림 5-6 순환 경로를 포함하는 RNN 계층

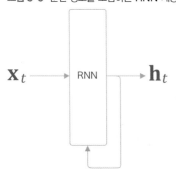

[그림 5-6]처럼 RNN 계층은 순환하는 경로를 포함합니다. 이 순환 경로를 따라 데이터를 계층 안에서 순환시킬 수 있지요. 또한 [그림 5-6]에서는 $\mathbf{x}_t$를 입력받는데, t는 시각을 뜻합니다. 이는 시계열 데이터 $(\mathbf{x}_0, \mathbf{x}_1, \cdots, \mathbf{x}_t, \cdots)$가 RNN 계층에 입력됨을 표현한 것입니다. 그리고 그 입력에 대응하여 $(\mathbf{h}_0, \mathbf{h}_1, \cdots, \mathbf{h}_t, \cdots)$가 출력됩니다.

또한, 각 시각에 입력되는 $\mathbf{x}_t$는 벡터라고 가정합니다. 문장(단어 순서)을 다루는 경우를 예로 든다면 각 단어의 분산 표현(단어 벡터)이 $\mathbf{x}_t$가 되며, 이 분산 표현이 순서대로 하나씩 RNN 계층에 입력되는 것입니다.

이어서 [그림 5-6]의 순환 구조를 자세히 살펴볼 차례입니다만, 그전에 RNN 계층을 그리는 방식을 다음과 같이 변경하고자 합니다.

그림 5-7 계층을 90도 회전시켜 그린다.

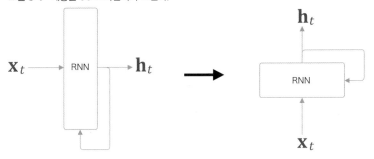

[그림 5-7]에서 보듯, 지금까지는 계층을 그릴 때 데이터가 왼쪽에서 오른쪽으로 흐르는 형태로 그렸습니다. 그러나 지금부터는 지면 관계상 아래에서 위로 흐르도록 그리겠습니다(곧이어 순환 구조를 펼쳐볼 텐데, 이때 계층을 양옆으로 펼치기 위해서입니다).

5.2.2 순환 구조 펼치기

이것으로 준비는 다 되었습니다. 그럼, RNN 계층의 순환 구조에 대해 자세하게 살펴봅시다. RNN의 순환 구조는 지금까지의 신경망에는 존재하지 않던 구조입니다. 그러나 이 순환 구조를 펼치면 친숙한 신경망으로 '변신'시킬 수 있습니다. 백문이 불여일견! 실제로 한번 펼쳐보겠습니다(그림 5-8).

그림 5-8 RNN 계층의 순환 구조 펼치기

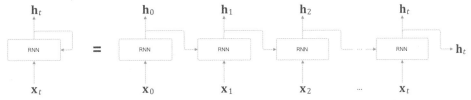

[그림 5-8]에서 보듯, RNN 계층의 순환 구조를 펼침으로써 오른쪽으로 성장하는 긴 신경망으로 변신시킬 수 있습니다. 지금까지 본 피드포워드 신경망과 같은 구조죠(피드포워드에서는

데이터가 한 방향으로만 흐릅니다). 다만, [그림 5-8]에 등장하는 다수의 RNN 계층 모두가 실제로는 '같은 계층'인 것이 지금까지의 신경망과는 다릅니다.

[그림 5-8]을 보면 알 수 있듯, 각 시각의 RNN 계층은 그 계층으로의 입력과 1개 전의 RNN 계층으로부터의 출력을 받습니다. 그리고 이 두 정보를 바탕으로 현 시각의 출력을 계산합니다. 이때 수행하는 계산의 수식은 다음과 같습니다.

$$\mathbf{h}_t = \tanh(\mathbf{h}_{t-1}\mathbf{W_h} + \mathbf{x}_t\mathbf{W_x} + \mathbf{b})$$

[식 5.9]

우선 [식 5.9]에 쓰인 기호들을 설명하겠습니다. RNN에서는 가중치가 2개 있습니다. 하나는 입력 $\mathbf{x}$를 출력 $\mathbf{h}$로 변환하기 위한 가중치 $\mathbf{W_x}$이고, 다른 하나는 1개의 RNN 출력을 다음 시각의 출력으로 변환하기 위한 가중치 $\mathbf{W_h}$입니다. 또한 편향 $\mathbf{b}$도 있습니다. 참고로 $\mathbf{h}_{t-1}$과 $\mathbf{x}_t$는 행벡터입니다.

[식 5.9]에서는 행렬 곱을 계산하고, 그 합을 tanh 함수(쌍곡탄젠트hyperbolic tangent 함수)를 이용해 변환합니다. 그 결과가 시각 t의 출력 $\mathbf{h}_t$가 됩니다. 이 $\mathbf{h}_t$는 다른 계층을 향해 위쪽으로 출력되는 동시에, 다음 시각의 RNN 계층(자기 자신)을 향해 오른쪽으로도 출력됩니다.

그런데 [식 5.9]를 보면 현재의 출력($\mathbf{h}_t$)은 한 시각 이전 출력($\mathbf{h}_{t-1}$)에 기초해 계산됨을 알 수 있습니다. 다른 관점으로 보면, RNN은 $\mathbf{h}$라는 '상태'를 가지고 있으며, [식 5.9]의 형태로 갱신된다고 해석할 수 있겠죠. 그래서 RNN 계층을 '상태를 가지는 계층' 혹은 '메모리(기억력)가 있는 계층'이라고 합니다.

또한 많은 문헌에서 펼쳐진 RNN 계층을 [그림 5-9]의 왼쪽처럼 그립니다.

그림 5-9 펼쳐진 RNN 계층을 그리는 방식 비교

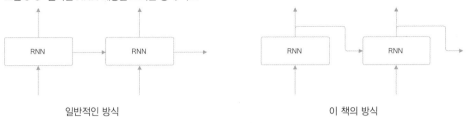

일반적인 방식   이 책의 방식

[그림 5-9]의 왼쪽에서는 RNN 계층으로부터 나가는 두 화살표가 똑같은 데이터가 복사돼 분기된다는 사실이 잘 드러나지 않습니다. 그래서 이 책에서는 (지금까지처럼) [그림 5-9]의 오른쪽 그림과 같이 하나의 출력이 분기하는 것임을 명시하겠습니다.

5.2.3 BPTT

앞에서 봤듯이 RNN 계층은 가로로 펼친 신경망으로 간주할 수 있습니다. 따라서 RNN의 학습도 보통의 신경망과 같은 순서로 진행할 수 있습니다. [그림 5-10]과 같은 모습이 되는 것이죠.

그림 5-10 순환 구조를 펼친 RNN 계층에서의 오차역전파법

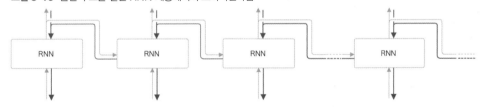

[그림 5-10]에서 보듯, 순환 구조를 펼친 후의 RNN에는 (일반적인) 오차역전파법을 적용할 수 있습니다. 즉, 먼저 순전파를 수행하고, 이어서 역전파를 수행하여 원하는 기울기를 구할 수 있습니다. 여기서의 오차역전파법은 '시간 방향으로 펼친 신경망의 오차역전파법'이란 뜻으로 **BPTT**Backpropagation Through Time라고 합니다.

이 BPTT를 이용하면 RNN을 학습할 수 있을 듯 보입니다. 하지만 그전에 해결해야 할 문제가 하나 있답니다. 그것은 바로 긴 시계열 데이터를 학습할 때의 문제입니다. 이것이 왜 문제가 되는가 하면, 시계열 데이터의 시간 크기가 커지는 것에 비례하여 BPTT가 소비하는 컴퓨팅

자원도 증가하기 때문입니다. 또한, 시간 크기가 커지면 역전파 시의 기울기가 불안정해지는 것도 문제입니다.

> **NOTE_** BPTT를 이용해 기울기를 구하려면, 매 시각 RNN 계층의 중간 데이터를 메모리에 유지해두지 않으면 안 됩니다(RNN 계층의 역전파는 나중에 설명합니다). 따라서 시계열 데이터가 길어짐에 따라 (계산량뿐 아니라) 메모리 사용량도 증가하게 됩니다.

5.2.4 Truncated BPTT

큰 시계열 데이터를 취급할 때는 흔히 신경망 연결을 적당한 길이로 '끊습니다'. 시간축 방향으로 너무 길어진 신경망을 적당한 지점에서 잘라내어 작은 신경망 여러 개로 만든다는 아이디어죠. 그리고 이 잘라낸 작은 신경망에서 오차역전파법을 수행합니다. 이것이 바로 **Truncated BPTT**라는 기법입니다.

> **NOTE_** Truncated는 '잘린'이란 뜻입니다. 따라서 Truncated BPTT는 적당한 길이로 '잘라낸' 오차역전파법이 되는 것이죠.

Truncated BPTT에서는 신경망의 연결을 끊습니다만, 제대로 구현하려면 '역전파'의 연결만 끊어야 합니다. 순전파의 연결은 반드시 그대로 유지해야 하죠. 즉, 순전파의 흐름은 끊어지지 않고 전파됩니다. 한편, 역전파의 연결은 적당한 길이로 잘라내, 그 잘라낸 신경망 단위로 학습을 수행합니다.

그럼 Truncated BPTT를 구체적인 예를 가져와 살펴봅시다. 길이가 1,000인 시계열 데이터가 있다고 해보죠. 자연어 문제에서라면 단어 1,000개짜리 말뭉치에 해당합니다. 덧붙여서, 우리가 지금까지 다룬 PTB 데이터셋에서는 여러 문장을 연결한 것을 하나의 큰 시계열 데이터로 취급했습니다. 여기에서도 마찬가지로 여러 문장을 연결한 것을 하나의 시계열 데이터로 취급하겠습니다.

그런데 길이가 1,000인 시계열 데이터를 다루면서 RNN 계층을 펼치면 계층이 가로로 1,000개나 늘어선 신경망이 됩니다. 물론 계층이 아무리 늘어서더라도 오차역전파법으로 기울기를 계산할 수는 있습니다. 하지만 너무 길면 계산량과 메모리 사용량 등이 문제가 됩니다. 또한,

계층이 길어짐에 따라 신경망을 하나 통과할 때마다 기울기 값이 조금씩 작아져서, 이전 시각 t 까지 역전파되기 전에 0이 되어 소멸할 수도 있습니다. 바로 이런 이유로 [그림 5-11]처럼 가로로 길게 뻗은 신경망의 역전파에서는 연결을 적당한 길이로 끊을 생각을 한 것이죠.

그림 5-11 역전파의 연결을 적당한 지점에서 끊는다. (역전파가 연결되는 일련의 RNN 계층을 '블록'이라 하고, 배경을 회색으로 칠해 다른 블록과 구분함)

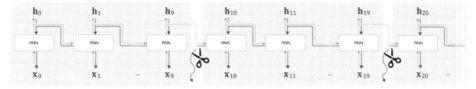

[그림 5-11]에서는 RNN 계층을 길이 10개 단위로 학습할 수 있도록 역전파의 연결을 끊었습니다. 이처럼 역전파의 연결을 잘라버리면, 그보다 미래의 데이터에 대해서는 생각할 필요가 없어집니다. 따라서 각각의 블록 단위로, 미래의 블록과는 독립적으로 오차역전파법을 완결시킬 수 있습니다.

여기서 반드시 기억할 점은 역전파의 연결은 끊어지지만, 순전파의 연결은 끊어지지 않는다는 점입니다. 그러므로 RNN을 학습시킬 때는 순전파가 연결된다는 점을 고려해야 합니다. 데이터를 '순서대로sequential' 입력해야 한다는 뜻이죠. 데이터를 순서대로 입력한다는 것의 구체적인 의미는 이어서 설명하겠습니다.

> WARNING_ 지금까지 본 신경망에서는 미니배치 학습을 수행할 때 데이터를 무작위로 선택해 입력했습니다. 그러나 RNN에서 Truncated BPTT를 수행할 때는 데이터를 '순서대로' 입력해야 합니다.

이제 Truncated BPTT 방식으로 RNN을 학습시켜봅시다. 가장 먼저 할 일은 첫 번째 블록 입력 데이터($x_0, \cdots, x_9$)를 RNN 계층에 제공하는 것입니다. 그러면 [그림 5-12]와 같은 일이 일어납니다.

그림 5-12 첫 번째 블록의 순전파와 역전파: 이보다 앞선 시각으로부터의 기울기는 끊겼기 때문에 이 블록 내에서만 오차역전파법이 완결된다.

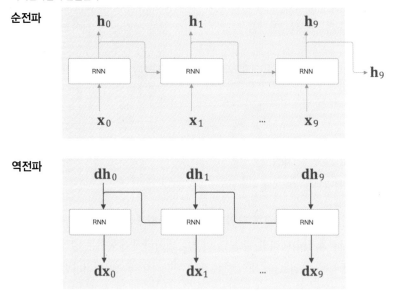

[그림 5-12]에서 보듯, 먼저 순전파를 수행하고, 그다음 역전파를 수행합니다. 이렇게 하여 원하는 기울기를 구할 수 있습니다. 이어서 다음 블록의 입력 데이터(x_{10}에서 x_{19})를 입력해 오차역전파법을 수행합니다. 그림으로는 [그림 5-13]처럼 됩니다.

그림 5-13 두 번째 블록의 순전파와 역전파

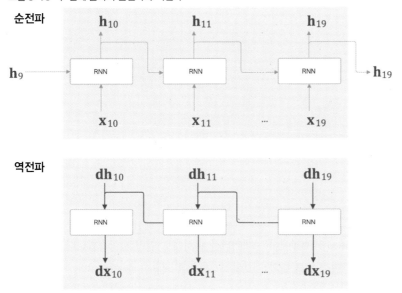

여기에서도 첫 번째 블록과 마찬가지로 순전파를 수행한 다음 역전파를 수행합니다. 그리고 여기서 중요한 점은 이번 순전파 계산에는 앞 블록의 마지막 은닉 상태인 h_9가 필요하다는 것입니다. 이것으로 순전파는 계속 연결될 수 있습니다.

같은 요령으로, 이어서 3번째의 블록을 대상으로 학습을 수행합니다. 이때도 두 번째 블록의 마지막 은닉 상태(h_{19})를 이용합니다. 이처럼 RNN 학습에서는 데이터를 순서대로 입력하며, 은닉 상태를 계승하면서 학습을 수행합니다. 지금까지의 설명으로 RNN 학습의 흐름은 [그림 5-14]처럼 되는 것을 알 수 있습니다.

그림 5-14 Truncated BPTT의 데이터 처리 순서

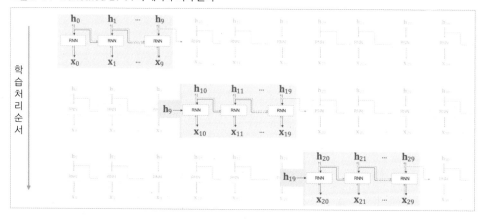

[그림 5-14]처럼 Truncated BPTT에서는 데이터를 순서대로 입력해 학습합니다. 이런 식으로 순전파의 연결을 유지하면서 블록 단위로 오차역전파법을 적용할 수 있습니다.

5.2.5 Truncated BPTT의 미니배치 학습

지금까지의 Truncated BPTT 이야기에서는 미니배치 학습 시 각각의 미니배치가 어떤 식으로 이뤄지는지에 대해서는 생각하지 않았습니다. 군이 말하자면, 지금까지의 이야기는 미니배치 수가 1일 때에 해당합니다. 우리는 미니배치 학습을 수행하기 때문에, 원래대로면 구체적인 배치 방식을 고려해 [그림 5-14]처럼 데이터를 순서대로 입력해야 합니다. 그렇게 하려면 데이터를 주는 시작 위치를 각 미니배치의 시작 위치로 '옮겨줘야' 합니다.

'옮긴다'라는 뜻을 설명하기 위해 (앞 절과 마찬가지로) 길이가 1,000인 시계열 데이터에 대해서, 시각의 길이를 10개 단위로 잘라 Truncated BPTT로 학습하는 경우를 예로 설명하겠습니다. 그러면 이때 미니배치의 수를 두 개로 구성해 학습하려면 어떻게 해야 할까요? 이 경우 RNN 계층의 입력 데이터로, 첫 번째 미니배치(샘플 데이터) 때는 처음부터 순서대로 데이터를 제공합니다. 그리고 두 번째 미니배치 때는 500번째의 데이터를 시작 위치로 정하고, 그 위치부터 다시 순서대로 데이터를 제공하는 것입니다(즉, 시작 위치를 500만큼 '옮겨'줍니다). 그림으로는 [그림 5-15]처럼 됩니다.

그림 5-15 미니배치 학습 시 데이터를 제공하는 시작 위치를 각 미니배치(각 샘플)로 옮긴다.

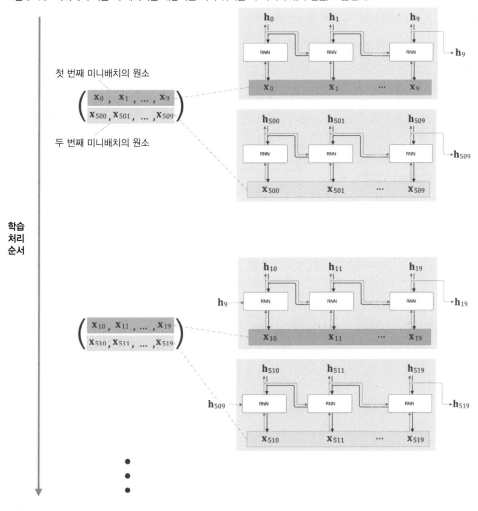

[그림 5-15]처럼 첫 번째 미니배치 원소는 x_0, $\cdots$, x_9가 되고, 두 번째 미니배치 원소는 x_{500}, $\cdots$, x_{509}가 됩니다. 그리고 이 미니배치 데이터를 RNN의 입력 데이터로 사용해 학습을 수행합니다. 이후로는 순서대로 진행되므로 다음에 넘길 데이터는 각각 시계열 데이터의 10~19번째 데이터와 510~519번째의 데이터가 되는 식이죠. 이처럼 미니배치 학습을 수행할 때는 각 미니배치의 시작 위치를 오프셋으로 옮겨준 후 순서대로 제공하면 됩니다. 또한 데이터를 순서대로 입력하다가 끝에 도달하면 다시 처음부터 입력하도록 합니다.

지금까지 살펴본 것처럼 Truncated BPTT의 원리는 단순하지만, '데이터 제공 방법' 면에서는 몇 가지를 주의해야 합니다. 구체적으로는 '데이터를 순서대로 제공하기'와 '미니배치별로 데이터를 제공하는 시작 위치를 옮기기'입니다. 이 부분의 설명은 다소 복잡해서 당장은 잘 이해되지 않을지도 모르겠습니다만, 곧이어 실제 소스 코드를 보고 동작도 시켜보면 어렵지 않게 이해할 수 있을 겁니다.

5.3 RNN 구현

앞 절까지의 이야기에서 RNN의 전체 모습이 볼 수 있었습니다. 우리가 지금부터 구현해야 할 것은 결국 가로 방향으로 성장한 신경망입니다. 그리고 Truncated BPTT 방식의 학습을 따른다면, 가로 크기가 일정한 일련의 신경망을 만들면 됩니다. 그림으로는 [그림 5-16]과 같습니다.

그림 5-16 RNN에서 다루는 신경망(가로 길이는 고정)

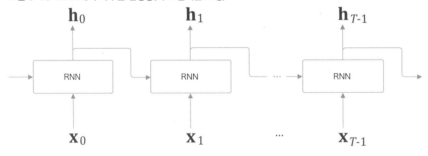

[그림 5-16]에서 보듯, 우리가 다룰 신경망은 길이가 T인 시계열 데이터를 받습니다(T는 임의 값). 그리고 각 시각의 은닉 상태를 T개 출력합니다. 그리고 모듈화를 생각해, 옆으로 성장한 [그림 5-16]의 신경망을 '하나의 계층'으로 구현하겠습니다. 그림으로 보면 [그림 5-17]처럼 되지요.

그림 5-17 Time RNN 계층: 순환 구조를 펼친 후의 계층들을 하나의 계층으로 간주한다.

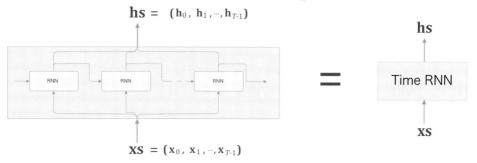

[그림 5-17]과 같이 상하 방향의 입력과 출력을 각각 하나로 묶으면 옆으로 늘어선 일련의 계층을 하나의 계층으로 간주할 수 있습니다. 즉, $(\mathbf{x}_0, \mathbf{x}_1, \cdots, \mathbf{x}_{T-1})$을 묶은 $\mathbf{xs}$를 입력하면 $(\mathbf{h}_0, \mathbf{h}_1, \cdots, \mathbf{h}_{T-1})$을 묶은 $\mathbf{hs}$를 출력하는 단일 계층으로 볼 수 있습니다. 이때 Time RNN 계층 내에서 한 단계의 작업을 수행하는 계층을 'RNN 계층'이라 하고, T개 단계분의 작업을 한꺼번에 처리하는 계층을 'Time RNN 계층'이라 합니다.

> **NOTE_** Time RNN 같이 시계열 데이터를 한꺼번에 처리하는 계층에는 앞에 'Time'을 붙이겠습니다. 이는 이 책 독자적인 명명규칙입니다. 나중에 Time Affine 계층과 Time Embedding 계층도 구현하는데, 이것들도 시계열 데이터를 한꺼번에 처리합니다.

앞으로 할 구현의 흐름은 다음과 같습니다. 먼저 RNN의 한 단계를 처리하는 클래스를 RNN이란 이름으로 구현합니다. 그리고 이 RNN 클래스를 이용해 T개 단계의 처리를 한꺼번에 수행하는 계층을 TimeRNN이란 이름의 클래스로 완성시킵니다.

5.3.1 RNN 계층 구현

RNN 처리를 한 단계만 수행하는 RNN 클래스부터 구현해보죠. 복습해보자면, RNN의 순전파는 [식 5.10]과 같습니다([식 5.9]와 동일).

$$\mathbf{h}_t = \tanh(\mathbf{h}_{t-1}\mathbf{W_h} + \mathbf{x}_t\mathbf{W_x} + \mathbf{b}) \qquad \text{[식 5.10]}$$

여기에서 우리는 데이터를 미니배치로 모아 처리합니다. 따라서 $\mathbf{x}_t$(와 $\mathbf{h}_t$)에는 각 샘플 데이터를 행 방향에 저장합니다. 한편, 행렬을 계산할 때는 행렬의 '형상 확인'이 중요하다고 했죠. 미니배치 크기가 N, 입력 벡터의 차원 수가 D, 은닉 상태 벡터의 차원 수가 H라면, 지금 계산에서의 형상 확인은 다음과 같이 해볼 수 있습니다.

그림 5-18 형상 확인: 행렬 곱에서는 대응하는 차원의 원소 수를 일치시킨다(편향은 생략).

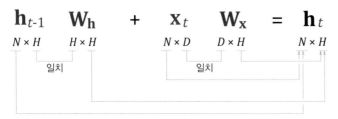

[그림 5-18]에서 보듯, 행렬의 형상 확인을 수행함으로써 올바로 구현되었는지(적어도 계산이 성립하는지)를 확인할 수 있습니다. 그림 이상을 바탕으로 RNN 클래스의 초기화와 순전파 메서드를 구현해보죠.

```
                                                    common/time_layers.py
class RNN:
    def __init__(self, Wx, Wh, b):
        self.params = [Wx, Wh, b]
        self.grads = [np.zeros_like(Wx), np.zeros_like(Wh), np.zeros_like(b)]
        self.cache = None

    def forward(self, x, h_prev):
        Wx, Wh, b = self.params
        t = np.matmul(h_prev, Wh) + np.matmul(x, Wx) + b
        h_next = np.tanh(t)

        self.cache = (x, h_prev, h_next)
        return h_next
```

RNN의 초기화 메서드는 가중치 2개와 편향 1개를 인수로 받습니다. 여기에서는 인수로 받은 매개변수를 인스턴스 변수 params에 리스트로 저장합니다. 그리고 각 매개변수에 대응하는 형태로 기울기를 초기화한 후 grads에 저장합니다. 마지막으로 역전파 계산 시 사용하는 중간 데이터를 담을 cache를 None으로 초기화합니다.

순전파인 forward(x, h_prev) 메서드에서는 인수 2개(아래로부터의 입력 x와 왼쪽으로부터의 입력 h_prev)를 받습니다. 그다음은 [식 5.10]을 그대로 코드로 옮겼을 뿐입니다. 또한,

하나 앞의 RNN 계층으로부터 받는 입력이 h_prev이고, 현 시각 RNN 계층으로부터의 출력 (=다음 시각 계층으로의 입력)은 h_next입니다.

다음은 RNN의 역전파를 구현할 차례입니다. 그전에 잠시, RNN의 순전파를 계산 그래프로 다시 한번 확인해보시죠(그림 5-19).

그림 5-19 RNN 계층의 계산 그래프(MatMul 노드는 행렬의 곱셈을 나타냄)

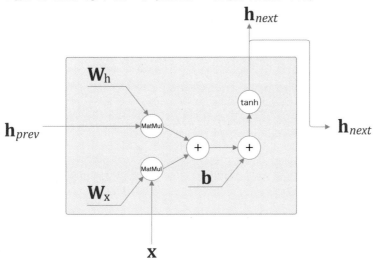

RNN 계층의 순전파는 [그림 5-19]의 계산 그래프로 나타낼 수 있습니다. 여기에서 수행하는 계산은 행렬의 곱인 'MatMul'과 덧셈인 '+', 그리고 'tanh'라는 3개의 연산으로 구성됩니다. 참고로 편향 **b**의 덧셈에서는 브로드캐스트가 일어나기 때문에 정확하게는 Repeat 노드를 이용합니다만, 여기에서는 그림을 간략히 그리고자 일부러 표기하지 않았습니다('1.3.4 계산 그래프' 절의 Repeat 노드 참고).

그럼 [그림 5-19]의 역전파는 어떻게 될까요? 정답은 간단히 구할 수 있습니다. 우리는 이미 그 세 가지 연산의 역전파에 대해 공부했기 때문이죠(역전파 로직은 1.3절을 다시 살펴보세요). 다음의 [그림 5-20]을 따라서, 순전파 때와는 반대 방향으로 각 연산자의 역전파를 수행하기만 하면 된답니다.

그림 5-20 RNN 계층의 계산 그래프(역전파 포함)

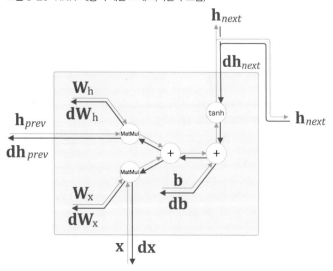

이제 RNN 계층의 backward() 코드를 보겠습니다. [그림 5-20]을 참고해 다음과 같이 구현할 수 있습니다.

```
def backward(self, dh_next):
    Wx, Wh, b = self.params
    x, h_prev, h_next = self.cache

    dt = dh_next * (1 - h_next ** 2)
    db = np.sum(dt, axis=0)
    dWh = np.matmul(h_prev.T, dt)
    dh_prev = np.matmul(dt, Wh.T)
    dWx = np.matmul(x.T, dt)
    dx = np.matmul(dt, Wx.T)

    self.grads[0][...] = dWx
    self.grads[1][...] = dWh
    self.grads[2][...] = db

    return dx, dh_prev
```

이상이 RNN 계층의 역전파 구현입니다. 이어서 Time RNN 계층을 구현한 차례입니다.

5.3.2 Time RNN 계층 구현

Time RNN 계층은 T개의 RNN 계층으로 구성됩니다(T는 임의의 수로 설정할 수 있습니다). 앞에서도 봤지만, Time RNN 계층은 [그림 5-21]처럼 생겼습니다.

그림 5-21 Time RNN 계층과 RNN 계층

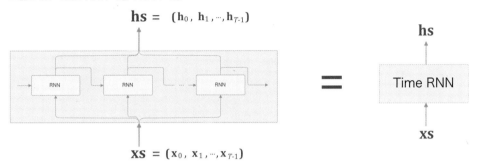

[그림 5-21]에서 보듯, Time RNN 계층은 RNN 계층 T개를 연결한 신경망입니다. 이 신경망을 우리는 TimeRNN 클래스로 구현할 겁니다. 그리고 여기에서는 RNN 계층의 은닉 상태 **h**를 인스턴스 변수로 유지하죠. 이 변수를 [그림 5-22]처럼 은닉 상태를 '인계'받는 용도로 이용합니다.

그림 5-22 Time RNN 계층은 은닉 상태를 인스턴스 변수 h로 보관한다. 그러면 은닉 상태를 다음 블록에 인계할 수 있다.

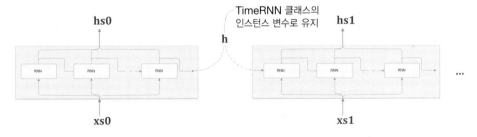

[그림 5-22]처럼 우리는 RNN 계층의 은닉 상태를 Time RNN 계층에서 관리하기로 합니다. 이렇게 하면 Time RNN 사용자는 RNN 계층 사이에서 은닉 상태를 '인계하는 작업'을 생각하지 않아도 된다는 장점이 생기죠. 그리고 이 책에서는 이 기능(은닉 상태를 인계받을지)을 stateful이라는 인수로 조정할 수 있도록 했습니다.

다음은 Time RNN 계층의 코드입니다. 우선은 초기화 메서드와 또 다른 메서드 2개를 살펴보겠습니다.

```python
class TimeRNN:
    def __init__(self, Wx, Wh, b, stateful=False):
        self.params = [Wx, Wh, b]
        self.grads = [np.zeros_like(Wx), np.zeros_like(Wh), np.zeros_like(b)]
        self.layers = None

        self.h, self.dh = None, None
        self.stateful = stateful

    def set_state(self, h):
        self.h = h

    def reset_state(self):
        self.h = None
```

초기화 메서드는 가중치와 편향, 그리고 stateful이라는 불리언 값(True/False)을 인수로 받습니다. 인스턴스 변수 중 layers가 보이는데, 이 변수는 다수의 RNN 계층을 리스트로 저장하는 용도입니다. 그리고 인스턴스 변수 h는 forward() 메서드를 불렀을 때의 마지막 RNN 계층의 은닉 상태를 저장하고, dh는 backward()를 불렀을 때 하나 앞 블록의 은닉 상태의 기울기를 저장합니다(dh에 관해서는 역전파 구현에서 설명합니다).

> **WARNING_** TimeRNN 클래스는 확장성을 고려하여 Time RNN 계층의 은닉 상태를 설정하는 메서드를 set_state(h)로, 은닉 상태를 초기화하는 메서드를 reset_state()로 구현했습니다.

앞의 인수 중 stateful은 '상태가 있는'이란 뜻의 단어입니다. 이 책의 구현에서는 stateful이 True일 때, Time RNN 계층은 '상태가 있다'라고 말합니다. 여기서 말하는 '상태가 있다'란, Time RNN 계층이 은닉 상태를 유지한다는 뜻입니다. 즉, 아무리 긴 시계열 데이터라도 Time RNN 계층의 순전파를 끊지 않고 전파한다는 의미죠. 한편, stateful이 False일 때의 Time RNN 계층은 은닉 상태를 '영행렬'(모든 요소가 0인 행렬)로 초기화합니다. 이것이 상태가 없는 모드이며, '무상태'라고 합니다.

그럼 계속해서 순전파의 구현입니다.

```python
def forward(self, xs):
    Wx, Wh, b = self.params
    N, T, D = xs.shape
    D, H = Wx.shape

    self.layers = []
    hs = np.empty((N, T, H), dtype='f')

    if not self.stateful or self.h is None:
        self.h = np.zeros((N, H), dtype='f')

    for t in range(T):
        layer = RNN(*self.params)
        self.h = layer.forward(xs[:, t, :], self.h)
        hs[:, t, :] = self.h
        self.layers.append(layer)

    return hs
```

순전파 메서드인 forward(xs)는 아래로부터 입력 xs를 받습니다. xs는 T개 분량의 시계열 데이터를 하나로 모은 것입니다. 따라서 미니배치 크기를 N, 입력 벡터의 차원 수를 D라고 하면, xs의 형상은 (N, T, D)가 됩니다.

RNN 계층의 은닉 상태 h는 처음 호출 시(self.h가 None일 때)에는 원소가 모두 0인 영행렬로 초기화됩니다. 그리고 인스턴스 변수 stateful이 False일 때도 항상 영행렬로 초기화합니다.

기본 구현에서는 처음 hs = np.empty((N, T, H), dtype='f') 문장에서 출력값을 담을 그릇 (hs)을 준비합니다. 이어서 총 T회 반복되는 for 문 안에서 RNN 계층을 생성*하여 인스턴스

---

* 옮긴이_ *self.params에서 *는 리스트의 원소들을 추출하여 메서드의 인수로 전달합니다. 즉, self.params에 들어 있는 Wx, Wh, b를 추출하여 RNN 클래스의 __init__() 메서드에 전달합니다.

변수 layers에 추가합니다. 그 사이에 RNN 계층이 각 시각 t의 은닉 상태 h를 계산하고, 이를 hs에 해당 인덱스(시각)의 값으로 설정합니다.

> **NOTE_** Time RNN 계층의 forward() 메서드가 불리면, 인스턴스 변수 h에는 마지막 RNN 계층의 은닉 상태가 저장됩니다. 그래서 다음번 forward() 메서드 호출 시 stateful이 True면 먼저 저장된 h 값이 그대로 이용되고, stateful이 False면 h가 다시 영행렬로 초기화됩니다.

이어서 Time RNN 계층의 역전파 구현입니다. 이 역전파의 계산 그래프는 [그림 5-23]과 같습니다.

그림 5-23 Time RNN 계층의 역전파

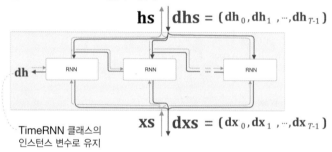

[그림 5-23]과 같이, 여기에서는 상류(출력 쪽 층)에서부터 전해지는 기울기를 **dhs**로 쓰고, 하류로 내보내는 기울기를 **dxs**로 씁니다. 여기에서 우리는 Truncated BPTT를 수행하기 때문에 이 블록의 이전 시각 역전파는 필요하지 않습니다. 단, 이전 시각의 은닉 상태 기울기는 인스턴스 변수 dh에 저장해 놓겠습니다. 7장에서 다루는 seq2seq(시퀀스 투 시퀀스)에 필요하기 때문인데, 자세한 내용은 그때 설명하도록 하지요.

이상이 Time RNN 계층에서 이뤄지는 역전파의 전체 그림입니다. 이때 t번째의 RNN 계층에 주목하면, 그 역전파는 [그림 5-24]처럼 그릴 수 있습니다.

그림 5-24 t번째 RNN 계층의 역전파

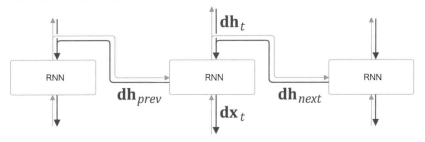

t번째 RNN 계층에서는 위로부터의 기울기 $\mathbf{dh}_t$와 '한 시각 뒤(미래) 계층'으로부터의 기울기 $\mathbf{dh}_{next}$가 전해집니다. 여기서의 주의점은 RNN 계층의 순전파에서는 출력이 2개로 분기된다는 것입니다. 순전파 시 분기했을 경우, 그 역전파에서는 각 기울기가 합산되어 전해집니다. 따라서 역전파 시 RNN 계층에는 합산된 기울기($\mathbf{dh}_t + \mathbf{dh}_{next}$)가 입력됩니다. 이상을 주의하여 역전파를 구현하면 다음과 같습니다.

```python
def backward(self, dhs):
    Wx, Wh, b = self.params
    N, T, H = dhs.shape
    D, H = Wx.shape

    dxs = np.empty((N, T, D), dtype='f')
    dh = 0
    grads = [0, 0, 0]
    for t in reversed(range(T)):
        layer = self.layers[t]
        dx, dh = layer.backward(dhs[:, t, :] + dh)  # 합산된 기울기
        dxs[:, t, :] = dx

        for i, grad in enumerate(layer.grads):
            grads[i] += grad

    for i, grad in enumerate(grads):
        self.grads[i][...] = grad
    self.dh = dh

    return dxs
```

여기에서도 가장 먼저 하류로 흘려보낼 기울기를 담을 그릇인 dxs를 만듭니다. 그리고 순전파 때와는 반대 순서로 RNN 계층의 backward() 메서드를 호출하여, 각 시각의 기울기 dx를 구해 dxs의 해당 인덱스(시각)에 저장합니다. 그리고 가중치 매개변수에 대해서도 각 RNN 계층의 가중치 기울기를 합산하여 최종 결과를 멤버 변수 self.grads에 덮어씁니다(이때 ... 문법을 사용하죠).

> **WARNING_** Time RNN 계층 안에는 RNN 계층이 여러 개 있습니다. 그리고 그 RNN 계층들에서 똑같은 가중치를 사용하고 있지요. 따라서 Time RNN 계층의 (최종) 가중치의 기울기는 각 RNN 계층의 가중치 기울기를 모두 더한 게 됩니다.

이상으로 Time RNN 계층의 구현을 살펴봤습니다.

5.4 시계열 데이터 처리 계층 구현

이번 장의 목표는 RNN을 사용하여 '언어 모델'을 구현하는 것입니다. 지금까지 우리는 RNN 계층(과 시계열 데이터를 한꺼번에 처리하는 Time RNN 계층)을 구현했는데, 이번 절에서는 시계열 데이터를 처리하는 계층을 몇 개 더 만들어보겠습니다. 또한, RNN을 사용한 언어 모델은 영어로 RNN Language Model이므로 앞으로 RNNLM이라 칭하겠습니다. 그럼, RNNLM 완성을 목표로 달려봅시다.

5.4.1 RNNLM의 전체 그림

먼저 RNNLM에서 사용되는 신경망을 한번 보고 시작합시다. [그림 5-25]는 가장 단순한 RNNLM의 신경망을 그려본 것입니다. 왼쪽은 RNNLM의 계층 구성이고, 오른쪽에는 이를 시간축으로 펼친 신경망입니다.

그림 5-25 RNNLM의 신경망(왼쪽이 펼치기 전, 오른쪽은 펼친 후)

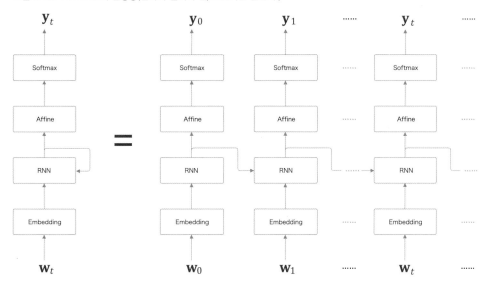

[그림 5-25]의 첫 번째(가장 아래) 층은 Embedding 계층입니다. 이 계층은 단어 ID를 단어의 분산 표현(단어 벡터)으로 변환합니다. 그리고 그 분산 표현이 RNN 계층으로 입력되죠. RNN 계층은 은닉 상태를 다음 층으로(위쪽으로) 출력함과 동시에, 다음 시각의 RNN 계층으로(오른쪽으로) 출력합니다. 그리고 RNN 계층이 위로 출력한 은닉 상태는 Affine 계층을 거쳐 Softmax 계층으로 전해집니다.

그럼 [그림 5-25]의 신경망에서 순전파로 한정해, 구체적인 데이터를 흘려보면서 출력 결과를 관찰해봅시다. 입력 데이터로는 친숙한 문장인 "You say goodbye and I say hello."를 사용하겠습니다. 이때 RNNLM에서 이뤄지는 처리는 [그림 5-26]처럼 됩니다.

그림 5-26 샘플 말뭉치로 "you say goodbye and I say hello ."를 처리하는 RNNLM의 예

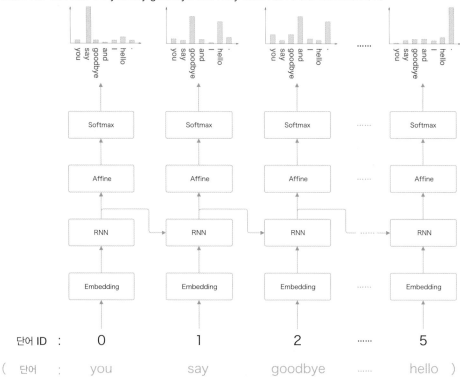

[그림 5-26]에서처럼 입력 데이터는 단어 ID의 배열입니다. 우선 첫 번째 시각에 주목해봅시다. 여기에서는 첫 단어로 단어 ID가 0인 "you"가 입력됩니다. 이때 Softmax 계층이 출력하는 확률분포를 보면 "say"에서 가장 높게 나온 것을 알 수 있습니다. 다시 말해 "you" 다음에 출현하는 단어가 "say"라는 것을 올바르게 예측했습니다. 당연하지만 이처럼 제대로 예측하려면 좋은 가중치(잘 학습된 가중치)를 사용해야 합니다.

이어서 두 번째 단어인 "say"를 입력하는 부분에 주목해봅시다. 이때의 Softmax 계층 출력은 "goodbye"와 "hello", 두 곳에서 높게 나왔습니다. 확실히 "you say goodbye"와 "you say hello"는 모두 자연스러운 문장입니다(참고로 여기에서의 정답은 "goodbye"입니다). 여기서 주목할 것은 RNN 계층은 "you say"라는 맥락을 '기억'하고 있다는 사실입니다. 더 정확하게 말하면, RNN은 "you say"라는 과거의 정보를 응집된 은닉 상태 벡터로 저장해두고 있습니다. 그러한 정보를 더 위의 Affine 계층에, 그리고 다음 시각의 RNN 계층에 전달하는 것이 RNN 계층이 하는 일입니다.

이처럼 RNNLM은 지금까지 입력된 단어를 '기억'하고, 그것을 바탕으로 다음에 출현할 단어를 예측합니다. 이 일을 가능하게 하는 비결이 바로 RNN 계층의 존재입니다. RNN 계층이 과거에서 현재로 데이터를 계속 흘려보내줌으로써 과거의 정보를 인코딩해 저장(기억)할 수 있는 것이죠.

5.4.2 Time 계층 구현

지금까지는 시계열 데이터를 한꺼번에 처리하는 계층을 Time RNN이라는 이름의 계층으로 구현했습니다. 이번 절에서도 마찬가지로, 시계열 데이터를 한꺼번에 처리하는 계층을 Time Embedding, Time Affine 형태의 이름으로 구현하겠습니다. 이 Time XX 계층들을 다 만들면 우리가 원하는 신경망을 [그림 5-27] 형태로 구현할 수 있습니다.

그림 5-27 시계열 데이터를 한꺼번에 처리하는 계층을 Time XX 계층으로 구현

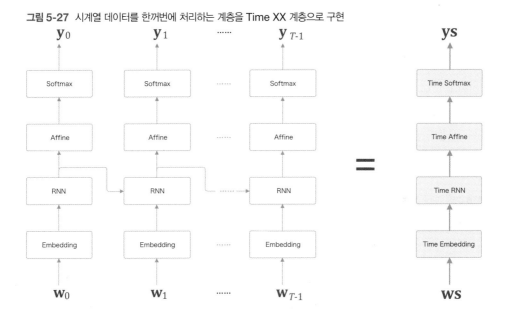

> **NOTE_** T개분의 시계열 데이터를 한꺼번에 처리하는 계층을 Time XX 계층'이라 부르겠습니다. 이러한 계층들이 구현돼 있다면, 그 계층들을 레고 블록처럼 조립하는 것만으로 시계열 데이터를 다루는 신경망을 완성할 수 있습니다.

Time 계층은 간단하게 구현할 수 있습니다. 예컨대 Time Affine 계층은 [그림 5-28]처럼 Affine 계층을 T개 준비해서, 각 시각의 데이터를 개별적으로 처리하면 됩니다.

그림 5-28 Time Affine 계층은 T개의 Affine 계층의 집합으로 구현

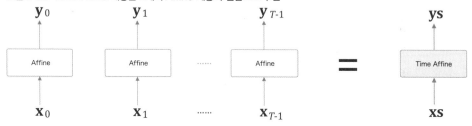

Time Embedding 계층 역시 순전파 시에 T개의 Embedding 계층을 준비하고 각 Embedding 계층이 각 시각의 데이터를 처리합니다.

Time Affine 계층과 Time Embedding 계층은 특별히 어려운 부분이 없으니 설명은 생략하겠습니다. 참고로, Time Affine 계층은 단순히 Affine 계층 T개를 이용하는 방식 대신 행렬 계산으로 한꺼번에 처리하는, 효율 좋은 방식으로 구현했습니다. 관심 있는 분은 소스 코드(common/time_layers.py의 TimeAffine 클래스)를 참고하세요. 계속해서 시계열 버전의 Softmax를 살펴봅시다. Softmax 계층을 구현할 때는 손실 오차를 구하는 Cross Entropy Error 계층도 함께 구현합니다. 여기에서는 [그림 5-29]와 같은 구성의 Time Softmax with Loss 계층으로 구현할 겁니다.

그림 5-29 Time Softmax with Loss 계층의 전체 그림

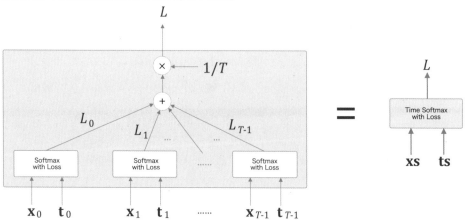

[그림 5-29]에서 $\mathbf{x}_0$이나 $\mathbf{x}_1$ 등의 데이터는 아래층에서부터 전해지는 '점수'를 나타냅니다(점수란 확률로 정규화되기 전의 값이죠). 또한, $\mathbf{t}_0$나 $\mathbf{t}_1$ 등의 데이터는 정답 레이블을 나타냅니다. 그림에서 보듯, T개의 Softmax with Loss 계층 각각이 손실을 산출합니다. 그리고 그 손실들을 합산해 평균한 값이 최종 손실이 되죠. 이때 수행하는 계산의 수식은 다음과 같습니다.

$$L = \frac{1}{T}(L_0 + L_1 + \cdots + L_{T-1})$$

[식 5.11]

그런데 이 책의 Softmax with Loss 계층은 미니배치에 해당하는 손실의 평균을 구했습니다. 무슨 말인고 하니, 데이터 N개짜리 미니배치라면 그 N개의 손실을 더해 다시 N으로 나눠 데이터 1개당 평균 손실을 구했죠. 이와 마찬가지로 Time Softmax with Loss 계층도 시계열에 대한 평균을 구하는 것으로, 데이터 1개당 평균 손실을 구해 최종 출력으로 내보냅니다.

지금까지 Time 계층들에 관해 알아봤습니다. 개요만 간단히 설명했는데, 실제 구현에 관심 있는 분은 common/time_layers.py를 참고하세요.

5.5 RNNLM 학습과 평가

RNNLM 구현에 필요한 계층은 모두 설명했습니다. 그러면 RNNLM을 구현하고 실제로 학습시켜볼 차례겠죠? 그리고 그 성능을 평가해봅시다.

5.5.1 RNNLM 구현

RNNLM에서 사용하는 신경망을 SimpleRnnlm이라는 이름의 클래스로 구현하겠습니다. SimpleRnnlm의 계층 구성은 [그림 5-30]과 같습니다.

그림 5-30 SimpleRnnlm의 계층 구성: RNN 계층의 상태는 클래스 내부에서 관리

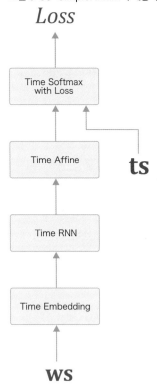

[그림 5-30]과 같이 SimpleRnnlm 클래스는 4개의 Time 계층을 쌓은 신경망입니다. 초기화 코드부터 함께 보시죠.

ch05/simple_rnnlm.py

```python
import sys
sys.path.append('..')
import numpy as np
from common.time_layers import *


class SimpleRnnlm:
    def __init__(self, vocab_size, wordvec_size, hidden_size):
        V, D, H = vocab_size, wordvec_size, hidden_size
        rn = np.random.randn

        # 가중치 초기화
        embed_W = (rn(V, D) / 100).astype('f')
        rnn_Wx = (rn(D, H) / np.sqrt(D)).astype('f')
        rnn_Wh = (rn(H, H) / np.sqrt(H)).astype('f')
```

```
rnn_b = np.zeros(H).astype('f')
affine_W = (rn(H, V) / np.sqrt(H)).astype('f')
affine_b = np.zeros(V).astype('f')

# 계층 생성
self.layers = [
    TimeEmbedding(embed_W),
    TimeRNN(rnn_Wx, rnn_Wh, rnn_b, stateful=True),
    TimeAffine(affine_W, affine_b)
]
self.loss_layer = TimeSoftmaxWithLoss()
self.rnn_layer = self.layers[1]

# 모든 가중치와 기울기를 리스트에 모은다.
self.params, self.grads = [], []
for layer in self.layers:
    self.params += layer.params
    self.grads += layer.grads
```

이 초기화 메서드는 각 계층에서 사용하는 매개변수(가중치와 편향)를 초기화하고 필요한 계층을 생성합니다. 또, Truncated BPTT로 학습한다고 가정하여 Time RNN 계층의 stateful을 True로 설정했습니다. 그 결과 Time RNN 계층은 이전 시각의 은닉 상태를 계승할 수 있게 됩니다.

또한 이 초기화 코드는 RNN 계층과 Affine 계층에서 'Xavier 초깃값^{사비에르 초깃값}'을 이용했습니다. Xavier 초깃값에서는 이전 계층의 노드가 n개라면 표준편차가 $\frac{1}{\sqrt{n}}$인 분포로 값들을 초기화합니다(그림 5-31).* 참고로 표준편차는 데이터의 차이를 직관적으로 나타내는 척도로 해석할 수 있습니다.

---

* 이는 간소화한 구현으로, 원래 논문에서는 다음 층의 노드 수도 고려한 값을 제안했습니다.

그림 5-31 **그림 5-31** Xavier 초깃값: 이전 계층의 노드가 n개라면 표준편차가 $\frac{1}{\sqrt{n}}$인 분포를 초깃값으로 사용

n개의 노드

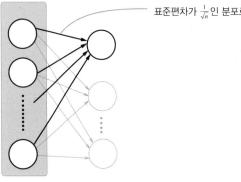

표준편차가 $\frac{1}{\sqrt{n}}$인 분포로 초기화

> **WARNING_** 딥러닝에서는 가중치의 초깃값이 중요합니다. 이 점에 대해서는 『밑바닥부터 시작하는 딥러닝 1』의 '6.2 가중치의 초깃값' 절에서 자세히 설명했습니다. 마찬가지로 RNN에서도 가중치의 초깃값은 매우 중요합니다. 초깃값을 어떻게 설정하느냐에 따라 학습이 진행되는 방법과 최종 정확도가 크게 달라집니다. 이 책에서는 이후로도 가중치의 초깃값으로는 'Xavier 초깃값'을 사용합니다. 또한, 언어 모델을 다루는 연구에서는 0.01 * np.random.uniform(…)처럼 스케일을 변환한 균일분포를 이용하는 사례를 많이 볼 수 있습니다.

계속해서 forward(), backward(), reset_state() 메서드의 구현을 살펴봅시다.

```
def forward(self, xs, ts):
    for layer in self.layers:
        xs = layer.forward(xs)
    loss = self.loss_layer.forward(xs, ts)
    return loss

def backward(self, dout=1):
    dout = self.loss_layer.backward(dout)
    for layer in reversed(self.layers):
        dout = layer.backward(dout)
    return dout

def reset_state(self):
    self.rnn_layer.reset_state()
```

보다시피 아주 간단합니다. 각각의 계층에서 순전파와 역전파를 적절히 구현해뒀으므로, 여기

에서는 해당 계층의 forward ( ) (혹은 backward ( )) 메서드를 적절한 순서로 호출해줬을 뿐입니다. 마지막 reset_state ( )는 신경망의 상태를 초기화하는 편의 메서드입니다. 이상으로 SimpleRnnlm 클래스의 설명을 마칩니다.

5.5.2 언어 모델의 평가

SimpleRnnlm 구현이 끝났습니다. 이제 이 신경망에 데이터를 주고 학습을 수행하는 일만 남았군요. 곧이어 학습을 위한 코드를 구현할 텐데, 그에 앞서 언어 모델의 '평가 방법'에 관해 조금 이야기해보려 합니다.

언어 모델은 주어진 과거 단어(정보)로부터 다음에 출현할 단어의 확률분포를 출력합니다. 이때 언어 모델의 예측 성능을 평가하는 척도로 **퍼플렉서티**perplexity, 혼란도를 자주 이용합니다.

퍼플렉서티는 간단히 말하면 '확률의 역수'입니다(이 해석은 데이터 수가 하나일 때에 정확히 일치합니다). '확률의 역수'라는 개념을 설명하기 위해 다시 한번 "you say goodbye and I say hello ." 말뭉치를 예로 생각해보겠습니다. '모델 1'의 언어 모델에 "you"라는 단어를 주니 [그림 5-32]의 왼쪽과 같은 확률분포를 출력했다고 해보죠. 그리고 정답(다음에 출현할 단어)이 "say"라면, 그 확률은 0.8입니다. 제법 괜찮은 예측이라고 할 수 있겠네요. 이때의 퍼플렉서티는 이 확률의 역수, 즉 $\frac{1}{0.8}$ = 1.25로 계산할 수 있습니다.

그림 5-32 단어 "you"를 입력하여 다음에 출현할 단어의 확률분포를 출력하는 모델의 예

한편 [그림 5-32]의 오른쪽 모델('모델 2')은 정답인 "say"의 확률이 0.2라고 예측했습니다. 분명 나쁜 예측이라고 할 수 있겠지요. 이때의 퍼플렉서티는 $\frac{1}{0.2}$ = 5입니다.

지금까지의 이야기를 정리해보죠. '모델 1'은 제법 잘 예측하여 퍼플렉서티가 1.25였습니다. 한편, '모델 2'의 예측은 좋지 못했고, 그때의 퍼플렉서티는 5.0이었습니다. 이 예에서 퍼플렉서티는 작을수록 좋다는 것을 알 수 있습니다.

그렇다면 1.25나 5.0이라는 값은 직관적으로는 어떻게 해석할 수 있을까요? 이 값은 '분기 수number of branches'로 해석할 수 있습니다. 분기 수란 다음에 취할 수 있는 선택사항의 수(구체적으로 말하면, 다음에 출현할 수 있는 단어의 후보 수)를 말합니다. 앞의 예에서, 좋은 모델이 예측한 '분기 수'가 1.25라는 것은 다음에 출현할 수 있는 단어의 후보를 1개 정도로 좁혔다는 뜻이 되죠. 반면 나쁜 모델에서는 후보가 아직 5개나 된다는 의미입니다.

> **NOTE_** 앞의 예처럼 퍼플렉서티로 모델의 예측 성능을 평가할 수 있습니다. 좋은 모델은 정답 단어를 높은 확률로 예측할 수 있습니다. 따라서 퍼플렉서티 값이 작습니다(최솟값은 1.0). 한편, 나쁜 모델은 정답 단어를 낮은 확률로 예측하므로 퍼플렉서티 값이 큽니다.

지금까지는 입력 데이터가 하나일 때의 퍼플렉서티를 이야기했습니다. 그렇다면 입력 데이터가 여러 개일 때는 어떻게 될까요? 이럴 때는 다음 공식에 따라 계산합니다.

$$L = -\frac{1}{N}\sum_{n}\sum_{k} t_{nk} \log y_{nk} \qquad \text{[식 5.12]}$$

$$perplexity = e^{L} \qquad \text{[식 5.13]}$$

N은 데이터의 총개수입니다. t_n은 원핫 벡터로 나타낸 정답 레이블이며, t_{nk}는 n개째 데이터의 k번째 값을 의미합니다. 그리고 y_{nk}는 확률분포를 나타냅니다(신경망에서는 Softmax의 출력). 참고로, [식 5.12]의 L은 신경망의 손실을 뜻하며, 사실 교차 엔트로피 오차를 뜻하는 [식 1.8]과 완전히 같은 식이랍니다. 이 L을 사용해 e^L을 계산한 값이 곧 퍼플렉서티입니다.

앞의 [식 5.12]는 다소 복잡해보입니다만, 데이터가 하나일 때 설명한 '확률의 역수', '분기 수', '선택사항의 수' 같은 개념이 그대로 적용됩니다. 즉, 퍼플렉서티가 작아질수록 분기 수가 줄어 좋은 모델이 됩니다.

> **NOTE_** 정보이론 분야에서는 퍼플렉서티를 '기하평균 분기 수'라고도 합니다. 이는 데이터가 1개일 때 설명한 '분기 수'를 데이터가 N개인 경우에서 평균한 것이라고 해석할 수 있습니다.

5.5.3 RNNLM의 학습 코드

PTB 데이터셋을 이용해 RNNLM 학습을 수행해봅시다. 단, 이번에 구현할 RNNLM은 PTB 데이터셋(훈련 데이터) 전부를 대상으로 학습하면 전혀 좋은 결과를 낼 수 없기 때문에, 처음 1,000개 단어만 이용하겠습니다. 이 문제는 다음 장에서 개선합니다. 자, 다음은 학습을 수행하는 코드입니다.

ch05/train_custom_loop.py

```python
import sys
sys.path.append('..')
import matplotlib.pyplot as plt
import numpy as np
from common.optimizer import SGD
from dataset import ptb
from simple_rnnlm import SimpleRnnlm

# 하이퍼파라미터 설정
batch_size = 10
wordvec_size = 100
hidden_size = 100  # RNN의 은닉 상태 벡터의 원소 수
time_size = 5  # Truncated BPTT가 한 번에 펼치는 시간 크기
lr = 0.1
max_epoch = 100

# 학습 데이터 읽기(전체 중 1000개만)
corpus, word_to_id, id_to_word = ptb.load_data('train')
corpus_size = 1000
corpus = corpus[:corpus_size]
vocab_size = int(max(corpus) + 1)

xs = corpus[:-1]  # 입력
ts = corpus[1:]   # 출력(정답 레이블)
data_size = len(xs)
print('말뭉치 크기: %d, 어휘 수: %d' % (corpus_size, vocab_size))

# 학습 시 사용하는 변수
max_iters = data_size // (batch_size * time_size)
time_idx = 0
total_loss = 0
loss_count = 0
ppl_list = []

# 모델 생성
```

```
model = SimpleRnnlm(vocab_size, wordvec_size, hidden_size)
optimizer = SGD(lr)

# ❶ 각 미니배치에서 샘플을 읽기 시작 위치를 계산
jump = (corpus_size - 1) // batch_size
offsets = [i * jump for i in range(batch_size)]

for epoch in range(max_epoch):
    for iter in range(max_iters):
        # ❷ 미니배치 획득
        batch_x = np.empty((batch_size, time_size), dtype='i')
        batch_t = np.empty((batch_size, time_size), dtype='i')
        for t in range(time_size):
            for i, offset in enumerate(offsets):
                batch_x[i, t] = xs[(offset + time_idx) % data_size]
                batch_t[i, t] = ts[(offset + time_idx) % data_size]
            time_idx += 1

        # 기울기를 구하여 매개변수 갱신
        loss = model.forward(batch_x, batch_t)
        model.backward()
        optimizer.update(model.params, model.grads)
        total_loss += loss
        loss_count += 1

    # ❸ 에폭마다 퍼플렉서티 평가
    ppl = np.exp(total_loss / loss_count)
    print('| 에폭 %d | 퍼플렉서티 %.2f'
          % (epoch+1, ppl))
    ppl_list.append(float(ppl))
    total_loss, loss_count = 0, 0
```

이것이 학습을 수행하는 코드입니다. 기본적으로는 지금까지 본 신경망 학습과 거의 같습니다. 다만, 큰 관점에서 두 가지가 지금까지의 학습 코드와 다른데요, 바로 '데이터 제공 방법'과 '퍼플렉서티 계산' 부분이죠. 여기에서는 이 두 가지로 논점을 좁혀 앞의 코드를 설명하겠습니다.

우선 '데이터 제공 방법'에 대해서입니다. 여기서 우리는 Truncated BPTT 방식으로 학습을 수행합니다. 따라서 데이터는 순차적으로 주고 각각의 미니배치에서 데이터를 읽는 시작 위치를 조정해야 합니다. 소스 코드의 ❶에서는 각 미니배치가 데이터를 읽기 시작하는 위치를 계산해 offsets에 저장합니다. 다시 말해 이 offsets의 각 원소에 데이터를 읽는 시작 위치(오프셋)가 담기게 됩니다.

이어서 소스 코드의 ❷에서는 데이터를 순차적으로 읽습니다. 먼저 '그릇'인 batch_x와 batch_t를 준비합니다. 그런 다음 변수 time_idx를 1씩(순차적으로) 늘리면서, 말뭉치에서 time_idx 위치의 데이터를 얻습니다. 여기서 ❶에서 계산한 offsets를 이용하여 각 미니배치에서 오프셋을 추가합니다. 또한, 말뭉치를 읽는 위치가 말뭉치 크기를 넘어설 경우 말뭉치의 처음으로 돌아와야 하는데, 이를 위해 말뭉치의 크기로 나눈 나머지를 인덱스로 사용합니다.

마지막으로 [식 5.12]를 따라 퍼플렉서티를 계산합니다. 코드의 ❸이 바로 이 부분입니다. 여기에서는 에폭마다의 퍼플렉서티를 구하기 위해 에폭마다 손실의 평균을 구하고, 그 값을 사용해 퍼플렉서티를 구합니다.

이상으로 코드 설명을 마칩니다. 그럼 이제 학습 결과를 살펴보죠. 앞의 코드에서 에폭별 퍼플렉서티 결과를 perplexity_list에 저장했으므로, 이 리스트를 플롯하면 [그림 5-33]의 그래프를 얻을 수 있습니다.

그림 5-33 퍼플렉서티 추이

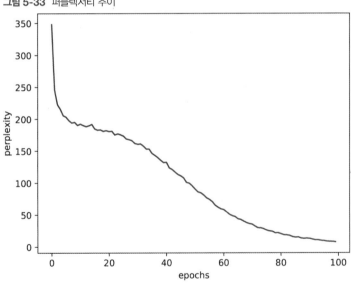

[그림 5-33]을 보면 학습을 진행할수록 퍼플렉서티가 순조롭게 낮아짐을 알 수 있습니다. 처음에는 300을 넘던 값이 마지막에는 (최솟값인) 1에 근접했습니다. 다만, 이번에는 크기가 작은 말뭉치로 실험한 것입니다. 실제로 현재의 모델로는 큰 말뭉치에는 전혀 대응할 수 없답니다. 현재 RNNLM의 이런 문제는 다음 장에서 개선하겠습니다.

5.5.4 RNNLM의 Trainer 클래스

이 책에서는 RNNLM 학습을 수행해주는 RnnlmTrainer 클래스를 제공합니다. 이 클래스는 방금 수행한 RNNLM 학습을 클래스 안으로 숨겨주죠. 그래서 앞 절의 학습 코드를 RnnlmTrainer 클래스를 사용해 다시 쓰면 다음과 같이 됩니다. 지면 관계상 소스 코드 중 일부만 발췌했습니다(전체 코드는 ch05/train.py에 있습니다).

```
...
from common.trainer import RnnlmTrainer

...
model = SimpleRnnlm(vocab_size, wordvec_size, hidden_size)
optimizer = SGD(lr)
trainer = RnnlmTrainer(model, optimizer)

trainer.fit(xs, ts, max_epoch, batch_size, time_size)
```

이와 같이, 먼저 RnnlmTrainer 클래스에 model과 optimizer를 주어 초기화합니다. 그런 다음 fit() 메서드를 호출해 학습을 수행합니다. 이때 그 내부에서는 앞 절에서 수행한 일련의 작업이 진행되는데, 그 내용을 상세히 적어보면 다음과 같습니다.

1. 미니배치를 '순차적'으로 만들어
2. 모델의 순전파와 역전파를 호출하고
3. 옵티마이저로 가중치를 갱신하고
4. 퍼플렉서티를 구합니다.

> **NOTE_** RnnlmTrainer 클래스는 '1.4.4 Trainer 클래스' 절에서 설명한 Trainer 클래스와 똑같은 API를 제공합니다. 신경망의 일반적인 학습은 Trainer 클래스를 사용하고, RNNLM 학습에는 RnnlmTrainer 클래스를 사용하면 됩니다.

RnnlmTrainer 클래스를 사용하면 똑같은 코드를 매번 작성하지 않아도 됩니다. 이 책에서는 앞으로 RNNLM 학습에는 RnnlmTrainer 클래스를 사용하겠습니다.

5.6 정리

이번 장의 주제는 순환 신경망(RNN)이었습니다. RNN은 데이터를 순환시킴으로써 과거에서 현재, 그리고 미래로 데이터를 계속해서 흘려보냅니다. 이를 위해 RNN 계층 내부에는 '은닉 상태'를 기억하는 능력이 추가됐습니다. 이번 장에서는 RNN 계층의 구조를 시간을 들여 설명하고, 실제로 RNN 계층(그리고 Time RNN 계층)을 구현해봤습니다.

또한 RNN을 이용해 언어 모델을 만들었습니다. 언어 모델은 단어 시퀀스에 확률을 부여하며, 특히 조건부 언어 모델은 지금까지의 단어 시퀀스로부터 다음에 출현할 단어의 확률을 계산해 줍니다. 여기서 RNN을 이용한 신경망 구성이 등장하며, 이론적으로는 아무리 긴 시계열 데이터라도 중요 정보를 RNN의 은닉 상태에 기억해둘 수 있습니다. 그러나 실제 문제에서는 잘 학습하지 못하는 경우가 많습니다. 다음 장에서는 RNN의 문제점을 살펴보고 RNN을 대체하는 새로운 계층들(LSTM 계층과 GRU 계층)을 살펴보겠습니다. 곧 만나볼 이 새로운 계층들은 실제로 최첨단 연구에서도 많이 이용되는, 시계열 데이터 처리에 있어서 가장 중요한 계층에 속한답니다.

이번 장에서 배운 내용

- RNN은 순환하는 경로가 있고, 이를 통해 내부에 '은닉 상태'를 기억할 수 있다.
- RNN의 순환 경로를 펼침으로써 다수의 RNN 계층이 연결된 신경망으로 해석할 수 있으며, 보통의 오차 역전파법으로 학습할 수 있다(=BPTT).
- 긴 시계열 데이터를 학습할 때는 데이터를 적당한 길이씩 모으고(이를 '블록'이라 한다), 블록 단위로 BPTT에 의한 학습을 수행한다(=Truncated BPTT).
- Truncated BPTT에서는 역전파의 연결만 끊는다.
- Truncated BPTT에서는 순전파의 연결을 유지하기 위해 데이터를 '순차적'으로 입력해야 한다.
- 언어 모델은 단어 시퀀스를 확률로 해석한다.
- RNN 계층을 이용한 조건부 언어 모델은 (이론적으로는) 그때까지 등장한 모든 단어의 정보를 기억할 수 있다.

## CHAPTER 6

게이트가 추가된 RNN

> *망각은 더 나은 전진을 낳는다.* *
>
> — 니체

5장에서 본 RNN은 순환 경로를 포함하며 과거의 정보를 기억할 수 있었습니다. 구조가 단순하여 구현도 쉽게 할 수 있었죠. 하지만 안타깝게도 성능이 좋지 못합니다. 그 원인은 (많은 경우) 시계열 데이터에서 시간적으로 멀리 떨어진, 장기$^{long\ term}$ 의존 관계를 잘 학습할 수 없다는 데 있습니다.

요즘에는 앞 장의 단순한 RNN 대신 LSTM이나 GRU라는 계층이 주로 쓰입니다. 실제로 그냥 'RNN'이라고 하면 앞 장의 RNN이 아니라 LSTM을 가리키는 경우도 흔합니다. 오히려 앞 장의 RNN을 명시적으로 가리킬 때 '기본(적인) RNN'이라 하기도 하죠.

LSTM이나 GRU에는 '게이트^{gate}'라는 구조가 더해져 있는데, 이 게이트 덕분에 시계열 데이터의 장기 의존 관계를 학습할 수 있습니다. 이번 장에서는 앞 장에서 설명한 기본 RNN의 문제점을 알아보고, 이를 대신하는 계층으로써 LSTM과 GRU와 같은 '게이트가 추가된 RNN'을 소개합니다. 특히 LSTM의 구조를 시간을 들여 차분히 살펴보고, 이 구조가 '장기 기억'을 가능하게 하는 메커니즘을 이해해봅니다. 그리고 LSTM을 사용해 언어 모델을 만들어, 실제로 데이터를 잘 학습하는 모습도 보여드리겠습니다.

---

* 옮긴이_ 영어 원문 "Blessed are the forgetful : for they get the better even of their blunders"를 일본에서는 이렇게 번역합니다. 우리는 "망각하는 자는 복이 있나니, 자신의 실수조차 잊기 때문이다"로 번역하는데, 일본은 조금 다른 의미로 해석하나 봅니다. 어느 쪽이 니체의 뜻에 가깝냐와는 별개로, 이번 장의 내용은 일본에서 쓰는 표현과 어울리기 때문에 그 표현 그대로를 우리말로 옮겼습니다.

6.1 RNN의 문제점

앞 장에서 설명한 RNN은 시계열 데이터의 장기 의존 관계를 학습하기 어렵습니다. 그 원인은 BPTT에서 기울기 소실 혹은 기울기 폭발이 일어나기 때문입니다.* 이번 절에서는 앞 장에서 배운 RNN 계층을 복습하고, 뒤이어 RNN 계층이 장기 기억을 제대로 처리하지 못하는 이유를 사례를 들어 설명할 것입니다.

6.1.1 RNN 복습

RNN 계층은 순환 경로를 갖고 있습니다. 그리고 그 순환을 펼치면 다음 그림과 같이 옆으로 길게 뻗은 신경망이 만들어집니다.

그림 6-1 RNN 계층: 순환을 펼치기 전과 후

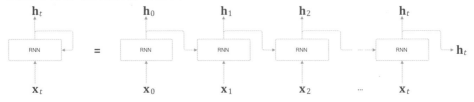

[그림 6-1]에서 보듯, RNN 계층은 시계열 데이터인 x_t를 입력하면 h_t를 출력합니다. 이 h_t는 RNN 계층의 **은닉 상태**라고 하여, 과거 정보를 저장합니다.

RNN의 특징은 바로 이전 시각의 은닉 상태를 이용한다는 점입니다. 이렇게 해서 과거 정보를 계승할 수 있게 되죠. 이때 RNN 계층이 수행하는 처리를 계산 그래프로 나타내면 [그림 6-2]처럼 됩니다.

---

* 옮긴이_ 기울기 소실은 역전파의 기울기 값이 점점 작아지다가 사라지는 현상을 말하며, 기울기 폭발은 반대로 매우 큰 수가 되는 현상입니다. 두 경우 모두 학습이 제대로 이뤄지지 않게 됩니다.

그림 6-2 RNN 계층의 계산 그래프(MatMul 노드는 행렬 곱을 나타냄)

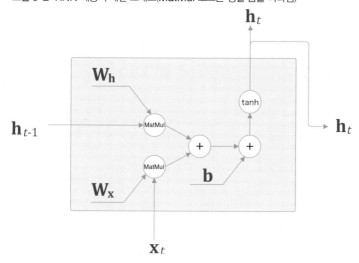

[그림 6-2]처럼 RNN 계층의 순전파에서 수행하는 계산은 행렬의 곱과 합, 그리고 활성화 함수인 tanh 함수에 의한 변환으로 구성됩니다. 이상이 앞 장에서 본 RNN 계층입니다. 이어서 이 RNN 계층이 안고 있는 문제, 즉 장기 기억에 취약하다는 문제를 살펴보겠습니다.

6.1.2 기울기 소실 또는 기울기 폭발

언어 모델은 주어진 단어들을 기초로 다음에 출현할 단어를 예측하는 일을 합니다. 앞 장에서는 RNN을 사용해 언어 모델을 구현했습니다(RNNLM이라 불렀죠). 이번 절에서는 RNNLM의 단점을 확인하는 차원에서 [그림 6-3]의 문제를 다시 한번 생각해보겠습니다.

그림 6-3 "?"에 들어갈 단어는?: (어느 정도의) 장기 기억이 필요한 문제의 예

Tom was watching TV in his room. Mary came into the room. Mary said hi to ⬚ ?

앞에서도 나왔듯이 "?"에 들어가는 단어는 "Tom"입니다. RNNLM이 이 문제에 올바르게 답하려면, 현재 맥락에서 "Tom이 방에서 TV를 보고 있음"과 "그 방에 Mary가 들어옴"이란 정보를 기억해둬야 합니다. 다시 말해 이런 정보를 RNN 계층의 은닉 상태에 인코딩해 보관해둬야 합니다.

그럼 이 예를 RNNLM 학습의 관점에서 생각해봅시다. 여기에서는 정답 레이블로 "Tom"이라는 단어가 주어졌을 때, RNNLM에서 기울기가 어떻게 전파되는지를 살펴보겠습니다. 물론, 학습은 BPTT로 수행합니다. 따라서 정답 레이블이 "Tom"이라고 주어진 시점으로부터 과거 방향으로 기울기를 전달하게 됩니다. 그림으로는 [그림 6-4]처럼 됩니다.

그림 6-4 정답 레이블이 "Tom"임을 학습할 때의 기울기 흐름

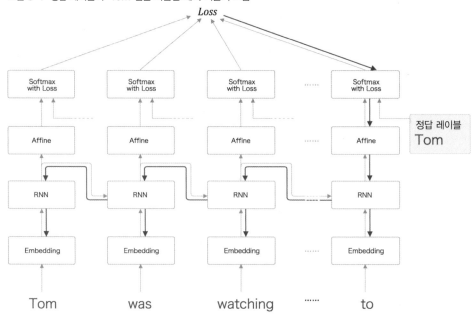

[그림 6-4]에서와 같이 정답 레이블이 "Tom"임을 학습할 때 중요한 것이 바로 RNN 계층의 존재입니다. RNN 계층이 과거 방향으로 '의미 있는 기울기'를 전달함으로써 시간 방향의 의존 관계를 학습할 수 있는 것이죠. 이때 기울기는 (원래대로라면) 학습해야 할 의미가 있는 정보가 들어 있고, 그것을 과거로 전달함으로써 장기 의존 관계를 학습합니다. 하지만 만약 이 기울기가 중간에 사그라들면(거의 아무런 정보도 남지 않게 되면) 가중치 매개변수는 전혀 갱신되지 않게 됩니다. 즉, 장기 의존 관계를 학습할 수 없게 됩니다. 안타깝지만, 현재의 단순한 RNN 계층에서는 시간을 거슬러 올라갈수록 기울기가 작아지거나(기울기 소실) 혹은 커질 수 있으며(기울기 폭발), 대부분 둘 중 하나의 운명을 걷게 됩니다.

6.1.3 기울기 소실과 기울기 폭발의 원인

그럼 RNN 계층에서 기울기 소실(혹은 기울기 폭발)이 일어나는 원인을 살펴보겠습니다. [그림 6-5]와 같이 RNN 계층에서의 시간 방향 기울기 전파에만 주목해보죠.

그림 6-5 RNN 계층에서 시간 방향으로의 기울기 전파

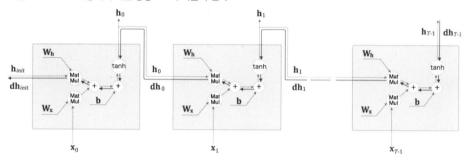

[그림 6-5]처럼 길이가 T인 시계열 데이터를 가정하여 T번째 정답 레이블로부터 전해지는 기울기가 어떻게 변하는지 보시죠. 앞의 문제에 대입하면 T번째 정답 레이블이 "Tom"인 경우에 해당합니다. 이때 시간 방향 기울기에 주목하면 역전파로 전해지는 기울기는 차례로 'tanh', '+', 'MatMul(행렬 곱)' 연산을 통과한다는 것을 알 수 있습니다.

'+'의 역전파는 상류에서 전해지는 기울기를 그대로 하류로 흘려보낼 뿐입니다. 그래서 기울기는 변하지 않죠. 그러면 나머지 두 연산인 'tanh'와 'MatMul'은 기울기를 어떻게 변화시킬까요? 우선 'tanh'부터 보겠습니다.

'부록 A. 시그모이드 함수와 tanh 함수의 미분'에서 자세히 설명하는데, $y = \tanh(x)$일 때의 미분은 $\frac{\partial y}{\partial x} = 1 - y^2$입니다. 이때 $y = \tanh(x)$의 값과 그 미분 값을 각각 그래프로 그리면 [그림 6-6]처럼 됩니다.

그림 6-6 $y = \tanh(x)$의 그래프(점선은 미분)

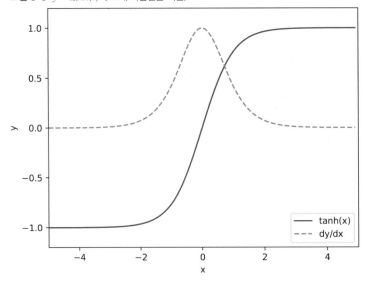

[그림 6-6]에서 점선이 $y = \tanh(x)$의 미분입니다. 보다시피 그 값은 1.0 이하이고, x가 0으로부터 멀어질수록 작아집니다. 달리 말하면, 역전파에서는 기울기가 tanh 노드를 지날 때마다 값은 계속 작아진다는 뜻입니다. 그래서 tanh 함수를 T번 통과하면 기울기도 T번 반복해서 작아지게 됩니다.

> **NOTE_** RNN 계층의 활성화 함수로는 주로 tanh 함수를 사용하는데, 이를 ReLU로 바꾸면 기울기 소실을 줄일 수 있습니다(ReLU에 x를 입력하면 max(0, x)를 출력합니다). 그 이유는 ReLU는 입력 x가 0 이상이면, 역전파 시 상류의 기울기를 그대로 하류에 흘려보내기 때문이죠. 즉, 기울기가 작아지지 않습니다. 실제로 「Improving performance of recurrent neural network with relu nonlinearity」 논문[29]에서는 ReLU를 사용해 성능을 개선했습니다.

다음은 [그림 6-5]의 MatMul (행렬 곱) 노드 차례입니다. 여기에서는 이야기를 단순하게 하기 위해 [그림 6-5]의 tanh 노드를 무시하기로 합시다. 그러면 RNN 계층의 역전파 시 기울기는 [그림 6-7]과 같이 'MatMul' 연산에 의해서만 변화하게 됩니다.

그림 6-7 RNN 계층의 행렬 곱에만 주목했을 때의 역전파의 기울기

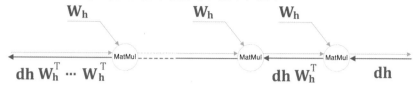

[그림 6-7]은 상류로부터 **dh**라는 기울기가 흘러온다고 가정합니다. 이때 MatMul 노드에서의 역전파는 **dhW$_h^T$**라는 행렬 곱으로 기울기를 계산합니다. 그리고 같은 계산을 시계열 데이터의 시간 크기만큼 반복하죠. 여기에서 주목할 점은 이 행렬 곱셈에서는 매번 똑같은 가중치인 **W$_h$**가 사용된다는 것입니다.

그러면 역전파 시 기울기는 MatMul 노드를 지날 때마다 어떻게 변하게 될까요? 뭐든지 궁금한 게 생기면 직접 실험해보는 게 최고죠! 다음 코드를 실행해 기울기의 크기 변화를 관찰해보겠습니다.

```
import numpy as np
import matplotlib.pyplot as plt

N = 2    # 미니배치 크기
H = 3    # 은닉 상태 벡터의 차원 수
T = 20   # 시계열 데이터의 길이

dh = np.ones((N, H))
np.random.seed(3)  # 재현할 수 있도록 난수의 시드 고정
Wh = np.random.randn(H, H)


norm_list = []
for t in range(T):
    dh = np.matmul(dh, Wh.T)
    norm = np.sqrt(np.sum(dh**2)) / N
    norm_list.append(norm)
```

ch06/rnn_gradient_graph.py

이 코드에서는 dh를 np.ones()로 초기화합니다(np.ones()는 모든 원소가 1인 행렬을 반환). 그리고 역전파의 MatMul 노드 수(T)만큼 dh를 갱신하고, 각 단계에서 dh 크기(노름)를 norm_list에 추가합니다. 또한 여기에서는 미니배치(N개)의 평균 'L2 노름'을 구해 dh 크기로 사용하고 있습니다. 참고로, L2 노름이란 각각의 원소를 제곱해 모두 더하고 제곱근을 취한 값입니다.

그럼, 이 코드를 실행한 결과(norm_list)를 그래프로 그려봅시다.

그림 6-8 기울기 dh는 시간 크기에 비례하여 지수적으로 증가한다.

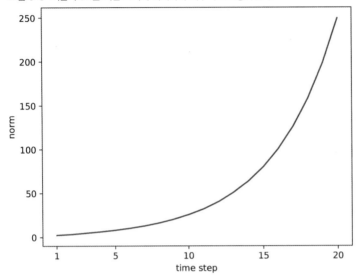

[그림 6-8]에서 보듯 기울기의 크기는 시간에 비례해 지수적으로 증가함을 알 수 있습니다. 이것이 바로 **기울기 폭발**exploding gradients입니다. 이러한 기울기 폭발이 일어나면 결국 오버플로를 일으켜 NaNNot a Number 같은 값을 발생시키죠. 따라서 신경망 학습을 제대로 수행할 수 없게 됩니다.

그러면 Wh의 초깃값을 다음과 같이 변경한 후 두 번째 실험을 해보죠.

```
# Wh = np.random.randn(H, H)       # 변경 전
Wh = np.random.randn(H, H) * 0.5  # 변경 후
```

이 초깃값으로 똑같은 실험을 수행하면 다음 결과를 얻게 됩니다.

그림 6-9 기울기 dh는 시간 크기에 비례하여 지수적으로 감소한다.

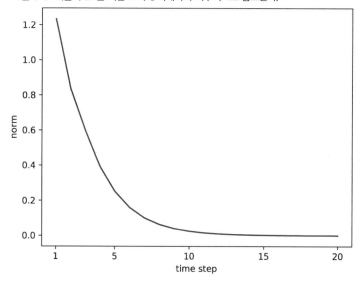

[그림 6-9]에서 알 수 있듯이, 이번에는 기울기가 지수적으로 감소합니다. 이것이 **기울기 소실**vanishing gradients입니다. 기울기 소실이 일어나면 기울기가 매우 빠르게 작아집니다. 그리고 기울기가 일정 수준 이하로 작아지면 가중치 매개변수가 더 이상 갱신되지 않으므로, 장기 의존 관계를 학습할 수 없게 됩니다.

지금까지의 실험에서 기울기의 크기는 지수적으로 증가하거나 감소했습니다. 왜 이런 지수적인 변화가 일어났을까요? 물론 행렬 Wh를 T번 반복해서 '곱'했기 때문입니다. 만약 Wh가 스칼라라면 이야기는 단순해지는데, Wh가 1보다 크면 지수적으로 증가하고, 1보다 작으면 지수적으로 감소합니다.

그럼 Wh가 스칼라가 아니라 행렬이라면 어떨까요? 이 경우, 행렬의 '특잇값'이 척도가 됩니다. 행렬의 특잇값이란, 간단히 말하면 데이터가 얼마나 퍼져 있는지를 나타냅니다. 이 특잇값의 값(더 정확하게는 여러 특잇값 중 최댓값)이 1보다 큰지 여부를 보면 기울기 크기가 어떻게 변할지 예측할 수 있습니다.

> **WARNING_** 특잇값의 최댓값이 1보다 크면 지수적으로 증가하고, 1보다 작으면 지수적으로 감소할 가능성이 높다고 예측할 수 있습니다. 그럴 가능성이 높을 뿐, 특잇값이 1보다 크다고 해서 기울기가 반드시 폭발하는 것은 아닙니다. 즉, 필요조건일 뿐 충분조건은 아닙니다. RNN의 기울기 소실/기울기 폭발에 대한 자세한 내용은 문헌 [30]이 잘 설명하고 있으니, 관심 있는 분은 참고하세요.

6.1.4 기울기 폭발 대책

지금까지 RNN의 문제점(기울기 폭발과 기울기 소실)을 살펴봤습니다. 그럼 계속해서, 그 해결책을 알아봅시다. 기울기 폭발부터 보겠습니다.

기울기 폭발의 대책으로는 전통적인 기법이 있습니다. 바로 **기울기 클리핑**gradients clipping이라는 기법이죠. 기울기 클리핑은 매우 단순하며, 그 알고리즘을 의사 코드로 쓰면 다음과 같습니다.

$$\text{if } \left\| \hat{\mathbf{g}} \right\| \geq threshold :$$

$$\hat{\mathbf{g}} = \frac{threshold}{\left\| \hat{\mathbf{g}} \right\|} \hat{\mathbf{g}}$$

여기에서는 신경망에서 사용되는 모든 매개변수에 대한 기울기를 하나로 처리한다고 가정하고, 이를 기호 $\hat{\mathbf{g}}$으로 표기했습니다. 그리고 $threshold$를 문턱값으로 설정합니다. 이때 기울기의 L2 노름(수식에서는 $\|\hat{\mathbf{g}}\|$)이 문턱값을 초과하면 두 번째 줄의 수식과 같이 기울기를 수정합니다. 이것이 기울기 클리핑입니다. 보다시피 단순한 알고리즘이지만, 많은 경우에 잘 작동합니다.

> **WARNING_** $\hat{\mathbf{g}}$은 신경망에서 사용되는 모든 매개변수의 기울기를 하나로 모은 것입니다. 예컨대 두 개의 가중치 W1과 W2 매개변수를 사용하는 모델이 있다면, 이 두 매개변수에 대한 기울기 dW1과 dW2를 결합한 것을 $\hat{\mathbf{g}}$이라 하는 것이죠.

이제 기울기 클리핑을 파이썬으로 구현해볼 차례입니다. 기울기 클리핑은 clip_grads(grads, max_norm)이라는 함수로 구현하겠습니다. 인수 grads는 기울기의 리스트, max_norm은 문턱값을 뜻합니다. 이때 기울기 크리핑은 다음과 같이 구현할 수 있습니다.

ch06/clip_grads.py

```python
import numpy as np

dW1 = np.random.rand(3, 3) * 10
dW2 = np.random.rand(3, 3) * 10
grads = [dW1, dW2]
max_norm = 5.0

def clip_grads(grads, max_norm):
    total_norm = 0
```

```
    for grad in grads:
        total_norm += np.sum(grad ** 2)
    total_norm = np.sqrt(total_norm)

    rate = max_norm / (total_norm + 1e-6)
    if rate < 1:
        for grad in grads:
            grad *= rate
```

이것이 기울기 클리핑의 구현입니다. 보다시피 특별히 어려운 점은 없죠. 이 clip_
grads(grads, max_norm) 함수는 앞으로도 이용할 것이므로 common/utill.py에 같은 구
현을 준비해뒀습니다.

> **NOTE_** 이 책에서는 RNNLM을 학습시키는 RnnlmTrainer 클래스(common/trainer.py)를 제공합
> 니다. 이 클래스 내부에서도 이 기울기 클리핑 함수를 이용해 기울기 폭발을 방지합니다. RnnlmTrainer 클
> 래스에서의 기울기 클리핑에 대해서는 '6.4 LSTM을 사용한 언어 모델' 절에서 다시 설명합니다.

이상으로 기울기 클리핑 설명을 마칩니다. 이어서 기울기 소실의 대책을 알아보죠.

6.2 기울기 소실과 LSTM

RNN 학습에서는 기울기 소실도 큰 문제입니다. 그리고 이 문제를 해결하려면 RNN 계층의 아
키텍처를 근본부터 뜯어고쳐야 합니다. 여기서 등장하는 것이, 이번 장의 핵심 주제인 '게이트
가 추가된 RNN'입니다. 게이트가 추가된 RNN으로는 많은 아키텍처(신경망 구성)가 제안되
어 있으며, 그 대표격으로 LSTM과 GRU가 있습니다. 이번 절에서는 LSTM에 집중하여 그 구
조를 차분히 살펴보면서 LSTM이 기울기 소실을 일으키지 않는다는(혹은 일으키기 어렵게 한
다는) 사실을 밝히겠습니다. 참고로, GRU에 관해서는 '부록 C. GRU'에서 설명합니다.

6.2.1 LSTM의 인터페이스

곧이어 LSTM 계층을 자세히 살펴볼 겁니다. 그런데 그전에 잠시, 앞으로를 위해 계산 그래프

를 단순화하는 도법을 하나 도입하겠습니다. [그림 6-10]과 같이 행렬 계산 등을 하나의 직사각형 노드로 정리해 그리는 방식입니다.

그림 6-10 단순화한 도법을 적용한 RNN 계층: 이번 절에서는 가독성을 고려해 단순화한 도법을 사용한다.

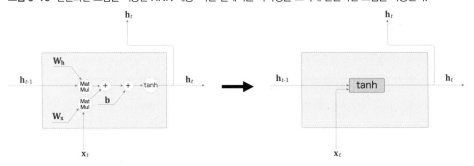

[그림 6-10]에서 보듯, 여기에서는 $\tanh(\mathbf{h}_{t-1}\mathbf{W_h} + \mathbf{x}_t\mathbf{W_x} + \mathbf{b})$ 계산을 tanh라는 직사각형 노드 하나로 그렸습니다($\mathbf{h}_{t-1}$과 $\mathbf{x}_t$는 행벡터). 이 직사각형 노드 안에 행렬 곱과 편향의 합, 그리고 tanh 함수에 의한 변환이 모두 포함된 것이죠.

사전 준비는 이것으로 끝입니다. 이제 LSTM의 인터페이스(입출력)를 RNN과 비교하는 것부터 시작해보겠습니다(그림 6-11).

그림 6-11 RNN 계층과 LSTM 계층 비교

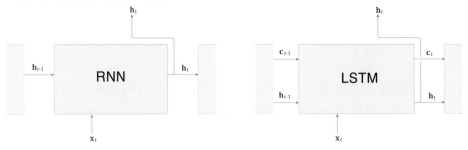

[그림 6-11]에서 보듯 LSTM 계층의 인터페이스에는 **c**라는 경로가 있다는 차이가 있습니다. 이 **c**를 **기억 셀**memory cell (혹은 단순히 '셀')이라 하며, LSTM 전용의 기억 메커니즘이랍니다.

기억 셀의 특징은 데이터를 자기 자신으로만(LSTM 계층 내에서만) 주고받는다는 것입니다. 즉, LSTM 계층 내에서만 완결되고, 다른 계층으로는 출력하지 않습니다. 반면, LSTM의 은닉

상태 **h**는 RNN 계층과 마찬가지로 다른 계층으로(위쪽으로) 출력됩니다.

> **NOTE_** LSTM의 출력을 받는 쪽에서 보면 LSTM의 출력은 은닉 상태 벡터 **h**뿐입니다. 기억 셀 **c**는 외부에서는 보이지 않죠. 그래서 그 존재 자체를 생각할 필요가 없습니다.

6.2.2 LSTM 계층 조립하기

그럼 LSTM 계층의 내용을 살펴보죠. 여기에서는 LSTM의 부품을 하나씩 조립하면서, 그 구조를 차분히 알아보겠습니다. 참고로, 이번 절은 LSTM을 훌륭히 설명한 블로그 글 「Understanding LSTM Networks」[31]를 참고해 썼습니다.

앞서 이야기한 것처럼, LSTM에는 기억 셀 c_t가 있습니다. 이 c_t에는 시각 t에서의 LSTM의 기억이 저장돼 있는데, 과거로부터 시각 t까지에 필요한 모든 정보가 저장돼 있다고 가정합니다(혹은 그렇게 되도록 학습을 수행합니다). 그리고 필요한 정보를 모두 간직한 이 기억을 바탕으로, 외부 계층에(그리고 다음 시각의 LSTM에) 은닉 상태 h_t를 출력합니다. 이때 출력하는 h_t는 [그림 6-12]와 같이 기억 셀의 값을 tanh 함수로 변환한 값입니다.

그림 6-12 기억 셀 c_t를 바탕으로 은닉 상태 h_t를 계산하는 LSTM 계층

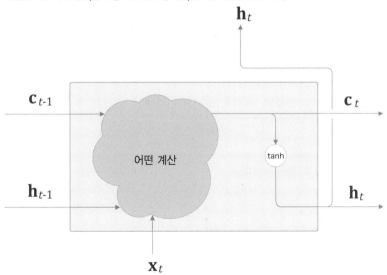

[그림 6-12]처럼 현재의 기억 셀 c_t는 3개의 입력(c_{t-1}, h_{t-1}, x_t)으로부터 '어떤 계산'을 수행하여 구할 수 있습니다('어떤 계산'의 자세한 내용은 곧 설명합니다). 여기서 핵심은 갱신된 c_t를 사용해 은닉 상태 h_t를 계산한다는 것입니다. 또한 이 계산은 $h_t = \tanh(c_t)$인데, 이는 c_t의 각 요소에 tanh 함수를 적용한다는 뜻입니다.

> **WARNING_** 기억 셀 c_t와 은닉 상태 h_t의 관계는 (여기까지의) c_t의 각 원소에 tanh 함수를 적용한 것일 뿐입니다. 이 말이 뜻하는 바는 기억 셀 c_t와 은닉 상태 h_t의 원소 수는 같다는 것이죠. 예컨대 기억 셀 c_t의 원소가 100개면 은닉 상태 h_t의 원소 수도 100개가 됩니다.

진도를 더 나가기 전에, 이쯤에서 '게이트'라는 기능에 대해 간단하게 설명하겠습니다. 게이트란 우리말로는 '문'을 의미하는 단어입니다. 문은 열거나 닫을 수 있듯이, 게이트는 데이터의 흐름을 제어합니다. 마치 [그림 6-13]처럼 물의 흐름을 멈추거나 배출하는 것이 게이트의 역할입니다.

그림 6-13 비유하자면 게이트는 물의 흐름을 제어한다.

LSTM에서 사용하는 게이트는 '열기/닫기'뿐 아니라, 어느 정도 열지를 조절할 수 있습니다. 다시 말해 다음 단계로 흘려보낼 물의 양을 제어합니다. '어느 정도'를 '열림 상태openness'라 부르며, [그림 6-14]처럼 0.7(70%)이나 0.2(20%)처럼 제어할 수 있습니다.

그림 6-14 물이 흐르는 양을 0.0~1.0 범위에서 제어한다.

0.7(70%)   0.2(20%)

[그림 6-14]처럼 게이트의 열림 상태는 0.0~1.0 사이의 실수로 나타납니다(1.0은 완전 개방). 그리고 그 값이 다음으로 흐르는 물의 양을 결정합니다. 여기서 중요한 것은 '게이트를 얼마나 열까'라는 것도 데이터로부터 (자동으로) 학습한다는 점입니다.

> NOTE_ 게이트는 게이트의 열림 상태를 제어하기 위해서 전용 가중치 매개변수를 이용하며, 이 가중치 매개변수는 학습 데이터로부터 갱신됩니다. 참고로, 게이트의 열림 상태를 구할 때는 시그모이드 함수를 사용하는데, 시그모이드 함수의 출력이 마침 0.0~1.0 사이의 실수이기 때문입니다.

6.2.3 output 게이트

다시 LSTM 이야기로 돌아오겠습니다. 바로 앞에서 은닉 상태 h_t는 기억 셀 c_t에 단순히 tanh 함수를 적용했을 뿐이라고 설명했습니다. 이번 절에서는 $tanh(c_t)$에 게이트를 적용하는 걸 생각해보죠. 즉, $tanh(c_t)$의 각 원소에 대해 '그것이 다음 시각의 은닉 상태에 얼마나 중요한가'를 조정합니다. 한편, 이 게이트는 다음 은닉 상태 h_t의 출력을 담당하는 게이트이므로 **output 게이트**(출력 게이트)라고 합니다.

output 게이트의 열림 상태(다음 몇 %만 흘려보낼까)는 입력 x_t와 이전 상태 h_{t-1}로부터 구합니다. 이때의 계산은 [식 6.1]과 같습니다. 참고로, 여기서 사용하는 가중치 매개변수와 편향에는 output의 첫 글자인 **o**를 첨자로 추가합니다. 이후에도 마찬가지로 첨자를 붙여 게이트임을 표시하겠습니다. 한편, 시그모이드 함수는 $\sigma()$로 표기합니다.

$$\mathbf{o} = \sigma(\mathbf{x}_t \mathbf{W}_\mathbf{x}^{(\mathbf{o})} + \mathbf{h}_{t-1} \mathbf{W}_\mathbf{h}^{(\mathbf{o})} + \mathbf{b}^{(\mathbf{o})})$$ [식 6.1]

[식 6.1]에서 보듯, 입력 x_t에는 가중치 $\mathbf{W}_\mathbf{x}^{(\mathbf{o})}$가, 이전 시각의 은닉 상태 h_{t-1}에는 가중치 $\mathbf{W}_\mathbf{h}^{(\mathbf{o})}$가 붙어있습니다($x_t$와 h_{t-1}은 행벡터). 그리고 이 행렬들의 곱과 편향 $\mathbf{b}^{(\mathbf{o})}$를 모두 더한 다음 시그모이드 함수를 거쳐 출력 게이트의 출력 **o**를 구합니다. 마지막으로 이 **o**와 $tanh(c_t)$의 원소별 곱을 h_t로 출력하는 것이죠. 이상의 계산을 계산 그래프로는 [그림 6-15]처럼 그릴 수 있습니다.

그림 6-15 output 게이트 추가

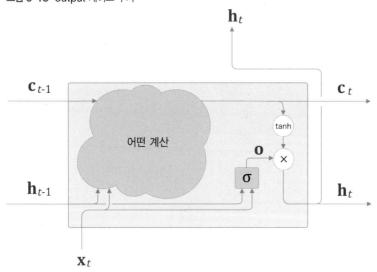

[그림 6-15]와 같은 output 게이트에서 수행하는 [식 6.1]의 계산을 'σ'로 표기하겠습니다. 그리고 σ의 출력을 o라고 하면 h_t는 o와 tanh(c_t)의 곱으로 계산됩니다. 여기서 말하는 '곱'이란 원소별 곱이며, 이것을 **아다마르 곱**Hadamard product이라고도 합니다. 아다마르 곱을 기호로는 ⊙으로 나타내며, [식 6.2]와 같은 계산을 수행합니다.

$$\mathbf{h}_t = \mathbf{o} \odot \tanh(\mathbf{c}_t)$$

[식 6.2]

이상이 LSTM의 output 게이트입니다. 이제 LSTM의 출력 부분은 완성되었습니다. 이어서 기억 셀 갱신 부분을 살펴보겠습니다.

> **WARNING_** tanh의 출력은 −1.0~1.0의 실수입니다. 이 −1.0~1.0의 수치를 그 안에 인코딩된 '정보' 의 강약(정도)을 표시한다고 해석할 수 있습니다. 한편 시그모이드 함수의 출력은 0.0~1.0의 실수이며, 데 이터를 얼마만큼 통과시킬지를 정하는 비율을 뜻합니다. 따라서 (주로) 게이트에서는 시그모이드 함수가, 실 질적인 '정보'를 지니는 데이터에는 tanh 함수가 활성화 함수로 사용됩니다.

6.2.4 forget 게이트

망각은 더 나은 전진을 낳습니다. 우리가 다음에 해야 할 일은 기억 셀에 '무엇을 잊을까'를 명확하게 지시하는 것입니다. 이런 일도 물론 게이트를 사용해 해결합니다.

그러면 c_{t-1}의 기억 중에서 불필요한 기억을 잊게 해주는 게이트를 추가해볼까요? 이를 **forget 게이트**(망각 게이트)라 부르도록 하죠. forget 게이트를 LSTM 계층에 추가하면 계산 그래프가 [그림 6-16]처럼 됩니다.

그림 6-16 forget 게이트 추가

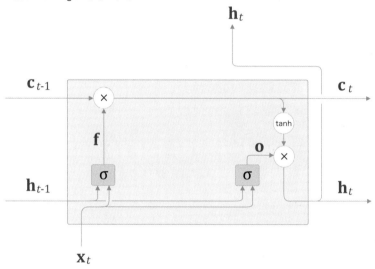

[그림 6-16]에서는 forget 게이트가 수행하는 일련의 계산을 **σ** 노드로 표기했습니다. 이 **σ** 안에는 forget 게이트 전용의 가중치 매개변수가 있으며, 다음 식의 계산을 수행합니다.

$$\mathbf{f} = \sigma(\mathbf{x}_t \mathbf{W}_x^{(\mathbf{f})} + \mathbf{h}_{t-1} \mathbf{W}_\mathbf{h}^{(\mathbf{f})} + \mathbf{b}^{(\mathbf{f})})$$ [식 6.3]

[식 6.3]을 실행하면 forget 게이트의 출력 **f**가 구해집니다. 그리고 이 **f**와 이전 기억 셀인 c_{t-1}과의 원소별 곱, 즉 $c_t = \mathbf{f} \odot c_{t-1}$을 계산하여 c_t를 구합니다.

6.2.5 새로운 기억 셀

forget 게이트를 거치면서 이전 시각의 기억 셀로부터 잊어야 할 기억이 삭제되었습니다. 그런데 이 상태로는 기억 셀이 잊는 것밖에 하지 못하겠네요. 그래서 새로 기억해야 할 정보를 기억 셀에 추가해야 합니다. 그러기 위해서 [그림 6-17]과 같이 tanh 노드를 추가합니다.

그림 6-17 새로운 기억 셀에 필요한 정보를 추가

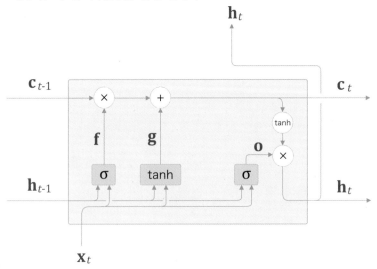

[그림 6-17]에서 보듯 tanh 노드가 계산한 결과가 이전 시각의 기억 셀 $\mathbf{c}_{t-1}$에 더해집니다. 기억 셀에 새로운 '정보'가 추가된 것이죠. 이 tanh 노드는 '게이트'가 아니며, 새로운 '정보'를 기억 셀에 추가하는 것이 목적입니다. 따라서 활성화 함수로는 시그모이드 함수가 아닌 tanh 함수가 사용됩니다. 이 tanh 노드에서 수행하는 계산은 다음과 같습니다.

$$\mathbf{g} = \tanh(\mathbf{x}_t \mathbf{W}_x^{(\mathbf{g})} + \mathbf{h}_{t-1} \mathbf{W}_\mathbf{h}^{(\mathbf{g})} + \mathbf{b}^{(\mathbf{g})})$$ [식 6.4]

여기에서는 기억 셀에 추가하는 새로운 기억을 $\mathbf{g}$로 표기했습니다. 이 $\mathbf{g}$가 이전 시각의 기억 셀인 $\mathbf{c}_{t-1}$에 더해짐으로써 새로운 기억이 생겨납니다.

6.2.6 input 게이트

마지막으로 [그림 6-17]의 **g**에 게이트를 하나 추가할 생각입니다. 여기에서 새롭게 추가하는 게이트를 **input 게이트**(입력 게이트)라고 하겠습니다. input 게이트를 추가하면 계산 그래프가 [그림 6-18]처럼 변합니다.

그림 6-18 input 게이트 추가

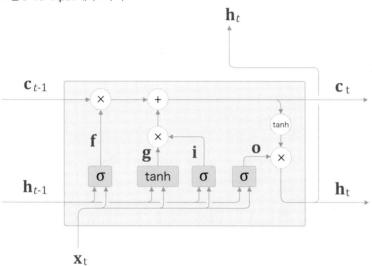

input 게이트는 **g**의 각 원소가 새로 추가되는 정보로써의 가치가 얼마나 큰지를 판단합니다. 새 정보를 무비판적으로 수용하는 게 아니라, 적절히 취사선택하는 것이 이 게이트의 역할입니다. 다른 관점에서 보면, input 게이트에 의해 가중된 정보가 새로 추가되는 셈입니다.

[그림 6-18]에서는 input 게이트를 **σ**로, 그 출력을 **i**로 표기했습니다. 이때 수행하는 계산은 다음과 같습니다.

$$\mathbf{i} = \sigma(\mathbf{x}_t \mathbf{W}_x^{(i)} + \mathbf{h}_{t-1} \mathbf{W}_h^{(i)} + \mathbf{b}^{(i)})$$ [식 6.5]

그런 다음 **i**와 **g**의 원소별 곱 결과를 기억 셀에 추가합니다. 이상이 LSTM 안에서 이뤄지는 처리입니다.

> **WARNING_** LSTM에는 '변종'이 몇 가지 있습니다. 지금까지 설명한 LSTM이 대표적인 LSTM이지만, 이 외에도 게이트 연결 방법이 (약간) 다른 계층도 볼 수 있습니다.

6.2.7 LSTM의 기울기 흐름

LSTM의 구조는 설명했습니다만, 이것이 어떤 원리로 기울기 소실을 없애주는 걸까요? 그 원리는 기억 셀 **c**의 역전파에 주목하면 보입니다.

그림 6-19 기억 셀의 역전파

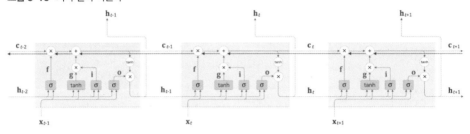

[그림 6-19]는 기억 셀에만 집중하여, 그 역전파의 흐름을 그린 것입니다. 이때 기억 셀의 역전파에서는 '+'와 '×' 노드만을 지나게 됩니다. '+' 노드는 상류에서 전해지는 기울기를 그대로 흘릴 뿐입니다. 따라서 기울기 변화(감소)는 일어나지 않습니다.

남는 것은 '×' 노드인데, 이 노드는 '행렬 곱'이 아닌 '원소별 곱(아마다르 곱)'을 계산합니다. 참고로, 앞에서 본 RNN의 역전파에서는 똑같은 가중치 행렬을 사용하여 '행렬 곱'을 반복했고, 그래서 기울기 소실(또는 기울기 폭발)이 일어났습니다. 반면, 이번 LSTM의 역전파에서는 '행렬 곱'이 아닌 '원소별 곱'이 이뤄지고, 매 시각 다른 게이트 값을 이용해 원소별 곱을 계산합니다. 이처럼 매번 새로운 게이트 값을 이용하므로 곱셈의 효과가 누적되지 않아 기울기 소실이 일어나지 않는 (혹은 일어나기 어려운) 것입니다.

[그림 6-19]의 '×' 노드의 계산은 forget 게이트가 제어합니다(그리고 매 시각 다른 게이트 값을 출력합니다). 그리고 forget 게이트가 '잊어야 한다'고 판단한 기억 셀의 원소에 대해서는 그 기울기가 작아지는 것이죠. 한편, forget 게이트가 '잊어서는 안 된다'고 판단한 원소에 대해서는 그 기울기가 약화되지 않은 채로 과거 방향으로 전해집니다. 따라서 기억 셀의 기울기가 (오래 기억해야 할 정보일 경우) 소실 없이 전파되리라 기대할 수 있습니다.

이상의 논의에서 LSTM의 기억 셀에서는 기울기 소실이 일어나지 않는 (혹은 일어나기 어려운) 이유를 알 수 있었습니다. 따라서 기억 셀이 장기 의존 관계를 유지(학습)하리라 기대할 수 있습니다.

6.3 LSTM 구현

그럼 LSTM을 구현해보죠. 우선 최초의 한 단계만 처리하는 LSTM 클래스를 구현한 다음, 이어서 T개의 단계를 한꺼번에 처리하는 Time LSTM 클래스를 구현하겠습니다. 다음은 LSTM에서 수행하는 계산을 정리한 수식들입니다.

$$\mathbf{f} = \sigma(\mathbf{x}_t \mathbf{W}_\mathbf{x}^{(\mathbf{f})} + \mathbf{h}_{t-1} \mathbf{W}_\mathbf{h}^{(\mathbf{f})} + \mathbf{b}^{(\mathbf{f})})$$

$$\mathbf{g} = \tanh(\mathbf{x}_t \mathbf{W}_\mathbf{x}^{(\mathbf{g})} + \mathbf{h}_{t-1} \mathbf{W}_\mathbf{h}^{(\mathbf{g})} + \mathbf{b}^{(\mathbf{g})})$$

$$\mathbf{i} = \sigma(\mathbf{x}_t \mathbf{W}_\mathbf{x}^{(\mathbf{i})} + \mathbf{h}_{t-1} \mathbf{W}_\mathbf{h}^{(\mathbf{i})} + \mathbf{b}^{(\mathbf{i})})$$

$$\mathbf{o} = \sigma(\mathbf{x}_t \mathbf{W}_\mathbf{x}^{(\mathbf{o})} + \mathbf{h}_{t-1} \mathbf{W}_\mathbf{h}^{(\mathbf{o})} + \mathbf{b}^{(\mathbf{o})})$$

[식 6.6]

$$\mathbf{c}_t = \mathbf{f} \odot \mathbf{c}_{t-1} + \mathbf{g} \odot \mathbf{i}$$

[식 6.7]

$$\mathbf{h}_t = \mathbf{o} \odot \tanh(\mathbf{c}_t)$$

[식 6.8]

이 식들이 LSTM에서 수행하는 계산입니다. 여기서 주목할 부분은 [식 6.6]의 네 수식에 포함된 아핀 변환affine transformation입니다(여기에서의 '아핀 변환'이란 행렬 변환과 평행 이동(편향)을 결합한 형태, 즉 $\mathbf{x}\mathbf{W}_\mathbf{x} + \mathbf{h}\mathbf{W}_\mathbf{h} + \mathbf{b}$ 형태의 식을 가리킵니다). [식 6.6]의 네 수식에서는 아핀 변환을 개별적으로 수행하지만, 이를 하나의 식으로 정리해 계산할 수 있습니다. 그 방법을 시각적으로 설명한 것이 바로 [그림 6-20]입니다.

그림 6-20 각 식의 가중치들을 모아 4개의 식을 단 한 번의 아핀 변환으로 계산

$$\begin{aligned}
\mathbf{x}_t \ \mathbf{W}_\mathbf{x}^{(f)} &+ \mathbf{h}_{t-1} \ \mathbf{W}_\mathbf{h}^{(f)} &+ \mathbf{b}^{(f)} \\
\mathbf{x}_t \ \mathbf{W}_\mathbf{x}^{(g)} &+ \mathbf{h}_{t-1} \ \mathbf{W}_\mathbf{h}^{(g)} &+ \mathbf{b}^{(g)} \\
\mathbf{x}_t \ \mathbf{W}_\mathbf{x}^{(i)} &+ \mathbf{h}_{t-1} \ \mathbf{W}_\mathbf{h}^{(i)} &+ \mathbf{b}^{(i)} \\
\mathbf{x}_t \ \mathbf{W}_\mathbf{x}^{(o)} &+ \mathbf{h}_{t-1} \ \mathbf{W}_\mathbf{h}^{(o)} &+ \mathbf{b}^{(o)}
\end{aligned}$$

$\downarrow$

$$\mathbf{x}_t \ \left[\mathbf{W}_\mathbf{x}^{(f)} \ \mathbf{W}_\mathbf{x}^{(g)} \ \mathbf{W}_\mathbf{x}^{(i)} \ \mathbf{W}_\mathbf{x}^{(o)} \right] + \mathbf{h}_{t-1} \left[\mathbf{W}_\mathbf{h}^{(f)} \ \mathbf{W}_\mathbf{h}^{(g)} \ \mathbf{W}_\mathbf{h}^{(i)} \ \mathbf{W}_\mathbf{h}^{(o)} \right] + \left[\mathbf{b}^{(f)} \ \mathbf{b}^{(g)} \ \mathbf{b}^{(i)} \ \mathbf{b}^{(o)} \right]$$

$\downarrow$

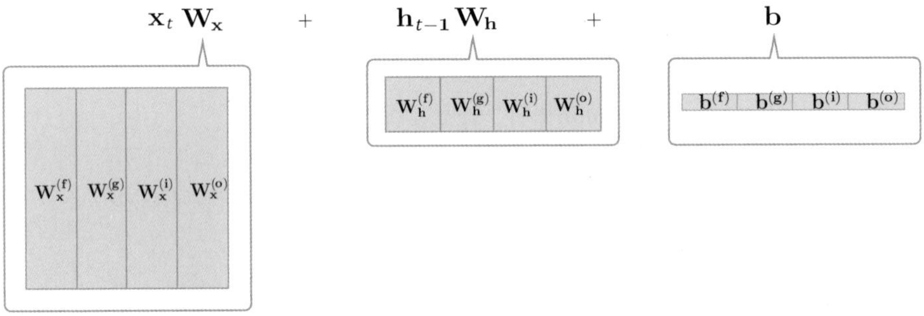

[그림 6-20]에서 보듯 4개의 가중치(또는 편향)를 하나로 모을 수 있고, 그렇게 하면 원래 개별적으로 총 4번을 수행하던 아핀 변환을 단 1회의 계산으로 끝마칠 수 있습니다. 계산 속도가 빨라진다는 뜻이죠. 왜냐하면 일반적으로 행렬 라이브러리는 '큰 행렬'을 한꺼번에 계산할 때가 각각을 따로 계산할 때보다 빠르기 때문입니다. 한편, 가중치를 한 데로 모아 관리하게 되어 소스 코드도 간결해집니다.

그러면 $\mathbf{W}_\mathbf{x}$, $\mathbf{W}_\mathbf{h}$, $\mathbf{b}$ 각각에 4개분의 가중치(혹은 편향)가 포함되어 있다고 가정하고, 이때의 LSTM을 계산 그래프로 그려보면 [그림 6-21]처럼 됩니다.

그림 6-21 4개분의 가중치를 모아 아핀 변환을 수행하는 LSTM의 계산 그래프

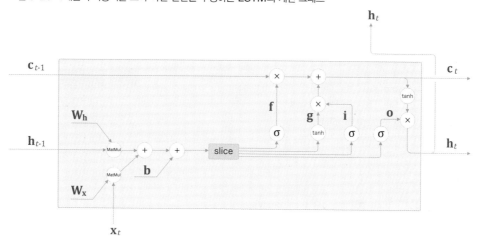

[그림 6-21]에서 보듯, 여기에서는 처음 4개분의 아핀 변환을 한꺼번에 수행합니다. 그리고 slice 노드를 통해 그 4개의 결과를 꺼냅니다. slice는 아핀 변환의 결과(행렬)를 균등하게 네 조각으로 나눠서 꺼내주는 단순한 노드입니다. slice 노드 다음에는 활성화 함수(시그모이드 함수 또는 tanh 함수)를 거쳐 앞 절에서 설명한 계산을 수행합니다.

그럼 [그림 6-21]을 참고하여 LSTM 클래스를 구현하겠습니다. 우선 LSTM 클래스의 초기화 코드입니다.

common/time_layers.py

```python
class LSTM:
    def __init__(self, Wx, Wh, b):
        self.params = [Wx, Wh, b]
        self.grads = [np.zeros_like(Wx), np.zeros_like(Wh), np.zeros_like(b)]
        self.cache = None
```

초기화 인수는 가중치 매개변수인 Wx와 Wh, 그리고 편향을 뜻하는 b입니다. 앞에서도 말한 것처럼 이 가중치(와 편향)에는 4개분의 가중치가 담겨 있습니다. 이 인수들을 인스턴스 변수인 params에 할당하고, 이에 대응하는 형태로 기울기도 초기화합니다. 한편, cache는 순전파 때 중간 결과를 보관했다가 역전파 계산에 사용하려는 용도의 인스턴스 변수입니다.

그럼 계속해서 순전파 구현을 보겠습니다. 순전파는 forward(x, h_prev, c_prev) 메서드로 구현합니다. 인수로는 현 시각의 입력 x, 이전 시각의 은닉 상태 h_prev, 이전 시각의 기억 셀 c_prev를 받습니다.

common/time_layers.py

```python
def forward(self, x, h_prev, c_prev):
    Wx, Wh, b = self.params
    N, H = h_prev.shape

    A = np.matmul(x, Wx) + np.matmul(h_prev, Wh) + b

    # slice
    f = A[:, :H]
    g = A[:, H:2*H]
    i = A[:, 2*H:3*H]
    o = A[:, 3*H:]

    f = sigmoid(f)
    g = np.tanh(g)
    i = sigmoid(i)
    o = sigmoid(o)

    c_next = f * c_prev + g * i
    h_next = o * np.tanh(c_next)

    self.cache = (x, h_prev, c_prev, i, f, g, o, c_next)
    return h_next, c_next
```

이 메서드에서는 가장 먼저 아핀 변환을 합니다. 다시 말하지만, 이때 인스턴스 변수 Wx, Wh, b에는 각각 4개분의 매개변수가 저장되어 있으며, 이 변환을 행렬의 형상과 함께 그려보면 [그림 6-22]처럼 됩니다.

그림 6-22 아핀 변환 시의 형상 추이(편향은 생략)

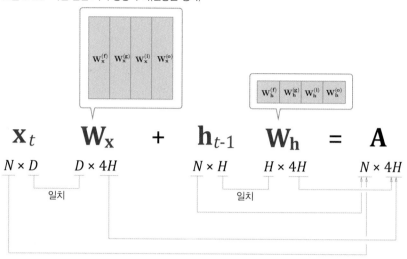

[그림 6-22]에서는 미니배치 수를 N, 입력 데이터의 차원 수를 D, 기억 셀과 은닉 상태의 차원 수를 모두 H로 표시했습니다. 그리고 계산 결과인 $\mathbf{A}$에는 네 개분의 아핀 변환 결과가 저장됩니다. 따라서 이 결과로부터 데이터를 꺼낼 때는 A[:, :H]나 A[:, H:2*H] 형태로 슬라이스해서 꺼내고, 꺼낸 데이터를 다음 연산 노드에 분배합니다. 나머지 구현에 대해서는 LSTM의 수식과 계산 그래프를 참고하면 특별히 어려운 부분은 없을 것입니다.

> **WARNING_** LSTM 계층은 4개분의 가중치를 하나로 모아서 보관합니다. 그 덕분에 LSTM 계층은 매개변수를 총 3개만 관리하면 됩니다($\mathbf{W_x}$, $\mathbf{W_h}$, $\mathbf{b}$). 참고로 RNN 계층도 똑같이 Wx, Wh, b라는 3개의 매개변수만 사용했습니다. 따라서 LSTM 계층과 RNN 계층의 매개변수 수는 같습니다만, 그 형상이 다른 것입니다.

LSTM의 역전파는 [그림 6-21]의 계산 그래프를 역방향으로 전파해 구할 수 있습니다. 지금까지 익힌 지식을 활용하면 어렵지 않을 것입니다. 다만, slice 노드는 이번에 처음 등장했으니 그 역전파에 대해 간단히 설명해드려야겠죠?

이 slice 노드는 행렬을 네 조각으로 나눠서 분배했습니다. 따라서 그 역전파에서는 반대로 4개의 기울기를 결합해야 합니다. [그림 6-23]과 같은 모습이 되겠지요.

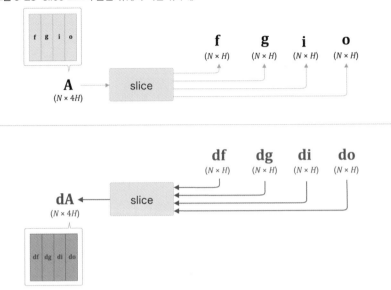

그림 6-23 slice 노드의 순전파(위)와 역전파(아래)

[그림 6-23]에서 보듯 slice 노드의 역전파에서는 4개의 행렬을 연결합니다. 그림에서는 4개의 기울기 **df**, **dg**, **di**, **do**를 연결해서 **dA**를 만들었죠. 이를 넘파이로 수행하려면 np.hstack() 메서드를 사용하면 됩니다. np.hstack()은 인수로 주어진 배열들을 가로로 연결합니다(세로로 연결하는 np.vstack()도 있습니다). 따라서 이 처리를 다음의 단 한 줄로 끝낼 수 있습니다.

```
dA = np.hstack((df, dg, di, do))
```

이상으로 slice 노드의 역전파를 알아봤습니다.

6.3.1 Time LSTM 구현

그러면 계속해서 Time LSTM 구현으로 넘어갑니다. Time LSTM은 T개분의 시계열 데이터를 한꺼번에 처리하는 계층입니다. 그 전체 그림은 [그림 6-24]와 같이 T개의 LSTM 계층으로 구성됩니다.

그림 6-24 Time LSTM의 입출력

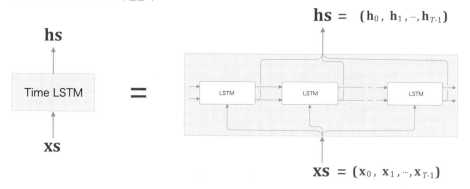

그런데 앞서 말한 것처럼 RNN에서는 학습할 때 Truncated BPTT를 수행했습니다. Truncated BPTT는 역전파의 연결은 적당한 길이로 끊습니다만, 순전파의 흐름은 그대로 유지합니다. 그러니 [그림 6-25]처럼 은닉 상태와 기억 셀을 인스턴스 변수로 유지하도록 하겠습니다. 이렇게 하여 다음번에 forward()가 불렸을 때, 이전 시각의 은닉 상태(와 기억 셀)에서부터 시작할 수 있게 되는 것이죠.

그림 6-25 Time LSTM 역전파의 입출력

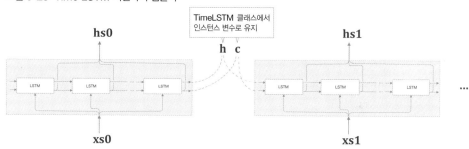

우리는 이미 Time RNN 계층을 구현했습니다. Time LSTM 계층도 같은 요령으로 구현하면 됩니다.

```
class TimeLSTM:                                          common/time_layers.py
    def __init__(self, Wx, Wh, b, stateful=False):
        self.params = [Wx, Wh, b]
        self.grads = [np.zeros_like(Wx), np.zeros_like(Wh), np.zeros_like(b)]
        self.layers = None
```

```python
        self.h, self.c = None, None
        self.dh = None
        self.stateful = stateful

    def forward(self, xs):
        Wx, Wh, b = self.params
        N, T, D = xs.shape
        H = Wh.shape[0]

        self.layers = []
        hs = np.empty((N, T, H), dtype='f')

        if not self.stateful or self.h is None:
            self.h = np.zeros((N, H), dtype='f')
        if not self.stateful or self.c is None:
            self.c = np.zeros((N, H), dtype='f')

        for t in range(T):
            layer = LSTM(*self.params)
            self.h, self.c = layer.forward(xs[:, t, :], self.h, self.c)
            hs[:, t, :] = self.h

            self.layers.append(layer)

        return hs

    def backward(self, dhs):
        Wx, Wh, b = self.params
        N, T, H = dhs.shape
        D = Wx.shape[0]

        dxs = np.empty((N, T, D), dtype='f')
        dh, dc = 0, 0

        grads = [0, 0, 0]
        for t in reversed(range(T)):
            layer = self.layers[t]
            dx, dh, dc = layer.backward(dhs[:, t, :] + dh, dc)
            dxs[:, t, :] = dx
            for i, grad in enumerate(layer.grads):
                grads[i] += grad

        for i, grad in enumerate(grads):
            self.grads[i][...] = grad
```

```
        self.dh = dh
        return dxs

    def set_state(self, h, c=None):
        self.h, self.c = h, c

    def reset_state(self):
        self.h, self.c = None, None
```

LSTM은 은닉 상태 h와 함께 기억 셀 c도 이용하지만, TimeLSTM 클래스의 구현은 TimeRNN 클래스와 흡사합니다. 여기에서도 인수 stateful로 상태를 유지할지를 지정합니다. 자, 다음 순서로는 이 TimeLSTM을 이용해서 언어 모델을 만들어보겠습니다.

6.4 LSTM을 사용한 언어 모델

Time LSTM 계층까지 다 구현했으니, 본래 주제인 '언어 모델'을 구현할 차례입니다. 여기서 구현하는 언어 모델은 앞 장에서 구현한 언어 모델과 거의 같습니다. [그림 6-26]에서 보듯, 앞 장에서는 Time RNN 계층이 차지하던 부분이 Time LSTM 계층으로 바뀌었는데, 이것이 유일한 차이입니다.

그림 6-26 언어 모델의 신경망 구성(왼쪽은 앞 장에서 작성한 Time RNN을 이용한 모델, 오른쪽은 이번 장에서 작성하는 Time LSTM을 이용한 모델)

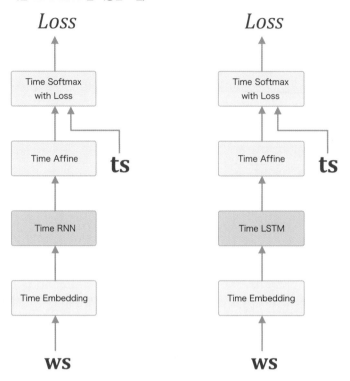

보다시피, 앞 장에서 구현한 언어 모델과의 차이는 LSTM을 사용한다는 점뿐입니다. 우리는 [그림 6-26]의 오른쪽 신경망을 Rnnlm이라는 클래스로 구현할 것입니다. Rnnlm 클래스는 앞 장에서 설명한 SimpleRnnlm 클래스와 거의 같고, 새로운 메서드를 몇 개 더 제공합니다. 자, LSTM 계층을 사용하는 Rnnlm 클래스의 구현을 함께 보시죠.*

```python
import sys
sys.path.append('..')
from common.time_layers import *
import pickle

class Rnnlm:
    def __init__(self, vocab_size=10000, wordvec_size=100, hidden_size=100):
```

---

* 이 구현에 대응하는 코드는 ch06/rnnlm.py입니다. 단, ch06/rnnlm.py에서는 BaseModel 클래스를 상속하여 더 간략하게 구현했습니다.

```python
        V, D, H = vocab_size, wordvec_size, hidden_size
        rn = np.random.randn

        # 가중치 초기화
        embed_W = (rn(V, D) / 100).astype('f')
        lstm_Wx = (rn(D, 4 * H) / np.sqrt(D)).astype('f')
        lstm_Wh = (rn(H, 4 * H) / np.sqrt(H)).astype('f')
        lstm_b = np.zeros(4 * H).astype('f')
        affine_W = (rn(H, V) / np.sqrt(H)).astype('f')
        affine_b = np.zeros(V).astype('f')

        # 계층 생성
        self.layers = [
            TimeEmbedding(embed_W),
            TimeLSTM(lstm_Wx, lstm_Wh, lstm_b, stateful=True),
            TimeAffine(affine_W, affine_b)
        ]
        self.loss_layer = TimeSoftmaxWithLoss()
        self.lstm_layer = self.layers[1]

        # 모든 가중치와 기울기를 리스트에 모은다.
        self.params, self.grads = [], []
        for layer in self.layers:
            self.params += layer.params
            self.grads += layer.grads

    def predict(self, xs):
        for layer in self.layers:
            xs = layer.forward(xs)
        return xs

    def forward(self, xs, ts):
        score = self.predict(xs)
        loss = self.loss_layer.forward(score, ts)
        return loss

    def backward(self, dout=1):
        dout = self.loss_layer.backward(dout)
        for layer in reversed(self.layers):
            dout = layer.backward(dout)
        return dout

    def reset_state(self):
        self.lstm_layer.reset_state()
```

```python
    def save_params(self, file_name='Rnnlm.pkl'):
        with open(file_name, 'wb') as f:
            pickle.dump(self.params, f)

    def load_params(self, file_name='Rnnlm.pkl'):
        with open(file_name, 'rb') as f:
            self.params = pickle.load(f)
```

Rnnlm 클래스에는 Softmax 계층 직전까지를 처리하는 predict() 메서드가 추가되었습니다. 이 메서드는 7장에서 수행하는 문장 생성에 사용됩니다. 그리고 매개변수 읽기/쓰기를 처리하는 load_params()와 save_params() 메서드도 추가되었습니다. 나머지는 앞 장의 SimpleRnnlm 클래스와 같답니다.

> **NOTE_** common/base_model.py에는 BaseModel 클래스가 따로 있습니다. 이 클래스에는 save_params()와 load_params() 메서드가 구현되어 있어서, BaseModel 클래스를 상속하는 것만으로 매개변수를 읽고 쓰는 기능을 얻을 수 있습니다. 나아가 BaseModel은 GPU 대응이나 비트 감소(16비트의 부동소수점 수로 저장) 같은 최적화도 수행하고 있습니다.

이제 이 신경망을 사용해 PTB 데이터셋을 학습해보겠습니다. 이번에는 PTB 데이터셋의 훈련 데이터 전부를 사용하여 학습합니다(앞 장에서는 PTB 데이터셋의 일부만 이용했습니다). 학습을 위한 코드를 다음과 같습니다.

ch06/train_rnnlm.py

```python
import sys
sys.path.append('..')
from common.optimizer import SGD
from common.trainer import RnnlmTrainer
from common.util import eval_perplexity
from dataset import ptb
from rnnlm import Rnnlm

# 하이퍼파라미터 설정
batch_size = 20
wordvec_size = 100
hidden_size = 100  # RNN의 은닉 상태 벡터의 원소 수
time_size = 35     # RNN을 펼치는 크기
lr = 20.0
max_epoch = 4
max_grad = 0.25
```

```
# 학습 데이터 읽기
corpus, word_to_id, id_to_word = ptb.load_data('train')
corpus_test, _, _ = ptb.load_data('test')
vocab_size = len(word_to_id)
xs = corpus[:-1]
ts = corpus[1:]

# 모델 생성
model = Rnnlm(vocab_size, wordvec_size, hidden_size)
optimizer = SGD(lr)
trainer = RnnlmTrainer(model, optimizer)

# ❶ 기울기 클리핑을 적용하여 학습
trainer.fit(xs, ts, max_epoch, batch_size, time_size, max_grad,
            eval_interval=20)
trainer.plot(ylim=(0, 500))

# ❷ 테스트 데이터로 평가
model.reset_state()
ppl_test = eval_perplexity(model, corpus_test)
print('테스트 퍼플렉서티: ', ppl_test)

# ❸ 매개변수 저장
model.save_params()
```

이 코드는 앞 장의 코드(ch05/train.py)와 상당 부분이 같습니다. 그러니 앞 장과의 차이를 중심으로 설명하겠습니다. 우선 ❶에서 RnnlmTrainer 클래스를 사용해 모델을 학습시킵니다. RnnlmTrainer 클래스의 fit() 메서드는 모델의 기울기를 구해 모델의 매개변수를 갱신합니다. 이때 인수로 max_grad를 지정해 기울기 클리핑을 적용합니다. 참고로 fit() 메서드 내부는 다음처럼 구현되어 있습니다(실제 코드가 아닌 의사 코드입니다).

```
# 기울기 구하기
model.forward(...)
model.backward(...)
params, grads = model.params, model.grads
# 기울기 클리핑
if max_grad is not None:
    clip_grads(grads, max_grad)
# 매개변수 갱신
optimizer.update(params, grads)
```

기울기 클리핑을 수행하는 clip_grads(grads, max_grad) 메서드는 '6.1.4 기울기 폭발 대책' 절에서 구현했습니다. 여기에서는 그 메서드를 이용해 기울기 클리핑을 수행합니다.

또, ❶의 fit() 메서드에서 인수 eval_interval=20은 20번째 반복마다 퍼플렉서티를 평가하라는 뜻입니다. 이번에는 데이터가 크기 때문에 모든 에폭에서 평가하지 않고, 20번 반복될 때마다 평가하도록 했습니다. 그리고 나중에 plot() 메서드를 호출해 그 결과를 그래프로 그립니다.

❷에서는 학습이 끝난 후 테스트 데이터를 사용해 퍼플렉서티를 평가합니다. 이때 모델 상태(LSTM의 은닉 상태와 기억 셀)를 재설정하여 평가를 수행하는 점에 주의하세요. 참고로, 여기서 퍼플렉서티 평가에 이용한 eval_perplexity() 메서드 함수는 common/util.py에 구현되어 있습니다(코드를 보면 구현이 매우 단순함을 확인할 수 있습니다).

마지막으로 ❸에서 학습이 완료된 매개변수들을 파일로 저장합니다. 다음 장에서 학습된 가중치 매개변수를 사용해 문장을 생성할 때 이 파일을 사용할 겁니다. 이상이 RNNLM의 학습 코드입니다. 이제 코드를 실행해보죠. 그러면 터미널에 다음 결과가 출력됩니다.

그림 6-27 터미널 출력 결과

```
$python train_rnnlm.py
| epoch 1 |  iter 1 / 1327   | time 0[s]  | perplexity 10000.84
| epoch 1 |  iter 21 / 1327  | time 4[s]  | perplexity 3065.17
| epoch 1 |  iter 41 / 1327  | time 9[s]  | perplexity 1255.96
| epoch 1 |  iter 61 / 1327  | time 14[s] | perplexity 956.13
| epoch 1 |  iter 81 / 1327  | time 18[s] | perplexity 806.56
| epoch 1 |  iter 101 / 1327 | time 23[s] | perplexity 658.86
| epoch 1 |  iter 121 / 1327 | time 27[s] | perplexity 636.88
| epoch 1 |  iter 141 / 1327 | time 31[s] | perplexity 601.75
| epoch 1 |  iter 161 / 1327 | time 35[s] | perplexity 575.78
| epoch 1 |  iter 181 / 1327 | time 40[s] | perplexity 590.01
| epoch 1 |  iter 201 / 1327 | time 44[s] | perplexity 479.95
| epoch 1 |  iter 221 / 1327 | time 48[s] | perplexity 488.23
| epoch 1 |  iter 241 / 1327 | time 53[s] | perplexity 443.62
| epoch 1 |  iter 261 / 1327 | time 57[s] | perplexity 468.75
| epoch 1 |  iter 281 / 1327 | time 61[s] | perplexity 447.81
| epoch 1 |  iter 301 / 1327 | time 66[s] | perplexity 398.51
| epoch 1 |  iter 321 / 1327 | time 70[s] | perplexity 350.89
| epoch 1 |  iter 341 / 1327 | time 74[s] | perplexity 406.82
| epoch 1 |  iter 361 / 1327 | time 79[s] | perplexity 409.33
| epoch 1 |  iter 381 / 1327 | time 83[s] | perplexity 337.04
```

[그림 6-27]에서는 매 20번째 반복의 퍼플렉서티 값이 출력되었습니다. 그림에서 첫 번째 퍼플렉서티의 값이 10000.84인데, 이는 (직관적으로는) 다음에 나올 수 있는 후보 단어 수를

10,000개 정도로 좁혔다는 뜻입니다. 이번 데이터셋의 어휘 수가 10,000개이므로 아직 아무 것도 학습하지 않은 상태라는 말이죠. 그래서 예측을 대충 수행하게 됩니다. 하지만 학습을 계속하면서 기대한 대로 퍼플렉서티가 좋아지고 있습니다. 실제로 반복이 300회를 넘자 퍼플렉서티가 400을 밑돌기 시작하네요. 그럼, 퍼플렉서티의 추이를 그래프로 살펴봅시다.

그림 6-28 퍼플렉서티 추이(훈련 데이터를 대상으로 20번째 반복마다 평가한 결과)

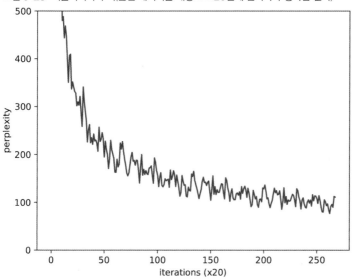

이번 실험에서는 총 4에폭(반복으로 환산하면 1327×4회)의 학습을 수행했습니다. [그림 6-28]에서 보듯, 퍼플렉서티가 순조롭게 낮아져서 최종적으로는 100 정도가 되었습니다. 그리고 테스트 데이터로 수행한 최종 평가(소스 코드의 ❷ 부분)는 약 136.07입니다. 이 결과는 실행할 때마다 달라지지만 대략 136 전후가 될 것입니다. 즉, 우리 모델은 다음에 나올 단어의 후보를 (총 10,000개 중에서) 136개 정도로 줄일 때까지 개선된 것입니다.

그러면 136이라는 값은 실제로 얼마나 좋은 것일까요? 사실 그다지 좋은 결과는 아닙니다. 2017년 기준 최첨단 연구[34]에서는 PTB 데이터셋의 퍼플렉서티가 60을 밑돌고 있답니다. 우리 모델은 아직 개선할 여지가 많다는 방증이죠. 그래서 다음 절에서는 현재의 RNNLM을 한층 더 개선할 계획입니다.

6.5 RNNLM 추가 개선

이번 절에서는 현재의 RNNLM의 개선 포인트 3가지를 설명합니다. 그리고 그 개선들을 구현하고, 마지막에는 실제로 얼마나 좋아졌는지를 평가해보겠습니다.

6.5.1 LSTM 계층 다층화

RNNLM으로 정확한 모델을 만들고자 한다면 많은 경우 LSTM 계층을 깊게 쌓아(계층을 여러 겹 쌓아) 효과를 볼 수 있습니다.

그림 6-29 LSTM 계층을 2층으로 쌓은 RNNLM

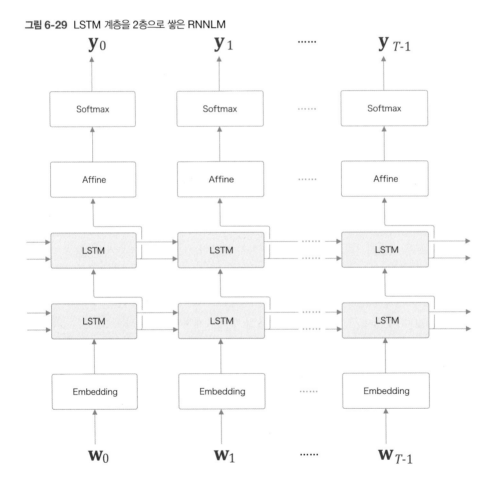

지금까지 우리는 LSTM 계층을 1층만 사용했지만 이를 2층, 3층 식으로 여러 겹 쌓으면 언어 모델의 정확도가 향상되리라 기대할 수 있습니다. 예컨대 LSTM을 2층으로 쌓아 RNNLM을 만든다고 하면 [그림 6-29]처럼 됩니다.

[그림 6-29]는 LSTM 계층을 두 개 쌓은 모습입니다. 이때 첫 번째 LSTM 계층의 은닉 상태가 두 번째 LSTM 계층에 입력됩니다. 이와 같은 요령으로 LSTM 계층을 몇 층이라도 쌓을 수 있으며, 그 결과 더 복잡한 패턴을 학습할 수 있게 됩니다. 피드포워드 신경망에서 계층을 쌓는 이야기와 같죠. 『밑바닥부터 시작하는 딥러닝 1』에서는 Affine 계층이나 합성곱 계층 등을 더 깊게 쌓을수록 모델의 표현력이 좋아짐을 보여드렸습니다.

그렇다면 몇 층이나 쌓아야 할까요? 물론 그건 하이퍼파라미터에 관한 문제입니다. 쌓는 층 수는 하이퍼파라미터이므로 처리할 문제의 복잡도나 준비된 학습 데이터의 양에 따라 적절하게 결정해야 하지요. 참고로, PTB 데이터셋의 언어 모델에서는 LSTM의 층 수는 2~4 정도일 때 좋은 결과를 얻는 것 같습니다.

> **NOTE_** 구글 번역에서 사용하는 GNMT 모델[5이]은 LSTM을 8층이나 쌓은 신경망이라고 합니다. 이 예가 증명하듯, 처리할 문제가 복잡하고 학습 데이터를 대량으로 준비할 수 있다면 LSTM 계층을 '깊게' 쌓는 것이 정확도 향상을 이끌 수도 있습니다.

6.5.2 드롭아웃에 의한 과대적합 억제

LSTM 계층을 다층화하면 시계열 데이터의 복잡한 의존 관계를 학습할 수 있을 것이라 기대할 수 있습니다. 다르게 표현하자면, 층을 깊게 쌓음으로써 표현력이 풍부한 모델을 만들 수 있죠. 그러나 이런 모델은 종종 **과대적합**overfitting, 과적합을 일으킵니다. 더 나쁜 소식도 있습니다. 불행하게도 RNN은 일반적인 피드포워드 신경망보다 쉽게 과대적합을 일으킨다는 소식입니다. 따라서 RNN의 과대적합 대책은 중요하고, 현재도 활발하게 연구되는 주제입니다.

> **NOTE_** 과대적합이란 훈련 데이터에만 너무 치중해 학습된 상태를 말합니다. 즉, 일반화 능력이 결여된 상태입니다. 우리가 바라는 것은 일반화 능력이 높은 모델입니다. 이런 모델을 얻으려면 훈련 데이터로 수행한 평가와 검증 데이터로 한 평가를 비교하여, 과대적합이 일어나지 않았는지를 판단해가며 모델을 설계해야 합니다.

과대적합을 억제하는 전통적인 방법이 있습니다. '훈련 데이터의 양 늘리기'와 '모델의 복잡도 줄이기'가 가장 먼저 떠오르네요. 그 외에는 모델의 복잡도에 페널티를 주는 **정규화**normalization도 효과적입니다. 예컨대 L2 정규화는 가중치가 너무 커지면 페널티를 부과합니다.

또, 드롭아웃dropout [9]처럼 훈련 시 계층 내의 뉴런 몇 개(예컨대 50% 등)를 무작위로 무시하고 학습하는 방법도 일종의 정규화라고 할 수 있습니다(그림 6-30). 이번 절에서는 이 드롭아웃에 관해 자세히 살펴보고 RNN에 적용해보려 합니다.

그림 6-30 드롭아웃 개념도(문헌 [9]에서 인용): 왼쪽이 일반적인 신경망, 오른쪽이 드롭아웃을 적용한 신경망

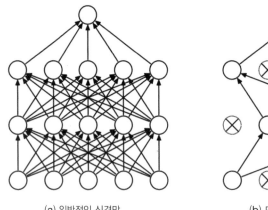 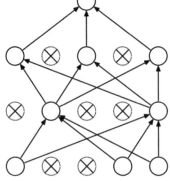

(a) 일반적인 신경망   (b) 드롭아웃을 적용한 모습

[그림 6-30]과 같이 드롭아웃은 무작위로 뉴런을 선택하여 선택한 뉴런을 무시합니다. 무시한다는 말은 그 앞 계층으로부터의 신호 전달을 막는다는 뜻입니다. 이 '무작위한 무시'가 제약이 되어 신경망의 일반화 성능을 개선하는 것이죠. 『밑바닥부터 시작하는 딥러닝 1』에서는 드롭아웃 계층을 구현해봤는데, [그림 6-31]처럼 드롭아웃 계층을 활성화 함수 뒤에 삽입하는 방법으로 과대적합 억제에 기여하는 모습을 보여드렸습니다.

그림 6-31 피드포워드 신경망에 드롭아웃 계층을 적용하는 예

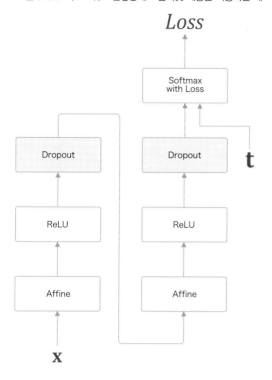

그럼 RNN을 사용한 모델에서는 드롭아웃 계층을 어디에 삽입해야 할까요? 첫 번째 후보는 [그림 6-32]와 같이 LSTM 계층의 시계열 방향으로 삽입하는 것입니다. 하지만 정답을 먼저 알려드리자면, 이는 좋은 방법이 아닙니다.

그림 6-32 나쁜 예: 드롭아웃 계층을 시계열 방향으로 삽입

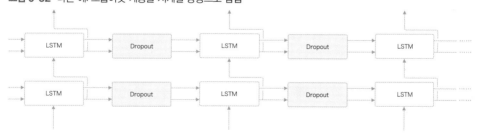

RNN에서 시계열 방향으로 드롭아웃을 넣어버리면 (학습 시) 시간이 흐름에 따라 정보가 사라질 수 있습니다. 즉, 흐르는 시간에 비례해 드롭아웃에 의한 노이즈가 축적됩니다. 노이즈 축적을 고려하면, 시간축 방향으로의 드롭아웃은 그만두는 편이 좋을 것입니다. 그렇다면 [그림 6-33]처럼 드롭아웃 계층을 깊이 방향(상하 방향)으로 삽입하는 방안을 생각해보죠.

그림 6-33 좋은 예: 드롭아웃 계층을 깊이 방향(상하 방향)으로 삽입

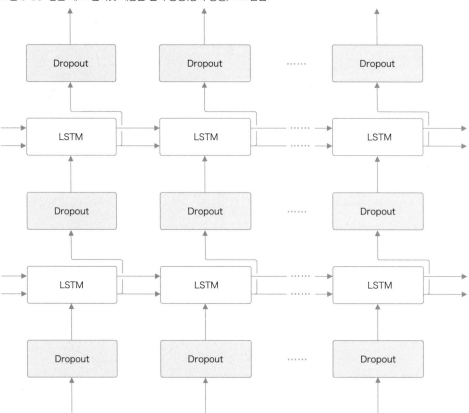

이렇게 구성하면 시간 방향(좌우 방향)으로 아무리 진행해도 정보를 잃지 않습니다. 드롭아웃이 시간축과는 독립적으로 깊이 방향(상하 방향)에만 영향을 주는 것이죠.

> **NOTE_** [그림 6-31]과 [그림 6-33]을 비교해볼까요? [그림 6-31]은 드롭아웃을 피드포워드 신경망에 적용한 경우인데, 깊이 방향으로 적용한 것을 알 수 있습니다. 이와 같은 방식으로, [그림 6-33]에서도 드롭아웃을 깊이 방향으로만 적용하여 피드포워드 때처럼 과대적합을 억제할 수도 있습니다.

지금까지 이야기한 것처럼, '일반적인 드롭아웃'은 시간 방향에는 적합하지 않습니다. 그러나 최근 연구에서는 RNN의 시간 방향 정규화를 목표로 하는 방법이 다양하게 제안되고 있습니다. 예컨대 문헌 [36]에서는 **변형 드롭아웃**Variational Dropout을 제안했고, 시간 방향으로 적용하는 데 성공했습니다.

변형 드롭아웃은 깊이 방향은 물론 시간 방향에도 이용할 수 있어서 언어 모델의 정확도를 한 층 더 향상시킬 수 있습니다. 그 구조는 [그림 6-34]와 같은데, 같은 계층에 속한 드롭아웃들은 같은 마스크mask를 공유합니다. 여기서 말하는 '마스크'란 데이터의 '통과/차단'을 결정하는 이진binary 형태의 무작위 패턴을 가리킵니다.

그림 6-34 변형 드롭아웃의 예: 색이 같은 드롭아웃끼리는 같은 마스크를 이용한다. 이처럼 같은 계층에 적용되는 드롭 아웃끼리는 공통의 마스크를 이용함으로써 시간 방향 드롭아웃도 효과적으로 작동할 수 있다.

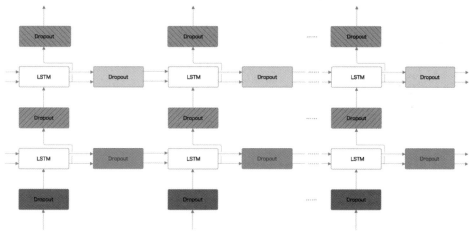

[그림 6-34]에서 보듯 같은 계층의 드롭아웃끼리 마스크를 공유함으로써 마스크가 '고정'됩니다. 그 결과 정보를 잃게 되는 방법도 '고정'되므로, 일반적인 드롭아웃 때와 달리 정보가 지수적으로 손실되는 사태를 피할 수 있습니다.

> **WARNING**_ 변형 드롭아웃은 일반 드롭아웃보다 결과가 좋다고 합니다. 하지만 이번 장에서는 변형 드롭 아웃을 이용하지 않고, 일반적인 드롭아웃을 사용합니다. 변형 드롭아웃의 아이디어는 매우 단순하니 흥미가 생긴 분은 직접 구현해보세요!

6.5.3 가중치 공유

언어 모델을 개선하는 아주 간단한 트릭 중 **가중치 공유**weight tying가 있습니다.[37] [38] weight tying을 직역하면 '가중치를 연결한다'이지만, 실질적으로는 [그림 6-35]에서 보듯 가중치를 공유하는 효과를 줍니다.

그림 6-35 언어 모델에서의 가중치 공유 예: Embedding 계층과 Softmax 앞단의 Affine 계층이 가중치를 공유한다.

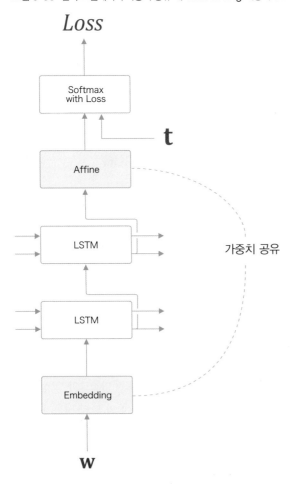

[그림 6-35]처럼 Embedding 계층의 가중치와 Affine 계층의 가중치를 연결하는(공유하는) 기법이 가중치 공유입니다. 두 계층이 가중치를 공유함으로써 학습하는 매개변수 수가 크게 줄어드는 동시에 정확도도 향상되는 일석이조의 기술입니다!

그럼, 가중치 공유를 구현 관점에서 생각해봅시다. 어휘 수를 V로, LSTM의 은닉 상태의 차원 수를 H라고 해보죠. 그러면 Embedding 계층의 가중치는 형상이 $V \times H$이며, Affine 계층의 가중치 형상은 $H \times V$가 됩니다. 이때 가중치 공유를 적용하려면 Embedding 계층의 가중치를 전치하여 Affine 계층의 가중치로 설정하기만 하면 됩니다. 그리고 이 아주 간단한 트릭 하나로 훌륭한 결과를 얻을 수 있답니다!

NOTE_ 가중치 공유가 효과가 있는 이유는 무엇일까요? 직관적으로는 가중치를 공유함으로써 학습해야 할 매개변수 수를 줄일 수 있고, 그 결과 학습하기가 더 쉬워지기 때문이라고 생각할 수 있습니다. 게다가 매개변수 수가 줄어든다 함은 과대적합이 억제되는 혜택으로 이어질 수 있습니다. 참고로, 가중치 공유가 유용한 이론적인 근거가 논문 [38]에 기술되어 있으니, 관심 있는 분은 읽어보세요.

6.5.4 개선된 RNNLM 구현

지금까지 RNNLM의 개선점 3개를 설명했습니다. 이쯤 되면 이 기법들의 효과가 얼마나 대단한지 확인해보고 싶지 않나요? 이를 위해 이번 절에서는 [그림 6-36]의 계층 구성을 BetterRnnlm 클래스로 구현해보겠습니다.

그림 6-36 BetterRnnlm 클래스의 신경망 구성

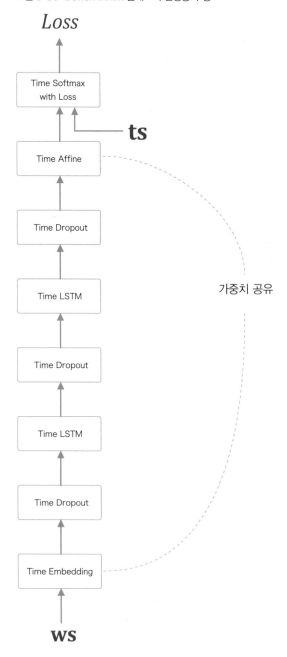

[그림 6-36]에서 보듯, 여기에서의 개선점은 다음 세 가지입니다.

- LSTM 계층의 다층화(여기에서는 2층)
- 드롭아웃 사용(깊이 방향으로만 적용)
- 가중치 공유(Embedding 계층과 Affine 계층에서 가중치 공유)

이제 이 세 가지 개선점을 도입한 BetterRnnlm 클래스를 구현합니다.

ch06/better_rnnlm.py

```python
import sys
sys.path.append('..')
from common.time_layers import *
from common.np import *
from common.base_model import BaseModel

class BetterRnnlm(BaseModel):
    def __init__(self, vocab_size=10000, wordvec_size=650,
                 hidden_size=650, dropout_ratio=0.5):
        V, D, H = vocab_size, wordvec_size, hidden_size
        rn = np.random.randn

        embed_W = (rn(V, D) / 100).astype('f')
        lstm_Wx1 = (rn(D, 4 * H) / np.sqrt(D)).astype('f')
        lstm_Wh1 = (rn(H, 4 * H) / np.sqrt(H)).astype('f')
        lstm_b1 = np.zeros(4 * H).astype('f')
        lstm_Wx2 = (rn(H, 4 * H) / np.sqrt(H)).astype('f')
        lstm_Wh2 = (rn(H, 4 * H) / np.sqrt(H)).astype('f')
        lstm_b2 = np.zeros(4 * H).astype('f')
        affine_b = np.zeros(V).astype('f')

        # 세 가지 개선!
        self.layers = [
            TimeEmbedding(embed_W),
            TimeDropout(dropout_ratio),
            TimeLSTM(lstm_Wx1, lstm_Wh1, lstm_b1, stateful=True),
            TimeDropout(dropout_ratio),
            TimeLSTM(lstm_Wx2, lstm_Wh2, lstm_b2, stateful=True),
            TimeDropout(dropout_ratio),
            TimeAffine(embed_W.T, affine_b)  # 가중치 공유!!
        ]
        self.loss_layer = TimeSoftmaxWithLoss()
        self.lstm_layers = [self.layers[2], self.layers[4]]
        self.drop_layers = [self.layers[1], self.layers[3], self.layers[5]]
```

```python
        self.params, self.grads = [], []
        for layer in self.layers:
            self.params += layer.params
            self.grads += layer.grads

    def predict(self, xs, train_flg=False):
        for layer in self.drop_layers:
            layer.train_flg = train_flg
        for layer in self.layers:
            xs = layer.forward(xs)
        return xs

    def forward(self, xs, ts, train_flg=True):
        score = self.predict(xs, train_flg)
        loss = self.loss_layer.forward(score, ts)
        return loss

    def backward(self, dout=1):
        dout = self.loss_layer.backward(dout)
        for layer in reversed(self.layers):
            dout = layer.backward(dout)
        return dout

    def reset_state(self):
        for layer in self.lstm_layers:
            layer.reset_state()
```

회색 배경의 코드에서 앞서 말한 세 가지 개선이 이뤄지고 있습니다. 구체적으로는 TimeLSTM 계층을 2개 겹치고, 사이사이에 TimeDropout 계층을 사용합니다. 그리고 TimeEmbedding 계층과 TimeAffine 계층에서 가중치를 공유합니다.

다음은 이 개선된 BetterRnnlm 클래스를 학습시킬 차례입니다. 하지만 그전에 지금부터 수행하는 학습 코드에 한 가지 궁리를 더해볼까 합니다. 그 궁리란 매 에폭에서 검증 데이터로 퍼플 렉서티를 평가하고, 그 값이 나빠졌을 경우에만 학습률을 낮추는 것입니다. 이 기술은 실전에서 자주 쓰이며, 더 좋은 결과로 이어지는 경우가 많습니다. 참고로, 이 구현은 PyTorch 언어 모델의 구현 예[39]를 참고했습니다. 학습용 코드는 다음과 같습니다.

```python
import sys
sys.path.append('..')
from common import config
# GPU에서 실행하려면 아래 주석을 해제하세요(쿠파이 필요).
# ==============================================
# config.GPU = True
# ==============================================
from common.optimizer import SGD
from common.trainer import RnnlmTrainer
from common.util import eval_perplexity
from dataset import ptb
from better_rnnlm import BetterRnnlm


# 하이퍼파라미터 설정
batch_size = 20
wordvec_size = 650
hidden_size = 650
time_size = 35
lr = 20.0
max_epoch = 40
max_grad = 0.25
dropout = 0.5


# 학습 데이터 읽기
corpus, word_to_id, id_to_word = ptb.load_data('train')
corpus_val, _, _ = ptb.load_data('val')
corpus_test, _, _ = ptb.load_data('test')

vocab_size = len(word_to_id)
xs = corpus[:-1]
ts = corpus[1:]

model = BetterRnnlm(vocab_size, wordvec_size, hidden_size, dropout)
optimizer = SGD(lr)
trainer = RnnlmTrainer(model, optimizer)

best_ppl = float('inf')
for epoch in range(max_epoch):
    trainer.fit(xs, ts, max_epoch=1, batch_size=batch_size,
                time_size=time_size, max_grad=max_grad)

    model.reset_state()
    ppl = eval_perplexity(model, corpus_val)
```

```
    print('검증 퍼플렉서티: ', ppl)

    if best_ppl > ppl:
        best_ppl = ppl
        model.save_params()
    else:
        lr /= 4.0
        optimizer.lr = lr

    model.reset_state()
    print('-' * 50)
```

앞서 설명한 것처럼 이 코드는 학습을 진행하면서 매 에폭마다 검증 데이터로 퍼플렉서티를 평가하고, 그 값이 기존 퍼플렉서티(best_ppl)보다 낮으면 학습률을 1/4로 줄입니다. 이를 위해 이 코드에서는 RnnlmTrainer 클래스의 fit() 메서드를 이용해 1에폭분의 학습을 수행한 다음, 검증 데이터로 퍼플렉서티의 평가하는 처리를 for 문에서 반복합니다. 자, 이제 이 학습용 코드를 실행해봅시다.

> **NOTE_** 이 학습에는 상당한 시간이 소요됩니다. CPU에서 실행하면 2일 정도가 걸리기도 하지요. GPU를 사용해도 5시간 정도 걸릴 수 있습니다(GPU에서 실행하는 방법은 코드 앞쪽의 주석에서 설명했습니다). 그래서 학습을 마친 가중치를 다음 URL에 준비해뒀습니다.
>
> • https://www.oreilly.co.jp/pub/9784873118369/BetterRnnlm.pkl

이 코드를 실행하면 퍼플렉서티가 순조롭게 낮아집니다. 그리고 테스트 데이터로 얻은 최종 퍼플렉서티는 75.76 정도가 될 겁니다(실행할 때마다 결과가 달라집니다). 개선 전 RNNLM의 퍼플렉서티가 약 136이었음을 생각하면 상당히 개선됐다고 할 수 있겠죠. LSTM의 다층화로 표현력을 높이고, 드롭아웃으로 범용성을 향상시켰으며, 가중치 공유로 가중치를 효율적으로 이용함으로써 이런 큰 폭의 정확도 향상을 달성할 수 있었습니다!

6.5.5 첨단 연구로

이것으로 우리 RNNLM의 개선은 끝입니다. 우리는 RNNLM에 몇 가지 개선을 더해 상당한 수준의 향상을 이끌어낼 수 있었습니다. PTB 데이터셋의 테스트 데이터에서 퍼플렉서티가 75

정도라는 것은 상당히 좋은 결과라고 말할 수 있습니다. 하지만 첨단 연구들은 더욱 앞서 있답니다. 이번 절에서는 그런 최신 연구들의 결과만 간략히 소개하려 합니다. [그림 6-37]을 봅시다.

그림 6-37 PTB 데이터셋에 대한 각 모델의 퍼플렉서티 결과(문헌 [34]에서 발췌). 표의 'Parameters'는 파라미터의 총 개수, 'Validation'은 검증 데이터에 대한 퍼플렉서티, 'Test'는 테스트 데이터에 대한 퍼플렉서티다.

Model	Parameters	Validation	Test
Mikolov & Zweig (2012) - KN-5	2M‡	—	141.2
Mikolov & Zweig (2012) - KN5 + cache	2M‡	—	125.7
Mikolov & Zweig (2012) - RNN	6M‡	—	124.7
Mikolov & Zweig (2012) - RNN-LDA	7M‡	—	113.7
Mikolov & Zweig (2012) - RNN-LDA + KN-5 + cache	9M‡	—	92.0
Zaremba et al. (2014) - LSTM (medium)	20M	86.2	82.7
Zaremba et al. (2014) - LSTM (large)	66M	82.2	78.4
Gal & Ghahramani (2016) - Variational LSTM (medium)	20M	81.9 ± 0.2	79.7 ± 0.1
Gal & Ghahramani (2016) - Variational LSTM (medium, MC)	20M		78.6 ± 0.1
Gal & Ghahramani (2016) - Variational LSTM (large)	66M	77.9 ± 0.3	75.2 ± 0.2
Gal & Ghahramani (2016) - Variational LSTM (large, MC)	66M	—	73.4 ± 0.0
Kim et al. (2016) - CharCNN	19M	—	78.9
Merity et al. (2016) - Pointer Sentinel-LSTM	21M	72.4	70.9
Grave et al. (2016) - LSTM	—	—	82.3
Grave et al. (2016) - LSTM + continuous cache pointer	—	—	72.1
Inan et al. (2016) - Variational LSTM (tied) + augmented loss	24M	75.7	73.2
Inan et al. (2016) - Variational LSTM (tied) + augmented loss	51M	71.1	68.5
Zilly et al. (2016) - Variational RHN (tied)	23M	67.9	65.4
Zoph & Le (2016) - NAS Cell (tied)	25M	—	64.0
Zoph & Le (2016) - NAS Cell (tied)	54M	—	62.4
Melis et al. (2017) - 4-layer skip connection LSTM (tied)	24M	60.9	58.3
AWD-LSTM - 3-layer LSTM (tied)	24M	60.0	57.3
AWD-LSTM - 3-layer LSTM (tied) + continuous cache pointer	24M	53.9	52.8

[그림 6-37]에는 역대 최고의 언어 모델들의 PTB 데이터셋에 대한 퍼플렉서티 결과가 표로 정리되어 있습니다. 표의 'Test' 열을 보면, 계속해서 새로운 기법이 나타나면서 퍼플렉서티도 점차 내려가는 모습을 확인할 수 있습니다. 그리고 마지막 줄에 와서는 52.8까지 내려갔는데, 실제로 이 52.8이라는 숫자는 매우 놀라운 결과입니다. 몇 년 전만 해도 PTB 데이터셋의 퍼플렉서티가 50에 근접하는 것은 생각할 수도 없었죠.

여기에서는 최첨단 연구의 결과만을 보여드렸습니다. 우리 모델과는 간극이 좀 크군요. 하지만 중요한 것은 [그림 6-37]의 첨단 모델과 우리 모델에는 공동점이 많다는 사실입니다. 예건대 첨단 모델에서도 다층 LSTM을 사용한답니다. 그리고 드롭아웃 기반의 정규화를 수행하고(실제로는 변형 드롭아웃과 DropConnect*) 가중치 공유도 수행합니다. 여기에 더해, 한층 더 세련된 최적화나 정규화 기법들이 적용되고, 또 하이퍼파라미터 튜닝도 매우 정밀하게 하고 있습니다. 그 결과 52.8이라는 경이적인 수치를 달성했습니다.

> **NOTE_** [그림 6-37]의 마지막 모델의 이름은 "AWD-LSTM 3-layer LSTM(tied) + continuous cache pointer"입니다. 여기서 "continuous cache pointer"는 8장에서 자세하게 배우는 어텐션을 기반으로 한 기술입니다. 어텐션은 매우 중요한 기술이며 다양한 용도로 쓰입니다. 언어 모델이라는 작업에서도 정확도 향상에 크게 공헌하고 있지요. 아직 조금 남았지만, 8장의 어텐션을 기대해주세요!

6.6 정리

이번 장에서는 게이트가 추가된 RNN을 살펴봤습니다. 앞 장의 단순한 RNN에서는 기울기 소실(또는 기울기 폭발)이 문제가 되었는데, 그것을 대신하는 계층으로써 게이트가 추가된 RNN(구체적으로는 LSTM과 GRU 등)이 효과가 있음을 설명했습니다. 이 계층들에는 게이트라는 구조가 사용되며, 게이트는 데이터와 기울기 흐름을 적절히 제어하는 메커니즘입니다.

또한, LSTM 계층을 사용한 언어 모델을 만들어봤습니다. 그리고 PTB 데이터셋을 학습하여 퍼플렉서티를 구했습니다. 나아가 LSTM 다층화, 드롭아웃, 가중치 공유 등의 기법을 적용해 정확도를 큰 폭으로 향상시켰습니다. 이 기법들은 2017년 기준 최첨단 연구에서도 실제로 사용되고 있습니다.

다음 장에서는 언어 모델을 사용해 문장을 생성해볼 겁니다. 그리고 기계 번역처럼 한 언어(출발어)를 다른 언어(도착어)로 변환하는 모델을 자세히 살펴보겠습니다.

---

* DropConnect는 가중치 자체를 무작위로 무시하는 기법입니다.

이번 장에서 배운 내용

- 단순한 RNN의 학습에서는 기울기 소실과 기울기 폭발이 문제가 된다.

- 기울기 폭발에는 기울기 클리핑, 기울기 소실에는 게이트가 추가된 RNN(LSTM과 GRU 등)이 효과적이다.

- LSTM에는 input 게이트, forget 게이트, output 게이트 등 3개의 게이트가 있다.

- 게이트에는 전용 가중치가 있으며, 시그모이드 함수를 사용하여 0.0~1.0 사이의 실수를 출력한다.

- 언어 모델 개선에는 LSTM 계층 다층화, 드롭아웃, 가중치 공유 등의 기법이 효과적이다.

- RNN의 정규화는 중요한 주제이며, 드롭아웃 기반의 다양한 기법이 제안되고 있다.

## CHAPTER 7

RNN을 사용한 문장 생성

> *세상에 완벽한 문장은 없어,*
> *완벽한 절망이 없듯이*
> *– 무라카미 하루키, 『바람의 노래를 들어라』*

5장과 6장에서는 RNN과 LSTM의 구조와 구현을 자세하게 살펴봤습니다. 바야흐로 우리는 이 개념들을 구현 수준에서 이해하게 된 것이죠. 이번 장에서는 지금까지의 성과(RNN과 LSTM)가 꽃을 피웁니다. LSTM을 이용해 재미있는 애플리케이션을 구현해볼 것이기 때문이죠.

이번 장에서는 언어 모델을 사용해 '문장 생성'을 수행합니다. 구체적으로는 우선 말뭉치를 사용해 학습한 언어 모델을 이용하여 새로운 문장을 만들어냅니다. 그런 다음 개선된 언어 모델을 이용하여 더 자연스러운 문장을 생성하는 모습을 선보이겠습니다. 여기까지 해보면 'AI로 글을 쓰게 한다'라는 개념을 (간단하게라도) 실감할 수 있을 겁니다.

여기서 멈추지 않고 seq2seq라는 새로운 구조의 신경망도 다룹니다. seq2seq란 "(from) sequence to sequence(시계열에서 시계열로)"를 뜻하는 말로, 한 시계열 데이터를 다른 시계열 데이터로 변환하는 걸 말합니다. 이번 장에서는 RNN 두 개를 연결하는 아주 간단한 방법으로 seq2seq를 구현해볼 겁니다. 이 seq2seq는 기계 번역, 챗봇, 메일의 자동 답신 등 다양하게 응용될 수 있습니다. 이 간단하면서 영리하고 강력한 seq2seq를 이해하고 나면 딥러닝의 가능성이 더욱 크게 느껴질 것입니다!

7.1 언어 모델을 사용한 문장 생성

지금까지 여러 장에 걸쳐서 언어 모델을 다뤄왔습니다. 다시 말하지만, 언어 모델은 다양한 애플리케이션에서 활용할 수 있습니다. 대표적인 예로는 기계 번역, 음성 인식, 문장 생성 등이 있죠. 이번 절에서는 언어 모델로 문장을 생성해보려 합니다.

7.1.1 RNN을 사용한 문장 생성의 순서

앞 장에서는 LSTM 계층을 이용하여 언어 모델을 구현했는데, 그 모델의 신경망 구성은 [그림 7-1]처럼 생겼었습니다. 그리고 시계열 데이터를 (T개분 만큼) 모아 처리하는 Time LSTM과 Time Affine 계층 등을 만들었습니다.

그림 7-1 앞 장에서 구현한 언어 모델: 오른쪽은 시계열 데이터를 한꺼번에 처리하는 Time 계층을 사용했고, 왼쪽은 같은 구성을 펼친 모습

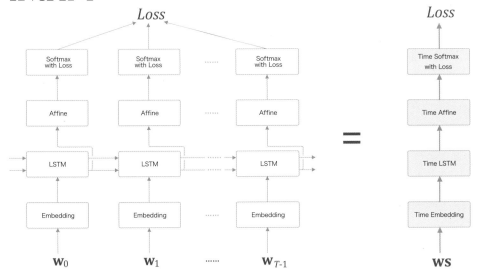

이제 언어 모델에게 문장을 생성시키는 순서를 설명해보지요. 이번에도 친숙한 "you say goodbye and I say hello."라는 말뭉치로 학습한 언어 모델을 예로 생각하겠습니다. 이 학습된 언어 모델에 "I"라는 단어를 입력으로 주면 어떻게 될까요? 그러면 이 언어 모델은 [그림 7-2]와 같은 확률분포를 출력한다고 합니다.

그림 7-2 언어 모델은 다음에 출현할 단어의 확률분포를 출력한다.

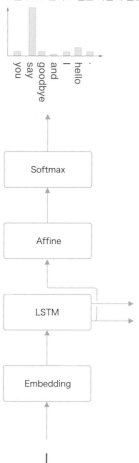

언어 모델은 지금까지 주어진 단어들에서 다음에 출현하는 단어의 확률분포를 출력합니다. [그림 7-2]의 예는 "I"라는 단어를 주었을 때 출력한 확률분포를 보여줍니다. 이 결과를 기초로 다음 단어를 새로 생성하려면 어떻게 해야 할까요?

첫 번째로, 확률이 가장 높은 단어를 선택하는 방법을 떠올릴 수 있을 것입니다. 확률이 가장 높은 단어를 선택할 뿐이므로 결과가 일정하게 정해지는 '결정적'인 방법입니다. 또한, '확률적'으로 선택하는 방법도 생각할 수 있겠죠. 각 후보 단어의 확률에 맞게 선택하는 것으로, 확률이 높은 단어는 선택되기 쉽고, 확률이 낮은 단어는 선택되기 어려워집니다. 이 방식에서는 선택되는 단어(샘플링 단어)가 매번 다를 수 있습니다.

저는 매번 다른 문장을 생성하도록 하겠습니다. 그 편이 생성되는 문장이 다양해져서 재미있을 겁니다. 그래서 후자의 방법(확률적으로 선택하는 방법)으로 단어를 선택하도록 합니다. 우리의 예로 돌아와서, [그림 7-3]과 같이 "say"라는 단어가 (확률적으로) 선택되었다고 합시다.

그림 7-3 확률분포대로 단어를 하나 샘플링한다.

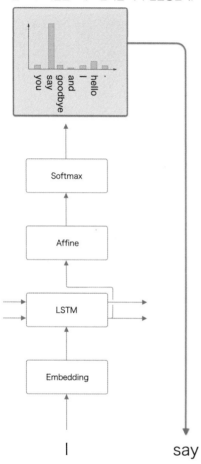

[그림 7-3]은 확률분포로부터 샘플링을 수행한 결과로 "say"가 선택된 경우를 보여줍니다. 실제로 [그림 7-3]의 확률분포에서는 "say"의 확률이 가장 높기 때문에 "say"가 샘플링될 확률이 가장 높기도 하죠. 다만, 필연적이지는 않고('결정적'이 아니고) '확률적'으로 결정된다는 점에 주의합시다. 다른 단어들도 해당 단어의 출현 확률에 따라 정해진 비율만큼 샘플링될 가능성이 있다는 뜻입니다.

그러면 계속해서 두 번째 단어를 샘플링해봅시다. 이 작업은 앞에서 한 작업을 되풀이하기만 하면 됩니다. 즉, 방금 생성한 단어인 "say"를 언어 모델에 입력하여 다음 단어의 확률분포를 얻습니다. 그런 다음 그 확률분포를 기초로 다음에 출현할 단어를 샘플링하는 것입니다(그림 7-4).

그림 7-4 확률분포 출력과 샘플링을 반복한다.

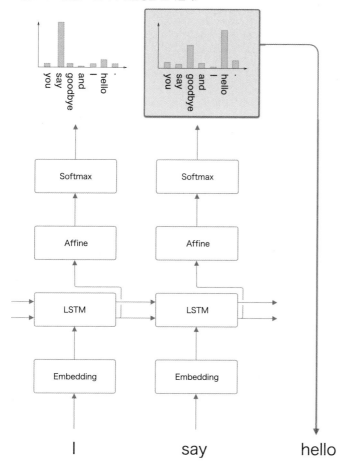

다음은 이 작업을 원하는 만큼 반복합니다(또는 〈eos〉 같은 종결 기호가 나타날 때까지 반복합니다). 그러면 새로운 문장을 생성할 수 있습니다.

여기에서 주목할 것은 이렇게 생성한 문장은 훈련 데이터에는 존재하지 않는, 말 그대로 새로 생성된 문장이라는 것입니다. 왜냐하면 언어 모델은 훈련 데이터를 암기한 것이 아니라, 훈련 데이터에서 사용된 단어의 정렬 패턴을 학습한 것이기 때문이죠. 만약 언어 모델이 말뭉치로부터 단어의 출현 패턴을 올바르게 학습할 수 있다면, 그 모델이 새로 생성하는 문장은 우리 인간에게도 자연스럽고 의미가 통하는 문장일 것으로 기대할 수 있습니다.

7.1.2 문장 생성 구현

그럼 문장을 생성하는 코드를 구현해봅시다. 앞 장에서 구현한 Rnnlm 클래스(ch06/rnnlm. py)를 상속해 RnnlmGen 클래스를 만들고, 이 클래스에 문장 생성 메서드를 추가하겠습니다.

> **NOTE_** 클래스 상속이란 기존 클래스를 계승하여 새로운 클래스를 만드는 메커니즘입니다. 파이썬에서 클래스를 상속하려면 어떻게 하면 될까요? 기반 클래스 이름이 "Base"이고 새로 정의할 클래스 이름이 "New"라면 class New(Base):라고 쓰면 된답니다.

RnnlmGen 클래스의 구현은 다음과 같습니다.

ch07/rnnlm_gen.py

```python
import sys
sys.path.append('..')
import numpy as np
from common.functions import softmax
from ch06.rnnlm import Rnnlm
from ch06.better_rnnlm import BetterRnnlm


class RnnlmGen(Rnnlm):
    def generate(self, start_id, skip_ids=None, sample_size=100):
        word_ids = [start_id]

        x = start_id
        while len(word_ids) < sample_size:
            x = np.array(x).reshape(1, 1)
            score = self.predict(x)
```

```
        p = softmax(score.flatten())

        sampled = np.random.choice(len(p), size=1, p=p)
        if (skip_ids is None) or (sampled not in skip_ids):
            x = sampled
            word_ids.append(int(x))

    return word_ids
```

이 클래스에서 문장 생성을 수행하는 메서드는 바로 generate(start_id, skip_ids, sample_size)입니다. 인수 중 start_id는 최초로 주는 단어의 ID, sample_size는 샘플링하는 단어의 수를 말합니다. 그리고 skip_ids는 단어 ID의 리스트인데(예컨대 [12, 20]), 이 리스트에 속하는 단어 ID는 샘플링되지 않도록 해줍니다. 이 인수는 PTB 데이터셋에 있는 〈unk〉나 N 등, 전처리된 단어를 샘플링하지 않게 하는 용도로 사용합니다.

> **WARNING_** PTB 데이터셋은 원래의 문장들에 이미 전처리를 해둔 것으로, 희소한 단어는 〈unk〉로, 숫자는 N으로 대체해놨습니다. 참고로, 이 책의 예에서는 각 문장을 구분하는 데 〈eos〉라는 문자열을 사용합니다.

generate() 메서드는 가장 먼저 model.predict(x)를 호출해 각 단어의 점수를 출력합니다(점수는 정규화되기 전의 값입니다). 그리고 p = softmax(score) 코드에서는 이 점수들을 소프트맥스 함수를 이용해 정규화합니다. 이것으로 목표로 하는 확률분포 p를 얻을 수 있습니다. 그런 다음 확률분포 p로부터 다음 단어를 샘플링합니다. 참고로, 확률분포로부터 샘플링할 때는 np.random.choice()를 사용합니다. 이 함수의 사용법은 '4.2.6 네거티브 샘플링의 샘플링 기법' 절에서 설명했습니다.

> **WARNING_** model의 predict() 메서드는 미니배치 처리를 하므로 입력 x는 2차원 배열이어야 합니다. 그래서 단어 ID를 하나만 입력하더라도 미니배치 크기를 1로 간주해 1×1 넘파이 배열로 성형(reshape)합니다.

자, 이 RnnlmGen 클래스를 사용해 문장을 생성해보죠. 이번에는 아무런 학습도 수행하지 않은 상태에서(즉, 가중치 매개변수는 무작위 초깃값인 상태에서) 문장을 생성합니다. 문장 생성을 위한 코드는 다음과 같습니다.

```
import sys
sys.path.append('..')
from rnnlm_gen import RnnlmGen
from dataset import ptb

corpus, word_to_id, id_to_word = ptb.load_data('train')
vocab_size = len(word_to_id)
corpus_size = len(corpus)

model = RnnlmGen()
# model.load_params('../ch06/Rnnlm.pkl')

# 시작(start) 문자와 건너뜀(skip) 문자 설정
start_word = 'you'
start_id = word_to_id[start_word]
skip_words = ['N', '<unk>', '$']
skip_ids = [word_to_id[w] for w in skip_words]

# 문장 생성
word_ids = model.generate(start_id, skip_ids)
txt = ' '.join([id_to_word[i] for i in word_ids])
txt = txt.replace(' <eos>', '.\n')
print(txt)
```

여기에서는 첫 단어를 'you'로 하고, 그 단어 ID를 start_id로 설정한 다음 문장을 생성합니다. 샘플링하지 않을 단어로는 ['N', '〈unk〉', '$']를 지정했습니다. 참고로, 문장을 생성하는 generate() 메서드는 단어 ID들을 배열 형태로 반환합니다. 그래서 그 단어 ID 배열을 문장으로 변환해야 하는데, txt = ' '.join([id_to_word[i] for i in word_ids]) 코드가 그 일을 담당합니다. join() 메서드는 [구분자].join(리스트) 형태로 작성하며, 리스트의 단어들 사이에 구분자를 삽입해 모두 연결합니다. 구체적인 예를 하나 보시죠.

```
>>> ' '.join(['you', 'say', 'goodbye'])
'you say goodbye'
```

이제 앞의 코드를 실행해보면 다음 결과를 볼 수 있습니다.

```
you setback best raised fill steelworkers montgomery kohlberg told beam worthy
allied ban swedish aichi mather promptly ramada explicit leslie bets discovery
considering campaigns bottom petrie warm large-scale frequent temple grumman
bennett ...
```

보다시피 단어들을 엉터리로 나열한 글이 출력되었네요. 당연하게도, 모델의 가중치 초깃값으로 무작위한 값을 사용했기 때문에 의미가 통하지 않는 문장이 출력된 것이죠. 그렇다면 학습을 수행한 언어 모델이라면 어떻게 다를까요? 바로 이어서, 앞 장에서 학습을 끝낸 가중치를 이용해 문장을 생성해보겠습니다. 앞의 코드에서 주석 처리해둔 model.load_params('../ch06/Rnnlm.pkl') 줄의 주석을 해제하면 앞 장에서 학습한 가중치 매개변수를 읽어 들인답니다. 자, 주석을 해제한 후 문장을 생성해보세요. 결과 문장은 다음과 같습니다(실행할 때마다 달라집니다).

```
you 'll include one of them a good problems.
  moreover so if not gene 's corr experience with the heat of bridges a new
deficits model is non-violent what it 's a rule must exploit it.
  there 's no tires industry could occur.
  beyond my hours where he is n't going home says and japanese letter.
  knight transplants d.c. turmoil with one-third of voters.
  the justice department is ...
```

문법적으로 이상하거나 의미가 통하지 않는 문장이 섞여 있지만, 그럴듯한 문장도 있습니다. 자세히 보면 "you 'll include …"나 "there 's no tires …", "knight transplants …" 등 주어와 동사를 짝지어 올바른 순서로 배치한 문장들이 보입니다. "good problems"나 "japanese letter"처럼 형용사와 명사의 사용법도 어느 정도 이해하는 것 같습니다. 또한 첫 문장인 "you 'll include one of them a good problems.(그중 하나에 좋은 문제들을 포함시킬 것이다)"는 의미적으로 올바른 문장입니다.

이처럼 두 번째 시도로 생성한 문장은 어느 정도는 올바른 문장이라고 할 수 있을 것입니다. 하지만 부자연스러운 문장도 발견되니, 아직 개선할 여지가 있습니다. '완벽한 문장'은 존재하지 않지만, 더 자연스러운 문장이 필요합니다. 그러기 위해서는 어떻게 해야 할까요? 물론 더 나은 언어 모델을 쓰면 됩니다!

7.1.3 더 좋은 문장으로

좋은 언어 모델이 있으면 좋은 문장을 기대할 수 있습니다. 앞 장에서는 단순한 RNNLM을 개선해 '더 좋은 RNNLM'을 구현했습니다. 퍼플렉서티가 대략 136이던 모델을 75까지 개선했지요! 그렇다면 이 '더 좋은 RNNLM'의 문장 생성 실력은 어떨지 궁금할 겁니다.

> **WARNING_** 앞 장에서는 BetterRnnlm 클래스를 학습시켜 학습된 가중치를 파일로서 저장했습니다. 이번 절의 실험은 그 학습된 가중치 파일을 사용합니다. 제가 학습시켜둔 가중치 파일을 다음 URL에서 얻을 수도 있습니다. 이 가중치 파일을 이 책 소스 코드의 ch06 디렉터리로 옮겨 놓으면, 이번 절의 실습 코드인 ch07/generate_better_text.py를 실행할 수 있습니다.
>
> • https://www.oreilly.co.jp/pub/9784873118369/BetterRnnlm.pkl

앞 장에서는 더 좋은 언어 모델을 BetterRnnlm라는 클래스로 구현했습니다. 여기에서는 방금 전과 마찬가지로 이 클래스를 상속한 후 문장 생성 기능을 추가하겠습니다. 구현 방법은 앞서 RnnlmGen 클래스에서 한 구현과 완전히 같으니 설명은 생략합니다.

그럼, 더 좋은 언어 모델로 문장을 생성해볼까요? 앞서와 같이 첫 문자로는 "you"를 주겠습니다. 결과는 다음과 같습니다.

ch07/generate_better_text.py

```
you 've seen two families and the women and two other women of students.
 the principles of investors that prompted a bipartisan rule of which had a
withdrawn target of black men or legislators interfere with the number of plants
can do to carry it together.
 the appeal was to deny steady increases in the operation of dna and educational
damage in the 1950s.
 ...
```

결과를 보니 (조금 주관적이지만) 저번보다 자연스러운 문장이 만들어진 것 같습니다. 첫 문장 "you 've seen two families and the women and two other women of students. …"에서는 주어, 동사, 목적어를 올바르게 사용했습니다. 게다가 "and"의 사용법("두 가족과 여성")도 잘 학습했습니다. 다른 문장을 읽어봐도, 이 정도면 전체적으로 상당히 좋은 결과라고 할 수 있겠습니다.

여기에서 생성된 문장에는 아직 문제가 몇 개 남아 있지만(특히 의미적인 측면에서는 갈 길이

멀군요), 우리의 '더 좋은 언어 모델'은 (어느 정도) 자연스러운 문장을 자유롭게 생성해내는 것 같습니다. 분명, 이 모델을 한 단계 더 개선하고 한층 더 큰 말뭉치를 사용하면 더 자연스러운 문장을 생성해줄 것입니다.

마지막으로, 우리의 더 좋은 언어 모델에 "the meaning of life is"라는 글을 주고 이어지는 말을 생성하라고 해보죠(논문 [35]에서 행한 실험입니다). 이 실험을 해보려면, 모델에 ['the', 'meaning', 'of', 'life'] 단어를 차례로 주어 순전파를 수행합니다. 이때 출력되는 결과는 전혀 사용하지 않지만, LSTM 계층에는 그 단어열 정보가 유지됩니다. 그런 다음 "is"를 첫 단어로 입력해 문장 생성을 시작시키면 "the meaning of life is"에 이어지는 문장을 생성할 수 있습니다.

이 실험을 직접 해보려면 ch07/generate_better_text.py를 실행하면 됩니다. 실행할 때마다 다른 문장을 생성하는데, 그중 재미있는(흥미로운) 결과를 하나만 소개하겠습니다.

```
the meaning of life is not a good version of paintings
```

짜잔! 우리의 언어 모델이 "삶의 의미는 좋은 상태의 그림이 아니다"라고 말해주네요. '좋은 상태의 그림'이라… 무슨 뜻인지는 모르겠지만, 무언가 깊은 의미가 담겨 있을지도 모르겠네요.

7.2 seq2seq

세상에는 시계열 데이터가 넘쳐납니다. 언어 데이터, 음성 데이터, 동영상 데이터는 모두 시계열 데이터입니다. 그리고 이러한 시계열 데이터를 또 다른 시계열 데이터로 변환하는 문제도 숱하게 생각할 수 있습니다. 예컨대 기계 번역이나 음성 인식을 들 수 있지요. 그 외에도 챗봇처럼 대화하는 애플리케이션이나 컴파일러처럼 소스 코드를 기계어로 변환하는 작업도 떠오르는군요.

이처럼 입력과 출력이 시계열 데이터인 문제는 아주 많답니다. 지금부터 우리는 시계열 데이터를 다른 시계열 데이터로 변환하는 모델을 생각해볼 겁니다. 이를 위한 기법으로, 여기에서는 2개의 RNN을 이용하는 **seq2seq** sequence to sequence 라는 방법을 살펴보겠습니다.

7.2.1 seq2seq의 원리

seq2seq를 Encoder-Decoder 모델이라고도 합니다. 이름이 말해주듯이 여기에는 2개의 모듈, Encoder와 Decoder가 등장합니다. 문자 그대로 Encoder는 입력 데이터를 인코딩(부호화)하고, Decoder는 인코딩된 데이터를 디코딩(복호화)합니다.

> **NOTE_** 인코딩(부호화)이란 정보를 어떤 규칙에 따라 변환하는 것입니다. 문자 코드를 예로 들면, 'A'라는 문자를 '1000001'이라는 이진수로 변환하는 식이죠. 한편, 디코딩(복호화)이란 인코딩된 정보를 원래의 정보로 되돌리는 것입니다. 다시 문자 코드를 예로 들면, '1000001'이라는 비트 패턴을 'A'라는 문자로 변환하는 일이 바로 디코딩입니다.

그럼 seq2seq의 구조를 구체적인 예를 들어 설명하겠습니다. 우리말을 영어로 번역하는 예를 생각해보죠. "나는 고양이로소이다"라는 문장을 "I am a cat"으로 번역해보면 재밌겠군요. 이 때 seq2seq는 [그림 7-5]에서 보듯, Encoder와 Decoder가 시계열 데이터를 변환합니다.

그림 7-5 Encoder와 Decoder가 번역을 수행하는 예

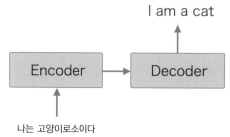

[그림 7-5]처럼 먼저 Encoder가 "나는 고양이로소이다"라는 출발어 문장을 인코딩합니다. 이어서 그 인코딩한 정보를 Decoder에 전달하고, Decoder가 도착어 문장을 생성합니다.* 이때 Encoder가 인코딩한 정보에는 번역에 필요한 정보가 조밀하게 응축되어 있습니다. Decoder는 조밀하게 응축된 이 정보를 바탕으로 도착어 문장을 생성하는 것이죠.

이것이 seq2seq의 전체 그림입니다. Encoder와 Decoder가 협력하여 시계열 데이터를 다른 시계열 데이터로 변환하는 것이죠. 그리고 Encoder와 Decoder로는 RNN을 사용할 수 있습니다. 이제 전체 과정을 자세히 알아볼까요? 우선 Encoder의 처리에 집중해보죠. Encoder의

---

* 옮긴이_ 언어 번역에서, 번역할 대상 언어를 '출발어'라 하고, 번역된 결과 언어를 '도착어'라고 합니다.

계층은 [그림 7-6]처럼 구성됩니다.

그림 7-6 Encoder를 구성하는 계층

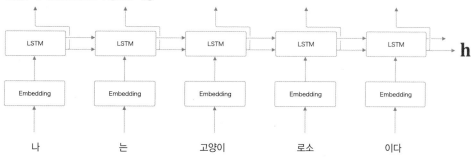

[그림 7-6]처럼 Encoder는 RNN을 이용해 시계열 데이터를 **h**라는 은닉 상태 벡터로 변환합니다. 지금 예에서는 RNN으로써 LSTM을 이용했습니다만, '단순한 RNN'이나 GRU 등도 물론 이용할 수 있습니다. 그리고 여기에서는 우리말 문장을 단어 단위로 쪼개 입력한다고 가정합니다.

그런데 [그림 7-6]의 Encoder가 출력하는 벡터 **h**는 LSTM 계층의 마지막 은닉 상태입니다. 이 마지막 은닉 상태 **h**에 입력 문장(출발어)을 번역하는 데 필요한 정보가 인코딩됩니다. 여기서 중요한 점은 LSTM의 은닉 상태 **h**는 고정 길이 벡터라는 사실입니다. 그래서 인코딩한다라 함은 결국 임의 길이의 문장을 고정 길이 벡터로 변환하는 작업이 됩니다(그림 7-7).

그림 7-7 Encoder는 문장을 고정 길이 벡터로 인코딩한다.

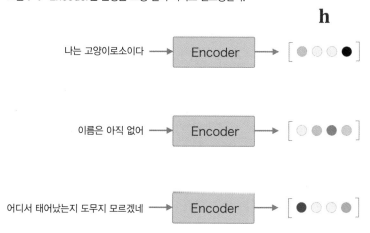

[그림 7-7]에서 보듯 Encoder는 문장을 고정 길이 벡터로 변환합니다. 그렇다면 Decoder는 이 인코딩된 벡터를 어떻게 '요리'하여 도착어 문장을 생성하는 걸까요? 우리는 그 답을 알고 있습니다. 왜냐하면 앞 절에서 다룬 문장 생성 모델을 그대로 이용할 수 있기 때문입니다. [그림 7-8]을 보시죠.

그림 7-8 Decoder를 구성하는 계층

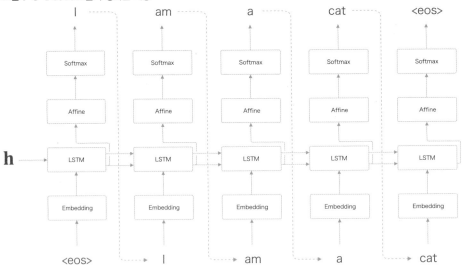

[그림 7-8]과 같이, Decoder는 앞 절의 신경망과 완전히 같은 구성입니다. 단 한 가지만 빼고 말이죠. 바로 LSTM 계층이 벡터 **h**를 입력받는다는 점이 다릅니다. 참고로, 앞 절의 언어 모델에서는 LSTM 계층이 아무것도 받지 않았습니다(굳이 따지자면, 은닉 상태로 '영벡터'를 받았다고 할 수 있습니다). 이처럼 단 하나의 사소한 차이가 평범한 언어 모델을 번역도 해낼 수 있는 Decoder로 탈바꿈시킵니다!

> **WARNING_** [그림 7-8]에서는 ⟨eos⟩라는 구분 기호(특수 문자)를 이용했습니다. 이 기호는 말 그대로 '구분자'이며, Decoder에 문장 생성의 시작을 알리는 신호로 이용됩니다. 또한, Decoder가 ⟨eos⟩를 출력할 때까지 단어를 샘플링하도록 하기 위한 종료 신호이기도 합니다. 즉, ⟨eos⟩를 Decoder에 '시작/종료'를 알리는 구분자로 이용한 것이죠. 다른 문헌에서는 구분 기호로 ⟨go⟩, ⟨start⟩, 밑줄(_) 등을 이용하기도 합니다.

다음은 Decoder와 Encoder를 연결한 계층 구성을 볼 차례입니다(그림 7-9).

그림 7-9 seq2seq의 전체 계층 구성

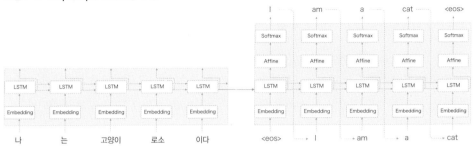

[그림 7-9]에서 보듯 seq2seq는 LSTM 두 개(Encoder의 LSTM과 Decoder의 LSTM)로 구성됩니다. 이때 LSTM 계층의 은닉 상태가 Encoder와 Decoder를 이어주는 '가교'가 됩니다. 순전파 때는 Encoder에서 인코딩된 정보가 LSTM 계층의 은닉 상태를 통해 Decoder에 전해집니다. 그리고 seq2seq의 역전파 때는 이 '가교'를 통해 기울기가 Decoder로부터 Encoder로 전해집니다.

7.2.2 시계열 데이터 변환용 장난감 문제

이쯤에서 seq2seq를 실제로 구현해봤으면 하니, 우선 지금부터 다룰 문제에 관해 설명하겠습니다. 우리는 시계열 변환 문제의 예로 '더하기'를 다루겠습니다. 구체적으로는 "57+5"와 같은 문자열을 seq2seq에 건네면 "62"라는 정답을 내놓도록 학습시킬 겁니다(그림 7-10). 참고로, 이와 같이 머신러닝을 평가하고자 만든 간단한 문제를 '장난감 문제[toy problem]'라고 합니다.

그림 7-10 seq2seq에 덧셈 예제들을 학습시킨다.

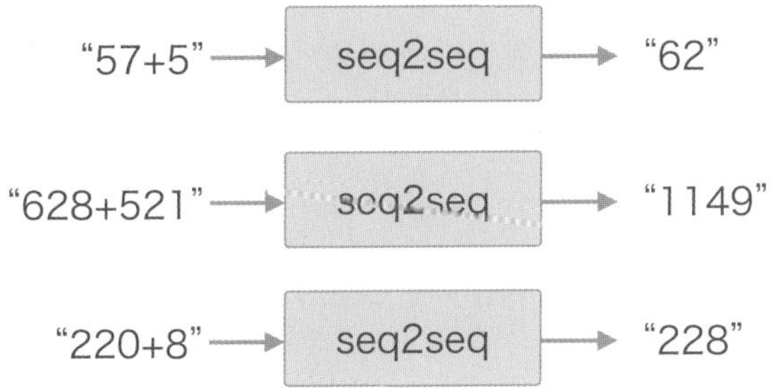

"57+5" → seq2seq → "62"

"628+521" → scq2seq → "1149"

"220+8" → seq2seq → "228"

여기서 다루는 덧셈은 우리 인간에게는 쉬운 문제입니다. 그러나 seq2seq는 덧셈에 대해(더 정확하게 말하면, 덧셈의 논리에 대해) 진짜 아무것도 모릅니다. seq2seq는 덧셈의 '예(샘플)'로부터, 거기서 사용되는 문자의 패턴을 학습합니다. 과연 이런 식으로 해서 덧셈의 규칙을 올바르게 학습할 수 있는 걸까요? 이 점이 바로 이번 문제의 볼거리랍니다.

그런데 우리는 지금까지 word2vec이나 언어 모델 등에서 문장을 '단어' 단위로 분할해왔습니다. 하지만 문장을 반드시 단어로 분할해야 하는 건 아니랍니다. 실제로 이번 문제에서는 단어가 아닌 '문자' 단위로 분할하려 합니다. 문자 단위 분할이란, 예컨대 "57+5"가 입력되면 ['5', '7', '+', '5']라는 리스트로 처리하는 걸 말합니다.

7.2.3 가변 길이 시계열 데이터

우리는 '덧셈'을 문자(숫자)의 리스트로써 다루기로 했습니다. 이때 주의할 점은 덧셈 문장 ("57+5"나 "628+521" 등)이나 그 대답("62"나 "1149" 등)의 문자 수가 문제마다 다르다는 것입니다. 예컨대 "57+5"는 총 4 문자이고 "628+521"은 총 7 문자입니다.

이처럼 이번 '덧셈' 문제에서는 샘플마다 데이터의 시간 방향 크기가 다릅니다. '가변 길이 시계열 데이터'를 다룬다는 뜻이죠. 따라서 신경망 학습 시 '미니배치 처리'를 하려면 무언가 추가 노력이 필요하게 됩니다.

> **NOTE_** 미니배치로 학습할 때는 다수의 샘플을 한꺼번에 처리합니다. 이때 (우리 구현에서는) 한 미니배치에 속한 샘플들의 데이터 형상이 모두 똑같아야 합니다.

가변 길이 시계열 데이터를 미니배치로 학습하기 위한 가장 단순한 방법은 **패딩**padding을 사용하는 것입니다. 패딩이란 원래의 데이터에 의미 없는 데이터를 채워 모든 데이터의 길이를 균일하게 맞추는 기법입니다. [그림 7-11]은 패딩을 이번 덧셈 문제에 적용해본 모습입니다. 모든 입력 데이터의 길이를 통일하고, 남는 공간에는 의미 없는 데이터(여기에서는 '공백')를 채운 걸 볼 수 있습니다.

그림 7-11 미니배치 학습을 위해 '공백 문자'로 패딩을 수행하여 입력·출력 데이터의 크기를 통일한다.

	입력								출력				

입력
5	7	+	5			
6	2	8	+	5	2	1
2	2	0	+	8		

출력
_	6	2		
_	1	1	4	9
_	2	2	8	

이번 문제에서는 0~999 사이의 숫자 2개만 더하기로 하겠습니다. 따라서 '+'까지 포함하면 입력의 최대 문자 수는 7이 됩니다. 자연스럽게, 덧셈 결과는 최대 4 문자입니다(999 + 999 = 1998). 더불어 정답 데이터에도 패딩을 수행해 모든 샘플 데이터의 길이를 통일합니다. 그리고 질문과 정답을 구분하기 위해 출력 앞에 구분자로 밑줄(_)을 붙이기로 합니다. 그 결과 출력 데이터는 총 5 문자로 통일합니다. 참고로, 이 구분자는 Decoder에 문자열을 생성하라고 알리는 신호로 사용됩니다.

> **WARNING_** Decoder 출력의 경우, 문자 출력의 종료를 알리는 구분자를 정답 레이블로 입력하도록 구현할 수도 있습니다(예컨대 "_62_"나 "_1149_"). 하지만 여기에서는 이야기를 단순화하고자 그런 구분자는 넣지 않겠습니다. 즉, Decoder가 문자열을 생성할 때는 항상 정해진 수의 문자(여기에서는 '_'를 포함해 5자)만 출력시키도록 합니다.

이처럼 패딩을 적용해 데이터 크기를 통일시키면 가변 길이 시계열 데이터도 처리할 수 있습니다. 그러나 원래는 존재하지 않던 패딩용 문자까지 seq2seq가 처리하게 됩니다. 따라서 패딩을 적용해야 하지만 정확성이 중요하다면 seq2seq에 패딩 전용 처리를 추가해야 합니다. 예컨대 Decoder에 입력된 데이터가 패딩이라면 손실의 결과에 반영하지 않도록 합니다(Softmax with Loss 계층에 '마스크' 기능을 추가해 해결할 수 있습니다). 한편 Encoder에 입력된 데이터가 패딩이라면 LSTM 계층이 이전 시각의 입력을 그대로 출력하게 합니다. 즉, LSTM 계층은 마치 처음부터 패딩이 존재하지 않았던 것처럼 인코딩할 수 있습니다.

이번 이야기는 조금 복잡하니 완벽히 이해하지 못해도 상관없습니다. 이번 장에서는 이해 난이도를 낮추기 위해 패딩용 문자(공백 문자)도 특별히 구분하지 않고 일반 데이터처럼 다루겠습니다.

7.2.4 덧셈 데이터셋

지금부터 사용할 덧셈 학습 데이터는 dataset/addition.txt에 담겨 있습니다. 이 텍스트 파일에는 덧셈 예가 총 50,000개가 들어 있고, [그림 7-12]와 같은 형태입니다. 참고로, 이 학습 데이터는 케라스의 seq2seq 구현 예[40]를 참고해 작성했습니다.

그림 7-12 '덧셈' 학습 데이터: 공백 문자space는 회색 가운뎃점으로 표기

```
 1  16+75···_91··
 2  52+607··_659·
 3  75+22···_97··
 4  63+22···_85··
 5  795+3···_798·
 6  706+796_1502
 7  8+4····_12··
 8  84+317··_401·
 9  9+3·····_12··
10  6+2·····_8···
11  18+8····_26··
12  85+52···_137·
13  9+1·····_10··
14  8+20····_28··
15  5+3·····_8···
```
Lines: 50,000 Chars: 650,000   650 KB

또한, 이 책에서는 이와 같은 seq2seq용 학습 데이터(텍스트 파일)를 파이썬에서 쉽게 처리할 수 있도록 전용 모듈(dataset/sequence.py)을 제공합니다. 이 모듈에는 load_data()와 get_vocab()이라는 2개의 메서드가 정의되어 있습니다.

load_data(file_name, seed)는 file_name으로 지정한 텍스트 파일을 읽어 텍스트를 문자 ID로 변환하고, 이를 훈련 데이터와 테스트 데이터로 나눠 반환합니다. seed는 이 메서드 내부에서 사용하는 무작위수의 초깃값입니다. 이 메서드는 훈련 데이터와 테스트 데이터로 나누기 전에 전체 데이터를 뒤섞는데, 이때 무작위수를 사용하지요. 한편, get_vocab() 메서드는 문자와 문자 ID의 대응 관계를 담은 딕셔너리를 반환합니다(실제로는 char_to_id와 id_to_char라는 2개의 딕셔너리를 돌려줍니다). 그러면 실제로 사용하는 예를 살펴봅시다.

```
import sys
sys.path.append('..')
from dataset import sequence

(x_train, t_train), (x_test, t_test) = \
    sequence.load_data('addition.txt', seed=1984)
char_to_id, id_to_char = sequence.get_vocab()

print(x_train.shape, t_train.shape)
print(x_test.shape, t_test.shape)
# (45000, 7) (45000, 5)
# (5000, 7) (5000, 5)

print(x_train[0])
print(t_train[0])
# [ 3  0  2  0  0 11  5]
# [ 6  0 11  7  5]

print(''.join([id_to_char[c] for c in x_train[0]]))
print(''.join([id_to_char[c] for c in t_train[0]]))
# 71+118
# _189
```

이처럼 sequence 모듈을 이용하면 seq2seq용 데이터를 간단히 읽어 들일 수 있습니다. 여기에서 x_train과 t_train에는 '문자 ID'가 저장되어 있습니다. 또한, 문자 ID와 문자의 대응 관계는 char_to_id와 id_to_char를 이용해 상호 변환할 수 있습니다.

> **WARNING_** 정석대로라면 데이터셋을 3개(훈련용, 검증용, 테스트용)로 나눠 사용해야 합니다. 훈련용 데이터로는 학습을 하고, 검증용 데이터로는 하이퍼파라미터를 튜닝합니다. 마지막으로 테스트용 데이터로는 모델의 성능을 평가하죠. 다만, 여기에서는 이야기를 단순하게 하고자, 훈련용과 테스트용으로만 분리하여 모델을 훈련시키고 평가하겠습니다.

7.3 seq2seq 구현

seq2seq는 2개의 RNN을 연결한 신경망입니다. 먼저 두 RNN을 Encoder 클래스와 Decoder 클래스로 각각 구현하겠습니다. 그런 다음 두 클래스를 연결하는 Seq2seq 클래스를 구현하는 흐름으로 진행해보죠. 자, Encoder 클래스부터 시작합니다.

7.3.1 Encoder 클래스

Encoder 클래스는 [그림 7-13]처럼 문자열을 받아 벡터 **h**로 변환합니다.

그림 7-13 Encoder의 입출력

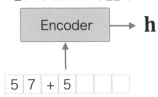

앞서 언급했듯, 우리는 RNN을 이용해 Encoder를 구성합니다. 여기에서는 LSTM 계층을 이용해보죠(그림 7-14).

그림 7-14 Encoder의 계층 구성

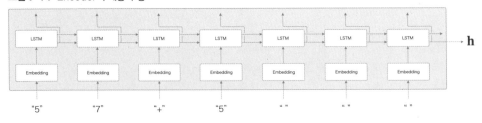

[그림 7-14]와 같이 Encoder 클래스는 Embedding 계층과 LSTM 계층으로 구성됩니다. Embedding 계층에서는 문자(정확하게는 문자 ID)를 문자 벡터로 변환합니다. 그리고 이 문자 벡터가 LSTM 계층으로 입력됩니다.

LSTM 계층은 오른쪽(시간 방향)으로는 은닉 상태와 셀을 출력하고 위쪽으로는 은닉 상태만 출력합니다. 이 구성에서 더 위에는 다른 계층이 없으니 LSTM 계층의 위쪽 출력은 폐기됩니다. [그림 7-14]에서 보듯 Encoder에서는 마지막 문자를 처리한 후 LSTM 계층의 은닉 상태 **h**를 출력합니다. 그리고 이 은닉 상태 **h**가 Decoder로 전달됩니다.

> **WARNING_** Encoder에서는 LSTM의 은닉 상태만을 Decoder에 전달합니다. LSTM의 셀도 Decoder에 전달할 수는 있지만, LSTM의 셀을 다른 계층에 전달하는 일은 일반적으로 흔치 않습니다. LSTM의 셀은 자기 자신만 사용한다는 전제로 설계되었기 때문이죠.

그런데 우리는 시간 방향을 한꺼번에 처리하는 계층을 Time LSTM 계층이나 Time Embedding 계층으로 구현했습니다. 이러한 Time 계층을 이용하면 우리의 Encoder는 [그림 7-15]처럼 됩니다.

그림 7-15 Encoder를 Time 계층으로 구현한다.

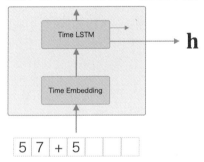

이제 Encoder 클래스의 코드를 보겠습니다. 이 클래스는 차례로 초기화, 순전파, 역전파를 담당하는 __init__(), forward(), backward() 메서드를 제공합니다. 초기화 메서드부터 보시죠.

```
class Encoder:
    def __init__(self, vocab_size, wordvec_size, hidden_size):
        V, D, H = vocab_size, wordvec_size, hidden_size
        rn = np.random.randn

        embed_W = (rn(V, D) / 100).astype('f')
        lstm_Wx = (rn(D, 4 * H) / np.sqrt(D)).astype('f')
        lstm_Wh = (rn(H, 4 * H) / np.sqrt(H)).astype('f')
        lstm_b = np.zeros(4 * H).astype('f')

        self.embed = TimeEmbedding(embed_W)
```

```
self.lstm = TimeLSTM(lstm_Wx, lstm_Wh, lstm_b, stateful=False)

self.params = self.embed.params + self.lstm.params
self.grads = self.embed.grads + self.lstm.grads
self.hs = None
```

초기화 메서드에서는 인수로 vocab_size, wordvec_size, hidden_size를 받았습니다. vocab_size는 어휘 수이며, 여기서 어휘 수는 문자의 종류를 뜻합니다. 참고로 이번에는 0~9의 숫자와 '+', ' '(공백 문자), '_'을 합쳐 총 13가지 문자를 사용합니다. 그리고 wordvec_size는 문자 벡터의 차원 수, hidden_size는 LSTM 계층의 은닉 상태 벡터의 차원 수를 뜻합니다.

이 초기화 메서드에서는 가중치 매개변수를 초기화하고, 필요한 계층을 생성합니다. 마지막으로, 가중치 매개변수와 기울기를 인스턴스 변수 params와 grads 리스트에 각각 보관합니다. 그리고 이번에는 Time LSTM 계층이 상태를 유지하지 않기 때문에 stateful=False로 설정합니다.

> **WARNING_** 5장과 6장의 언어 모델은 '긴 시계열 데이터'가 하나뿐인 문제를 다뤘습니다. Time LSTM 계층의 인수 stateful을 True로 설정하여 은닉 상태를 유지한 채로 '긴 시계열 데이터'를 처리한 것입니다. 한편, 이번에는 '짧은 시계열 데이터'가 여러 개인 문제입니다. 따라서 문제마다 LSTM의 은닉 상태를 다시 초기화한 상태(영벡터)로 설정합니다.

이어서 forward()와 backward() 메서드를 보겠습니다.

ch07/seq2seq.py

```
def forward(self, xs):
    xs = self.embed.forward(xs)
    hs = self.lstm.forward(xs)
    self.hs = hs
    return hs[:, -1, :]

def backward(self, dh):
    dhs = np.zeros_like(self.hs)
    dhs[:, -1, :] = dh

    dout = self.lstm.backward(dhs)
    dout = self.embed.backward(dout)
    return dout
```

Encoder의 순전파에서는 Time Embedding 계층과 Time LSTM 계층의 forward() 메서드를 호출합니다. 그리고 Time LSTM 계층의 마지막 시각의 은닉 상태만을 추출해, 그 값을 Encoder의 forward() 메서드의 출력으로 반환합니다.

Encoder의 역전파에서는 LSTM 계층의 마지막 은닉 상태에 대한 기울기가 dh 인수로 전해집니다. 이 dh는 Decoder가 전해주는 기울기입니다. 역전파 구현에서는 원소가 모두 0인 텐서 dhs를 생성하고 dh를 dhs의 해당 위치에 할당합니다. 그다음은 Time LSTM 계층과 Time Embedding 계층의 backward() 메서드를 호출할 뿐입니다. 이상이 Encoder 클래스의 구현이었습니다.

7.3.2 Decoder 클래스

다음은 Decoder 클래스를 구현할 차례입니다. Decoder 클래스는 [그림 7-16]에서 보듯, Encoder 클래스가 출력한 **h**를 받아 목적으로 하는 다른 문자열을 출력합니다.

그림 7-16 Encoder와 Decoder

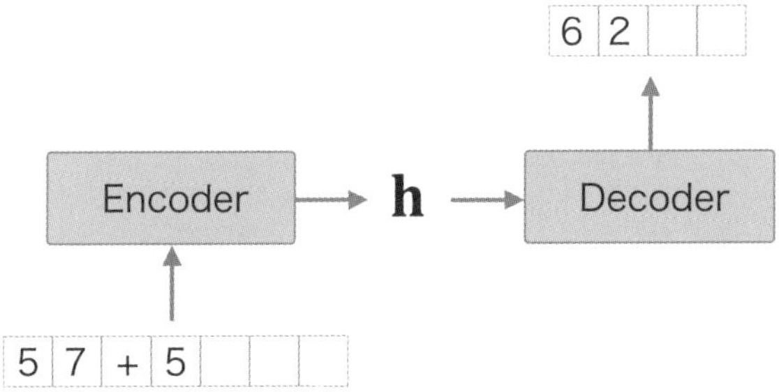

앞 절에서 설명한 것처럼 Decoder는 RNN으로 구현할 수 있습니다. Encoder과 마찬가지로 LSTM 계층을 사용하면 되며, 이때 Decoder의 계층 구성은 [그림 7-17]처럼 됩니다.

그림 7-17 Decoder의 계층 구성(학습 시)

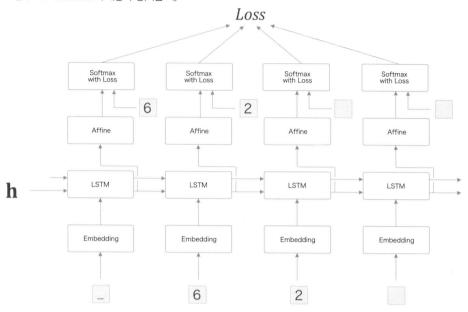

[그림 7-17]은 Decoder의 학습 시 계층 구성을 보여줍니다. 여기에서 정답 데이터는 "_62" 입니다만, 입력 데이터를 ['_', '6', '2', ' ']로 주고, 이에 대응하는 출력은 ['6', '2', ' ', ' ']이 되도록 학습시킵니다.

> **WARNING_** RNN으로 문장을 생성할 때, 학습 시와 생성 시의 데이터 부여 방법이 다릅니다. 학습 시는 정답을 알고 있기 때문에 시계열 방향의 데이터를 한꺼번에 줄 수 있습니다. 한편, 추론 시(새로운 문자열을 생성할 때)에는 최초 시작을 알리는 구분 문자(이번 예에서는 '_') 하나만 줍니다. 그리고 그 출력으로부터 문자를 하나 샘플링하여, 그 샘플링한 문자를 다음 입력으로 사용하는 과정을 반복하는 것이죠.

그런데 7.1절에서 문장을 생성할 때는 소프트맥스 함수의 확률분포를 바탕으로 샘플링을 수행했기 때문에 생성되는 문장이 확률에 따라 달라졌습니다. 이와 달리 이번 문제는 '덧셈'이므로 이러한 확률적인 '비결정성'을 배제하고 '결정적'인 답을 생성하고자 합니다. 그래서 이번에는 점수가 가장 높은 문자 하나만 고르겠습니다. 즉, '확률적'이 아닌 '결정적'으로 선택합니다. 자, [그림 7-18]은 Decoder가 문자열을 생성시키는 흐름을 보여줍니다.

그림 7-18 Decoder의 문자열 생성 순서: argmax 노드는 Affine 계층의 출력 중 값이 가장 큰 원소의 인덱스(문자 ID)를 반환한다.

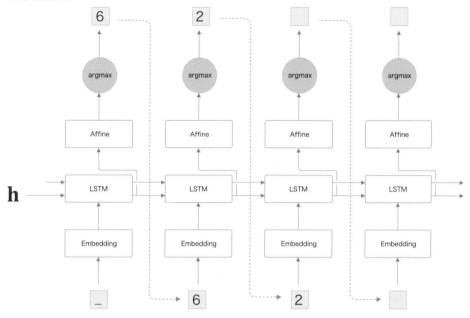

[그림 7-18]에는 'argmax'라는 못 보던 노드가 새로 등장합니다. 바로 최댓값을 가진 원소의 인덱스(이번 예에서는 문자 ID)를 선택하는 노드입니다. [그림 7-18]의 구성은 앞 절에서 본 문장 생성 때의 구성과 같습니다. 다만 이번에는 Softmax 계층을 사용하지 않고, Affine 계층이 출력하는 점수가 가장 큰 문자 ID를 선택합니다.

> **WARNING_** Softmax 계층은 입력된 벡터를 정규화합니다. 이 정규화 과정에서 벡터의 각 원소의 값이 달라집니다만, 대소 관계는 바뀌지 않습니다. 따라서 [그림 7-18]의 경우 Softmax 계층을 생략할 수 있습니다.

여기서 설명한 것처럼 Decoder에서는 학습 시와 생성 시에 Softmax 계층을 다르게 취급합니다. 그러니 Softmax with Loss 계층은 이후에 구현하는 Seq2seq 클래스에서 처리하기로 하고, Decoder 클래스는 [그림 7-19]처럼 Time Softmax with Loss 계층의 앞까지만 담당하기로 하겠습니다.

그림 7-19 Decoder 클래스의 구성

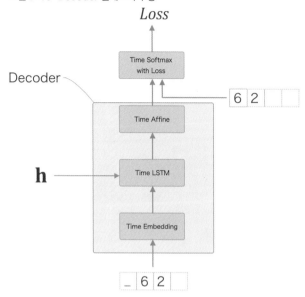

[그림 7-19]와 같이 Decoder 클래스는 Time Embedding, Time LSTM, Time Affine 의 3가지 계층으로 구성됩니다. 그럼 Decoder 클래스의 구현을 한번 볼까요? 초기화의 __init__(), 순전파의 forward(), 역전파의 backward()를 한 번에 살펴보겠습니다.

```
class Decoder:                                              ch07/seq2seq.py
    def __init__(self, vocab_size, wordvec_size, hidden_size):
        V, D, H = vocab_size, wordvec_size, hidden_size
        rn = np.random.randn

        embed_W = (rn(V, D) / 100).astype('f')
        lstm_Wx = (rn(D, 4 * H) / np.sqrt(D)).astype('f')
        lstm_Wh = (rn(H, 4 * H) / np.sqrt(H)).astype('f')
        lstm_b = np.zeros(4 * H).astype('f')
        affine_W = (rn(H, V) / np.sqrt(H)).astype('f')
        affine_b = np.zeros(V).astype('f')

        self.embed = TimeEmbedding(embed_W)
        self.lstm = TimeLSTM(lstm_Wx, lstm_Wh, lstm_b, stateful=True)
        self.affine = TimeAffine(affine_W, affine_b)

        self.params, self.grads = [], []
```

```
    for layer in (self.embed, self.lstm, self.affine):
        self.params += layer.params
        self.grads += layer.grads

def forward(self, xs, h):
    self.lstm.set_state(h)

    out = self.embed.forward(xs)
    out = self.lstm.forward(out)
    score = self.affine.forward(out)
    return score

def backward(self, dscore):
    dout = self.affine.backward(dscore)
    dout = self.lstm.backward(dout)
    dout = self.embed.backward(dout)
    dh = self.lstm.dh
    return dh
```

설명은 역전파에 관해서만 간단히 보충하겠습니다. backward() 메서드는 위쪽의 Softmax with Loss 계층으로부터 기울기 dscore를 받아 Time Affine 계층, Time LSTM 계층, Time Embedding 계층 순서로 전파시킵니다. 이때 Time LSTM 계층의 시간 방향으로의 기울기는 TimeLSTM 클래스의 인스턴스 변수 dh에 저장되어 있습니다(자세한 내용은 '6.3 LSTM의 구현' 절 참고). 그래서 이 시간 방향의 기울기 dh를 꺼내서 Decoder 클래스의 backward()의 출력으로 반환합니다.

앞서 언급한 것처럼, Decoder 클래스는 학습 시와 문장 생성 시의 동작이 다릅니다. 앞의 forward() 메서드는 학습할 때 사용된다고 가정했습니다. 자, 다음으로는 Decoder 클래스에 문장 생성을 담당하는 generate() 메서드를 구현합니다.

```
def generate(self, h, start_id, sample_size):
    sampled = []
    sample_id = start_id
    self.lstm.set_state(h)

    for _ in range(sample_size):
        x = np.array(sample_id).reshape((1, 1))
        out = self.embed.forward(x)
        out = self.lstm.forward(out)
```

```
        score = self.affine.forward(out)

        sample_id = np.argmax(score.flatten())
        sampled.append(int(sample_id))

    return sampled
```

generate() 메서드는 인수를 3개 받습니다. 차례로, Encoder로부터 받는 은닉 상태인 h, 최초로 주어지는 문자 ID인 start_id, 생성하는 문자 수인 sample_size입니다. 여기에서는 문자를 1개씩 주고, Affine 계층이 출력하는 점수가 가장 큰 문자 ID를 선택하는 작업을 반복합니다. 이상이 Decoder 클래스의 구현 전부입니다.

> **WARNING_** 이번 문제에서는 Encoder의 출력 h를 Decoder의 Time LSTM 계층의 상태로 설정했습니다. 즉, Time LSTM 계층은 상태를 갖도록(stateful) 한 것이죠. 단, 한 번 설정된 이 은닉 상태는 재설정되지 않고, 즉 Encoder의 h를 유지하면서 순전파가 이뤄집니다.

7.3.3 Seq2seq 클래스

마지막은 Seq2seq 클래스의 구현입니다. 이 클래스가 하는 일은 Encoder 클래스와 Decoder 클래스를 연결하고, Time Softmax with Loss 계층을 이용해 손실을 계산하는 것이 전부입니다. 자, 바로 코드를 보겠습니다.

```
class Seq2seq(BaseModel):                              ch07/seq2seq.py
    def __init__(self, vocab_size, wordvec_size, hidden_size):
        V, D, H = vocab_size, wordvec_size, hidden_size
        self.encoder = Encoder(V, D, H)
        self.decoder = Decoder(V, D, H)
        self.softmax = TimeSoftmaxWithLoss()

        self.params = self.encoder.params + self.decoder.params
        self.grads = self.encoder.grads + self.decoder.grads

    def forward(self, xs, ts):
        decoder_xs, decoder_ts = ts[:, :-1], ts[:, 1:]
```

```
        h = self.encoder.forward(xs)
        score = self.decoder.forward(decoder_xs, h)
        loss = self.softmax.forward(score, decoder_ts)
        return loss

    def backward(self, dout=1):
        dout = self.softmax.backward(dout)
        dh = self.decoder.backward(dout)
        dout = self.encoder.backward(dh)
        return dout

    def generate(self, xs, start_id, sample_size):
        h = self.encoder.forward(xs)
        sampled = self.decoder.generate(h, start_id, sample_size)
        return sampled
```

주가 되는 처리는 Encoder와 Decoder 클래스에 이미 구현되어 있습니다. 그래서 여기에서
는 그 기능들을 제대로 연결하기만 하면 됩니다. 이상이 Seq2seq 클래스입니다. 다음으로는
이 Seq2seq 클래스를 사용해 '덧셈' 문제에 도전해보겠습니다.

7.3.4 seq2seq 평가

seq2seq의 학습은 기본적인 신경망의 학습과 같은 흐름으로 이뤄집니다.

  1. 학습 데이터에서 미니배치를 선택하고,

  2. 미니배치로부터 기울기를 계산하고,

  3. 기울기를 사용하여 매개변수를 갱신한다.

이런 규칙적인 흐름입니다. 이번 절에서는 '1.4.4 Trainer 클래스' 절에서 설명한 Trainer 클
래스를 사용해 이 규칙대로 작업을 수행합니다. 또한, 매 에폭마다 seq2seq가 테스트 데이터
를 풀게 하여(문자열 생성을 수행하여) 학습 중간중간 정답률을 측정하고자 합니다. 그럼 바로
seq2seq의 학습 코드를 보겠습니다.

ch07/train_seq2seq.py

```
import sys
sys.path.append('..')
import numpy as np
import matplotlib.pyplot as plt
```

```
from dataset import sequence
from common.optimizer import Adam
from common.trainer import Trainer
from common.util import eval_seq2seq
from seq2seq import Seq2seq
from peeky_seq2seq import PeekySeq2seq


# 데이터셋 읽기
(x_train, t_train), (x_test, t_test) = sequence.load_data('addition.txt')
char_to_id, id_to_char = sequence.get_vocab()

# 하이퍼파라미터 설정
vocab_size = len(char_to_id)
wordvec_size = 16
hidden_size = 128
batch_size = 128
max_epoch = 25
max_grad = 5.0

# 모델 / 옵티마이저 / 트레이너 생성
model = Seq2seq(vocab_size, wordvec_size, hidden_size)
optimizer = Adam()
trainer = Trainer(model, optimizer)
```

```
acc_list = []
for epoch in range(max_epoch):
    trainer.fit(x_train, t_train, max_epoch=1,
                batch_size=batch_size, max_grad=max_grad)

    correct_num = 0
    for i in range(len(x_test)):
        question, correct = x_test[[i]], t_test[[i]]
        verbose = i < 10
        correct_num += eval_seq2seq(model, question, correct,
                                    id_to_char, verbose)
    acc = float(correct_num) / len(x_test)
    acc_list.append(acc)
    print('검증 정확도 %.3f%%' % (acc * 100))
```

이상의 코드는 기본적인 신경망의 학습용 코드와 같지만, 평가 척도로 정답률을 사용했습니다. 정확하게는 에폭마다 테스트 데이터의 문제 중 몇 개를 풀게 하여 올바르게 답했는지를 채점했습니다.

참고로 이 구현에서 정답률 측정에는 common/utill.py의 eval_seq2seq(model, question, correct, id_to_char, verbose, is_reverse) 메서드를 이용했습니다. 이 메서드는 문제(question)를 모델(model)에 주고, 문자열을 생성하게 하여 그것이 답(correct)과 같은 지를 판정합니다. 모델이 내놓은 답이 맞으면 1을 돌려주고 틀리면 0을 돌려주죠.

NOTE_ eval_seq2seq(model, question, correct, id_to_char, verbose, is_reverse) 메서드는 인수를 6개나 받습니다. 처음 3개는 모델을 뜻하는 model, 문제 문장(문자 ID의 배열)인 question, 정답(문자 ID의 배열)인 correct입니다. 그리고 id_to_char는 문자 ID와 문자의 변환을 수행하는 딕셔너리이고, verbose는 결과를 출력할지 여부, is_reverse는 입력문을 반전했는지 여부입니다. verbose=True로 설정하면 결과를 터미널로 출력합니다. 이번 실험에서는 테스트 데이터의 최초 10개분만 표시하기로 했습니다. 마지막 인수 is_reverse의 효과는 잠시 후 '7.4.1 입력 데이터 반전(Reverse)' 절에서 밝혀집니다.

자, 이 코드를 실행해보죠. 그러면 다음 결과가 터미널(콘솔)에 출력됩니다.*

그림 7-20 터미널에서의 결과 표시 예

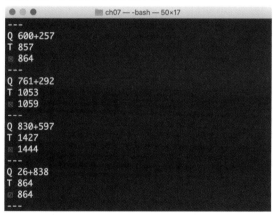

[그림 7-20]과 같이 터미널에는 에폭별 결과가 출력됩니다. "Q 600+257" 줄이 문제 문장이고, 그 아래의 "T 857"이 정답입니다. 그리고 "☒ 864"는 우리 모델이 내놓은 답입니다. 만약 모델이 내놓은 답이 정답이었다면 "☑ 864"로 표시됐을 겁니다.

그럼, 하습을 진행하면서 이 결과가 어떻게 변화해가는지 살펴봅시다. [그림 7-21]은 하나의 예입니다.

....
* 윈도우 환경에서는 ☑ 대신 "O"가, ☒ 대신 "X"가 출력됩니다.

그림 7-21 터미널에 출력되는 결과의 추이

학습의 진행 방향

[그림 7-21]은 학습이 진행됨에 따라 출력되는 결과 몇 개를 선택해 보여준 것입니다. 이 결과를 보면 알 수 있습니다만, seq2seq는 초기에는 정답을 잘 맞히지 못했습니다. 그러나 학습을 거듭할수록 조금씩 정답에 가까워지면서, 몇 개씩은 맞히기 시작합니다. 그러면 에폭마다의 정답률을 그래프로 살펴봅시다.

그림 7-22 정답률 추이

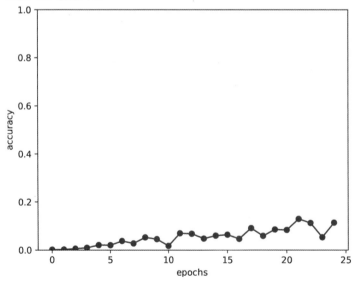

[그림 7-22]처럼 에폭을 거듭함에 따라 정답률이 착실하게 상승하는 것을 알 수 있습니다. 이번 실험은 25 에폭에서 중단했는데, 그 시점의 정답률은 10% 정도입니다. 그래프의 성장 추이를 보면, 학습을 더 거듭하면 더 정확해질 여지가 있어 보입니다. 하지만 이 학습은 일단 여기서 끝내고, 같은 문제(덧셈 문제)를 더 잘 학습할 수 있도록 seq2seq를 개선해볼 생각입니다.

7.4 seq2seq 개선

이번에는 앞 절의 seq2seq를 세분화하여 학습 '속도'를 개선하고자 합니다. 효과적인 기법이 몇 가지 있는데, 그중 두 가지 개선안을 소개하고 결과까지 확인시켜드리겠습니다.

7.4.1 입력 데이터 반전(Reverse)

첫 번째 개선안은 아주 쉬운 트릭으로, [그림 7-23]에서 보듯이 입력 데이터의 순서를 반전시키는 것입니다.

그림 7-23 입력 데이터를 반전시키는 예

이 입력 데이터를 반전시키는 트릭은 문헌 [41]에서 제안했습니다. 이 트릭을 사용하면 많은 경우 학습 진행이 빨라져서, 결과적으로 최종 정확도도 좋아진다고 합니다. 그럼 실제로 해봅시다. 입력 데이터를 반전시키려면, 앞 절의 학습용 코드(ch07/train_seq2seq.py)에서 데이터셋을 읽은 후 다음 코드를 추가합니다.

```
# 데이터셋 읽기
(x_train, t_train), (x_test, t_test) = sequence.load_data('addition.txt')
...
```

```
x_train, x_test = x_train[:, ::-1], x_test[:, ::-1]
    ...
```

이 코드와 같이, 배열의 행을 반전시키려면 x_train[:, ::-1]이라는 표기법을 사용하면 됩니다. 그럼 입력 데이터를 반전하는 게 정답률을 얼마나 높여주는지 살펴볼까요? 결과는 [그림 7-24]와 같습니다.

그림 7-24 seq2seq의 정답률 추이: baseline은 앞 절의 결과, reverse는 입력 데이터를 반전시킨 결과

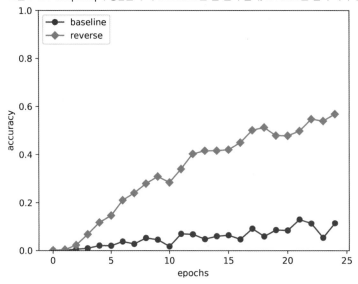

[그림 7-24]에서 보듯, 입력 데이터를 반전시킨 것만으로 학습 진행이 개선됐습니다! 25 에폭에 이르자 정답률은 50% 정도까지나 올랐군요. 다시 말하지만, 이전(그래프에서 baseline)과의 차이는 입력 데이터를 반전시킨 것뿐입니다. 그것만으로 이만큼 차이가 난다는 것이 놀라울 따름입니다. 물론, 데이터를 반전시키는 효과는 어떤 문제를 다루느냐에 따라 다르지만, 대부분의 경우 더 좋은 결과로 이어집니다.

그러면 왜 입력 데이터를 반전시키는 것만으로 학습의 진행이 빨라지고 정확도가 향상되는 걸까요? (이론적인 것은 잘 모르겠지만) 직관적으로는 기울기 전파가 원활해지기 때문이라고 생각됩니다.

예를 들어 "나는 고양이로소이다"를 "I am a cat"으로 번역하는 문제에서, "나"라는 단어가 "I"

로 변환되는 과정을 생각해보죠. 이때 "나"로부터 "I"까지 가려면 "는", "고양이", "로소", "이다"까지 총 네 단어 분량의 LSTM 계층을 거치지 않으면 안 됩니다. 따라서 역전파 시 "I"로부터 전해지는 기울기가 "나"에 도달하기까지, 그 먼 거리만큼 영향을 더 받게 됩니다.

여기서 입력문을 반전시키면, 즉 "이다 로소 고양이 는" 순으로 바꾸면 어떻게 될까요? 이제 "나"와 "I"는 바로 옆이 되었으니 기울기가 직접 전해집니다. 이처럼 입력 문장의 첫 부분에서는 반전 덕분에 대응하는 변환 후 단어와 가까우므로(그런 경우가 많아지므로), 기울기가 더 잘 전해져서 학습 효율이 좋아진다고 생각할 수 있습니다. 다만, 입력 데이터를 반전해도 단어 사이의 '평균'적인 거리는 그대로입니다.

7.4.2 엿보기(Peeky)

이어서 seq2seq의 두 번째 개선입니다. 주제로 곧장 들어가기 전에, seq2seq의 Encoder 동작을 한번 더 살펴봅시다. 앞에서도 설명했듯이 Encoder는 입력 문장(문제 문장)을 고정 길이 벡터 h로 변환합니다. 이때 h 안에는 Decoder에게 필요한 정보가 모두 담겨 있습니다. 즉, h가 Decoder에 있어서는 유일한 정보인 셈입니다. 그러나 현재의 seq2seq는 [그림 7-25]와 같이 최초 시각의 LSTM 계층만이 벡터 h를 이용하고 있습니다. 이 중요한 정보인 h를 더 활용할 수는 없을까요?

그림 7-25 개선 전: Encoder의 출력 h는 첫 번째 LSTM 계층만이 받는다.

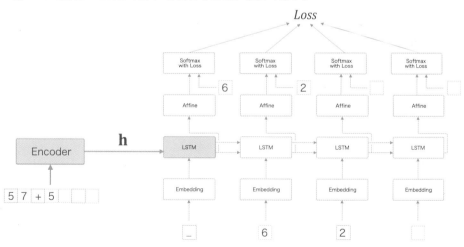

여기서 seq2seq의 두 번째 개선안이 등장합니다. 중요한 정보가 담긴 Encoder의 출력 **h**를 Decoder의 다른 계층에게도 전해주는 것이죠. 우리 Decoder라면 [그림 7-26]과 같은 구성이 되겠네요.

그림 7-26 개선 후: Encoder의 출력 **h**를 모든 시각의 LSTM 계층과 Affine 계층에 전해준다.

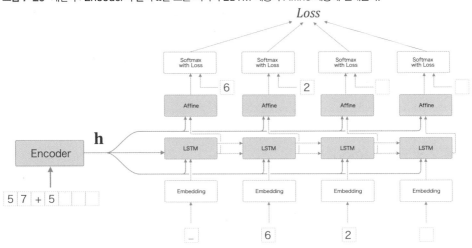

[그림 7-26]과 같이 모든 시각의 Affine 계층과 LSTM 계층에 Encoder의 출력 **h**를 전해줍니다. [그림 7-25]와 비교해보면, 기존에는 하나의 LSTM만이 소유하던 중요 정보 **h**를 여러 계층(이 예에서는 총 8개 계층)이 공유함을 알 수 있습니다. 이는 집단지성에 비유할 수 있겠군요. 즉, 중요한 정보를 한 사람이 독점하는 게 아니라 많은 사람과 공유한다면 더 올바른 결정을 내릴 가능성이 커질 겁니다.

> **NOTE_** 이 개선안은 인코딩된 정보를 Decoder의 다른 계층에도 전해주는 기법입니다. 달리 보면, 다른 계층도 인코딩된 정보를 '엿본다'라고 해석할 수 있습니다. '엿보다'를 영어로 peek이라고 하기 때문에 이 개선을 더한 Decoder를 'Peeky Decoder'라고 합니다. 마찬가지로 Peeky Decoder를 이용하는 seq2seq를 'Peeky seq2seq'라고 합니다. 참고로, 이 아이디어(의 기반)는 문헌 [42]에서 가져왔습니다.

그런데 [그림 7-26]에서는 LSTM 계층과 Affine 계층에 입력되는 벡터가 2개씩이 되었습니다. 이는 실제로는 두 벡터가 연결concatenate된 것을 의미합니다. 따라서 앞의 그림은 두 벡터를 연결시키는 concat 노드를 이용해 [그림 7-27]처럼 그려야 정확한 계산 그래프입니다.

그림 7-27 Affine 계층에 입력이 2개인 경우(왼쪽)를 정확하게 그리면, 그 두 입력을 연결한 하나의 벡터가 입력되는 것이다(오른쪽).

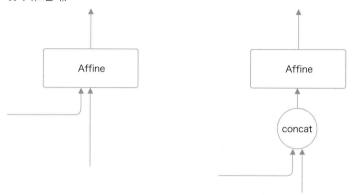

이제 Peeky Decoder 클래스의 구현을 살펴보겠습니다. 책에는 초기화와 순전파를 구현한 __init__()와 forward()만 실었습니다. 역전파 backward()와 문장 생성 generate()는 특별히 어려운 점이 없기 때문에 생략합니다.

```
class PeekyDecoder:                                    ch07/peeky_seq2seq.py
    def __init__(self, vocab_size, wordvec_size, hidden_size):
        V, D, H = vocab_size, wordvec_size, hidden_size
        rn = np.random.randn

        embed_W = (rn(V, D) / 100).astype('f')
        lstm_Wx = (rn(H + D, 4 * H) / np.sqrt(H + D)).astype('f')
        lstm_Wh = (rn(H, 4 * H) / np.sqrt(H)).astype('f')
        lstm_b = np.zeros(4 * H).astype('f')
        affine_W = (rn(H + H, V) / np.sqrt(H + H)).astype('f')
        affine_b = np.zeros(V).astype('f')

        self.embed = TimeEmbedding(embed_W)
        self.lstm = TimeLSTM(lstm_Wx, lstm_Wh, lstm_b, stateful=True)
        self.affine = TimeAffine(affine_W, affine_b)

        self.params, self.grads = [], []
        for layer in (self.embed, self.lstm, self.affine):
            self.params += layer.params
            self.grads += layer.grads
        self.cache = None

    def forward(self, xs, h):
```

```
N, T = xs.shape
N, H = h.shape

self.lstm.set_state(h)

out = self.embed.forward(xs)
hs = np.repeat(h, T, axis=0).reshape(N, T, H)
out = np.concatenate((hs, out), axis=2)

out = self.lstm.forward(out)
out = np.concatenate((hs, out), axis=2)

score = self.affine.forward(out)
self.cache = H
return score
```

PeekyDecoder의 초기화는 앞 절의 Decoder와 거의 같습니다. 다른 점은 LSTM 계층의 가중치와 Affine 계층의 가중치의 형상뿐입니다. 이번 구현에서는 Encoder가 인코딩한 벡터도 입력되기 때문에 가중치 매개변수의 형상이 그만큼 커집니다.

계속해서 forward()의 구현입니다. 여기에서는 우선 h를 np.repeat()로 시계열만큼 복제해 hs에 저장합니다. 다음은 np.concatenate()를 이용해 그 hs와 Embedding 계층의 출력을 연결하고, 이를 LSTM 계층에 입력합니다. 마찬가지로 Affine 계층에도 hs와 LSTM 계층의 출력을 연결한 것을 입력합니다.

> **NOTE_** Encoder 쪽은 앞 절과 똑같습니다. 따라서 앞 절의 Encoder 클래스를 그대로 이용합니다.

마지막으로, PeekySeq2seq를 구현합니다. 이 클래스는 앞 절의 Seq2seq 클래스와 거의 같습니다. 유일한 차이는 Decoder 계층인데요, 앞 절의 Seq2seq 클래스가 Decoder 클래스를 사용하던 것에 반해 이번에는 PeekyDecoder를 사용합니다. 그다음 로직은 똑같습니다. 그래서 PeekySeq2seq 클래스의 구현은 앞 절의 Seq2seq 클래스를 계승하고, 초기화 부분만을 변경하기로 합니다.

ch07/peeky_seq2seq.py

```
from seq2seq import Seq2seq, Encoder

class PeekySeq2seq(Seq2seq):
    def __init__(self, vocab_size, wordvec_size, hidden_size):
```

```
V, D, H = vocab_size, wordvec_size, hidden_size
self.encoder = Encoder(V, D, H)
self.decoder = PeekyDecoder(V, D, H)
self.softmax = TimeSoftmaxWithLoss()

self.params = self.encoder.params + self.decoder.params
self.grads = self.encoder.grads + self.decoder.grads
```

이것으로 준비가 다 되었습니다. 이 PeekySeq2seq 클래스를 사용하여 덧셈 문제에 다시 도
전해볼까요? 학습용 코드는 앞 절의 코드에서 Seq2seq 클래스만 PeekySeq2seq 클래스로
변경하면 됩니다.

```
# model = Seq2seq(vocab_size, wordvec_size, hidden_size)
model = PeekySeq2seq(vocab_size, wordvec_size, hidden_size)
```

한 가지 더, 이번에는 첫 번째 개선인 'Reverse(입력 반전)'도 적용한 후 수행합니다. 결과는
[그림 7-28]과 같습니다.

그림 7-28 'reverse + peeky' 조합: 두 가지 개선을 모두 적용한 결과

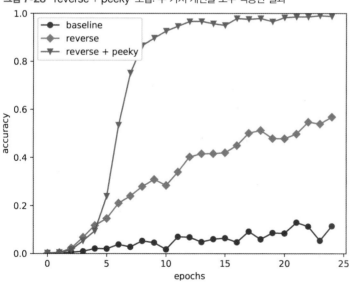

[그림 7-28]에서 보듯 Peeky를 추가로 적용하자 seq2seq의 결과가 월등히 좋아졌습니다. 10 에폭을 넘어서면서 정답률이 이미 90%를 넘고, 최종적으로는 100%에 가까워집니다!

이상의 실험 결과에서 Reverse와 Peeky가 함께 효과적으로 작동하고 있음을 알 수 있습니다. 입력 문장을 반전시키는 Reverse, 그리고 Encoder의 정보를 널리 퍼지게 하는 Peeky. 이 두 기법 덕분에 우리는 만족할 만한 결과를 손에 넣었습니다!

이것으로 seq2seq 개선은 일단 끝내겠습니다. 하지만 이야기는 아직 계속됩니다. 실은 여기서 수행한 개선은 '작은 개선'이라 할 수 있고, '큰 개선'은 다음 장에서 추가할 계획입니다. 바로 어텐션이라는 기술로, seq2seq를 극적으로 진화시킬 수 있습니다!

참고로, 이번 절의 실험은 주의해야 합니다. Peeky를 이용하게 되면 우리의 신경망은 가중치 매개변수가 커져서 계산량도 늘어납니다. 따라서 이번 절의 실험 결과는 커진 매개변수만큼의 '핸디캡'을 감안해야 하죠. 또한, seq2seq의 정확도는 하이퍼파라미터에 영향을 크게 받습니다. 예제에서의 결과는 믿음직했지만, 실제 문제에서는 그 효과가 달라질 것입니다.

7.5 seq2seq를 이용하는 애플리케이션

seq2seq는 '한 시계열 데이터'를 '다른 시계열 데이터'로 변환합니다. 이 시계열 데이터를 변환하는 프레임워크는 다양한 문제에 적용할 수 있습니다. 다음은 구체적인 예들입니다.

- 기계 번역: '한 언어의 문장'을 '다른 언어의 문장'으로 변환
- 자동 요약: '긴 문장'을 '짧게 요약된 문장'으로 변환
- 질의응답: '질문'을 '응답'으로 변환
- 메일 자동 응답: '받은 메일의 문장'을 '답변 글'로 변환

이처럼 seq2seq는 2개가 짝을 이루는 시계열 데이터를 다루는 문제에 이용할 수 있습니다. 자연어 외에도 음성이나 영상 등에도 이용할 수 있지요. 게다가 얼핏 보기에는 seq2seq가 적용될 수 없을 것 같은 문제라도 입력·출력 데이터를 전처리하면 seq2seq를 적용할 수 있는 경우도 있습니다. 이번 절에서는 seq2seq를 사용한 애플리케이션을 몇 가지 소개할 텐데, 이 예들로 seq2seq의 가능성과 재미를 느낄 수 있으면 좋겠습니다.

7.5.1 챗봇

챗봇은 사람과 컴퓨터가 텍스트로 대화를 나누는 프로그램입니다. 벌써 페이스북과 트위터 등, 다양한 서비스에서 챗봇이 활용되고 있습니다.

물론 챗봇에도 seq2seq를 사용할 수 있답니다. 대화라는 것은 '상대의 말'과 '자신의 말'로 구성되기 때문에 '상대의 말'을 '자신의 말'로 변환하는 문제로 볼 수 있습니다. 즉, 대화의 텍스트 데이터가 준비되면 그것으로 seq2seq를 학습시킬 수 있습니다.

챗봇은 실생활에 이용할 수 있습니다. 문헌 [43]에서는 IT 헬프데스크를 대상으로 seq2seq 기반 챗봇을 실험했고, 그 성과의 하나로 고객의 VPN 연결 문제를 해결한 사례를 제시했습니다. 여기에서는 이 문헌에서 주고받은 대화의 일부를 우리말로 번역해 실었습니다(원문은 영어입니다).

그림 7-29 seq2seq 기반 챗봇의 대화 예(문헌 [43]에서 발췌해 우리말로 번역함)

기계: 안녕하세요.

사람: 안녕하세요.

기계: 어떤 OS를 사용하시죠?

사람: 리눅스요.

......

기계: 실행할 때 어떤 오류가 발생하죠?

사람: VPN 어쩌고 하는 오류가 나옵니다.

기계: VPN을 사용하여 네트워크에 연결할 때 오류 메시지가 뭐라고 뜨나요?

사람: 연결이 되지 않거나 혹은 그와 비슷한 상태...

......

기계: 지금 집인가요, 아니면 회사인가요?

사람: 집이요.

기계: 그럼, 〈URL〉에 가서 선생님의 이름과 암호를 입력해보세요.

사람: 했어요.

기계: 〈NAME〉에서 로그인하여 잘 되는지 확인해보세요.

사람: 오, 잘 되네요!

기계: 좋습니다. 다른 문제는 없나요?

사람: 없어요, 매우 잘 됩니다.

[그림 7-29]의 대화를 보면, 기계(챗봇)는 훌륭하게 문제를 해결하고 있음을 알 수 있습니다. VPN 연결이 되지 않는 사람을, 그 문제를 해결할 수 있는 URL 링크로 안내한 것입니다. 물론 이 챗봇은 IT 헬프데스크에 한정된 문제를 대상으로 하기 때문에 범용적으로 사용할 수는 없습니다. 하지만 대화 기반으로 정답이나 힌트를 얻는 방식은 실용성이 높고 다양하게 응용하여 효과를 볼 수 있습니다. 실제로 이 예와 유사한 서비스(의 축소판)는 벌써 여러 웹 사이트에서 만나볼 수 있습니다.

7.5.2 알고리즘 학습

이번 장에서 수행한 실험은 '덧셈'과 같은 간단한 문제였습니다. 그러나 원리적으로는 더 고차원적인 문제도 처리할 수 있답니다. 예컨대 파이썬 코드를 처리할 수도 있지요.

그림 7-30 파이썬으로 작성된 코드의 예: Input은 입력, Target은 출력(문헌 [44]에서 발췌)

```
Input:
  j=8584
  for x in range(8):
    j+=920
  b=(1500+j)
  print((b+7567))
Target: 25011.
```

```
Input:
  i=8827
  c=(i-5347)
  print((c+8704) if 2641<8500 else 5308)
Target: 12184.
```

소스 코드도 (자연어와 마찬가지로) 문자로 쓰여진 시계열 데이터입니다. 몇 줄에 걸친 코드라도 하나의 문장으로 처리할 수도 있고요(줄바꿈은 개행 코드로 처리할 수 있습니다). 따라서 소스 코드를 그대로 seq2seq에 입력할 수 있고, 원하는 답과 대조하여 학습시킬 수 있는 것이죠.

[그림 7-30]에서 보듯, for 문이나 if 문이 포함된 문제는 일반적으로 잘 풀리지 않을 것입니다. 그러나 이런 문제라도 seq2seq의 틀에서 처리할 수 있습니다. 그리고 seq2seq의 구조를 개선한다면 이런 문제도 결국 풀어낼 것으로 예상할 수 있습니다.

NOTE_ 다음 장에서는 RNN을 확장한 NTM^{Neural Turing Machine} 모델을 소개합니다. NTM 모델로는 컴퓨터 (튜링 머신)가 메모리를 읽고 쓰는 순서를 학습하여 알고리즘을 재현할 것입니다.

7.5.3 이미지 캡셔닝

지금까지는 seq2seq가 텍스트를 다루는 예만을 보았습니다. 하지만 seq2seq는 텍스트 외에도, 이미지나 음성 등 다양한 데이터를 처리할 수 있습니다. 이번 절에서는 이미지를 문장으로 변환하는 **이미지 캡셔닝**Image Captioning을 소개드리죠.[45] [46]

이미지 캡셔닝은 '이미지'를 '문장'으로 변환합니다. 이 문제도 [그림 7-31]과 같이 seq2seq의 틀에서 해결할 수 있습니다.

그림 7-31 이미지 캡셔닝을 수행하는 seq2seq의 신경망 구성 예

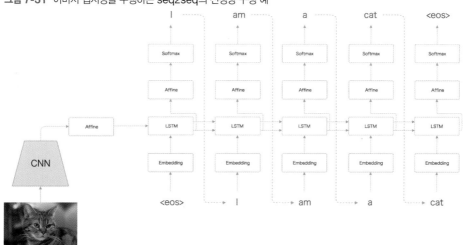

[그림 7-31]은 우리에게 친숙한 신경망 구성입니다. 지금까지와 다른 점은 Encoder가 LSTM에서 합성곱 신경망Convolutional Neural Network(CNN)으로 바뀐 게 전부죠. Decoder는 지금까지와 똑같은 신경망을 이용했습니다. 겨우 이 정도의 변경(LSTM을 CNN으로 대체)만으로, seq2seq는 이미지도 처리할 수 있게 됩니다.

[그림 7-31]의 CNN에 대해 살짝 보충합니다. 이 예에서는 이미지의 인코딩을 CNN이 수행합니다. 이때 CNN의 최종 출력은 특징 맵feature map입니다. 특징 맵은 3차원(높이·폭·채널)이므로 이를 Decoder의 LSTM이 처리할 수 있도록 손질해야 하겠죠. 그래서 CNN의 특징 맵을 1차원으로 평탄화flattening한 후 완전연결인 Affine 계층에서 변환합니다. 그런 다음 변환된 데이터를 Decoder에 전달하면 지금까지와 같은 문장 생성을 수행할 수 있습니다.

이제 seq2seq가 이미지 캡셔닝을 수행한 예를 몇 가지 보여드리죠. im2txt[47]라는, 텐서플로 코드로 생성된 예를 가져왔습니다. 여기에 사용된 신경망은 [그림 7-31]을 기초로 한 것입니다만, 몇 가지 점을 개선했습니다.

그림 7-32 이미지 캡셔닝의 예: 이미지를 텍스트로 변환(문헌 [47]에서 발췌)

[그림 7-32]를 보면 "A person on a beach flying a kite(해변에서 연 날리는 사람)"나 "A black and white photo of a train on a train track(선로 위의 열차를 찍은 흑백 사진)" 등,

결과가 아주 훌륭합니다. 물론, 이러한 결과로 이끈 비결은 이미지와 설명을 듬뿍 담은 학습 데이터(와 ImageNet 등의 대량의 이미지 데이터)에 있습니다. 그리고 그 학습 데이터를 효율적으로 배울 수 있는 seq2seq가 존재하기에 이 그림과 같은 훌륭한 결과를 얻을 수 있는 것이죠.

7.6 정리

이번 장에서는 RNN을 이용한 문장 생성을 주제로 이야기를 진행했습니다. 사실, 6장에서 다룬 RNN을 사용한 언어 모델을 살짝 손질하여, 문장을 생성하는 기능을 추가했습니다. 이번 장의 후반부에서는 seq2seq에게 간단한 덧셈 문제를 학습시키는 데 성공했습니다. seq2seq는 Encoder와 Decoder를 연결한 모델로, 결국 2개의 RNN을 조합한 단순한 구조입니다. 하지만 그 단순함에도 불구하고 seq2seq는 매우 큰 가능성을 지니고 있어서 다양한 애플리케이션에 적용할 수 있습니다.

또한, 이번 장에서는 seq2seq를 개선하는 아이디어를 2개 소개하고(Reverse와 Peeky), 직접 구현해 평가하여 그 효과를 확인했습니다. 다음 장에서는 seq2seq를 한층 더 개선할 것입니다. 이때 등장하는 것이 바로 어텐션으로, 딥러닝에서 가장 중요한 기법 중 하나입니다. 다음 장에서는 어텐션 메커니즘을 설명하고 구현하여, 한층 더 강력한 seq2seq를 구현합니다.

이번 장에서 배운 내용

- RNN을 이용한 언어 모델은 새로운 문장을 생성할 수 있다.
- 문장을 생성할 때는 하나의 단어(혹은 문자)를 주고 모델의 출력(확률분포)에서 샘플링하는 과정을 반복한다.
- RNN을 2개 조합함으로써 시계열 데이터를 다른 시계열 데이터로 변환할 수 있다.
- seq2seq는 Encoder가 출발어 입력문을 인코딩하고, 인코딩된 정보를 Decoder가 받아 디코딩하여 도착어 출력문을 얻는다.
- 입력문을 반전시키는 기법(Reverse), 또는 인코딩된 정보를 Decoder의 여러 계층에 전달하는 기법(Peeky)은 seq2seq의 정확도 향상에 효과적이다.
- 기계 번역, 챗봇, 이미지 캡셔닝 등 seq2seq는 다양한 애플리케이션에 이용할 수 있다.

## CHAPTER 8

어텐션

당신에게 필요한 건 주목$_{attention}$ 뿐

– 바즈와니 등이 저술한 논문 제목[52]

앞 장에서는 RNN을 사용해 문장을 생성해봤습니다. 그리고 2개의 RNN을 연결하여 하나의 시계열 데이터를 다른 시계열 데이터로 변환도 해봤습니다. 우리는 이를 seq2seq라고 하며, 덧셈 같은 간단한 문제를 푸는 데 성공했습니다. 마지막으로, seq2seq에 몇 가지 개선을 적용한 결과, 간단한 덧셈이라면 거의 완벽하게 풀 수 있음을 보았습니다.

이번 장에서는 seq2seq의 가능성 그리고 RNN의 가능성을 한걸음 더 깊이 탐험할 겁니다. 어텐션^{Attention}이라는 강력하고 아름다운 기술이 등장할 차례가 온 것이죠. 어텐션은 스테이블 디퓨전 같은 생성 모델을 포함하여, 최근의 딥러닝 분야에서 틀림없이 중요한 기술 중 하나랍니다. 우리가 이번 장에서 목표로 하는 것은 어텐션의 구조를 코드 수준에서 이해하는 것, 그리고 실제 문제에 적용하여 그 놀라운 효과를 경험하는 것입니다. 이제 드디어 마지막 장의 문을 엽니다!

8.1 어텐션의 구조

앞 장에서 살펴본 것처럼 seq2seq는 매우 강력한 시스템으로, 다양하게 응용할 수 있습니다. 이번 장에서는 지금까지 배운 seq2seq를 한층 더 강력하게 하는 **어텐션 메커니즘**이라는 아이디어를 소개합니다. 이 어텐션이라는 메커니즘 덕분에 seq2seq는 (우리 인간처럼) 필요한 정보에만 '주목'할 수 있게 됩니다. 게다가 지금까지의 seq2seq가 안고 있던 문제도 해결할 수 있습니다.

이번 절에서는 현재의 seq2seq가 안고 있는 문제를 먼저 살펴봅니다. 그 후에 어텐션의 구조를 설명하면서, 동시에 구현까지 해보기로 하죠. 그럼 다시 한번, seq2seq가 어떤 일을 수행하는지 떠올려봅시다.

> **NOTE_** 앞 장에서도 수행한 seq2seq 개선은 '작은 개선'이었습니다. 이와 달리, 지금부터 설명하는 어텐션 기술은 지금까지의 seq2seq가 안고 있던 근본적인 문제를 해결하는 '큰 개선'입니다.

8.1.1 seq2seq의 문제점

seq2seq에서는 Encoder가 시계열 데이터를 인코딩합니다. 그리고 인코딩된 정보를 Decoder로 전달하죠. 이때 Encoder의 출력은 '고정 길이의 벡터'였습니다. 그런데 실은 이 '고정 길이'라는 데에 큰 문제가 잠재해 있습니다. 고정 길이 벡터라 함은 입력 문장의 길이에 관계없이(아무리 길어도), 항상 같은 길이의 벡터로 변환한다는 뜻입니다. 앞 장의 번역 예로 설명하면, 아무리 긴 문장이 입력되더라도 항상 똑같은 길이의 벡터에 밀어 넣어야 합니다(그림 8-1).

그림 8-1 입력 문장의 길이에 관계없이, Encoder는 정보를 고정 길이의 벡터로 밀어 넣는다.

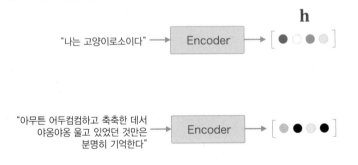

현재의 Encoder는 아무리 긴 문장이라도 고정 길이의 벡터로 변환합니다. 마치 많은 옷가지를 옷장에 욱여넣듯이 억지로 고정 길이의 벡터로 밀어 넣는 것입니다. 하지만 이렇게 하면 곧

한계가 찾아올 것이 분명하겠죠. 결국에는 옷이 옷장에서 삐져나오듯, 필요한 정보가 벡터에다 담기지 못하게 됩니다. 그러니 seq2seq 개선에 힘써봅시다. 우선은 Encoder를 개선하고, 이어서 Decoder도 개선하겠습니다.

8.1.2 Encoder 개선

지금까지 우리는 LSTM 계층의 마지막 은닉 상태만을 Decoder에 전달했습니다. 그러나 Encoder 출력의 길이는 입력 문장의 길이에 따라 바꿔주는 게 좋습니다. 이 점이 Encoder의 개선 포인트입니다. 구체적으로는, [그림 8-2]처럼 시각별 LSTM 계층의 은닉 상태 벡터를 모두 이용하는 것입니다.

그림 8-2 Encoder의 시각별(단어별) LSTM 계층의 은닉 상태를 모두 이용(hs로 표기)

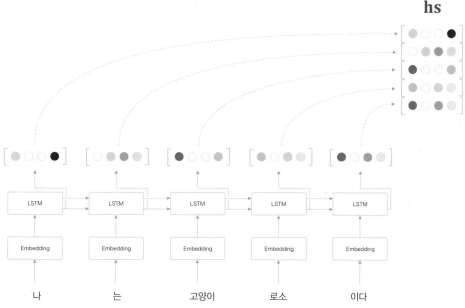

[그림 8-2]처럼 각 시각(각 단어)의 은닉 상태 벡터를 모두 이용하면 입력된 단어와 같은 수의 벡터를 얻을 수 있습니다. [그림 8-2]의 예에서는 5개의 단어가 입력되었고, 이때 Encoder는 5개의 벡터를 출력합니다. 이것으로 Encoder는 '하나의 고정 길이 벡터'라는 제약으로부터 해방됩니다.

그런데 [그림 8-2]에서 주목할 것은 LSTM 계층의 은닉 상태의 '내용'입니다. 시각별 LSTM 계층의 은닉 상태에는 어떠한 정보가 담겨 있을까요? 한 가지 말할 수 있는 것은 각 시각의 은닉 상태에는 직전에 입력된 단어에 대한 정보가 많이 포함되어 있다는 사실입니다. [그림 8-2]에서라면, 예컨대 "고양이" 단어를 입력했을 때의 LSTM 계층의 출력(은닉 상태)은 직전에 입력한 "고양이"라는 단어의 영향을 가장 크게 받습니다. 따라서 이 은닉 상태 벡터는 "고양이"의 '성분'이 많이 들어간 벡터라고 생각할 수 있습니다. 이렇게 생각하면, Encoder가 출력하는 **hs** 행렬은 각 단어에 해당하는 벡터들의 집합이라고 볼 수 있겠지요(그림 8-3).

그림 8-3 Encoder의 출력 **hs**는 단어 수만큼의 벡터를 포함하며, 각각의 벡터는 해당 단어에 대한 정보를 많이 포함한다.

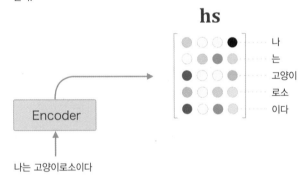

이상이 Encoder의 개선입니다. 단지 Encoder의 은닉 상태를 모든 시각만큼 꺼냈을 뿐이지만, 이 작은 개선 덕분에 Encoder는 입력 문장의 길이에 비례한 정보를 인코딩할 수 있게 되었습니다. 그럼 이 Encoder의 출력을 Decoder는 어떻게 요리해야 할까요? 바로 이어서 Decoder 개선으로 주제를 옮겨봅시다. 미리 밝혀두자면, Decoder 개선에 관해서는 할 이야기가 많기 때문에 3개의 절로 나눠 설명하겠습니다.

8.1.3 Decoder 개선 ①

Encoder는 각 단어에 대응하는 LSTM 계층의 은닉 상태 벡터를 **hs**로 모아 출력합니다. 그리고 이 **hs**가 Decoder에 전달되어 시계열 변환이 이뤄집니다(그림 8-4).

그림 8-4 Encoder와 Decoder의 관계

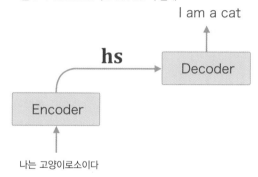

참고로, 앞 장에서 본 가장 단순한 seq2seq에서는 Encoder의 마지막 은닉 상태 벡터만을 Decoder에 넘겼습니다. 더 정확하게 말하면, Encoder의 LSTM 계층의 '마지막' 은닉 상태를 Decoder의 LSTM 계층의 '첫' 은닉 상태로 설정한 것입니다. 이 Decoder의 계층 구성은 [그림 8-5]처럼 그릴 수 있습니다.

그림 8-5 앞 장에서 본 Decoder의 계층 구성(학습 시)

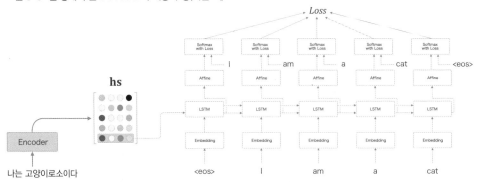

[그림 8-5]에서 보듯 앞 장의 Decoder는 Encoder의 LSTM 계층의 마지막 은닉 상태만을 이용합니다. **hs**에서 마지막 줄만 빼내어 Decoder에 전달한 것이죠. 그럼 이 **hs** 전부를 활용할 수 있도록 Decoder를 개선해보겠습니다.

그런데 사람이 문장을 번역할 때는 머릿속에서 어떤 일이 일어날까요? 예컨대 "나는 고양이로소이다"를 영어로 번역하려 한다면 아마 대부분이 '나 = I'나 '고양이 = cat'이라는 지식을 이용하겠죠? 즉, 우리는 '어떤 단어(혹은 단어의 집합)'에 주목하여 그 단어의 변환을 수시로 하게 될 겁니다. 그러면 이와 같은 과정을 우리의 seq2seq로 재현할 수는 없을까요? 더 정확하게 말하면, '입력과 출력의 여러 단어 중 어떤 단어끼리 서로 관련되어 있는가'라는 대응 관계를 seq2seq에게 학습시킬 수는 없을까요?

> **NOTE_** 기계 번역의 역사를 보면 '고양이 = cat'과 같은 단어의 대응 관계 지식을 이용하는 연구는 많이 이뤄져 왔습니다. 단어(혹은 문구)의 대응 관계를 나타내는 정보를 **얼라인먼트**alignment라 하는데, 지금까지는 얼라인먼트를 주로 사람이 수작업으로 만들었습니다. 그러나 지금부터 설명하는 어텐션 기술은 얼라인먼트라는 아이디어를 seq2seq에 자동으로 도입하는 데 성공했습니다. 이번에도 다시 한번, '수작업'에서 '기계에 의한 자동화'라는 흐름이 이어지고 있습니다.

앞으로 우리의 목표는 '도착어 단어'와 대응 관계에 있는 '출발어 단어'의 정보를 골라내는 것, 그리고 그 정보를 이용하여 번역을 수행하는 것입니다. 다시 말해, 필요한 정보에만 주목하여 그 정보로부터 시계열 변환을 수행하는 것이 목표입니다. 이 구조를 어텐션이라 부르며, 이번 장의 핵심 주제입니다.

어텐션의 세부 내용으로 들어가기 앞서, 우선 전체 틀을 보여주고 싶군요. 앞으로 우리가 구현하고자 하는 신경망의 계층 구성은 [그림 8-6]과 같습니다.

그림 8-6 개선 후의 Decoder의 계층 구성

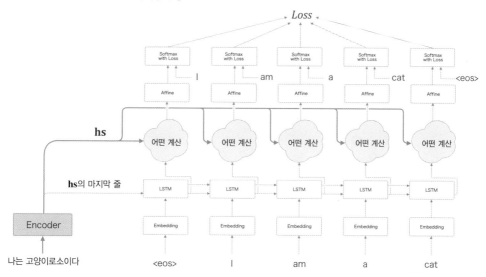

[그림 8-6]처럼 여기에서는 새롭게 '어떤 계산'을 수행하는 계층을 추가할 겁니다. 이 '어떤 계산'이 받는 입력은 두 가지로, 하나는 Encoder로부터 받는 **hs**이고, 다른 하나는 시각별 LSTM 계층의 은닉 상태입니다. 그리고 여기에서 필요한 정보만 골라 위쪽의 Affine 계층으로 출력합니다. 참고로, 지금까지와 똑같이 Encoder의 마지막 은닉 상태 벡터는 Decoder의 첫 번째 LSTM 계층에 전달합니다.

그런데 [그림 8-6]의 신경망으로 하고 싶은 일은 단어들의 얼라인먼트 추출입니다. 각 시각에서 Decoder에 입력된 단어와 대응 관계인 단어의 벡터를 **hs**에서 골라내겠다는 뜻이죠. 예컨대 [그림 8-6]의 Decoder가 "I"를 출력할 때, **hs**에서 "나"에 대응하는 벡터를 선택하면 됩니다. 그리고 이러한 '선택' 작업을 '어떤 계산'으로 해내겠다는 겁니다. 하지만 여기서 문제가 발생합니다. 바로 선택하는 작업(여러 대상으로부터 몇 개를 선택하는 작업)은 미분할 수 없다는 점입니다.

> **WARNING_** 신경망의 학습은 (일반적으로) 오차역전파법으로 이뤄집니다. 따라서 미분 가능한 연산으로 신경망을 구축하면 오차역전파법의 틀 안에서 학습을 수행할 수 있습니다. 반대로 미분 가능한 연산을 이용하지 않으면 (기본적으로는) 오차역전파법을 사용할 수 없습니다.

'선택한다'라는 작업을 미분 가능한 연산으로 대체할 수는 없을까요? 사실 이 문제를 해결할 아이디어는 아주 단순합니다(그러나 콜럼버스의 달걀처럼 처음으로 생각해내기가 어려운 것이겠죠). 그 아이디어란 '하나를 선택'하는 게 아니라, '모든 것을 선택'한다는 것입니다. 그리고 이때 [그림 8-7]과 같이 각 단어의 중요도(기여도)를 나타내는 '가중치'를 별도로 계산하도록 합니다.

그림 8-7 각 단어에 대해서 그것이 얼마나 중요한지를 나타내는 '가중치'를 구한다(구하는 방법은 뒤에서 설명).

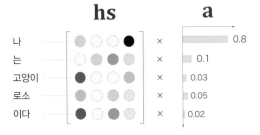

[그림 8-7]에서 보듯, 여기에서는 각 단어의 중요도를 나타내는 '가중치'(기호 **a**)를 이용합니다. **a**는 확률분포처럼 각 원소가 0.0~1.0 사이의 스칼라(단일 원소)이며, 모든 원소의 총합은 1이 됩니다. 그리고 각 단어의 중요도를 나타내는 가중치 **a**와 각 단어의 벡터 **hs**로부터 가중합weighted sum을 구하여, 우리가 원하는 벡터를 얻습니다. 이 일련의 계산을 그려보면 [그림 8-8]처럼 됩니다.

그림 8-8 가중합을 계산하여 '맥락 벡터'를 구한다.

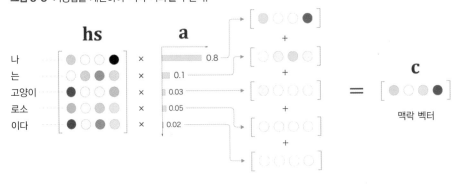

[그림 8-8]처럼 단어 벡터의 가중합을 계산합니다. 여기에서는 그 결과를 '맥락 벡터'라고 부르고, 기호로는 **c**로 표기합니다. 그런데 이 그림을 잘 보면 "나"에 대응하는 가중치가 0.8입니

다. 이것이 의미하는 바는 맥락 벡터 **c**에는 "나" 벡터의 성분이 많이 포함되어 있다는 것입니다. 즉, "나" 벡터를 '선택'하는 작업을 이 가중합으로 대체하고 있다고 할 수 있습니다. 예컨대 "나"에 대응하는 가중치가 1이고 그 외에는 0이라면, "나" 벡터를 '선택'한다고 해석할 수 있습니다.

NOTE_ 맥락 벡터 **c**에는 현 시각의 변환(번역)을 수행하는 데 필요한 정보가 담겨 있습니다. 더 정확하게 말하면, 그렇게 되도록 데이터로부터 학습하는 것입니다.

그럼, 여기까지의 이야기를 코드로 살펴봅시다. Encoder가 출력하는 **hs**와 각 단어의 가중치 **a**를 적당하게 작성하고, 그 가중합을 구하는 구현을 볼 수 있습니다. 다차원 배열의 형상에 주의하면서 살펴보세요.

```python
import numpy as np

T, H = 5, 4
hs = np.random.randn(T, H)
a = np.array([0.8, 0.1, 0.03, 0.05, 0.02])

ar = a.reshape(5, 1).repeat(4, axis=1)
print(ar.shape)
# (5, 4)

t = hs * ar
print(t.shape)
# (5, 4)

c = np.sum(t, axis=0)
print(c.shape)
# (4,)
```

이 코드는 시계열의 길이를 T = 5, 은닉 상태 벡터의 원소 수를 H = 4로 하여 가중합을 구하는 과정을 보여줍니다. 우선은 ar = a.reshape(5, 1).repeat(4, axis=1) 부분에 주목합시다. 이 코드는 [그림 8-9]처럼 a를 ar로 변환합니다.

그림 8-9 reshape()와 repeat() 메서드를 거쳐 a로부터 ar을 생성(변수명 오른쪽에 형상을 표기)

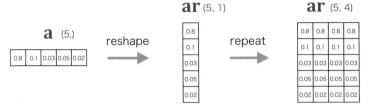

[그림 8-9]처럼 여기서 우리가 하고 싶은 것은 형상이 (5,)인 a를 복사하여, (5, 4)짜리 배열을 만드는 것입니다. 그래서 원래 형상이 (5,)인 a를 a.reshape(5, 1)을 거쳐 (5, 1) 형상으로 성형한 다음, 이 배열의 한 축을 네 번 반복하여 형상이 (5, 4)인 배열을 생성합니다.

> **NOTE_** repeat() 메서드는 다차원 배열의 원소를 복사하여 새로운 다차원 배열을 생성합니다. x가 넘파이 다차원 배열일 때, x.repeat(rep, axis) 형태로 사용할 수 있습니다. 인수 rep는 복사를 반복하는 횟수, axis는 반복하는 축(차원)을 지정합니다. 예컨대 x의 형상이 (X, Y, Z)일 때, x.repeat(3, axis=1)을 실행하면 x에서 인덱스가 1인 축(1차원 방향)이 복사되어 형상이 (X, 3 * Y, Z)인 다차원 배열이 만들어집니다.

참고로, 여기에서는 repeat() 메서드 대신 넘파이의 브로드캐스트를 사용해도 됩니다. 즉, ar = a.reshape(5, 1)까지만 한 뒤 곧바로 hs * ar을 계산해도 됩니다. 이렇게 하면 [그림 8-10]과 같이 hs의 형상과 일치되도록 ar이 자동으로 확장됩니다.

그림 8-10 넘파이의 브로드캐스트

hs					ar
0.1	1.3	-0.4	1.2		0.8
-0.3	-0.4	-0.3	-0.4	*	0.1
-1.2	0.9	-1.7	0.2		0.03
-0.7	-0.8	0.3	-0.2		0.05
0.6	2.1	1.0	-0.4		0.02

=

hs					ar			
0.1	1.3	-0.4	1.2		0.8	0.8	0.8	0.8
-0.3	-0.4	-0.3	-0.4	*	0.1	0.1	0.1	0.1
-1.2	0.9	-1.7	0.2		0.03	0.03	0.03	0.03
-0.7	-0.8	0.3	-0.2		0.05	0.05	0.05	0.05
0.6	2.1	1.0	-0.4		0.02	0.02	0.02	0.02

구현 효율을 생각하면 repeat() 메서드보다는 넘파이의 브로드캐스트를 이용해야 할 것입니다. 다만, 이렇게 하면 다차원 배열의 원소가 복사(반복)되고 있다고 점이 우리 눈에 보이지 않으니 유의합시다. '1.3.4 계산 그래프' 절에 따르면, 이 작업은 계산 그래프로는 Repeat 노드에 해당합니다. 따라서 역전파 때는 Repeat 노드의 역전파를 수행해야 합니다.

[그림 8-10]과 같이 원소별 곱을 계산했다면, 그다음은 c = np.sum(hs*ar, axis=0) 코드에서 합을 구합니다. 여기에서 axis 인수는 어느 축(차원) 방향으로 합을 계산할지를 지정하는 역할입니다. 자, 배열의 형상을 잘 생각해보면 axis 사용법이 명료해집니다. 예컨대 x의 형상이 (X, Y, Z)일 때 np.sum(x, axis=1)을 실행하면 출력의 형상은 (X, Z)입니다. 이때 기억할 점은 1번째 축이 '사라진다'는 것입니다. 앞의 예에서 hs*ar의 형상은 (5, 4)이며, 0번째 축을 '사라지게' 했으므로 결과로는 형상이 (4,)인 행렬(벡터)이 구해집니다.

> **WARNING_** 가중합 계산은 '행렬 곱'을 사용하는 편이 가장 간단하고 효율적입니다. 앞의 예로 말하자면 np.matmul(a, hs)라는 한 줄만으로 원하는 결과를 얻을 수 있습니다. 다만, 이 방법은 하나의 데이터(샘플)만 처리하며, 미니배치 처리로 확장하기가 쉽지 않다는 점이 문제죠. 할 수도 있지만, '텐서 곱' 계산이 필요해서 이야기가 조금 복잡해집니다(np.tensordot()과 np.einsum() 메서드를 사용합니다). 그래서 이 책에서는 행렬 곱을 이용하지 않고, 이해하기 쉽게 구현하고자 repeat()와 sum() 메서드를 이용해 가중합을 구하겠습니다.

계속해서 미니배치 처리용 가중합을 구현합니다. 다음 코드처럼 하면 됩니다(hs와 a는 무작위로 생성하겠습니다).

```
N, T, H = 10, 5, 4
hs = np.random.randn(N, T, H)
a = np.random.randn(N, T)
ar = a.reshape(N, T, 1).repeat(H, axis=2)
# ar = a.reshape(N, T, 1) # 브로드캐스트를 사용하는 경우

t = hs * ar
print(t.shape)
# (10, 5, 4)

c = np.sum(t, axis=1)
print(c.shape)
# (10, 4)
```

여기에서의 미니배치 처리는 이전 구현과 거의 같습니다. 배열의 형상을 잘 살펴보면 repeat()와 sum()에서 어느 차원(축)을 지정해야 하는지 곧 알 수 있을 것입니다. 그럼, 지금까지의 정리도 겸해, 가중합 계산을 '계산 그래프'로 그려보겠습니다.

그림 8-11 가중합의 계산 그래프

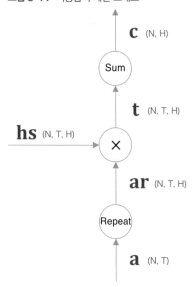

[그림 8-11]에서 보듯, 여기에서는 Repeat 노드를 사용해 **a**를 복제합니다. 이어서 '×' 노드로 원소별 곱을 계산한 다음 Sum 노드로 합을 구합니다.

이 계산 그래프의 역전파도 살펴보겠습니다. 필요한 정보는 이미 다 공부했답니다. Repeat 노드와 Sum 노드의 역전파는 1장에서 설명했습니다. 요점만 말하면 'Repeat의 역전파는 Sum'이고 'Sum의 역전파는 Repeat'입니다. 텐서의 형상에 주의하여 살펴보면 어떤 축에 대한 Sum인지, 어느 축에 대한 Repeat인지도 금방 알 수 있을 겁니다.

그러면 [그림 8-11]의 계산 그래프를 계층으로 구현해볼까요? 이 계층을 Weight Sum 계층이라 부르기로 하고, 코드로는 다음처럼 구현할 수 있습니다.

```python
class WeightSum:
    def __init__(self):
        self.params, self.grads = [], []
        self.cache = None

    def forward(self, hs, a):
        N, T, H = hs.shape

        ar = a.reshape(N, T, 1).repeat(H, axis=2)
        t = hs * ar
```

```
        c = np.sum(t, axis=1)

        self.cache = (hs, ar)
        return c

    def backward(self, dc):
        hs, ar = self.cache
        N, T, H = hs.shape

        dt = dc.reshape(N, 1, H).repeat(T, axis=1)  # sum의 역전파
        dar = dt * hs
        dhs = dt * ar
        da = np.sum(dar, axis=2)  # repeat의 역전파

        return dhs, da
```

이것이 맥락 벡터를 구하는 Weight Sum 계층의 구현입니다. 이 계층은 학습하는 매개변수가 없으므로, 이 책의 구현 규칙에 따라 self.params = []로 설정합니다. 그 뒤로는 특별히 어려운 점은 없을 겁니다. 자, 그럼 다음 단계로 넘어갑시다.

8.1.4 Decoder 개선 ②

각 단어의 중요도를 나타내는 가중치 **a**가 있다면, 가중합을 이용해 '맥락 벡터'를 얻을 수 있습니다. 그런데 이 **a**는 어떻게 구해야 할까요? 물론, 사람이 손수 지정하는 일은 하지 않겠습니다. 당연히 데이터로부터 자동으로 학습할 수 있도록 준비해야겠지요.

그럼, 각 단어의 가중치 **a**를 구하는 방법을 살펴봅시다. 이 방법을 설명하려면, 우선 Decoder의 첫 번째(시각) LSTM 계층이 은닉 상태 벡터를 출력할 때까지의 처리부터 알아봐야 합니다 (그림 8-12).

그림 8-12 Decoder의 첫 번째 LSTM 계층의 은닉 상태 벡터

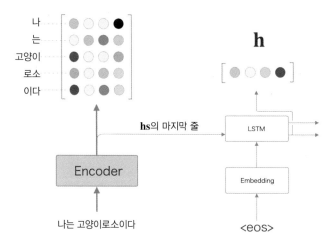

[그림 8-12]에서는 Decoder의 LSTM 계층의 은닉 상태 벡터를 **h**라 했습니다. 지금 목표는 이 **h**가 **hs**의 각 단어 벡터와 얼마나 '비슷한가'를 수치로 나타내는 것입니다. 방법은 여러 가지가 있습니다만, 여기에서는 가장 단순한 방법인 벡터의 '내적'을 이용하고자 합니다. 참고로 두 벡터 **a**$=(a_1, a_2, \cdots, a_n)$와 **b**$=(b_1, b_2, \cdots, b_n)$의 내적은 다음과 같이 계산합니다.

$$\mathbf{a} \cdot \mathbf{b} = a_1 b_1 + a_2 b_2 + \cdots + a_n b_n \qquad \text{[식 8.1]}$$

내적은 [식 8.1]로 표현되며, 그 직관적인 의미는 '두 벡터가 얼마나 같은 방향을 향하고 있는가'입니다. 따라서 두 벡터의 '유사도'를 표현하는 척도로 내적을 이용하는 것은 자연스러운 선택이라고 할 수 있습니다.

> **NOTE_** 벡터의 유사도를 계산하는 방법은 내적 말고도 여러 가지가 있습니다. 예컨대 유사도 점수를 출력하는 작은 신경망을 사용하는 사례도 있습니다. 문헌 [49]에 보면 점수를 출력하는 방법이 몇 가지 소개되어 있습니다.

그럼, 내적을 이용해 벡터 사이의 유사도를 산출할 때까지의 처리를 그림으로 살펴봅시다(그림 8-13).

그림 8-13 내적을 통해 **hs**의 각 행과 **h**의 유사도를 산출(내적은 dot 노드로 그림)

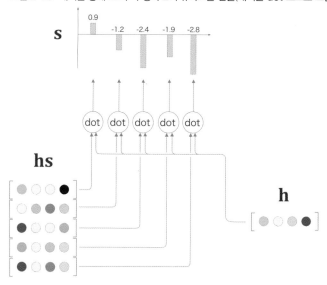

[그림 8-13]에서 보듯, 여기에서는 벡터의 내적을 이용해 **h**와 **hs**의 각 단어 벡터와의 유사도를 구합니다. 그리고 **s**는 그 결과입니다. 참고로 **s**는 정규화하기 전의 값이며, '점수^{score}'라고도 합니다. 계속해서 **s**를 정규화하기 위해서는 일반적으로 소프트맥스 함수를 적용합니다(그림 8-14).

그림 8-14 Softmax를 통한 정규화

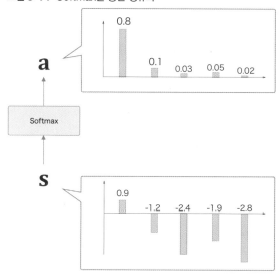

소프트맥스 함수를 이용하면 그 출력인 **a**의 각 원소는 0.0~1.0 사이의 값이 되고, 모든 원소의 총합은 1이 됩니다. 이상으로 각 단어의 가중치를 나타내는 **a**를 구해냈습니다. 그럼, 지금까지의 과정을 코드로 살펴봅시다.

```python
import sys
sys.path.append('..')
from common.layers import Softmax
import numpy as np

N, T, H = 10, 5, 4
hs = np.random.randn(N, T, H)
h = np.random.randn(N, H)
hr = h.reshape(N, 1, H).repeat(T, axis=1)
# hr = h.reshape(N, 1, H) # 브로드캐스트를 사용하는 경우

t = hs * hr
print(t.shape)
# (10, 5, 4)

s = np.sum(t, axis=2)
print(s.shape)
# (10, 5)

softmax = Softmax()
a = softmax.forward(s)
print(a.shape)
# (10, 5)
```

이 구현은 미니배치 처리를 수행할 때의 코드입니다. 이미 설명한 것처럼 여기에서도 reshape()와 repeat() 메서드를 이용해 적합한 형상의 hr을 생성합니다. 참고로, 넘파이의 브로드캐스트를 사용한다면 repeat()는 필요 없습니다. 그러면 이 과정을 계산 그래프로도 한 번 보겠습니다(그림 8-15).

그림 8-15 각 단어의 가중치를 구하는 계산 그래프

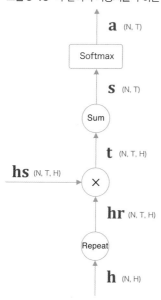

[그림 8-15]와 같이 이 계산 그래프는 Repeat 노드, 원소별 곱을 뜻하는 ×노드, Sum 노드, 그리고 Softmax 계층으로 구성됩니다. 이 계산 그래프가 표현하는 처리는 AttentionWeight 클래스로 구현하겠습니다.

```
                                          ch08/attention_layer.py
import sys
sys.path.append('..')
from common.np import *  # import numpy as np
from common.layers import Softmax


class AttentionWeight:
    def __init__(self):
        self.params, self.grads = [], []
        self.softmax = Softmax()
        self.cache = None

    def forward(self, hs, h):
        N, T, H = hs.shape

        hr = h.reshape(N, 1, H).repeat(T, axis=1)
        t = hs * hr
        s = np.sum(t, axis=2)
```

```
        a = self.softmax.forward(s)

        self.cache = (hs, hr)
        return a

    def backward(self, da):
        hs, hr = self.cache
        N, T, H = hs.shape

        ds = self.softmax.backward(da)
        dt = ds.reshape(N, T, 1).repeat(H, axis=2)
        dhs = dt * hr
        dhr = dt * hs
        dh = np.sum(dhr, axis=1)

        return dhs, dh
```

이 구현에서도 이전 Weight Sum 계층의 구현과 마찬가지로 Repeat와 Sum 연산이 등장
합니다. 역전파에서는 이 두 연산만 주의하면 다른 어려움은 없을 겁니다. 그럼 계속해서
Decoder 개선의 마지막 단계로 나아가겠습니다.

8.1.5 Decoder 개선 ③

지금까지 Decoder 개선안을 두 가지로 나눠 설명했습니다. 8.1.4절에서는 Attention
Weight 계층을, 8.1.3절에서는 Weight Sum 계층을 각각 구현했습니다. 이제 이 두 계층을
하나로 결합해봅시다. 결과는 [그림 8-16]과 같습니다.

그림 8-16 맥락 벡터를 계산하는 계산 그래프

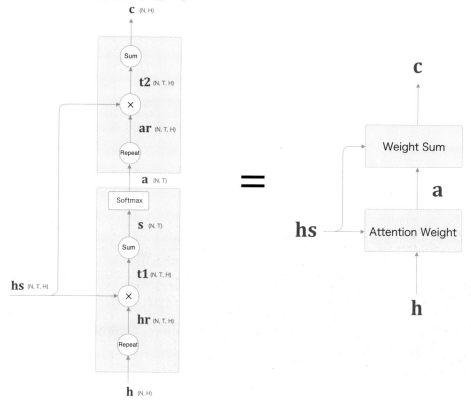

[그림 8-16]이 맥락 벡터를 구하는 계산 그래프의 전체 모습입니다. 우리는 이 계산을 Weight Sum 계층과 Attention Weight 계층, 2개로 나눠 구현했습니다. 다시 말하지만, 이 계산에 따르면 Attention Weight 계층은 Encoder가 출력하는 각 단어의 벡터 **hs**에 주목하여 해당 단어의 가중치 **a**를 구합니다. 이어서 Weight Sum 계층이 **a**와 **hs**의 가중합을 구하고, 그 결과를 맥락 벡터 **c**로 출력합니다. 우리는 이 일련의 계산을 수행하는 계층을 Attention 계층이라고 부르겠습니다(그림 8-17).

그림 8-17 왼쪽 계산 그래프를 Attention 계층으로 정리

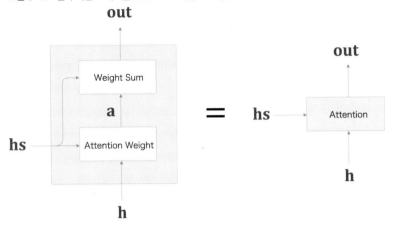

이상이 어텐션 기술의 핵심입니다. Encoder가 건네주는 정보 **hs**에서 중요한 원소에 주목하여, 그것을 바탕으로 맥락 벡터를 구해 위쪽 계층으로 전파합니다(우리의 경우, 위쪽에는 Affine 계층이 기다리고 있습니다). 그림 Attention 계층을 구현한 코드를 보여드리죠.

ch08/attention_layer.py

```python
class Attention:
    def __init__(self):
        self.params, self.grads = [], []
        self.attention_weight_layer = AttentionWeight()
        self.weight_sum_layer = WeightSum()
        self.attention_weight = None

    def forward(self, hs, h):
        a = self.attention_weight_layer.forward(hs, h)
        out = self.weight_sum_layer.forward(hs, a)
        self.attention_weight = a
        return out

    def backward(self, dout):
        dhs0, da = self.weight_sum_layer.backward(dout)
        dhs1, dh = self.attention_weight_layer.backward(da)
        dhs = dhs0 + dhs1
        return dhs, dh
```

이 코드는 2개의 계층(Weight Sum 계층과 Attention Weight 계층)에 의한 순전파와 역전파를 수행할 뿐입니다. 이때 각 단어의 가중치를 나중에 참조할 수 있도록 attention_weight라는 인스턴스 변수에 저장합니다. 이상으로 Attention 계층의 구현은 끝입니다. 이제 이 Attention 계층을 우리는 LSTM 계층과 Affine 계층 사이에 삽입하면 됩니다(그림 8-18).

그림 8-18 Attention 계층을 갖춘 Decoder의 계층 구성

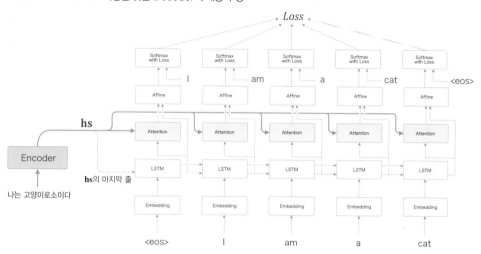

[그림 8-18]에서 보듯, 각 시각의 Attention 계층에는 Encoder의 출력인 **hs**가 입력됩니다. 또 여기에서는 LSTM 계층의 은닉 상태 벡터를 Affine 계층에 입력합니다. 이는 앞 장에서 본 Decoder의 개선으로부터 자연스럽게 확장된 것으로 볼 수 있습니다. [그림 8-19]처럼 앞 장의 Decoder에 어텐션 정보를 '추가'할 수 있기 때문이죠.

그림 8-19 앞 장의 Decoder(왼쪽)와 Attention이 추가된 Decoder(오른쪽) 비교: LSTM 계층에서 Affine 계층까지만 그림

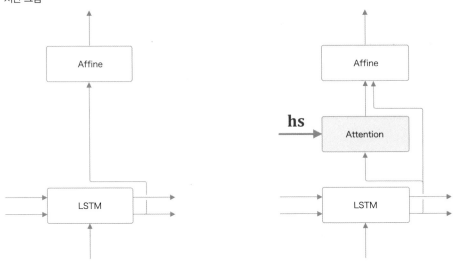

[그림 8-19]의 오른쪽은 앞 장의 Decoder에 Attention 계층이 구한 맥락 벡터 정보를 '추가'한 것으로 생각할 수 있습니다. Affine 계층에는 기존과 마찬가지로 LSTM 계층의 은닉 상태 벡터를 주고, 여기에 더해 Attention 계층의 맥락 벡터까지 입력하는 것이죠.

> **WARNING_** [그림 8-19]에서는 Affine 계층에 '맥락 벡터'와 '은닉 상태 벡터'라는 2개의 벡터가 입력되었습니다. 이는 (앞에서도 설명한 것처럼) 두 벡터를 '연결한 벡터'를 Affine 계층에 입력한다는 뜻입니다.

마지막으로 [그림 8-18]의 시계열 방향으로 펼쳐진 다수의 Attention 계층을 Time Attention 계층으로 모아 구현하겠습니다. 그림으로는 [그림 8-20]처럼 됩니다.

그림 8-20 다수의 Attention 계층을 Time Attention 계층으로서 모아 구현

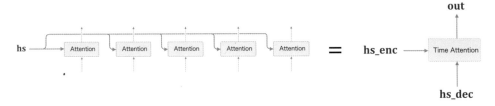

[그림 8-20]에서 보듯 Time Attention 계층은 다수의 Attention 계층을 모았을 뿐입니다.

그럼, Time Attention 계층의 구현을 봅시다.

```python
class TimeAttention:
    def __init__(self):
        self.params, self.grads = [], []
        self.layers = None
        self.attention_weights = None

    def forward(self, hs_enc, hs_dec):
        N, T, H = hs_dec.shape
        out = np.empty_like(hs_dec)
        self.layers = []
        self.attention_weights = []

        for t in range(T):
            layer = Attention()
            out[:, t, :] = layer.forward(hs_enc, hs_dec[:,t,:])
            self.layers.append(layer)
            self.attention_weights.append(layer.attention_weight)

        return out

    def backward(self, dout):
        N, T, H = dout.shape
        dhs_enc = 0
        dhs_dec = np.empty_like(dout)

        for t in range(T):
            layer = self.layers[t]
            dhs, dh = layer.backward(dout[:, t, :])
            dhs_enc += dhs
            dhs_dec[:,t,:] = dh

        return dhs_enc, dhs_dec
```

ch08/attention_layer.py

Attention 계층을 필요한 수만큼 만들고(코드에서는 T개), 각각이 순전파와 역전파를 수행합니다. 또한, 각 Attention 계층의 각 단어의 가중치를 attention_weights 리스트에서 보관합니다.

이상으로 어텐션 구조를 모두 설명하고 구현까지 마쳤습니다. 이어서 어텐션을 사용해 seq2seq를 구현하고, 현실적인 문제에 도전하여 그 효과를 확인해보겠습니다.

8.2 어텐션을 갖춘 seq2seq 구현

앞 절에서 Attention 계층(및 Time Attention 계층)의 구현을 끝냈습니다. 이번 절에서는 이 계층을 사용해 '어텐션을 갖춘 seq2seq'를 구현하겠습니다. 실제로는 앞 장과 마찬가지로 3개의 클래스(Encoder, Decoder, seq2seq)를 구현하는데, 이번에는 그 이름이 차례로 AttentionEncoder, AttentionDecoder, AttentionSeq2seq입니다.

8.2.1 Encoder 구현

AttentionEncoder 클래스부터 구현해보죠. 이 클래스는 앞 장에서 구현한 Encoder 클래스와 거의 같습니다. 앞 장의 Encoder 클래스의 forward() 메서드는 LSTM 계층의 마지막 은닉 상태 벡터만을 반환했습니다. 그에 반해, 이번에는 모든 은닉 상태를 반환하겠습니다. 이 점이 유일한 차이랍니다. 그래서 앞 장의 Encoder를 상속하여 구현하기로 했습니다. 자, AttentionEncoder 클래스의 코드를 보시죠.

```
                                                    ch08/attention_seq2seq.py
import sys
sys.path.append('..')
from common.time_layers import *
from ch07.seq2seq import Encoder, Seq2seq
from ch08.attention_layer import TimeAttention

class AttentionEncoder(Encoder):
    def forward(self, xs):
        xs = self.embed.forward(xs)
        hs = self.lstm.forward(xs)
        return hs

    def backward(self, dhs):
        dout = self.lstm.backward(dhs)
        dout = self.embed.backward(dout)
        return dout
```

8.2.2 Decoder 구현

이어서 Attention 계층을 이용한 Decoder의 구현입니다. 어텐션을 이용한 Decoder의 계층 구성은 [그림 8-21]과 같습니다.

그림 8-21 Decoder의 계층 구성

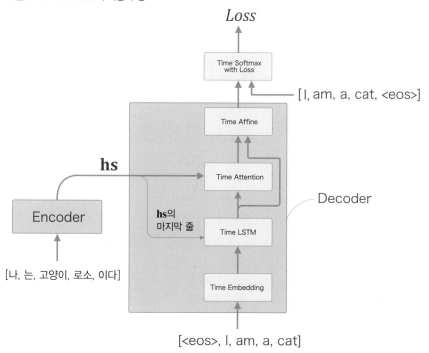

[그림 8-21]에서 보듯, 앞 장의 구현과 마찬가지로 Softmax 계층(정확히는 Time Softmax with Loss 계층)의 앞까지를 Decoder로 구현하겠습니다. 역시 앞 장과 마찬가지로, 순전파의 forward()와 역전파의 backward() 메서드뿐 아니라 새로운 단어열(혹은 문자열)을 생성하는 generate() 메서드도 추가합니다. 지면에는 Attention Decoder 계층의 초기화와 forward() 메서드 구현만 담아봤습니다.

ch08/attention_seq2seq.py

```python
class AttentionDecoder:
    def __init__(self, vocab_size, wordvec_size, hidden_size):
        V, D, H = vocab_size, wordvec_size, hidden_size
        rn = np.random.randn
```

```
        embed_W = (rn(V, D) / 100).astype('f')
        lstm_Wx = (rn(D, 4 * H) / np.sqrt(D)).astype('f')
        lstm_Wh = (rn(H, 4 * H) / np.sqrt(H)).astype('f')
        lstm_b = np.zeros(4 * H).astype('f')
        affine_W = (rn(2*H, V) / np.sqrt(2*H)).astype('f')
        affine_b = np.zeros(V).astype('f')

        self.embed = TimeEmbedding(embed_W)
        self.lstm = TimeLSTM(lstm_Wx, lstm_Wh, lstm_b, stateful=True)
        self.attention = TimeAttention()
        self.affine = TimeAffine(affine_W, affine_b)
        layers = [self.embed, self.lstm, self.attention, self.affine]

        self.params, self.grads = [], []
        for layer in layers:
            self.params += layer.params
            self.grads += layer.grads

    def forward(self, xs, enc_hs):
        h = enc_hs[:,-1]
        self.lstm.set_state(h)

        out = self.embed.forward(xs)
        dec_hs = self.lstm.forward(out)
        c = self.attention.forward(enc_hs, dec_hs)
        out = np.concatenate((c, dec_hs), axis=2)
        score = self.affine.forward(out)

        return score

    def backward(self, dscore):
        # 깃허브의 소스 코드 참고

    def generate(self, enc_hs, start_id, sample_size):
        # 깃허브의 소스 코드 참고
```

이 구현은 Time Attention 계층이 새롭게 사용되는 것을 제외하면 앞 장의 Decoder 클래스와 크게 다르지 않습니다. forward() 메서드에서 Time Attention 계층의 출력과 LSTM 계층의 출력을 연결한다는 점만 주의하면 됩니다. 두 출력을 연결할 때는 np.concatenate() 메서드를 사용했습니다.

AttentionDecoder 클래스의 backward()와 generate() 메서드의 구현에 관한 설명은 생

략합니다. 이어서 마지막으로 AttentionEncoder 클래스와 AttentionDecoder 클래스를 결합하여 AttentionSeq2seq 클래스를 완성해보겠습니다.

8.2.3 seq2seq 구현

AttentionSeq2seq 클래스의 구현도 앞 장에서 본 Seq2seq와 거의 같습니다. 다른 점은 Encoder 대신 AttentionEncoder 클래스를, Decoder 대신 AttentionDecoder 클래스를 사용하는 것뿐이죠. 따라서 앞 장의 Seq2seq 클래스를 상속하고, 초기화 메서드를 수정하는 것만으로 AttentionSeq2seq 클래스를 구현할 수 있답니다.

```
from ch07.seq2seq import Encoder, Seq2seq                ch08/attention_seq2seq.py

class AttentionSeq2seq(Seq2seq):
    def __init__(self, vocab_size, wordvec_size, hidden_size):
        args = vocab_size, wordvec_size, hidden_size
        self.encoder = AttentionEncoder(*args)
        self.decoder = AttentionDecoder(*args)
        self.softmax = TimeSoftmaxWithLoss()

        self.params = self.encoder.params + self.decoder.params
        self.grads = self.encoder.grads + self.decoder.grads
```

이상으로 어텐션을 갖춘 seq2seq 구현을 모두 마칩니다.

8.3 어텐션 평가

그러면 앞 절에서 구현한 AttentionSeq2seq 클래스를 사용해 현실적인 문제에 도전해봅시다. 원래대로면 번역 문제를 가져와 어텐션의 효과를 확인하고 싶습니다만, 아쉽게도 번역용 데이터셋 중에는 크기가 적당한 것이 좀처럼 보이지 않네요. 그래서 이 책에서는 '날짜 형식'을 변경하는 문제(데이터 크기가 작고, 어느 쪽인가를 맞추는 인위적인 문제)로 어텐션을 갖춘 seq2seq의 효과를 확인해보려 합니다.

NOTE_ 번역용 데이터셋 중에는 'WMT'가 유명합니다. 이 데이터셋에는 영어와 프랑스어(또는 영어와 독일어) 학습 데이터가 쌍으로 준비되어 있습니다. WMT 데이터셋은 많은 연구에서 벤치마크로 이용되고 있으며, seq2seq의 성능을 평가하는 데도 자주 이용됩니다. 다만, 덩치가 커서(20GB 이상) 부담이 됩니다.

8.3.1 날짜 형식 변환 문제

이번 절에서 우리는 '날짜 형식 변환' 문제를 살펴볼 겁니다. 영어권에서 사용되는 다양한 날짜 형식을 표준 형식으로 변환하는 것이 목표입니다. 예컨대 [그림 8-22]처럼, 사람이 쓴 "september 27, 1994" 등의 날짜 데이터를 "1994-09-27" 같은 표준 형식으로 변환할 겁니다.

그림 8-22 날짜 형식 변환의 예

september 27, 1994 → 1994-09-27

JUN 17, 2013 → 2013-06-17

2/10/93 → 1993-02-10

날짜 형식 변환 문제를 채용한 데는 두 가지 이유가 있습니다. 하나는 이 문제가 겉보기만큼 간단하지 않다는 점입니다. 입력되는 날짜 데이터에는 다양한 변형이 존재하여 변환 규칙이 나름 복잡해지기 때문이죠. 만약 그 변환 규칙을 사람이 수작업으로 모두 써내려면 매우 귀찮고 복잡한 작업이 될 겁니다.

두 번째 이유는 문제의 입력(질문)과 출력(답변) 사이에 알기 쉬운 대응 관계가 있기 때문입니다. 구체적으로 말하면, 년 · 월 · 일의 대응 관계가 존재합니다. 따라서 어텐션이 각각의 원소에 올바르게 주목하고 있는지를 확인할 수 있습니다.

우리가 사용할 날짜 형식 변환 데이터는 dataset/date.txt에 준비되어 있습니다. 이 텍스트 파일은 [그림 8-23]과 같은 형태의 날짜 변환 학습 데이터를 50,000개 담고 있습니다.

그림 8-23 날짜 형식 변환을 위한 학습 데이터: 공백 문자는 회색 가운뎃점으로 표기

```
 1 september 27, 1994 ·········· _1994-09-27
 2 August 19, 2003 ··········· _2003-08-19
 3 2/10/93 ··················· _1993-02-10
 4 10/31/90 ·················· _1990-10-31
 5 TUESDAY, SEPTEMBER 25, 1984 · _1984-09-25
 6 JUN 17, 2013 ·············· _2013-06-17
 7 april 3, 1996 ············· _1996-04-03
 8 October 24, 1974 ·········· _1974-10-24
 9 AUGUST 11, 1986 ··········· _1986-08-11
10 February 16, 2015 ········· _2015-02-16
11 October 12, 1988 ·········· _1988-10-12
12 6/3/73 ···················· _1973-06-03
13 Sep 30, 1981 ·············· _1981-09-30
14 June 19, 1977 ············· _1977-06-19
15 OCTOBER 22, 2005 ·········· _2005-10-22

Lines: 50,000  Chars: 2,050,000          2.05 MB
```

이 학습 데이터의 형식을 잠깐 확인해보죠. 그림에서 보듯 이 데이터셋은 입력 문장의 길이를 통일하기 위해 공백 문자로 패딩해뒀고, 입력과 출력의 구분 문자로는 '_'(밑줄)을 사용했습니다. 그리고 이 문제에서는 출력의 문자 수는 일정하기 때문에 출력의 끝을 알리는 구분 문자는 따로 사용하지 않았습니다.

> **NOTE_** 앞 장에서도 설명한 것처럼, 이 책에서는 이와 같은 seq2seq용 학습 데이터를 파이썬에서 쉽게 처리할 수 있도록 전용 모듈을 제공합니다. 이 모듈의 위치는 dataset/sequence.py입니다.

8.3.2 어텐션을 갖춘 seq2seq의 학습

그럼, 날짜 변환용 데이터셋으로 AttentionSeq2seq를 학습시켜봅시다. 다음이 학습 코드입니다.

ch08/train.py

```python
import sys
sys.path.append('..')
sys.path.append('../ch07')
import numpy as np
from dataset import sequence
from common.optimizer import Adam
```

```python
from common.trainer import Trainer
from common.util import eval_seq2seq
from attention_seq2seq import AttentionSeq2seq
from ch07.seq2seq import Seq2seq
from ch07.peeky_seq2seq import PeekySeq2seq

# 데이터 읽기
(x_train, t_train), (x_test, t_test) = sequence.load_data('date.txt')
char_to_id, id_to_char = sequence.get_vocab()

# 입력 문장 반전
x_train, x_test = x_train[:, ::-1], x_test[:, ::-1]

# 하이퍼파라미터 설정
vocab_size = len(char_to_id)
wordvec_size = 16
hidden_size = 256
batch_size = 128
max_epoch = 10
max_grad = 5.0

model = AttentionSeq2seq(vocab_size, wordvec_size, hidden_size)
optimizer = Adam()
trainer = Trainer(model, optimizer)

acc_list = []
for epoch in range(max_epoch):
    trainer.fit(x_train, t_train, max_epoch=1,
                batch_size=batch_size, max_grad=max_grad)

    correct_num = 0
    for i in range(len(x_test)):
        question, correct = x_test[[i]], t_test[[i]]
        verbose = i < 10
        correct_num += eval_seq2seq(model, question, correct,
                                    id_to_char, verbose, is_reverse=True)

    acc = float(correct_num) / len(x_test)
    acc_list.append(acc)
    print('val acc %.3f%%' % (acc * 100))


model.save_params()
```

이 코드는 앞 장에서 본 '덧셈'의 학습용 코드와 거의 같습니다. 다른 점은 학습 데이터가 날짜 데이터라는 것, 그리고 모델로 AttentionSeq2seq를 사용한다는 것입니다. 그리고 입력 문장을 반전시키는 기법(Reverse)도 적용했습니다. 그런 다음 학습을 수행하면서, 에폭마다 테스트 데이터를 사용하여 정답률을 측정합니다. 이때 처음 10 문제의 결과는 (질문 문장과 정답도 함께) 터미널에 출력합니다.

이제 코드를 실행해보세요. 그러면 학습이 진행되면서 [그림 8-24]와 같은 결과가 나타납니다.

그림 8-24 터미널에 표시되는 결과의 추이

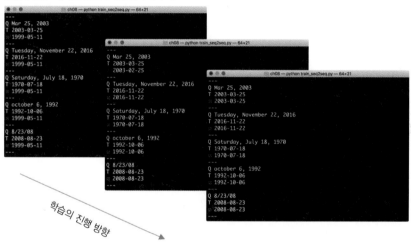

[그림 8-24]에서 보듯, 어텐션을 갖춘 seq2seq는 학습을 거듭할수록 점점 똑똑해집니다. 얼마 지나지 않아 문제 대부분을 정확히 맞추게 되지요. 그리고 테스트 데이터로 얻은 정답률(이 코드의 acc_list)을 그래프로 그리면 [그림 8-25]처럼 나옵니다.

그림 8-25 정확도 추이

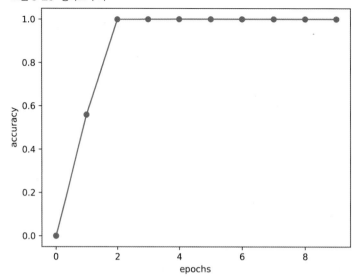

그림에서 보듯 1 에폭부터 빠르게 정답률을 높여 2 에폭째에는 이미 거의 모든 문제를 풀어냅니다. 아주 좋은 결과라고 할 수 있겠네요. 그럼 이 결과를 앞 장의 모델과 비교해봅시다. 결과는 [그림 8-26]과 같습니다.

그림 8-26 다른 모델과의 비교: 'baseline'은 앞 장의 단순한 seq2seq. 'peeky'는 엿보기를 적용한 seq2seq(입력 문장 반전은 모든 모델에서 사용)

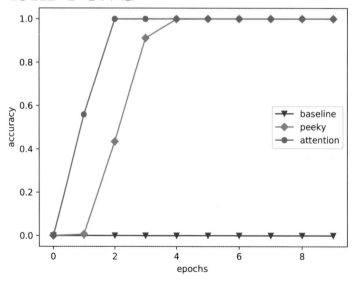

[그림 8-26]의 결과를 보면 단순한 seq2seq(그래프의 baseline)는 전혀 쓸모가 없음을 알 수 있습니다. 10 에폭을 지나도 문제를 거의 풀지 못하네요. 한편, '엿보기'를 사용한 Peeky는 좋은 결과를 보여주고 있습니다. 이 모델은 3 에폭부터 정답률을 높여, 4 에폭째부터 100%에 도달했습니다. 하지만 학습 속도는 어텐션 쪽이 약간 우세합니다.

이번 실험에서 최종 정확도 측면에서는 어텐션과 Peeky가 동등했습니다. 그러나 현실의 시계열 데이터는 길고 복잡하므로, 학습 속도뿐 아니라 정확도 역시 어텐션이 유리할 것입니다.

8.3.3 어텐션 시각화

이어서 어텐션을 시각화해보려 합니다. 어텐션이 시계열 변환을 수행할 때, 어느 원소에 주의를 기울이는지를 눈으로 살펴보려는 시도입니다. Attention 계층은 각 시각의 어텐션 가중치를 인스턴스 변수로 보관하고 있으므로, 이를 시각화하기란 아주 간단합니다.

우리 구현에서는 Time Attention 계층에 있는 인스턴스 변수 attention_weights에 각 시각의 어텐션 가중치가 저장됩니다. 이것을 사용하면 입력 문장과 출력 문장의 단어 대응 관계를 2차원 맵으로 그릴 수 있죠. 그래서 이번 절에서는 학습이 끝난 AttentionSeq2seq로 날짜 변환을 수행할 때의 어텐션 가중치를 시각화하겠습니다. 코드는 ch01/visualize_attention.py에 있으니 생략하고, 결과만 보여드리겠습니다(그림 8-27).

그림 8-27 학습된 모델을 사용하여 시계열 변환을 수행했을 때의 어텐션 가중치 시각화: 가로축은 입력 문장, 세로축은 출력 문장. 맵의 각 원소는 밝을수록 값이 크다(1.0에 가깝다).

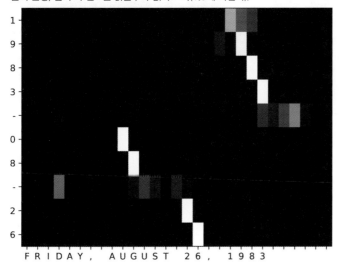

[그림 8-27]은 seq2seq가 시계열 변환을 할 때의 어텐션 가중치를 시각화한 결과입니다. 예컨대 seq2seq가 최초의 "1"을 출력할 때는 입력 문장의 "1" 위치에 표시가 됩니다. 여기서 주목할 점은 년 · 월 · 일의 대응 관계입니다. 이 결과 그래프를 자세히 보면, 세로축(출력)의 "1983"과 "26"이 가로축(입력)의 "1983"과 "26"에 훌륭하게 대응하고 있습니다. 더욱이 월을 뜻하는 "08"에 입력 문장의 "AUGUST"가 대응하고 있는 점은 놀랄만한 일이겠지요. seq2seq는 "August"가 "8월"에 대응한다는 사실을 데이터만 가지고 학습해낸 것입니다!

다른 예도 몇 가지 살펴봅시다(그림 8-28). 여기에서도 년 · 월 · 일의 대응 관계를 명확히 간파할 수 있습니다.

그림 8-28 어텐션 가중치를 시각화한 예

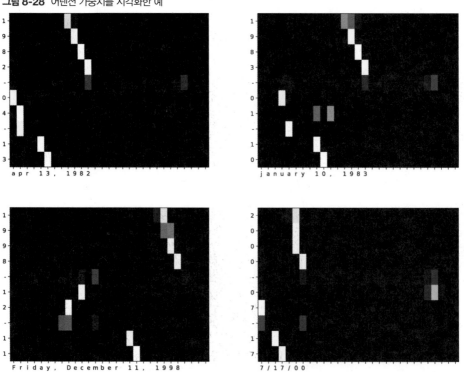

이처럼 어텐션을 이용하면, seq2seq는 마치 사람이 그러하듯 필요한 정보에 주의를 더 기울일 수 있습니다. "어텐션을 통해, 모델이 수행하는 작업을 우리 인간이 이해할 수 있게 되었다"라고도 생각할 수 있습니다.

이상으로 어텐션을 평가해봤습니다. 이번 절의 실험을 통해 어텐션의 훌륭한 효과를 실감할 수 있었기를 바랍니다. 이것으로 어텐션에 관한 주된 이야기는 끝났지만, 아직 이야기보따리를 다 풀지 못했습니다. 자, 다음 절부터는 어텐션을 중심으로 더 발전된 기법들을 소개해드리겠습니다.

8.4 어텐션에 관한 남은 이야기

지금까지 우리는 어텐션에 대해(정확하게는 어텐션을 갖춘 seq2seq에 대해) 살펴봤습니다. 이번 절에서는 어텐션에 관련하여 지금까지 다루지 못한 주제 몇 가지를 소개하려 합니다.

8.4.1 양방향 RNN

이번 절은 seq2seq의 Encoder에 초점을 맞춥니다. 복습해보자면, 앞 절까지의 Encoder는 [그림 8-29]처럼 그릴 수 있습니다.

그림 8-29 LSTM 계층에 의한 **hs** 출력

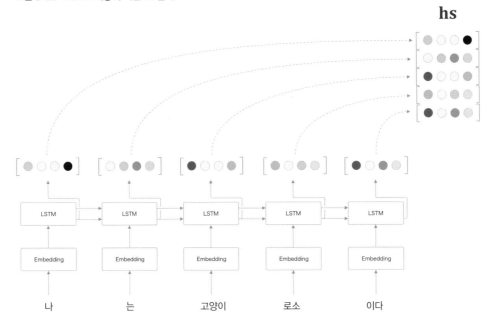

이 그림에서 보듯, LSTM의 각 시각의 은닉 상태 벡터는 **hs**로 모아집니다. 그리고 Encoder가 출력하는 **hs**의 각 행에는 그 행에 대응하는 단어의 성분이 많이 포함되어 있지요.

그런데 여기서 주목할 것은 우리는 글을 왼쪽에서 오른쪽으로 읽는다는 점입니다. 따라서 [그림 8-29]의 예에서는 "고양이"에 대응하는 벡터에 "나", "는", "고양이"까지 총 세 단어의 정보가 인코딩되어 들어갑니다. 여기에서 전체적인 균형을 생각하면, "고양이" 단어의 '주변' 정보를 균형 있게 담고 싶을 것입니다.

> **WARNING_** 이번 번역 문제에서 우리는 시계열 데이터(번역해야 할 문장)를 한꺼번에 건네줍니다. 따라서 문장을 오른쪽부터 읽도록(처리하도록) 할 수도 있습니다.

그래서 LSTM을 양방향으로 처리하는 방법을 생각할 수 있습니다. 이것이 **양방향 LSTM**(**양방향 RNN**) 기술이며, 그림으로는 [그림 8-30]과 같습니다.

그림 8-30 양방향 LSTM으로 인코딩하는 예(LSTM 계층을 간략화하여 그림)

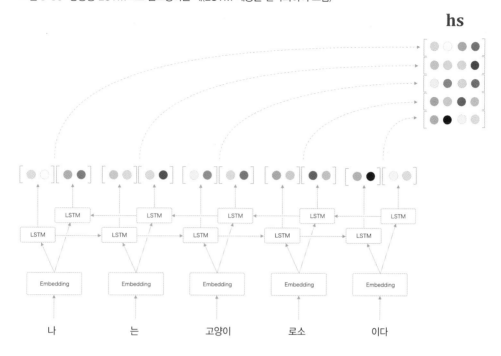

[그림 8-30]에서 보듯, 양방향 LSTM에서는 지금까지의 LSTM 계층에 더해 역방향으로 처리하는 LSTM 계층도 추가합니다. 그리고 각 시각에서는 이 두 LSTM 계층의 은닉 상태를 연결시킨 벡터를 최종 은닉 상태로 처리합니다('연결' 외에도, '합'하거나 '평균'내는 방법 등도 생각할 수 있습니다).

이처럼 양방향으로 처리함으로써, 각 단어에 대응하는 은닉 상태 벡터에는 좌와 우 양쪽 방향으로부터의 정보를 집약할 수 있습니다. 이렇게 해서 균형 잡힌 정보가 인코딩되게 됩니다.

양방향 LSTM은 구현하기도 쉽습니다. 한 가지 방법은, 2개의 LSTM 계층(우리의 경우는 Time LSTM 계층)을 사용하여 각각의 계층에 주는 단어의 순서를 조정하면 되죠. LSTM 계층 하나는 지금까지와 똑같습니다. 즉, 입력 문장을 '왼쪽부터 오른쪽으로' 처리하는 일반적인 LSTM 계층입니다. 한편, 또 하나의 LSTM 계층에는 입력 문장의 단어들을 반대 순서로 나열합니다. 만약 원래 문장이 "A B C D"였다면 "D C B A"로 순서를 바꾸는 것이죠. 두 번째 LSTM 계층은 입력문을 '오른쪽에서 왼쪽으로' 처리하게 됩니다. 마지막으로 이 두 LSTM 계층의 출력을 연결하기만 하면 양방향 LSTM 계층이 완성됩니다.

8.4.2 Attention 계층 사용 방법

이어서 Attention 계층의 사용법을 알아보겠습니다. 우선 복습부터! 지금까지 우리는 [그림 8-31]과 같은 구성으로 Attention 계층을 이용했습니다.

그림 8-31 앞 절까지 사용해온 어텐션을 갖춘 seq2seq의 계층 구성

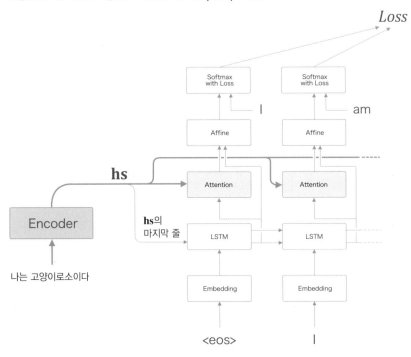

[그림 8-31]에서 보듯, 우리는 Attention 계층을 LSTM 계층과 Affine 계층 사이에 삽입했습니다. 그러나 Attention 계층을 이용하는 장소가 반드시 이 그림과 같을 필요는 없습니다. 실제로 여러 후보를 생각할 수 있는데, 예컨대 문헌 [48]에서는 [그림 8-32]처럼 구성했습니다.

그림 8-32 Attention 계층의 다른 사용 예(문헌 [48]을 참고하여 단순화한 신경망 구성)

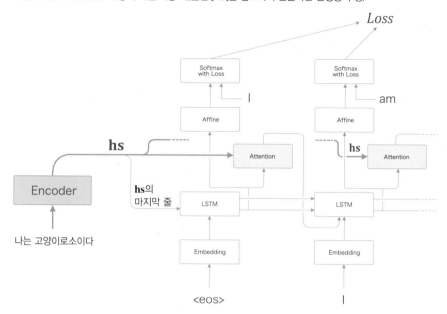

[그림 8-32]에서는 Attention 계층의 출력(맥락 벡터)이 다음 시각의 LSTM 계층에 입력되도록 연결됐습니다. 이렇게 구성하면 LSTM 계층이 맥락 벡터의 정보를 이용할 수 있습니다. 한편, 우리가 구현한 모델은 Affine 계층이 맥락 벡터를 이용했습니다.

그렇다면 Attention 계층의 위치를 달리하는 게 최종 정확도에는 어떤 영향이 줄까요? 그 답은 해보지 않으면 모릅니다. 현실은 실제 데이터를 사용해 검증할 수밖에 없죠. 다만, 앞의 두 모델은 모두 맥락 벡터를 잘 활용하는 구성이라서 큰 차이가 없을지도 모릅니다.

또한, 구현 관점에서는 전자의 구성(LSTM 계층과 Affine 계층 사이에 Attention 계층을 삽입) 쪽이 구현하기 쉽습니다. 그리고 전자의 구성에서는 Decoder의 데이터 흐름이 아래에서 위로 가는 한 방향이기 때문에 Attention 계층을 쉽게 모듈화할 수 있습니다. 실제로도 우리는 Time Attention 계층으로 간단히 모듈화할 수 있었습니다.

8.4.3 seq2seq 심층화와 skip 연결

번역 등 현실에서의 애플리케이션들은 풀어야 할 문제가 훨씬 복잡합니다. 그렇다면 어텐션을 갖춘 seq2seq에도 더 높은 표현력이 요구될 것입니다. 이때 우선 생각해야 할 것은 RNN 계층(LSTM 계층)을 깊게 쌓는 방법입니다. 층을 깊게 쌓으면 표현력 높은 모델을 만들 수 있고, 어텐션을 갖춘 seq2seq도 다르지 않습니다. 그러면 어텐션을 갖춘 seq2seq를 깊게 하면 어떻게 될지, 이번 절에서는 한 가지로 예로 [그림 8-33]과 같은 구성을 살펴보겠습니다.

그림 8-33 3층 LSTM 계층을 사용한 어텐션을 갖춘 seq2seq

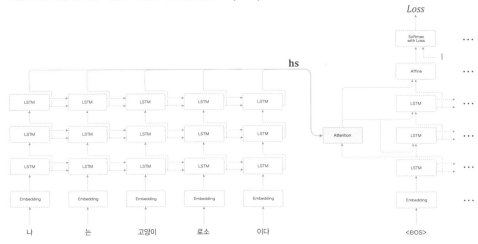

[그림 8-33]의 모델에서는 Encoder와 Decoder로 3층 LSTM 계층을 사용하고 있습니다. 이 예처럼 Encoder와 Decoder에서는 같은 층수의 LSTM 계층을 이용하는 것이 일반적입니다. 한편, Attention 계층의 사용법은 여러 변형이 있을 수 있습니다. 여기에서는 Decoder의 LSTM 계층의 은닉 상태를 Attention 계층에 입력하고, Attention 계층의 출력인 맥락 벡터를 Decoder의 여러 계층(LSTM 계층과 Affine 계층)으로 전파합니다.

> **WARNING_** [그림 8-33]의 모델은 하나의 예에 지나지 않습니다. 이 외에도 여러 개의 Attention 계층을 사용하거나, Attention의 출력을 다음 시각의 LSTM 계층으로 입력하는 등 다양한 변형이 가능합니다. 또한, 앞 장에서 설명한 것처럼 계층을 깊게 할 경우에는 일반화 성능을 떨어뜨리지 않는 것이 중요합니다. 이 목적으로는 드롭아웃과 가중치 공유 등의 기술이 효과적입니다.

층을 깊게 할 때 사용되는 중요한 기법 중 **skip 연결**skip connection이라는 게 있습니다('잔차 연결residual connection' 혹은 '숏컷short-cut'이라고도 합니다). skip 연결은 [그림 8-34]처럼 계층을 넘어 '선을 연결'하는 단순한 기법입니다.

그림 8-34 LSTM 계층의 skip 연결 예

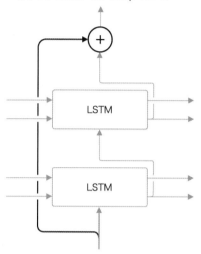

[그림 8-34]에서 보듯, skip 연결은 '계층을 건너뛰는 연결'입니다. 이때 skip 연결의 접속부에서는 2개의 출력이 '더해'집니다. 이 덧셈(정확하게는 원소별 덧셈)이 핵심입니다. 왜냐하면 덧셈은 역전파 시 기울기를 '그대로 흘려'보내므로, skip 연결의 기울기가 아무런 영향을 받지 않고 모든 계층으로 흐르기 때문이죠. 따라서 층이 깊어져도 기울기가 소실(혹은 폭발)되지 않고 전파되어, 결과적으로 좋은 학습을 기대할 수 있습니다.

> **NOTE_** RNN 계층의 역전파에서는 시간 방향에서 기울기 소실 혹은 폭발이 일어날 수 있습니다. 기울기 소실에는 LSTM과 GRU 등의 '게이트가 달린 RNN'으로 대응하고, 기울기 폭발에는 '기울기 클리핑'으로 대응할 수 있다고 앞서 설명했습니다. 한편, RNN의 깊이 방향 기울기 소실에는 여기서 설명한 skip 연결이 효과적입니다.

8.5 어텐션 응용

지금까지 우리는 어텐션을 seq2seq에만 적용했습니다. 하지만 이 아이디어 자체는 범용적이고 더 많은 가능성을 지니고 있답니다. 실제로 최근 딥러닝 연구에서는 어텐션이 중요한 기술로써 다양한 장면에서 등장합니다. 이번 절에서는 여러분이 어텐션의 중요성과 가능성을 느끼실 수 있도록 최첨단 연구 3가지를 소개하려 합니다.

8.5.1 구글 신경망 기계 번역(GNMT)

기계 번역의 역사를 살펴보면, 주요한 기법이 시대의 흐름과 함께 변해왔음을 알 수 있습니다. 그 흐름은 '규칙 기반 번역'에서 '용례 기반 번역'으로, 다시 '통계 기반 번역'으로 옮겨왔습니다. 그리고 현재는 이 기존 기술들을 대신해 **신경망 기계 번역**Neural Machine Translation(**NMT**)이 주목받고 있습니다.

> **NOTE_** 신경망 기계 번역이라는 용어는 기존의 통계 기반 번역과 대비되는 형태로 사용되다가, 최근에는 seq2seq를 사용한 기계 번역의 총칭으로서 사용되고 있습니다.

구글 번역Google Translate은 실제로 2016년부터 신경망 번역을 사용하고 있습니다. 이 기계 번역 시스템은 **구글 신경망 기계 번역**Google Neural Machine Translation(**GNMT**)이라 불리며 문헌 [50]에서 기술적인 상세 정보를 확인할 수 있습니다. 이번 절에서는 GNMT의 아키텍처를 계층 구성 중심으로 살펴보겠습니다. 그러면 GNMT의 계층 구성을 먼저 보시죠(그림 8-35).

그림 8-35 GNMT의 계층 구성(문헌 [50]에서 발췌)

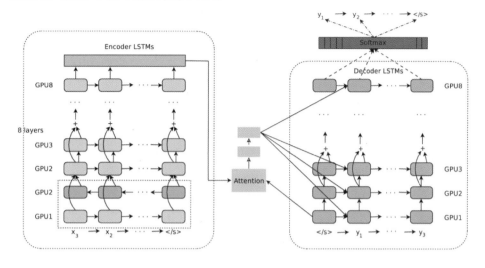

GNMT도 이번 장에서 구현한 어텐션을 갖춘 seq2seq와 마찬가지로 Encoder와 Decoder, 그리고 Attention으로 구성돼 있군요. 다만, 우리의 단순한 모델과는 달리, 번역 정확도를 높이기 위한 여러 개선이 더해졌습니다. 예컨대 LSTM 계층의 다층화, 양방향 LSTM(Encoder의 첫 번째 계층만), skip 연결 등을 볼 수 있습니다. 또한, 학습 시간을 단축하기 위해 다수의 GPU로 분산 학습을 수행하고 있습니다.

GNMT에서는 이상의 아키텍처적인 연구 외에도, 낮은 빈도의 단어 처리나 추론 고속화를 위한 양자화 등 다양한 연구가 이뤄지고 있습니다. 이러한 기술을 활용해 GNMT는 매우 뛰어난 결과를 달성했다는데, 실제로 보고된 결과는 [그림 8-36]과 같습니다.

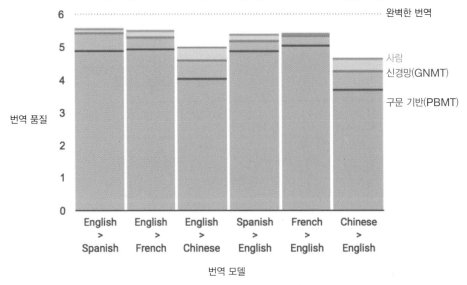

그림 8-36 GNMT의 정확도 평가: 세로축은 번역 품질이며, 사람이 0~6점으로 평가함(문헌 [51]에서 발췌)

[그림 8-36]에서 보듯, GNMT는 기존 기법(통계 기반 기계 번역의 하나인 '구문 기반 기계 번역')과 비교해 번역 품질을 크게 끌어올리는 데 성공했습니다. 정확도는 무려 '사람(에 의한 번역)'의 정확도에 가까워지고 있네요. 이처럼 GNMT는 훌륭한 결과를 보여주며 신경망 번역의 실용성과 가능성을 입증했습니다. 다만, 구글 번역을 사용해보시면 알겠지만, 아직도 자연스럽지 못한 번역이나 사람이라면 절대 저지르지 않을 것 같은 실수도 한답니다. 앞으로도 기계 번역 연구는 계속될 것입니다. 실제로 GNMT는 시작에 지나지 않고, 현재도 신경망 번역을 중심으로 활발하게 연구가 이뤄지고 있습니다.

> **NOTE_** GNMT를 실제로 구현하려면 대량의 데이터와 대량의 컴퓨팅 자원이 필요합니다. 문헌 [50]에 따르면 대량의 학습 데이터를 사용했고, 모델 하나를 학습시키는 데 100개 가까운 GPU로 6일이나 걸렸다고 합니다. 8개의 모델을 병행 학습하는 앙상블 학습이나 강화 학습을 이용해 품질을 더욱 개선하려는 연구도 진행되고 있고요. 이러한 일은 한 개인이 실현할 수 있는 수준은 아닙니다. 그러나 이 책을 읽은 독자 분들은 GNMT에 사용되는 기술의 핵심 지식은 이미 습득한 것입니다!

8.5.2 트랜스포머

지금까지 RNN(LSTM)을 다양한 곳에 사용해왔습니다. 언어 모델에서 시작하여, 문장 생성, seq2seq, 그리고 어텐션을 갖춘 seq2seq의 구성에는 반드시 RNN이 등장했습니다. 그리고 RNN을 통해 가변 길이 시계열 데이터를 잘 처리하여 (많은 경우) 좋은 결과를 얻었습니다. 하지만 RNN에도 단점은 있고, 그중 하나로 병렬 처리를 들 수 있습니다.

RNN은 이전 시각에 계산한 결과를 이용하여 순서대로 계산합니다. 따라서 RNN의 계산을 시간 방향으로 병렬 계산하기란 (기본적으로는) 불가능합니다. 이 점은 딥러닝 학습이 GPU 를 사용한 병렬 계산 환경에서 이뤄진다는 점을 생각하면 큰 병목이 아닐 수 없습니다. 그래서 RNN 사용을 피하고 싶다는 충동이 생겨납니다.

이러한 배경에서, 현재는 RNN을 없애는 연구(혹은 병렬 계산할 수 있는 RNN 연구)가 활발히 이뤄지고 있습니다. 그중에서 유명한 것이 「Attention is all you need」라는 논문[52]에서 제안한 기법인 트랜스포머Transformer 모델입니다. 논문 제목이 말해주듯 이 모델은 'RNN이 아닌' 어텐션을 사용해 처리합니다. 이번 절에서는 이 트랜스포머를 간단히 살펴보겠습니다.

> **NOTE_** 트랜스포머 외에도 RNN을 제거하는 연구는 다양하게 시도되고 있습니다. 그 성과의 하나로 RNN 대신 합성곱 계층을 이용하는 연구[54]가 있습니다. 이 연구의 자세한 내용은 여기에서 다루지 않지만, 기본적으로는 RNN 대신 합성곱 계층을 이용해 seq2seq를 구성합니다. 이렇게 하면 계산을 병렬화할 수 있습니다.

트랜스포머는 어텐션으로 구성되는데, 그중 **셀프어텐션**Self-Attention이라는 기술을 이용하는 게 핵심입니다. Self-Attention은 직역하면 '자신에 대한 주목'이 됩니다. 즉, 하나의 시계열 데이터를 대상으로 한 어텐션으로, '하나의 시계열 데이터 내에서' 각 원소가 다른 원소들과 어떻게 관련되는지를 살펴보자는 취지입니다. 우리의 Time Attention 계층을 예로 설명하면, 셀프어텐션은 [그림 8-37]처럼 그릴 수 있습니다.

그림 8-37 왼쪽이 일반적인 어텐션, 오른쪽이 셀프어텐션

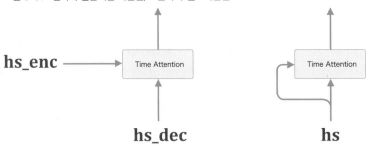

그림 8-38 트랜스포머의 계층 구성(문헌 [52]를 참고로 단순화한 모델)

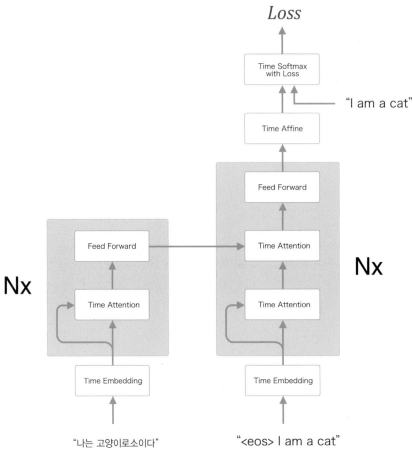

지금까지 우리는 어텐션에서 '번역'과 같이 2개의 시계열 데이터 사이의 대응 관계를 구해왔습니다. 이때 Time Attention 계층에는 [그림 8-37]의 왼쪽처럼 서로 다른 두 시계열 데이터가 입력됩니다. 반면, Self-Attention은 [그림 8-37]의 오른쪽처럼 두 입력선이 모두 하나의 시계열 데이터로부터 나옵니다. 이렇게 하면 하나의 시계열 데이터 내에서의 원소 간 대응 관계가 구해집니다.

셀프어텐션에 관한 설명은 이 정도면 충분한 것 같으니, 계속해서 트랜스포머의 계층 구성을 살펴봅시다. 트랜스포머의 구성은 [그림 8-38]과 같습니다.

트랜스포머에서는 RNN 대신 어텐션을 사용합니다. 실제로 [그림 8-38]을 보면 Encoder와 Decoder 모두에서 셀프어텐션을 사용함을 알 수 있습니다. 또한 [그림 8-38]의 Feed Forward 계층은 피드포워드 신경망(시간 방향으로 독립적으로 처리하는 신경망)을 나타냅니다. 정확하게는 은닉층이 1개이고 활성화 함수로 ReLU를 이용한 완전연결계층 신경망을 이용합니다. 또한, 그림에서 **Nx**는 회색 배경으로 둘러싸인 계층들을 **N**겹 쌓았다는 뜻입니다.

> **NOTE**_ [그림 8-38]은 트랜스포머를 단순화해 보여줍니다. 실제로는 이 그림의 아키텍처에 더해 skip 연결과 계층 정규화Layer Normalization [8] 등도 이용합니다. 다수의 어텐션을 (병렬로) 이용하거나 시계열 데이터의 위치 정보를 인코딩하는 위치 인코딩Positional Encoding 같은 기법도 볼 수 있습니다.

트랜스포머를 이용하면 계산량을 줄이고 GPU를 이용한 병렬 계산의 혜택도 더 많이 누릴 수 있습니다. 그 결과 트랜스포머는 GNMT보다 학습 시간을 큰 폭으로 줄이는 데 성공했습니다. 번역 품질도 상당 폭 끌어올릴 수 있었고요(그림 8-39).

그림 8-39 벤치마크용 번역 데이터인 WMT를 사용하여 '영어 to 프랑스어' 번역 정확도를 평가한 결과: 세로축은 번역 정확도 척도인 BLEU 점수이며, 높을수록 좋다. (문헌 [53]에서 발췌)

영어 to 프랑스어 번역 품질

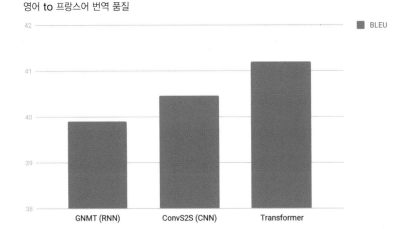

[그림 8-39]에서는 세 가지 기법을 비교했습니다. 그 결과 GNMT보다 '합성곱 계층을 이용한 seq2seq'(그림에서는 ConvS2S로 표기)가 더 정확하며, 트랜스포머는 둘 모두를 웃돌고 있습니다. 이처럼 어텐션은 계산량은 물론 정확도 측면에서도 유망한 기술임을 알 수 있습니다.

우리는 지금까지 어텐션을 RNN과 조합해 이용해왔습니다. 그러나 이번 절의 연구가 시사하는 것처럼 어텐션은 RNN을 대체하는 모듈로도 이용할 수 있습니다. 그렇다면 어텐션을 이용할 기회가 앞으로 더 늘어날지도 모르겠네요.

8.5.3 뉴럴 튜링 머신(NTM)

우리 인간은 복잡한 문제를 풀 때 '종이'와 '펜'을 사용하는 일이 많습니다. 달리 보면 종이와 펜이라는 외부의 '저장 장치' 덕분에 우리의 능력이 확장되었다고도 해석할 수 있습니다. 신경망에도 이와 같은 '외부 메모리'를 이용하여 새로운 힘을 부여할 수 있답니다. 그래서 이번 절에서 다룰 주제는 바로 '외부 메모리를 통한 확장'입니다.

> **NOTE_** RNN이나 LSTM은 내부 상태를 활용하여 시계열 데이터를 기억할 수 있었습니다. 그러나 그 내부 상태는 길이가 고정이라서 채워 넣을 수 있는 정보량이 제한적입니다. 그래서 RNN 외부에 기억 장치(메모리)를 두고 필요한 정보를 거기에 적절하게 기록하는 방안을 착안해낸 것입니다.

어텐션을 갖춘 seq2seq에서는 Encoder가 입력 문장을 인코딩합니다. 그리고 인코딩된 정보를 어텐션을 통해 Decoder가 이용했죠. 여기서 주목할 것은 (역시) 어텐션의 존재입니다. 이 어텐션을 통해 Encoder와 Decoder는 (컴퓨터에서 말하는) '메모리 조작' 같은 작업을 수행하는 것입니다. 즉, Encoder가 필요한 정보를 메모리에 쓰고, Decoder는 그 메모리로부터 필요한 정보를 읽어 들인다고 해석할 수 있습니다.

이렇게 생각하면 컴퓨터의 메모리 조작을 신경망에서도 재현할 수 있을 것 같습니다. 바로 생각할 수 있는 방법은 RNN의 외부에 정보 저장용 메모리 기능을 배치하고, 어텐션을 이용하여 그 메모리로부터 필요한 정보를 읽거나 쓰는 방법입니다. 실제로 이러한 연구가 몇 가지 이뤄지고 있고, 그중 유명한 연구가 **뉴럴 튜링 머신**Neural Turing Machine (**NTM**)[55]입니다.

> **NOTE_** NTM은 딥마인드DeepMind 팀에서 진행한 연구이며, 후에 **DNC**Differentiable Neural Computers라는 기법으로 개선한 논문[56]이 과학 잡지 『네이처Nature』에 실렸습니다. DNC는 NTM의 메모리 조작을 더욱 강화한 버전이라고 볼 수 있으나, 본질적인 기술은 같습니다.

NTM의 내용을 자세히 설명하기 전에, 우선 큰 틀을 살펴보겠습니다. 이 용도로 아주 잘 어울리는 것이 바로 [그림 8-40]의 매력적인 그림입니다. 이 그림은 NTM 처리의 핵심을 잘 정리해 시각화했습니다(정확하게는 NTM를 발전시킨 DNC의 해설 기사[57]에서 사용한 그림입니다).

그림 8-40 NTM을 시각화한 그림(문헌 [57]에서 발췌)

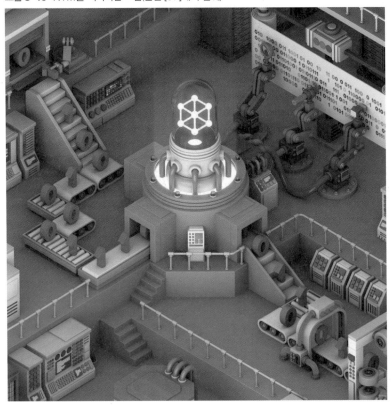

이 그림을 눈여겨 살펴봅시다. 여기서 주목할 것은 그림 한가운데 있는 '컨트롤러'라는 모듈입니다. 정보를 처리하는 모듈로, 신경망(혹은 RNN)을 이용하는 것으로 예상됩니다. 그림을 보면, 이 컨트롤러는 차례차례 흘러 들어오는 '0' 혹은 '1' 데이터를 처리하여 새로운 데이터를 출력하고 있음을 알 수 있습니다.

여기서 중요한 것이, 이 컨트롤러의 바깥(그림에서 오른쪽 위)에 있는 '큰 종이(=메모리)'의 존재입니다. 이 메모리 덕분에 컨트롤러는 컴퓨터(혹은 튜링 머신)와 같은 능력을 얻습니다. 그 능력이란 바로 '큰 종이'에 필요한 정보를 쓰거나 불필요한 정보를 지우는 능력, 그리고 필요한 정보를 다시 읽어 들이는 능력입니다. 그리고 [그림 8-40]의 '큰 종이'는 두루마리 형태인데, 각 노드가 필요한 위치의 데이터를 읽고 쓸 수 있다는 뜻입니다. 다시 말해, 원하는 목적지로 이동할 수 있습니다.

이처럼 NTM은 외부 메모리를 읽고 쓰면서 시계열 데이터를 처리합니다. 그리고 또 하나 재미있는 사실은 이러한 메모리 조작을 '미분 가능'한 계산으로 구축했다는 점입니다. 따라서 메모리 조작 순서도 데이터로부터 학습할 수 있습니다.

> **NOTE_** 일반적인 컴퓨터는 사람이 작성한 지시(프로그램)에 따라 동작하는 데 반해, NTM은 데이터로부터 프로그램을 학습합니다. 즉, '알고리즘의 입력과 출력'으로부터 '알고리즘 자체(로직)'를 학습할 수 있다는 뜻입니다.

NTM은 외부 메모리에 (컴퓨터처럼) 읽고 쓰기를 수행합니다. 이러한 NTM의 계층 구성을 간단히 그리면 [그림 8-41]과 같습니다.

그림 8-41 NTM의 계층 구성: 메모리 쓰기와 읽기를 수행하는 Write Head 계층과 Read Head 계층이 새로 등장

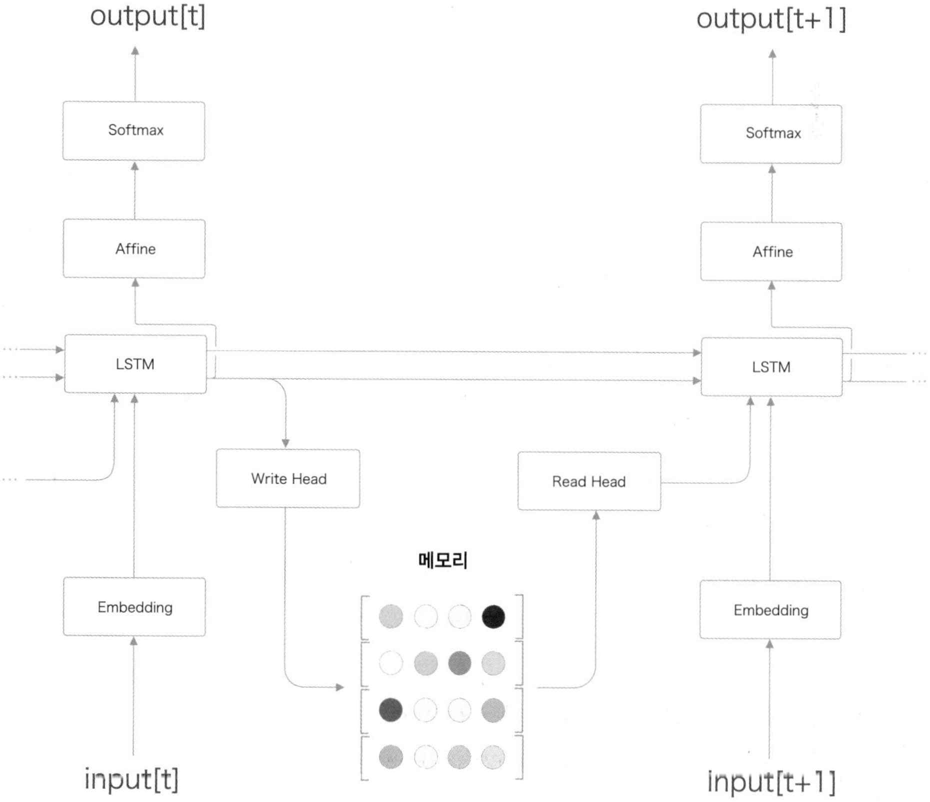

[그림 8-41]은 간략화한 NTM의 계층 구성입니다. 여기서 LSTM 계층이 '컨트롤러'가 되어 NTM의 주된 처리를 수행합니다. 그리고 각 시각에서 LSTM 계층의 은닉 상태를 Write Head 계층이 받아서 필요한 정보를 메모리에 씁니다. 그런 다음 Read Head 계층이 메모리로부터 중요한 정보를 읽어 들여 다음 시각의 LSTM 계층으로 전달합니다.

그런데 [그림 8-41]의 Write Head 계층과 Read Head 계층은 어떻게 메모리를 조작할 수 있을까요? 물론 여기에도 어텐션을 사용합니다.

> **WARNING_** 반복됩니다만, 메모리의 특정 번지에 담긴 데이터를 읽거나 쓰려할 때, 우리는 데이터를 '선택'해야 하는데, 이 선택 작업 자체는 미분할 수 없습니다. 그래서 어텐션을 사용하여 모든 번지에 담긴 데이터를 선택하도록 하고, 각 데이터의 기여도를 나타내는 '가중치'를 이용하는 것입니다. 이렇게 함으로써 '선택한다'라는 작업을 미분 가능한 계산으로 대체할 수 있습니다.

NTM은 컴퓨터의 메모리 조작을 모방하기 위해서 2개의 어텐션을 이용합니다. 바로 '콘텐츠 기반 어텐션'과 '위치 기반 어텐션'이 그 주인공입니다. 콘텐츠 기반 어텐션은 지금까지 본 어텐션과 같고, 입력으로 주어진 어느 벡터(질의^{query} 벡터)와 비슷한 벡터를 메모리로부터 찾아내는 용도로 이용됩니다.

한편, 위치 기반 어텐션은 이전 시각에서 주목한 메모리의 위치(=메모리의 각 위치에 대한 가중치)를 기준으로 그 전후로 이동(시프트)하는 용도로 사용됩니다. 이 기술의 자세한 설명은 생략합니다만, 1차원의 합성곱 연산으로 구현된다고 합니다. 메모리 위치를 시프트하는 이 기능을 사용하면 메모리 위치를 하나씩 옮겨가며 읽어 나가는 컴퓨터 특유의 움직임을 쉽게 재현할 수 있답니다.

> **WARNING_** NTM의 메모리 조작은 다소 복잡합니다. 앞에서 설명한 조작 외에도 어텐션의 가중치를 날카롭게 다듬는 처리, 이전 시각 어텐션의 가중치를 더해주는 처리 등도 이뤄집니다.

이처럼 외부 메모리를 자유롭게 이용하게 됨으로써 NTM은 큰 힘을 손에 넣게 됩니다. 실제로 seq2seq만으로는 풀리지 않던 복잡한 문제에서도 NTM은 놀라운 성과를 거두고 있죠. 구체적으로는 긴 시계열을 기억하는 문제와 정렬(=수들을 크기 순으로 나열) 등의 문제를 NTM은 보기 좋게 해결하고 있습니다.

또한, NTM은 외부 메모리를 사용함으로써 알고리즘을 학습하는 능력을 얻습니다. 그리고 이때 어텐션이 중요한 기술로써 이용됩니다. 외부 메모리에 의한 확장, 그리고 어텐션은 앞으로 더욱 중요한 기법으로써 다양한 장소에서 이용될 것입니다.

8.6 정리

이번 장에서는 어텐션의 구조를 배우고, Attention 계층을 구현했습니다. 그리고 어텐션을 이용한 seq2seq를 구현하고 간단한 실험을 통해 어텐션의 뛰어난 효과를 확인했습니다. 또한 모델이 추론할 때의 어텐션 가중치(확률)를 시각화했습니다. 그 결과, 어텐션을 갖춘 모델은 우리 인간처럼 필요한 정보에 주목하고 있음을 알 수 있었습니다.

또한, 어텐션을 중심으로 한 최첨단 연구의 동향도 소개했습니다. 그 예들을 보면서 어텐션 덕분에 딥러닝의 가능성이 한층 더 넓어졌음을 알 수 있었죠. 이처럼 어텐션은 응용하기 좋은 기술이며, 많은 가능성을 지니고 있습니다. 딥러닝 분야에서는 앞으로도 어텐션 자체가 많은 '주목'을 끌 것입니다!

이번 장에서 배운 내용

- 번역이나 음성 인식 등, 한 시계열 데이터를 다른 시계열 데이터로 변환하는 작업에서는 시계열 데이터 사이의 대응 관계가 존재하는 경우가 많다.
- 어텐션은 두 시계열 데이터 사이의 대응 관계를 데이터로부터 학습한다.
- 어텐션에서는 (하나의 방법으로서) 벡터의 내적을 사용해 벡터 사이의 유사도를 구하고, 그 유사도를 이용한 가중합 벡터가 어텐션의 출력이 된다.
- 어텐션에서 사용하는 연산은 미분 가능하기 때문에 오차역전파법으로 학습할 수 있다.
- 어텐션이 산출하는 가중치(확률)를 시각화하면 입출력의 대응 관계를 볼 수 있다.
- 외부 메모리를 활용한 신경망 확장 연구 예에서는 메모리를 읽고 쓰는 데 어텐션을 사용했다.

시그모이드 함수와 tanh 함수의 미분

신경망에서는 다양한 함수를 활성화 함수로 사용합니다. 이번 부록에서는 그 대표 격인 시그모이드 함수와 tanh 함수를 대상으로, 두 함수의 미분을 구하는 과정을 서로 다른 방식으로 설명합니다. 정확하게는, 시그모이드 함수의 미분은 계산 그래프를 사용하고, tanh의 미분은 수식을 전개해 구할 겁니다. 각각의 방식을 이해하면 미분 계산과 친해질 수 있을 것입니다.

A.1 시그모이드 함수

시그모이드 함수는 식은 다음과 같습니다.

$$y = \frac{1}{1 + \exp(-x)}$$

[식 A.1]

그리고 이 식의 계산 그래프는 [그림 A-1]처럼 되지요.

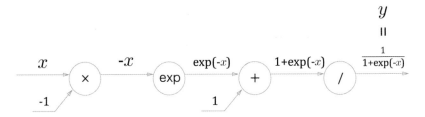

[그림 A-1]에는 '×'와 '+' 노드 외에 'exp'와 '/' 노드도 보입니다. 'exp' 노드는 $y = \exp(x)$ 계산을 수행하고 '/' 노드는 $y = \frac{1}{x}$ 을 계산합니다. 지금부터 계산 그래프를 활용하여 하나씩 확인하면서 역전파를 진행해보겠습니다.

1단계

'/' 노드는 $y = \frac{1}{x}$ 을 뜻하며, 이 미분을 해석적으로 쓰면 다음 식이 됩니다.

$$\frac{\partial y}{\partial x} = -\frac{1}{x^2} = -\left(\frac{1}{x}\right)^2 = -y^2 \qquad \text{[식 A.2]}$$

[식 A.2]에서 보듯 역전파 시에는 상류의 기울기에 $-y^2$(순전파 출력의 제곱에 마이너스를 붙인 값)을 곱하여 하류로 흘려보냅니다. 계산 그래프로는 [그림 A-2]처럼 됩니다.

그림 A-2 역전파 1단계

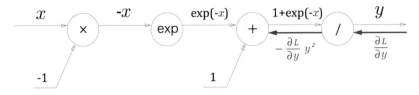

2단계

'+' 노드는 상류의 값을 그대로 하류로 흘립니다. 계산 그래프로는 [그림 A-3]처럼 됩니다.

그림 A-3 역전파 2단계

x
$\times$
-1
$-x$
exp
exp(-x)
$-\frac{\partial L}{\partial y}y^2$
+
1
1+exp(-x)
$-\frac{\partial L}{\partial y}y^2$
/
y
$\frac{\partial L}{\partial y}$

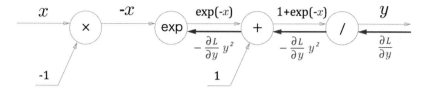

3단계

'exp' 노드는 $y = \exp(x)$를 뜻하고, 그 미분은 다음 식과 같습니다.

$$\frac{\partial y}{\partial x} = \exp(x) \qquad \text{[식 A.3]}$$

계산 그래프에서는 상류의 기울기에 순전파 시의 출력(이 예에서는 $\exp(-x)$)을 곱하여 하류로 흘립니다.

그림 A-4 역전파 3단계

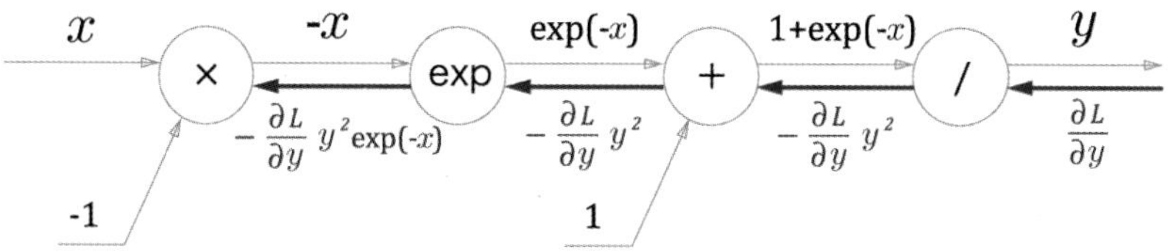

x
$\times$
-1
$-x$
$-\frac{\partial L}{\partial y}y^2\exp(-x)$
exp
exp(-x)
$-\frac{\partial L}{\partial y}y^2$
+
1
1+exp(-x)
$-\frac{\partial L}{\partial y}y^2$
/
y
$\frac{\partial L}{\partial y}$

4단계

'×' 노드는 순전파 시의 입력을 서로 바꾼 값을 곱해줍니다. 따라서 여기에서는 −1을 곱합니다.

그림 A-5 시그모이드 함수의 계산 그래프(역전파)

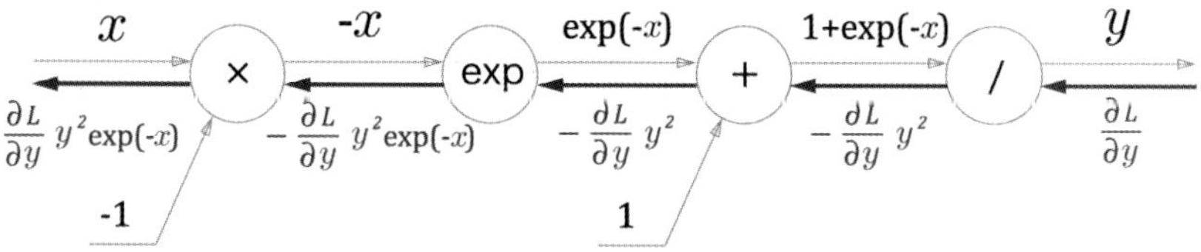

x
$\frac{\partial L}{\partial y}y^2\exp(-x)$
$\times$
-1
$-x$
$-\frac{\partial L}{\partial y}y^2\exp(-x)$
exp
exp(-x)
$-\frac{\partial L}{\partial y}y^2$
+
1
1+exp(-x)
$-\frac{\partial L}{\partial y}y^2$
/
y
$\frac{\partial L}{\partial y}$

이상으로, 계산 그래프를 활용해 [그림 A-5]와 같이 sigmoid 계층의 역전파를 수행할 수 있었습니다. [그림 A-5]의 결과로부터 역전파의 출력은 $\frac{\partial L}{\partial y}y^2\exp(-x)$가 되며, 이 값을 하류 노드로 전파하게 됩니다. $\frac{\partial L}{\partial y}y^2\exp(-x)$는 다음과 같이 정리해서 쓸 수 있습니다.

$$
\begin{aligned}
\frac{\partial L}{\partial y}y^2\exp(-x) &= \frac{\partial L}{\partial y}\frac{1}{(1+\exp(-x))^2}\exp(-x)\\[2mm]
&= \frac{\partial L}{\partial y}\frac{1}{1+\exp(-x)}\frac{\exp(-x)}{1+\exp(-x)}\\[2mm]
&= \frac{\partial L}{\partial y}y(1-y)
\end{aligned}
$$

[식 A.4]

이와 같은 식 전개를 통해 시그모이드 함수의 역전파는 순전파 시의 출력만으로 계산할 수 있음을 알 수 있습니다. 이상을 정리하면 시그모이드 함수의 계산 그래프는 [그림 A-6]처럼 그릴 수 있습니다.

그림 A-6 시그모이드 함수의 계산 그래프

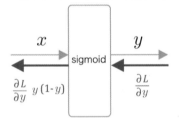

이상이 시그모이드 함수의 미분입니다. 여기에서는 계산 그래프를 사용하여 시그모이드 함수의 미분을 구했습니다. 이어서 tanh 함수의 미분을 해석적으로 구하는 과정을 보여드리겠습니다.

A.2 tanh 함수

tanh 함수는 쌍곡탄젠트 혹은 하이퍼볼릭 탄젠트^{hyperbolic tangent}라고도 합니다. tanh 함수의 식은 다음과 같습니다.

$$y = \tanh(x) = \frac{e^x - e^{-x}}{e^x + e^{-x}} \qquad \text{[식 A.5]}$$

그리고 우리의 목표는 [식 A.5]에서 $\frac{\partial y}{\partial x}$를 구하는 것입니다. 따라서 여기에서는 다음의 미분 공식을 이용하겠습니다.

$$\left\{\frac{f(x)}{g(x)}\right\}' = \frac{f'(x)g(x) - f(x)g'(x)}{g(x)^2} \qquad \text{[식 A.6]}$$

[식 A.6]은 분수 함수의 미분 공식입니다. 이번 절에서는 보기 편하도록 $\frac{f(x)}{g(x)}$의 x에 대한 미분을 $\left\{\frac{f(x)}{g(x)}\right\}'$로 표기하고, 마찬가지로 $f(x)$의 x에 대한 미분은 $f'(x)$로 표기하겠습니다.

또한 네이피어 수(e)에 대해서는 다음처럼 미분을 해석적으로 유도할 수 있습니다.

$$\frac{\partial e^x}{\partial x} = e^x \qquad \text{[식 A.7]}$$

$$\frac{\partial e^{-x}}{\partial x} = -e^{-x} \qquad \text{[식 A.8]}$$

이상의 [식 A.6], [식 A.7], [식 A.8]을 이용하면 tanh 함수의 미분을 다음과 같이 구할 수 있습니다.

$$\begin{aligned}
\frac{\partial \tanh(x)}{\partial x} &= \frac{(e^x + e^{-x})(e^x + e^{-x}) - (e^x - e^{-x})(e^x - e^{-x})}{(e^x + e^{-x})^2} \\
&= 1 - \frac{(e^x - e^{-x})(e^x - e^{-x})}{(e^x + e^{-x})^2} \\
&= 1 - \left\{\frac{(e^x - e^{-x})}{(e^x + e^{-x})}\right\}^2 \qquad \text{[식 A.9]} \\
&= 1 - \tanh(x)^2 \\
&= 1 - y^2
\end{aligned}$$

[식 A.9]와 같이, tanh 함수의 미분은 '분수 함수의 미분 공식'을 사용하여 간단한 식으로 변형

해 구할 수 있습니다. 변형된 결과는 $1-y^2$입니다. 이 결과로부터, tanh 함수의 계산 그래프는 [그림 A-7]처럼 그릴 수 있습니다.

그림 A-7 tanh 함수의 계산 그래프

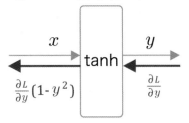

이상이 tanh 함수의 미분을 유도하는 방법입니다. 수식을 전개하여 간결하고 명확하게 미분을 구할 수 있었습니다.

A.3 정리

이번 부록에서는 미분을 두 가지 방법(계산 그래프와 해석적 방법)으로 풀어봤습니다. 두 방법 모두 같은 목적지로 안내하므로, 주어진 문제에 적합한 쪽을 이용하면 됩니다. 아마 익숙해지면 수식이 편할 겁니다. 그러나 처음에는(특히 명쾌하지 않을 때는) 계산 그래프라는 시각적인 방법이 효과적일 것입니다. 또한, 문제를 여러 가지 방법으로 해결할 수 있다는 것이 때로는 매우 중요해지기도 합니다. 여기서 배운 것처럼 어떤 때는 수식으로, 어떤 때는 계산 그래프로 문제를 바라본다면 이해의 수준이 더 깊어질 것입니다.

WordNet 맛보기

이번 부록에서는 WordNet을 다뤄보겠습니다. 파이썬으로 실제로 동작시켜 봄으로써, WordNet에 어떤 '지식'이 담겨 있는지를 살펴보려 합니다. 참고로, 지금부터 해볼 구현의 목적은 시소러스의 분위기를 느껴보는 것이므로 간단한 실험만 진행할 생각입니다.

> **WARNING_** 이 책에서는 WordNet과 NLTK를 자세히 소개하지 않습니다. NLTK에 대한 자세한 설명은 『Natural Language Processing with Python』(오라일리, 2009)[14]*에 잘 나와 있으니 관심 있는 분은 참고하세요.

B.1 NLTK 설치

WordNet을 파이썬에서 이용하려면 **NLTK**^{Natural Language Toolkit} 라이브러리를 사용해야 합니다. NLTK는 자연어 처리를 위한 파이썬 라이브러리로, 품사 태깅, 구문 분석, 정보 추출, 의미 분석 등 자연어 처리에 사용하는 편리한 기능을 많이 제공합니다.

그럼 곧바로 NLTK를 설치해봅시다. 설치 방법은 여러 가지인데, 여기에서는 pip을 사용하겠습니다(독자의 환경에 맞게 적절한 방법을 선택해 진행해주세요).

....

* 옮긴이_ 종이책은 파이썬 2와 NLTK 2.x 기반이며, 같은 내용을 파이썬 3와 NLTK 3.x에 맞게 갱신한 버전을 https://www.nltk.org/ book/ 주소에서 언제든 볼 수 있습니다.

NLTK를 설치하려면 터미널에서 다음 명령을 입력합니다(설치하는 데 시간이 좀 걸릴 수 있습니다).

```
$ pip install nltk
```

설치가 완료되면 제대로 설치됐는지 확인하기 위해 파이썬에서 NLTK을 가져와봅니다.

```
>>> import nltk
>>>
```

보다시피 파이썬 인터프리터를 실행하고 NLTK를 임포트했습니다. NLTK가 제대로 설치됐다면 앞의 예시처럼 아무것도 표시되지 않습니다.

B.2 WordNet에서 동의어 얻기

그럼 실제로 WordNet을 사용해봅시다. nltk.corpus에서 wordnet 모듈을 가져옵니다.

```
>>> from nltk.corpus import wordnet
```

이것으로 준비를 다 마쳤습니다. 그럼 시험 삼아 "car" 단어의 동의어를 찾아봅시다. 우선 "car"의 의미가 몇 개나 되는지를 확인합니다. wordnet.synsets() 메서드를 사용하면 됩니다.

> **NOTE_** WordNet에서는 각 단어가 synset이라는 동의어 그룹으로 분류되어 있습니다. "car"의 동의어 그룹을 얻으려면 wordnet.synset() 메서드를 호출하기만 하면 되지만, 주의사항이 하나 있습니다. 단어 "car"에는 (다른 많은 단어와 마찬가지로) 여러 가지 의미가 존재한다는 사실입니다. '자동차'라는 의미 외에도 '(열차의) 차량'이나 '곤돌라^{gondola}' 같은 의미도 있는 것이죠. 그래서 동의어를 얻으려면 (이런 여러 의미 중에서) 어느 의미에 해당하는지를 명시해야 합니다.

그럼 "car"의 동의어를 WordNet에서 구해봅시다.

```
>>> wordnet.synsets('car')
[Synset('car.n.01'),
 Synset('car.n.02'),
 Synset('car.n.03'),
 Synset('car.n.04'),
 Synset('cable_car.n.01')]
```

원소 5개짜리 리스트가 출력됐습니다. 이는 "car"라는 단어에는 다섯 가지 의미(정확하게는 5개의 서로 다른 동의어 그룹)가 정의되어 있다는 뜻입니다.

또한, 이 리스트의 원소에 "car"의 '표제어'가 표시되는 점도 중요합니다. WordNet은 점(.)으로 구분된 3개의 원소로 이뤄진 표제어를 사용합니다(그림 B-1). 예컨대 "car.n.01"이라는 표제어는 'car라는 명사의 첫 번째'의 의미(그룹)임을 나타냅니다.

그림 B-1 WordNet의 '표제어'의 읽는 방법: n은 noun(명사)의 머릿글자

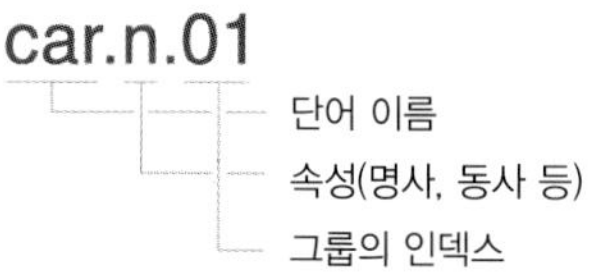

car.n.01

```
┌─────── 단어 이름
├─────── 속성(명사, 동사 등)
└─────── 그룹의 인덱스
```

> **WARNING_** 많은 단어가 여러 가지 의미로 쓰입니다. WordNet에서는 단어의 여러 의미 중 특정 하나를 지정하기 위해 표제어를 사용합니다. 따라서 WordNet의 메서드 인수로 단어명을 지정하려면, "car"가 아니라 "car.n.01"이나 "car.n.02"처럼 표제어를 사용합니다.

그러면 표제어인 "car.n.01"이 가리키는 동의어의 의미를 확인해봅시다. wordnet.synset() 메서드를 사용해 "car.n.01"의 동의어 그룹을 가져온 다음, 그 동의어 그룹에서 definition() 메서드를 호출하면 됩니다.

```
>>> car = wordnet.synset('car.n.01')  # 동의어 그룹
>>> car.definition()
'a motor vehicle with four wheels; usually propelled by an internal combustion
engine'
```

이 결과를 직역하면 "4륜 자동차. 보통은 내연 기관으로 움직인다"가 됩니다. 이것이 "car.n.01"이라는 동의어 그룹이 지닌 의미입니다. 참고로, 여기서 사용한 definition() 메서드는

주로 (컴퓨터가 아닌) 사람이 그 단어를 이해하고 싶을 때 이용됩니다.

이번에는 "car.n.01" 표제어의 동의어 그룹에는 어떠한 단어들이 존재하는지를 살펴봅시다. lemma_names() 메서드를 사용하면 됩니다.

```
>>> car.lemma_names()
['car', 'auto', 'automobile', 'machine', 'motorcar']
```

이처럼 lemma_names() 메서드를 사용하면 동의어 그룹에 속한 단어들의 이름을 얻을 수 있습니다. 결과를 보면 "car"라는 단어(정확하게는 "car.n.01" 표제어)에는 "auto", "automobile", "machine", "motorcar"라는 4개의 단어가 동의어로 등록되어 있음을 알 수 있습니다.

B.3 WordNet과 단어 네트워크

이어서 "car"의 단어 네트워크를 사용하여 다른 단어와의 의미적인 상·하 관계를 살펴보겠습니다. 이때는 hypernym_paths() 메서드를 사용합니다. 참고로 "hypernym"은 주로 언어학에서 사용하는 단어로, '상위어*'라는 뜻입니다.

```
>>> car.hypernym_paths()[0]
[Synset('entity.n.01'), Synset('physical_entity.n.01'), Synset('object.n.01'),
Synset('whole.n.02'), Synset('artifact.n.01'), Synset('instrumentality.n.03'),
Synset('container.n.01'), Synset('wheeled_vehicle.n.01'), Synset('self-propelled_
vehicle.n.01'), Synset('motor_vehicle.n.01'), Synset('car.n.01')]
```

결과를 보면 "car"는 "entity"라는 단어로 시작하여, 'entity → physical_entity → object → … → motor_vehicle → car' 경로를 따라가는 것을 알 수 있습니다('표제어' 표기는 생략했습니다). 구체적으로 각 단어를 살펴보면, "car" 위에는 "motor vehicle(자동차)"이 오고, 그 위에는 "self-propelled vehicle(자주식 차량)"이 옵니다. 그리고 더 위로 가면 "object(객체)"나 "entity(본질)" 같은 추상적인 단어가 옵니다. 이처럼 WordNet을 구성하는 단어 네트

---

* 옮긴이_ 어떤 말보다 일반적이고 포괄적인 뜻이 있는 말 (출처: 표준국어대사전)

워크는 위로 갈수록 추상적이고, 아래로 갈수록 구체적이 되도록 단어들을 배치했습니다.

> **WARNING_** 앞의 예에서 car.hypernym_paths()는 리스트를 반환합니다. 반환된 리스트의 원소로 구체적인 경로 정보가 담겨 있지요. 왜 리스트로 반환하느냐 하면, 단어 사이의 경로도 여러 개가 존재하기 때문입니다. 앞의 예에서도 출발점인 "entity"부터 종착점인 "car"까지는 다양한 경로가 존재합니다(물론 경로가 하나뿐인 단어도 있습니다).

B.4 WordNet을 사용한 의미 유사도

지금까지 설명한 것처럼 WordNet에서는 많은 단어가 동의어(유의어)별로 그룹지어져 있습니다. 단어 사이의 의미 네트워크도 구축돼 있습니다. 이러한 단어 사이의 연결 정보는 다양한 문제에서 활용할 수 있지요. 이번 절에서는 그중 하나로, 단어 사이의 유사도를 계산하는 예를 살펴보겠습니다.

단어 사이의 유사도는 path_similarity() 메서드로 구합니다. 이 메서드는 단어 사이의 유사도를 0~1 범위의 실수로 반환합니다(높을수록 비슷함). 그럼 실제로 구해봅시다. 여기에서는 "car(자동차)" 단어를 "novel(소설)", "dog(개)", "motorcycle(오토바이)"이라는 세 단어와 비교해보겠습니다.

```
>>> car = wordnet.synset('car.n.01')
>>> novel = wordnet.synset('novel.n.01')
>>> dog = wordnet.synset('dog.n.01')
>>> motorcycle = wordnet.synset('motorcycle.n.01')

>>> car.path_similarity(novel)
0.05555555555555555
>>> car.path_similarity(dog)
0.07692307692307693
>>> car.path_similarity(motorcycle)
0.3333333333333333
```

결과를 보면 "car"는 "motorcycle"과 가장 유사하고, 그다음은 "dog"이고, 마지막이 "novel" 순입니다. 또한, 유사도 값을 보면 "car"와 "motorcycle"의 유사도가 다른 두 단어보다 몇 배는 큽니다. 확실히 우리의 직관과 비슷한 결과라고 말할 수 있겠네요.

참고로, 앞의 예에서 사용한 path_similarity() 메서드는 [그림 B-2]와 같은 단어 네트워크의 공통 경로를 바탕으로 단어 사이의 유사성을 계산해줍니다.

그림 B-2 단어의 의미적 가까움을 단어 네트워크의 공통 경로를 바탕으로 계산(점선은 사이에 여러 단어가 존재함을 표현)

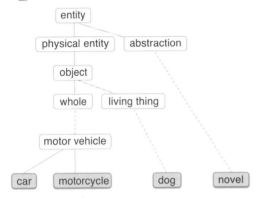

[그림 B-2]는 WordNet의 단어 네트워크를 발췌하여 중간 단어를 생략하고 그린 것입니다. 이 그림에서 "car"와 "motorcycle"은 경로의 상당 부분을 공유함을 알 수 있습니다. 실제로 아래에서 두 번째인 "motor vehicle"까지의 경로가 똑같습니다. 한편, "car"와 "dog"은 "object"에서 갈라져 나옵니다. 심지어 "car"와 "novel"은 가장 위의 "entity"부터 이미 가지가 나뉩니다. path_similarity() 메서드는 이러한 정보를 바탕으로 단어 사이의 유사도를 계산하고, (이번 예에서는) 그 결과는 우리의 직감과 비슷했습니다.

이처럼 단어 네트워크를 사용하면 두 단어 사이의 유사도를 계산할 수 있습니다. 단어 사이의 유사도를 구할 수 있다는 것은 단어와 단어가 의미적으로 얼마나 가까운지를 측정할 수 있다는 뜻입니다. 이러한 작업은 '단어의 의미'를 이해하지 못하면 올바로 수행할 수 없는데, 이 점에서 시소러스는 컴퓨터에 '단어의 의미'를 (간접적으로) 알려준다고 해석할 수 있을 것입니다.

> **NOTE_** WordNet에는 path_similarity() 메서드 말고도 유사도를 측정하는 방법이 몇 가지 더 준비되어 있습니다(Leacock-Chodorow 유사도와 Wu-Porow 유사도 등). 관심 있는 분은 WordNet의 웹 문서[18]를 참고하세요.

GRU

6장에서는 '게이트가 추가된 RNN'으로 LSTM을 자세하게 설명했습니다. LSTM은 아주 좋은 계층이지만 매개변수가 많아서 계산이 오래 걸리는 게 단점입니다. 그래서 최근에는 LSTM을 대신할 '게이트가 추가된 RNN'이 많이 제안되고 있답니다. 이번 부록에서는 **GRU**Gated Recurrent Unit [42]라는 유명하고 검증된 '게이트가 추가된 RNN'을 소개합니다. GRU는 게이트를 사용한다는 개념은 유지한 채, 매개변수를 줄여 계산 시간을 줄여준다고 하네요. 그럼 GRU의 내용을 살펴보겠습니다.

C.1 GRU의 인터페이스

LSTM의 핵심은 게이트를 사용한다는 것입니다. 게이트를 통해 학습 시 기울기를 원활하게 흘려주어 기울기 소실을 줄일 수 있습니다. GRU도 같은 사상을 계승하고 있습니다만, 몇 가지 면에서 차이가 있습니다. 우선, 계층의 인터페이스에서부터 상당히 다른 모습입니다(그림 C-1).

그림 C-1 LSTM과 GRU 비교

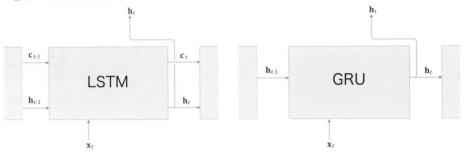

[그림 C-1]에서 보듯, LSTM이 은닉 상태와 기억 셀이라는 2개의 선을 사용하는 데 반해, GRU는 은닉 상태만 사용합니다. 참고로, 이는 5장에서 다룬 '단순한 RNN'과 같은 인터페이스입니다.

> **NOTE_** LSTM의 기억 셀은 다른 계층에서는 보이지 않는 자기만의 기억 장소입니다. LSTM은 필요한 정보를 기억 셀에 기록하고, 기억 셀의 정보를 바탕으로 은닉 상태를 구했습니다. 반면 GRU는 기억 셀과 같은 추가 기억 장소를 이용하지 않습니다.

C.2 GRU의 계산 그래프

그럼, GRU 내부에서 수행하는 계산을 살펴봅시다. GRU에서 수행하는 계산을 수식으로 먼저 본 후, 그에 해당하는 계산 그래프를 보겠습니다. 참고로 계산 그래프는 6장의 LSTM 계산 그래프에서 이용한 'σ'와 'tanh' 같은 간략화한 노드를 이용합니다.

$$\mathbf{z} = \sigma(\mathbf{x}_t \mathbf{W}_\mathbf{x}^{(\mathbf{z})} + \mathbf{h}_{t-1} \mathbf{W}_\mathbf{h}^{(\mathbf{z})} + \mathbf{b}^{(\mathbf{z})}) \qquad \text{[식 C.1]}$$

$$\mathbf{r} = \sigma(\mathbf{x}_t \mathbf{W}_\mathbf{x}^{(\mathbf{r})} + \mathbf{h}_{t-1} \mathbf{W}_\mathbf{h}^{(\mathbf{r})} + \mathbf{b}^{(\mathbf{r})}) \qquad \text{[식 C.2]}$$

$$\tilde{\mathbf{h}} = \tanh(\mathbf{x}_t \mathbf{W}_\mathbf{x} + (\mathbf{r} \odot \mathbf{h}_{t-1}) \mathbf{W}_\mathbf{h} + \mathbf{b}) \qquad \text{[식 C.3]}$$

$$\mathbf{h}_t = (1 - \mathbf{z}) \odot \mathbf{h}_{t-1} + \mathbf{z} \odot \tilde{\mathbf{h}} \qquad \text{[식 C.4]}$$

GRU에서 수행하는 계산은 이 4개의 식으로 표현됩니다($\mathbf{x}_t$와 $\mathbf{h}_{t-1}$은 행벡터). 그리고 계산 그래프로는 [그림 C-2]처럼 됩니다.

그림 C-2 GRU의 계산 그래프: 'σ' 노드와 'tanh' 노드에는 전용 가중치가 있고, 노드 내부에서 아핀 변환을 수행한다 ('1-' 노드는 x를 입력하면 $1-x$를 출력한다).

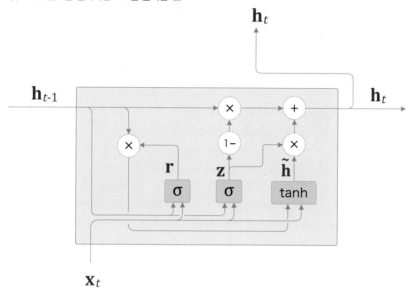

[그림 C-2]처럼 GRU에는 기억 셀은 없고, 시간 방향으로 전파하는 것은 은닉 상태 $\mathbf{h}$뿐입니다. 그리고 $\mathbf{r}$과 $\mathbf{z}$라는 2개의 게이트를 사용합니다(참고로, LSTM은 3개의 게이트를 사용했습니다). 여기서 $\mathbf{r}$은 reset 게이트, $\mathbf{z}$는 update 게이트입니다.

reset 게이트 $\mathbf{r}$은 과거의 은닉 상태를 얼마나 '무시'할지를 정합니다. 만약 $\mathbf{r}$이 0이면, [식 C.3]으로부터, 새로운 은닉 상태 $\tilde{\mathbf{h}}$는 입력 $\mathbf{x}_t$만으로 결정됩니다. 즉, 과거의 은닉 상태는 완전히 무시됩니다.

한편, update 게이트는 은닉 상태를 갱신하는 게이트입니다. LSTM의 forget 게이트와 input 게이트라는 두 가지 역할을 혼자 담당하는 것이죠. forget 게이트로써의 기능은 [식 C.4]의 $(1-\mathbf{z}) \odot \mathbf{h}_{t-1}$ 부분입니다. 이 계산에 의해 과거의 은닉 상태에서 잊어야 할 정보를 삭제합니다. 그리고 input 게이트로써이 기능은 $\mathbf{z} \odot \tilde{\mathbf{h}}$ 부분입니다. 이에 따라 새로 추가될 정보에 input 게이트의 가중치를 부여합니다.

이처럼 GRU는 LSTM을 '더 단순하게' 만든 아키텍처입니다. 따라서 LSTM보다 계산 비용을 줄이고 매개변수 수도 줄일 수 있습니다. 참고로, GRU 계층의 구현은 지면에서는 설명하지 않습니다만, common/time_layers.py에 준비해뒀으니 관심 있는 분은 참고하세요.

> **NOTE_** LSTM과 GRU 중 어느 쪽을 사용해야 할까요? 문헌 [32]와 [33]에 따르면 주어진 문제와 하이퍼파라미터 설정에 따라 승자가 달라지는 것 같습니다. 최근 연구에서는 LSTM(또는 LSTM의 변종)이 많이 사용됩니다. 한편, GRU도 꾸준히 인기를 끌고 있습니다. GRU는 매개변수가 적고 계산량도 적기 때문에, 데이터셋이 작거나 모델 설계 시 반복 시도를 많이 해야 할 경우 특히 적합할 수 있습니다.

마치며

힘한 언덕을 오르려면 처음에는 천천히 걸어야 한다.
– 셰익스피어

지금까지 우리는 자연어 처리를 주제로 딥러닝의 세계를 천천히 걸어왔습니다. 실제로 자연어 처리에 관한 다양한 코드를 구현하였고 많은 실험을 해보며 여러 가지 중요한 기술을 배웠습니다. 여러분도 이 여정을 통해 무언가를 배우셨기를 바랍니다. 그리고 이 책에서 재미와 깊이를 느끼셨다면, 저자로서 그만한 기쁨은 또 없을 것입니다.

현재 딥러닝 분야는 점점 빠르게 발전하는 중입니다. 수많은 논문이 매일같이 공개되어 새로운 아이디어가 끊임없이 제시되고 있습니다. 안타깝게도 그 모두를 훑어보는 건 이미 불가능합니다. 앞으로 딥러닝이 어떤 길을 걸을지를 정확히 예측할 수 있는 사람은 아무도 없을 것입니다.

그러나 한편으로는 딥러닝에서 중요한 기술들은 (어느 정도) 굳어지고 있습니다. 저는 이 책으로 배운 딥러닝 관련 기술들이 앞으로도 계속 중요하게 쓰일 것이라고 생각합니다. 이 책으로 배운 지식을 발판으로 삼으면 한층 더 광대한 현재 진행형의 딥러닝 세계로 확실한 한 걸음을 내딛을 수 있으리라 기대합니다.

이것으로 이 책도 끝입니다. 여기까지 이 책을 읽어주셔서 정말 감사드립니다. 역사적으로 보면 우리는 딥러닝이 세상에 침투하여 세계를 바꾸는 과정을 목격하고 있는 세대입니다. 저는 우연히 이런 시대에 태어나 우연히 이런 주제의 책을 썼을 뿐입니다. 하지만 그러한 우연한 계기를 통해 이렇게 여러분과 이 책을 매개로 교류할 수 있었다는 점을 기쁘게 생각합니다. 감사합니다.

참고 문헌

파이썬 관련

[1] 브로드캐스팅(https://docs.scipy.org/doc/numpy-1.13.0/user/basics.broadcasting.html)

[2] 넘파이 연습문제 100선(https://github.com/rougier/numpy-100)

[3] 쿠파이 웹 페이지(https://cupy.chainer.org/)

[4] 쿠파이 설치 페이지(https://docs-cupy.chainer.org/en/stable/install.html)

딥러닝 기본 사항

[5]『밑바닥부터 시작하는 딥러닝 1』(한빛미디어, 2017)

[6] Gupta, Suyog, et al: "Deep learning with limited numerical precision." Proceedings of the 32nd International Conference on Machine Learning (ICML-15). 2015.

[7] Jouppi, Norman P., et al: "In-datacenter performance analysis of a tensor processing unit." Proceedings of the 44th Annual International Symposium on Computer Architecture. ACM, 2017.

[8] Ba, Jimmy Lei, Jamie Ryan Kiros, and Geoffrey E. Hinton: "Layer normalization." arXiv preprint arXiv:1607.06450 (2016).

[9] Srivastava, Nitish, et al: "Dropout: a simple way to prevent neural networks from overfitting." Journal of machine learning research 15.1 (2014): 1929–1958.

딥러닝을 활용한 자연어 처리

[10] Stanford University CS224d: Deep Learning for Natural Language Processing(http://cs224d.stanford.edu/)

[11] Oxford Deep NLP 2017 course(https://github.com/oxford-cs-deepnlp-2017/lectures)

[12] Young, D. Hazarika, S. Poria, and E. Cambria: "Recent trends in deep learning based natural language processing," in arXiv preprint arXiv:1708.02709, 2017.

[13] 坪井 祐太, 海野 裕也, 鈴木 潤 지음, 『深層学習による自然言語処理(딥러닝을 활용한 자연어 처리)』(고단샤, 2017) – 번역서 없음

딥러닝 등장 이전의 자연어 처리

[14] Steven Bird, Ewane Klein, Edward Loper 지음: 『Natural Language Processing with Python』(O'Reilly, 2009) – 번역서 없음 (온라인 버전: https://www.nltk.org/book/)

[15] 신야 료마, 스즈키 유스케, 타카타 켄 지음: 『정규표현식』(제이펍, 2016)

[16] Christopher D. Manning, Hinrich Schütze 지음: 『Foundations of Statistical Natural Language Processing』(The MIT Press, 1999) – 번역서 없음

[17] Miller, George A: "WordNet: a lexical database for English," Communications of the ACM 38.11 (1995): 39–41.

[18] WordNet 인터페이스(http://www.nltk.org/howto/wordnet.html)

통계 기반 기법을 활용한 단어 벡터

[19] Church, Kenneth Ward, and Patrick Hanks: "Word association norms, mutual information, and lexicography." Computational linguistics 16.1 (1990): 22–29.

[20] Deerwester, Scott, et al: "Indexing by latent semantic analysis." Journal of the American society for information science 41.6 (1990): 391.

[21] TruncatedSVD (http://scikit-learn.org/stable/modules/generated/sklearn. decomposition.TruncatedSVD.html)

word2vec 관련

[22] Mikolov, Tomas, et al: "Efficient estimation of word representations in vector space." arXiv preprint arXiv:1301.3781 (2013).

[23] Mikolov, Tomas, et al: "Distributed representations of words and phrases and their compositionality." Advances in neural information processing systems. 2013.

[24] Baroni, Marco, Georgiana Dinu, and Germán Kruszewski: "Don't count, predict! A systematic comparison of context-counting vs. context-predicting semantic vectors." ACL (1). 2014.

[25] Levy, Omer, Yoav Goldberg, and Ido Dagan: "Improving distributional similarity with lessons learned from word embeddings." Transactions of the Association for Computational Linguistics 3 (2015): 211–225.

[26] Levy, Omer, and Yoav Goldberg: "Neural word embedding as implicit matrix factorization." Advances in neural information processing systems. 2014.

[27] Pennington, Jeffrey, Richard Socher, and Christopher D. Manning: "Glove: Global Vectors for Word Representation." EMNLP. Vol.14. 2014.

[28] Bengio, Yoshua, et al. "A neural probabilistic language model." Journal of machine learning research 3.Feb (2003): 1137-1155.

RNN 관련

[29] Talathi, Sachin S., and Aniket Vartak: "Improving performance of recurrent neural network with relu nonlinearity." arXiv preprint arXiv:1511.03771 (2015).

[30] Pascanu, Razvan, Tomas Mikolov, and Yoshua Bengio: "On the difficulty of training recurrent neural networks." International Conference on Machine Learning. 2013.

[31] 콜라colah의 블로그: "Understanding LSTM Networks"(http://colah.github.io/posts/2015-08-Understanding-LSTMs/)

[32] Chung, Junyoung, et al: "Empirical evaluation of gated recurrent neural networks on sequence modeling." arXiv preprint arXiv:1412.3555 (2014).

[33] Jozefowicz, Rafal, Wojciech Zaremba, and Ilya Sutskever: "An empirical exploration of recurrent network architectures." International Conference on Machine Learning. 2015.

RNN을 활용한 언어 모델

[34] Merity, Stephen, Nitish Shirish Keskar, and Richard Socher: "Regularizing and optimizing LSTM language models." arXiv preprint arXiv:1708.02182 (2017).

[35] Zaremba, Wojciech, Ilya Sutskever, and Oriol Vinyals: "Recurrent neural network regularization." arXiv preprint arXiv:1409.2329 (2014).

[36] Gal, Yarin, and Zoubin Ghahramani: "A theoretically grounded application of dropout in recurrent neural networks." Advances in neural information processing systems. 2016.

[37] Press, Ofir, and Lior Wolf: "Using the output embedding to improve language models." arXiv preprint arXiv:1608.05859 (2016).

[38] Inan, Hakan, Khashayar Khosravi, and Richard Socher: "Tying Word Vectors and Word Classifiers: A Loss Framework for Language Modeling." arXiv preprint arXiv:1611.01462 (2016).

[39] 파이토치 예제 "Word-level language modeling RNN"(https://github.com/pytorch/examples/tree/0.3/word_language_model)

seq2seq 관련

[40] 케라스 예제 "Implementation of sequence to sequence learning for performing addition of two numbers (as strings)"(https://github.com/keras-team/keras/blob/2.0.0/examples/addition_rnn.py)

[41] Sutskever, Ilya, Oriol Vinyals, and Quoc V. Le: "Sequence to sequence learning with neural networks." Advances in neural information processing systems. 2014.

[42] Cho, Kyunghyun, et al: "Learning phrase representations using RNN encoder-decoder for statistical machine translation." arXiv preprint arXiv:1406.1078 (2014).

[43] Vinyals, Oriol, and Quoc Le: "A neural conversational model." arXiv preprint arXiv:1506.05869 (2015).

[44] Zaremba, Wojciech, and Ilya Sutskever: "Learning to execute." arXiv preprint arXiv:1410.4615 (2014).

[45] Vinyals, Oriol, et al: "Show and tell: A neural image caption generator." Computer Vision and Pattern Recognition (CVPR), 2015 IEEE Conference on. IEEE, 2015.

[46] Karpathy, Andrej, and Li Fei-Fei: "Deep visual-semantic alignments for generating image descriptions." Proceedings of the IEEE conference on computer vision and pattern recognition. 2015.

[47] Show and Tell: 뉴럴 이미지 캡션 생성기(https://github.com/tensorflow/models/tree/master/research/im2txt)

Attention 관련

[48] Bahdanau, Dzmitry, Kyunghyun Cho, and Yoshua Bengio: "Neural machine translation by jointly learning to align and translate." arXiv preprint arXiv:1409.0473 (2014).

[49] Luong, Minh-Thang, Hieu Pham, and Christopher D. Manning: "Effective approaches to attention-based neural machine translation." arXiv prelprint arXiv:1508.04025 (2015).

[50] Wu, Yonghui, et al: "Google's neural machine translation system: Bridging the gap between human and machine translation." arXiv preprint arXiv:1609.08144 (2016).

[51] 구글 리서치 블로그. (https://research.googleblog.com/2016/09/a-neural-network-for-machine.html)

[52] Vaswani, Ashish, et al: "Attention Is All You Need." arXiv preprint arXiv:1706.03762 (2017).

[53] 구글 리서치 블로그. (https://research.googleblog.com/2017/08/transformer-novel-neural-network.html)

[54] Gehring, Jonas, et al: "Convolutional Sequence to Sequence Learning." arXiv preprint arXiv:1705.03122 (2017).

외부 메모리 RNN

[55] Graves, Alex, Greg Wayne, and Ivo Danihelka: "Neural turing machines." arXiv preprint arXiv:1410.5401 (2014).

[56] Graves, Alex, et al: "Hybrid computing using a neural network with dynamic external memory." Nature 538.7626 (2016): 471.

[57] 딥마인드 블로그: "Differentiable neural computers"(https://deepmind.com/blog/differentiable-neural-computers/)

INDEX

INDEX

INDEX

INDEX

INDEX